LA LITTÉRATURE POUR LA JEUNESSE
1970-2000

ARCHIVES DES LETTRES CANADIENNES

Collection sous la responsabilité de Dominique Lafon,
Rainier Grutman, Marcel Olscamp et Robert Vigneault

Tome I   *Mouvement littéraire de Québec: 1860. Bilan littéraire de l'année 1960*, Ottawa, Éditions de l'Université d'Ottawa, 1961, numéro spécial de la *Revue de l'Université d'Ottawa*, avril-juin 1961, p. 135-351. Préparé sous la direction de Paul Wyczynski, Bernard Julien et Jean Ménard.

Tome II   *L'École littéraire de Montréal. Bilan littéraire de l'année 1961*, Montréal et Paris, Fides, 1963, 381 p. Préparé sous la direction de Paul Wyczynski, Bernard Julien et Jean Ménard. Deuxième édition augmentée, amputée du bilan littéraire : 1972, 353 p.

Tome III   *Le roman canadien-français. Évolutions — Témoignages — Bibliographie*, Montréal et Paris, Fides, 1964, 458 p. Sous la direction de Paul Wyczynski, Bernard Julien, Jean Ménard et Réjean Robidoux. Deuxième édition augmentée : 1971, 514 p. Troisième édition corrigée : 1977, 514 p.

Tome IV   *La poésie canadienne-française*, Montréal, Fides, 1969, 701 p. Sous la direction de Paul Wyczynski, Jean Ménard et Réjean Robidoux.

Tome V   *Le théâtre canadien-français*, Montréal, Fides, 1976, 1005 p. Sous la direction de Paul Wyczynski, Bernard Julien et Hélène Beauchamp-Rank. Édition semi-luxe en 300 exemplaires en 1976.

Tome VI   *L'essai et la prose d'idées au Québec*, Montréal, Fides, 1985, 928 p. Préparé sous la direction de Paul Wyczynski, François Gallays et Sylvain Simard.

Tome VII   *Le Nigog*, Montréal, Fides, 1987, 390 p. Sous la direction de Paul Wyczynski, François Gallays et Sylvain Simard.

Tome VIII *Le roman contemporain au Québec (1960-1985)*, Montréal, Fides, 1992. Préparé sous la direction de François Gallays, Sylvain Simard et Robert Vigneault.

Tome IX   *La nouvelle au Québec*, Montréal, Fides, 1996. Préparé sous la direction de François Gallays et Robert Vigneault.

Tome X   *Le théâtre québécois 1975-1995*, Montréal, Fides, 2001. Préparé sous la direction de Dominique Lafon avec la collaboration de Rainier Grutman et de Robert Vigneault.

Tome XI   *La littérature pour la jeunesse, 1970-2000*, Montréal, Fides, 2003. Préparé sous la direction de Françoise Lepage, avec la collaboration de Dominique Lafon, Rainier Grutman et Robert Vigneault.

ARCHIVES DES LETTRES CANADIENNES

Publication du Centre de recherche en civilisation
canadienne-française de l'Université d'Ottawa

Tome XI

dirigé par Françoise Lepage

LA LITTÉRATURE POUR LA JEUNESSE

1970-2000

FIDES

Données de catalogage avant publication (Canada)

La littérature jeunesse, 1970-2000
(Archives des lettres canadiennes ; t. 11)

Comprend des réf. bibliogr.

ISBN 2-7621-2404-2

1. Littérature de jeunesse québécoise - Histoire et critique.
2. Littérature québécoise - 20ᵉ siècle - Histoire et critique.
3. Littérature de jeunesse québécoise - Édition.
4. Littérature de jeunesse québécoise - Censure.
I. Lepage, Françoise. II. Collection.

PS8069.I.56 2003   C840.9'9282'09714   C2003-940496-X
                        PS9069.I.56 2003
                        PQ3917.Q4L57 2003

Dépôt légal : 2ᵉ trimestre 2003
Bibliothèque nationale du Québec

Les Éditions Fides remercient de leur soutien financier le ministère du Patrimoine
canadien, le Conseil des Arts du Canada et la Société de développement
des entreprises culturelles du Québec (SODEC).
Les Éditions Fides bénéficient du Programme de crédit d'impôt pour l'édition
de livres du Gouvernement du Québec, géré par la SODEC.

IMPRIMÉ AU CANADA EN AVRIL 2003

PRÉSENTATION

Françoise Lepage

L'ÉVOLUTION D'UN DOMAINE D'ÉTUDE, le développement d'une activité créatrice doivent beaucoup au regard critique qu'ils suscitent. Les contes populaires, par exemple, ont connu une éclipse de près d'un siècle avant de retrouver droit de cité dans la bibliothèque enfantine, lorsque Bruno Bettelheim et Marc Soriano en eurent fait ressortir la véritable portée dans la formation de l'enfant. Ainsi revalorisés, les contes ont non seulement été réédités, offrant bien souvent un florilège d'illustrations qui constituent, à elles seules, une nouvelle lecture des textes, mais ils ont été réactualisés de diverses façons (modernisation, parodie, dramatisation, etc.) dans la littérature pour la jeunesse contemporaine. En ce sens, la critique joue un rôle fondamental.

Qu'en est-il de la critique universitaire en littérature pour la jeunesse au Québec? Après être restée pendant près de vingt ans le fait d'un très petit nombre de chercheurs isolés, la recherche en ce domaine ne manifeste une réelle vitalité que depuis une dizaine d'années. Quelques livres, mais fort peu, ont été publiés, qui édifient cependant un corpus de référence fondamental: histoire générale de la littérature pour la jeunesse au Québec et au Canada français, histoire générale de l'édition pour la jeunesse, dont les deux premières tranches ont déjà paru, historiques de maisons d'édition, figures du personnage féminin dans le roman pour adolescentes, image de l'Autre dans le roman québécois, étude du roman pour adolescents en France et au Québec. Les revues, tour à tour, participent à l'exploration de ce nouveau domaine de recherche. Plusieurs d'entre elles, comme les *Cahiers de la recherche en éducation*, *Voix et images* ou *Tangence*, ont publié, depuis 2000, des numéros spéciaux consacrés à la littérature pour la jeunesse. La création toute récente de groupes de recherche dans quelques universités laisse présager des progrès importants à plus ou moins long terme. L'existence même de ce volume sur la littérature pour la jeunesse, dans la collection «Archives des lettres canadiennes», témoigne d'une ouverture et d'un progrès à peine imaginables il y a seulement quelques années. Autre signe d'évolution: alors que les études d'œuvres romanesques sont monnaie courante dans la recherche en littérature générale, cet exercice n'a encore jamais été pratiqué sur les textes écrits à l'intention des jeunes. Le présent volume amorce ce type d'explorations et, pour la première fois, présente des analyses — trop peu nombreuses, faute d'espace — d'œuvres d'auteurs pour la jeunesse.

Ce recueil se propose donc d'apporter sa pierre à l'édification d'une réflexion sur la littérature pour la jeunesse des années 1970 à 2000. Le nouveau millénaire invite à faire le point et à réfléchir sur les décennies écoulées, celles-ci ayant été marquées par des bouleversements considérables qui ont changé du tout au tout le visage de la littérature destinée aux jeunes. Née à l'aube des années 1920, la littérature québécoise pour la jeunesse a constamment reflété l'idéologie dominante des époques qui l'ont produite, avec d'autant plus de force que les adultes qui l'écrivaient souhaitaient transmettre leurs valeurs aux générations montantes. Dans les premières décennies de son existence, à l'époque où la forte personnalité du chanoine Lionel Groulx domine la scène culturelle, les livres destinés aux jeunes lecteurs s'efforcent de susciter l'amour de la patrie, de la religion catholique et de la langue française. Pour ce faire, la littérature met l'accent sur le roman historique des origines de la Nouvelle-France, qu'elle peint sous des traits mythiques : perfection des êtres, modèles d'héroïsme et de piété. Cette source d'inspiration fait naître les romans de Marie-Claire Daveluy ou de Maxine. Parallèlement, apparaissent, avec Marie-Antoinette Grégoire-Coupal, des romans qui s'attachent davantage à l'analyse psychologique des personnages, tout en maintenant très présentes les valeurs patriotiques et religieuses prônées par le chanoine Groulx. Pendant la même période, Marius Barbeau collecte les contes populaires du Québec et commence, dans les années 1930, à publier de courtes anthologies spécialement conçues pour la jeunesse. Un substrat national est ainsi édifié qui permet au Québec de se (re)connaître, avant de pouvoir s'ouvrir aux influences extérieures.

Cette ouverture va se concrétiser après la Seconde Guerre mondiale, période on ne peut plus troublée, qui amène des mouvements de populations, donc des confrontations avec d'autres cultures, d'autres systèmes de valeurs et, conséquemment, des remises en question. Des auteurs venus d'ailleurs, comme Guy Boulizon, Michel Chalvin ou Amable-Marie Lemoine, écrivent des romans d'aventures dont l'intrigue se situe fréquemment en de lointains pays. Sous l'influence des mouvements de jeunesse et de la laïcisation croissante, la littérature perd lentement son caractère patriotique et religieux. Toutes les valeurs collectives de la première période cèdent peu à peu le pas à des valeurs plus individuelles. Seul le roman pour adolescentes reste très conservateur jusqu'au début des années 1960. Une seule exception : *L'été enchanté* et la suite des « Saisons de Rosanne » de Paule Daveluy qui, à partir de 1958, préfigurent le roman miroir des années 1980-2000.

Dans les années 1960, des auteurs québécois se mettent au diapason des productions internationales pour la jeunesse et donnent vie à des superhéros qui parcourent l'espace et le temps pour y instaurer le règne de la justice et de la démocratie. Maurice Gagnon crée Servax, directeur de la société UNIPAX, sigle désignant la Société pour la paix universelle, dont le nom révèle déjà tout le programme. Yves Thériault, pour sa part, conçoit le personnage de Volpek comme un double québécois de Bob Morane. La décennie 1960 se caractérise aussi par une diversification des genres littéraires. Romans d'aventures, policiers, science-fiction, romans psychologiques ou de mœurs enfantines (Cécile Chabot, Paule Daveluy, Monique Corriveau), romans historiques (Monique Corriveau, Maryse Côté), contes (Guy Boulizon, André Cailloux), ouvrent l'éventail des genres offerts aux jeunes lecteurs. Toutefois, la production reste trop faible pour pouvoir concurrencer l'afflux de livres européens, et la présentation matérielle ne peut rivaliser avec celle des livres importés. Le soutien que le ministère de l'Éducation accordait depuis 1880 aux éditeurs pour la jeunesse, en offrant des prix de fin d'année aux enfants, cesse brusquement en 1965. À la fin des années 1960, la production de livres pour la jeunesse est presque réduite à néant. Un redressement s'impose, que les auteurs eux-mêmes prennent en main en fondant, en 1971, un organisme de promotion de la littérature pour la jeunesse, Communication-Jeunesse, dont Paule Daveluy est la première présidente.

Moribonde en 1970, la littérature pour la jeunesse est devenue pléthorique dès la fin des années 1980 et dans les années 1990. Comment le miracle s'est-il accompli? Que recèlent les nombreux livres de tous formats publiés par un grand nombre de maisons d'édition? Pour répondre à cette question, le présent volume regroupe quatorze articles répartis en deux grandes sections complétées par une annexe. Une première série d'analyses porte, d'une part, sur les divers types de livres pour la jeunesse, des albums aux romans pour adolescents en passant par les mini-romans et les petits romans et, d'autre part, sur l'étude de genres littéraires: la science-fiction, la bande dessinée, le théâtre jeunes publics. Cette série se clôt par un article sur la censure. La deuxième partie du recueil présente des études d'œuvres, dont le choix résulte de la combinaison de diverses subjectivités. Beaucoup d'autres œuvres auraient mérité un traitement analogue et on comprendra qu'il ne s'agit ici que d'un début. Enfin, le lecteur trouvera en annexe un article très documenté et chiffré sur le marché du livre, et une bibliographie de la critique de 1970 à 2000. Une bibliographie générale rassemble les sources consultées pour chaque article. Tels sont les différents axes autour desquels s'articulent les analyses rassemblées dans le présent recueil.

* * *

Se déployant en fonction de l'âge chronologique des lecteurs présumés, ce tableau de la littérature pour la jeunesse s'ouvre sur une étude de l'album, intitulée « L'image dans l'album pour enfants: enquête sur une libération ». Françoise Lepage y analyse l'évolution de l'image dans les albums publiés entre 1970 et 2000. Cette évolution se manifeste à trois niveaux. En premier lieu, dans la dimension idéologique qui sous-tend la conception qu'on se fait de l'enfant au cours des dernières décennies. D'abord considéré comme un adulte en miniature, essentiellement imparfait, auquel on peut imposer les comportements souhaités, l'enfant est progressivement devenu un être pensant, capable de réfléchir et de juger par lui-même, en un mot, l'égal de l'adulte. Soutenu par cette nouvelle conception de l'enfant, l'album a rejeté les messages moralisateurs pour adopter des contenus plus ludiques et plus humoristiques. Deuxièmement, l'image s'est modifiée dans ses composantes plastiques (format, trait, couleur, forme). Délaissant le réalisme mimétique, longtemps considéré comme *la* forme de représentation la plus appropriée aux jeunes enfants, l'illustration s'est ouverte aux influences diverses de l'art contemporain et des techniques modernes de communication visuelle. Enfin, troisièmement, le rapport qui unit le texte et l'image s'est aussi profondément modifié. «L'humble servante du texte», ainsi qu'on qualifiait autrefois l'image, entretient de plus en plus souvent avec celui-ci des relations égalitaires et dialectiques, qui donnent forme au véritable message de l'album. Loin d'être une simple duplication du texte, comme elle l'était dans les années 1970, l'image retrouve désormais sa liberté. Elle assume son autonomie, allant jusqu'à se débarrasser du texte et à porter parfois la totalité du sens.

La littérature pour la jeunesse contemporaine a pour caractéristique d'avoir mis l'accent sur le lecteur et d'avoir ainsi créé des collections de livres correspondant à diverses tranches d'âge et à des compétences en lecture de plus en plus finement délimitées. Le mini-roman et le petit roman font partie de ces initiatives qui ont participé au renouveau de la littérature pour la jeunesse. Avec leurs 48 pages abondamment illustrées, les mini-romans présentent des textes courts, au vocabulaire simple, qui conviennent aux lecteurs débutants. Le petit roman compte une soixantaine de pages, donc des textes plus longs, divisés en chapitres, au vocabulaire plus riche. L'article de Noëlle Sorin, «Traces postmodernes dans les mini-romans et premiers romans» fournit, outre les définitions rappelées plus haut, un panorama des collections de ces romans pour débutants. En 2000, on ne compte pas moins d'une dizaine de collections publiées par huit grandes maisons d'édition. Mais peut-on encore, dans des textes si brefs, parler de littérature? Peut-on déceler la présence de ces caractéristiques postmodernes qui imprègnent la littérature contemporaine depuis les années 1950? En se fondant sur un corpus puisé dans six collections différentes, Noëlle Sorin cherche à retrouver la présence de quatre caractéristiques du postmodernisme: l'autoreprésentation, l'intertextualité et l'autotextualité, la remise en question des savoirs et l'identité en mutation. Tous les romans étudiés ne comportent pas nécessairement tous ces traits, mais tous contiennent l'une ou l'autre de ces composantes de l'œuvre postmoderne. La présence fréquente d'intertextualité contribue à conférer une dimension littéraire à cette abondante production de petits romans.

L'adolescence, moment très particulier du développement de l'être humain, entre l'enfance et l'âge adulte, justifie l'existence d'une littérature spécialement conçue pour ce groupe d'âge. Dans son article intitulé « Le roman pour adolescents : quelques balises », Monique Noël-Gaudreault étudie neuf romans finalistes au prix Christie, aux concours de 1999 et 2000, pour faire ressortir l'image de l'adolescent et les problèmes associés à cette période de la vie. Cette analyse amène l'auteure à découvrir deux pôles dans le roman pour adolescents. Tout d'abord, le roman miroir, dont la durée romanesque est brève et le cadre connu, se donne pour mission de peindre le quotidien des adolescents à travers ce qu'ils aiment (nourriture, vêtements, idoles), et de mettre en scène leurs problèmes existentiels, dont la recherche de l'amour n'est qu'un aspect. Le second axe du roman pour adolescents est centré autour de la découverte de l'altérité. La structure même de ces œuvres se révèle plus intéressante : on y recourt à une plus grande variété de procédés (insertion de lettres, d'extraits de journal intime), le temps et l'espace se dilatent. Cette seconde catégorie de romans n'exclut pas la présence de problèmes existentiels qui atteignent alors la gravité des problèmes d'adultes : maladies incurables, insertion sociale, violence, etc.

Les statistiques semblent le prouver : les filles sont peu enclines à lire des romans de science-fiction. L'article de Claire Le Brun, « La science-fiction au féminin », montre que les romancières ont toujours été présentes dans ce genre littéraire. Des pionnières, comme Suzanne Martel, Henriette Major ou Monique Corriveau, écrivaient déjà de la science-fiction dans les années 1970, à l'époque où la littérature pour la jeunesse prenait un nouvel essor. Si la science-fiction pour enfants se limitait à la mise en scène de robots et d'extra-terrestres, celle qui était destinée aux adolescents exploitait les grands thèmes de la SF internationale : voyages dans le temps, aventures intergalactiques, contextes postcataclysmiques qui permettaient des réflexions et des remises en question politiques et sociales. Dans les années 1990 apparaissent deux nouvelles préoccupations : les manipulations génétiques et la réalité virtuelle. Outre cet intéressant rappel historique, l'article de Claire Le Brun met en lumière les principales thématiques retenues par les romancières. Dans les années 1980, les romans féminins de SF tendent à dédramatiser les conséquences de l'automatisation de la vie quotidienne. Simultanément, et jusqu'au début des années 1990, la SF féminine prend plutôt la voie de la *Speculative Fiction*, qui permet de faire table rase des structures politiques et sociales existantes et de reconstruire un monde nouveau. Il va sans dire que, dans le roman pour adolescents, cette reconstruction s'accompagne d'une découverte et d'un approfondissement de soi. Plus récemment, les romancières de SF exploitent les thèmes du voyage temporel — prétexte à tirer les leçons du passé et à éviter de retomber dans les mêmes ornières —, l'écologie, diverses possibilités d'existence et de communication, la réalité virtuelle. Enfin, les derniers romans de la décennie semblent vouloir conjurer les grandes peurs de la fin du millénaire : la violence

Luc Bouvier, pour sa part, se penche sur l'œuvre de François Gravel, œuvre protéiforme qui contient à la fois des albums, des romans pour les jeunes de neuf ans et plus et des romans pour adolescents. L'analyse montre la difficulté de classer ces romans en fonction de l'âge présumé des lecteurs. Pour augmenter leur clientèle potentielle, les éditeurs ont tendance à élargir la fourchette d'âge de leurs collections. Les spécialistes, pour leur part, tendent à préciser cette fourchette trop large et à vieillir le lectorat. Quant aux lecteurs, leur âge réel est souvent différent de celui qui est préconisé et par les éditeurs et par les spécialistes. Les nombreux tableaux qui illustrent l'analyse de Luc Bouvier sont riches en surprises et soulignent le caractère très relatif de ces questions d'âge. L'œuvre de François Gravel apparaît comme diverse. Certains de ses romans ont pour héros des jeunes de l'âge du lecteur, mais d'autres ont pour particularité — non pas unique, mais peu fréquente — de mettre parfois en scène des héros adultes qui servent de prétexte à l'initiation du lecteur face à certains problèmes de la vie. La diversité de l'œuvre apparaît aussi dans le fait que certaines productions intègrent au récit des éléments de merveilleux ou de fantastique, tandis que d'autres adoptent un ton beaucoup plus réaliste. L'article de Luc Bouvier introduit également une réflexion sur la spécificité de la littérature pour la jeunesse, la nécessité de présenter des valeurs positives ou socialement acceptées, ce qui n'exclut nullement le traitement de sujets délicats, quand la manière de les traiter se révèle adéquate.

Dominique Demers écrit, elle aussi, pour différents groupes d'âge. Dans l'article qu'elle lui consacre, Lucie Guillemette propose une lecture nourrie par les théories du postmodernisme. Des romans de Dominique Demers, l'analyste dégage des constantes. Les héroïnes se caractérisent par leur *agentivité*, c'est-à-dire par leur refus de souscrire aux conditionnements de sociétés patriarcales. Marie-Lune, Maïna, Charlotte et les autres se rebellent contre les idéologies qui visent à restreindre le changement et la liberté et qui tendent à niveler les différences. Selon Lucie Guillemette, les héroïnes de Dominique Demers illustrent ce que Carol Gilligan appelle la « morale de la sollicitude », comportement axé sur les relations humaines et leurs effets à long terme. L'analyse met également au jour l'importance de la nature et des rapports du moi à la nature dans les romans pour adolescents de l'auteure. La nature se présente comme un miroir du moi, un médiateur entre l'être humain et la divinité ; elle est source d'inspiration et de créativité. L'œuvre de Dominique Demers illustre une approche postmoderne dans la mesure où elle inverse les rapports anciens entre nature soumise et humanité dominante, abolit les conformismes et valorise les différences.

Dans l'univers romanesque de Christiane Duchesne, le réel et l'imaginaire s'interpénètrent. La romancière invite le lecteur à passer d'un univers à l'autre en franchissant de subtiles frontières. Dans son article intitulé « La bergère d'imaginaire. Poétique de la frontière dans les œuvres romanesques de Christiane Duchesne », Johanne Prud'homme analyse le fonctionnement de ces frontières ou passages, qui ont pour caractéristiques de délimiter des espaces et de les mettre en communication les uns avec les autres. L'œuvre duchesnienne est oscillation constante entre réel et imaginaire. L'exploration de ces univers mouvants et indéfiniment reconstitués amène la connaissance de soi et des autres et, par conséquent, l'acceptation de la différence. À la suite du héros ou de l'héroïne, le lecteur plonge dans cet univers romanesque et apprend à apprivoiser les frontières entre connu et inconnu, réel et imaginaire. Il glisse ainsi constamment d'un univers à l'autre, franchissant les franges imprécises qui l'amènent dans les espaces illimités de l'imaginaire, évocateurs du cercle et de sa perfection.

Profondément originale et forte, l'œuvre de Stanley Péan mérite une analyse approfondie visant à éclairer un imaginaire particulièrement complexe qui s'abreuve à des sources diverses : fantastique, folklore, culture populaire et culture savante. C'est à cet exercice que se livre Daniel Chouinard dans son étude intitulée « Les jeux de l'identité dans les romans pour adolescents de Stanley Péan ». Le critique situe l'origine de la trame romanesque dans l'absence du père, génératrice d'un malaise et d'un manque chez le héros. Cette carence initiale lance le protagoniste à la recherche de sa propre identité. Il emprunte alors un parcours semé d'embûches, pour finalement assumer une identité et un destin qui lui permettent de surmonter le manque initial. Au terme de son périple, le héros incarne une masculinité sûre d'elle-même, sourde aux appels de la violence rencontrée au cours de la quête de soi, et fondée sur une opposition aux valeurs de personnages masculins peu recommandables, côtoyés en cours de route, qui fonctionnent comme autant de doubles négatifs du père.

Étudiant trois romans pour adolescents de Michèle Marineau, l'article de Danielle Thaler, « Le roman pour adolescents et son monde : l'exemple des romans de Michèle Marineau », situe les romans pour adolescents dans un schéma de tension entre le mythe de Narcisse et le mythe de Robinson. Si les deux premiers romans de Michèle Marineau, *Cassiopée ou l'été polonais* et *L'été des baleines,* manifestent, sur le plan de la fiction, des velléités de s'ouvrir au monde, Narcisse prend en fait le dessus par l'entremise du journal intime qui limite l'univers à l'exploration du moi. Par contre, *La route de Chlifa* brise le modèle narcissique du roman pour adolescents et l'ouvre à la confrontation avec l'Autre.

La littérature pour la jeunesse francophone hors Québec n'existe guère que depuis un quart de siècle. Elle est née, dans les années 1970, avec la fondation de maisons d'édition en Acadie, en Ontario et dans les provinces de l'Ouest. Originaire du nord de l'Ontario, Doric Germain est un des premiers auteurs hors Québec à avoir consacré son talent à l'écriture pour la jeunesse. Dès 1980, il publie des romans uniques en leur genre, qui ont pour cadre les forêts boréales et, pour personnages, des chasseurs, des aventuriers, des prospecteurs qui affrontent la nature sauvage avec plus ou moins de talent. Les trois romans pour la jeunesse de Doric Germain, étudiés ici par Lucie Hotte et Véronique Roy dans leur article intitulé

« Devenir homme : l'apprentissage de la vie dans les romans pour la jeunesse de Doric Germain », tiennent à la fois du conte, du roman d'aventures et du *Bildungsroman*. Les deux analystes relèvent une évolution dans l'œuvre du romancier ontarien. Dans le premier roman, l'apprentissage se révèle négatif : les personnages n'apprennent pas à comprendre la nature. Dans le deuxième, l'apprentissage est positif, tandis que le troisième roman reprend les deux thèmes principaux abordés dans les œuvres précédentes : l'importance de vivre en harmonie avec la nature et la découverte de l'Autre. Ce troisième roman apparaît comme le plus proche du roman d'apprentissage. Le personnage adolescent y fait l'expérience de la nature et triomphe des épreuves qui lui sont imposées. Il y découvre l'Autre et, dans la solitude de la forêt, il affronte ses peurs. Tout ce cheminement lui permet de progresser dans la connaissance de soi et de découvrir sa propre identité.

Proposée en annexe du fait de sa nature différente des autres articles, l'étude d'Édith Madore sur « Le marché du livre depuis 1990 », présente, en chiffres et en tableaux, un panorama du marché du livre pour la jeunesse au cours des dix dernières années. Ce marché se caractérise par la multiplication des maisons d'édition, qui tendent à se spécialiser en fonction de l'âge des lecteurs, d'une catégorie de livres (albums, mini-romans) ou d'un genre littéraire (fantastique et science-fiction, par exemple). En outre, les dix dernières années ont été marquées par la prolifération des collections qui s'adaptent de plus en plus précisément à l'âge du public cible. On arrive actuellement à une division en cinq tranches d'âge : bébés, enfants d'âge préscolaire, six à neuf ans, dix à douze ans, adolescents. La production n'a pas cessé d'augmenter pour atteindre jusqu'à trois cents titres par année. Les tirages, suivant la même courbe ascendante, se chiffrent fréquemment dans les cinq mille exemplaires. Enfin, l'auteure examine les techniques promotionnelles utilisées par les éditeurs pour la vente, tant sur le plan national qu'à l'échelle internationale. Les lecteurs trouveront dans cet article une multitude de renseignements concrets, très révélateurs de l'état de santé de l'édition pour la jeunesse.

Le volume se clôt sur une bibliographie de la critique, de 1970 à 2000, établie par John Hare. Ce parcours de la littérature pour la jeunesse montre la richesse de ce secteur, tandis que les études d'auteurs révèlent l'extraordinaire diversité des œuvres offertes aux jeunes lecteurs.

De nombreuses questions sont soulevées au fil des divers articles, des idées à peine effleurées pourraient être développées, d'autres, bien exploitées, peuvent être appliquées à d'autres auteurs. Faute de place, certains types de romans n'ont pu être étudiés (fantastique, roman historique, par exemple), de nombreuses œuvres d'auteurs pourraient encore être analysées. Bref, la littérature pour la jeunesse offre une mine de sujets à explorer. Il faut souhaiter qu'un plus grand nombre de chercheurs s'y intéressent afin de poursuivre le travail amorcé, tant du point de vue de l'enseignement que de la recherche.

* * *

La réalisation d'un volume de cette ampleur constitue un travail long et exigeant. Je remercie toutes les personnes qui, d'une façon ou d'une autre, ont participé à son élaboration : les collaborateurs, bien entendu, sans qui ce livre n'existerait pas ; les membres du Comité des « Archives des lettres canadiennes » et, plus particulièrement, sa directrice, qui a assuré le suivi et la coordination lors des différentes étapes de la préparation intellectuelle de l'ouvrage ; John Hare, qui a bien voulu se charger de la bibliographie ; enfin, le personnel du Centre de recherche en civilisation canadienne-française, qui a réalisé la mise en forme finale du manuscrit. À tous, j'exprime ma plus profonde gratitude.

LA LITTÉRATURE
POUR LA JEUNESSE À L'AUBE
DU NOUVEAU MILLÉNAIRE

L'IMAGE DANS L'ALBUM POUR ENFANTS : ENQUÊTE SUR UNE LIBÉRATION

Françoise Lepage
Université d'Ottawa

DANS UN DE SES ARTICLES sur l'objet filmique et l'objet plastique, l'historien et sociologue de l'art Pierre Francastel affirmait qu'« on ne peut comprendre l'art en dehors des mœurs et des modes de pensée d'une époque et réciproquement » et que « toute figuration se situe au niveau d'une culture[1] ». Il soulignait ainsi l'interaction entre les choix esthétiques et les sociétés qui les produisent et étendait ce principe à *toutes* les formes d'art. L'album pour enfants, dont le sens naît de la convergence d'un texte et d'une série d'images, constitue un matériau de choix pour étudier l'évolution des goûts et des mentalités à travers les décennies. Malgré la courte histoire de l'album pour enfants au Québec, il est possible de retracer, dans l'image, une évolution correspondant aux changements de mentalité et, en particulier, à l'éclatement du système des valeurs. Cette évolution se manifeste à trois niveaux : tout d'abord, dans la dimension idéologique qui sert de substrat à la conception de l'enfant et à sa place dans la société ; puis dans les composantes plastiques de l'image (format, trait, couleur, forme) et, enfin, dans le rapport qu'entretiennent le texte et l'image, rapport qui s'est radicalement modifié au cours des trente dernières années. Dans cette enquête sur l'image d'illustration de l'album pour enfants de 1970 à 2000, nous suivons successivement ces trois pistes, en insistant plus particulièrement sur les deux dernières, qui nous permettront de nous demander

> comment on lit une image, comment elle est déchiffrable et comment on peut imaginer que la sélection des formes et la sélection des éléments correspond à un certain nombre d'impératifs qui déterminent le choix, la sélection de l'artiste et qui déterminent aussi la possibilité de compréhension du spectateur[2].

---

1. Pierre FRANCASTEL (1983), « Figuration et spectacle dans les tapisseries des Valois », dans *L'image, la vision et l'imagination. De la peinture au cinéma*, Paris, Denoël/Gonthier, p. 223.

2. Pierre FRANCASTEL (1983), « Éléments et structures du langage figuratif », dans *Ibid.*, p. 48.

Cette possibilité de compréhension du spectateur ou, dans le cas qui nous préoccupe ici, du lecteur, apparaîtra toujours en contrepoint de la présente étude. Car si le fonctionnement et la syntaxe de l'image publicitaire, cinématographique et l'image de la bande dessinée ont été analysés, l'image de l'album pour enfants demeure peu étudiée.

Les antécédents québécois de l'album moderne

Il ne s'agit pas ici de refaire l'historique de l'illustration, qui a été fait dans un précédent ouvrage[3], où l'on avait montré l'influence des mouvements artistiques québécois sur l'illustration du livre pour enfants. On se bornera à rappeler que l'album, qui se définit comme un livre où l'image occupe une place au moins aussi importante que le texte, apparaît au Québec dans les années 1940, sous la forme de quelques livres, le plus souvent d'édification religieuse, destinés aux jeunes lecteurs. *Sur la route avec Jésus* (1944) de Jeanne L'Archevêque-Duguay, illustré par Rodolphe Duguay, dans le style des peintres nabis, peut être compté au nombre des premiers albums. Avec le passage du temps, leur nombre augmente lentement et des livres comme ceux de Guy Mauffette, illustrés par Frédéric Back, à la fin des années 1950 et au début des années 1960, ou encore ceux de Claudine Vallerand («Maman Fonfon»), illustrés par Hubert Blais durant la même période, constituent les ancêtres de l'album, tel que nous le connaissons aujourd'hui. Si on met de côté le duo Mauffette/Back, la différence entre ces albums d'autrefois et les albums modernes est à mettre au compte de la finalité strictement didactique que l'on assignait, jadis, au livre pour la jeunesse. Le public de prédilection de ces publications se recrutait parmi les enfants d'âge scolaire, en tout cas parmi ceux qui savaient déjà lire. Il ne serait venu à l'esprit de personne, en ce temps-là, d'offrir des livres à des enfants non encore initiés aux arcanes de la lecture. La publication, en 1966, d'*Un drôle de petit cheval* d'Henriette Major, illustré par Guy Gaucher, marque à cet égard une étape importante dans l'histoire de l'édition pour la jeunesse, dans la mesure où cet album s'adresse aux tout-petits, avec une seule ligne de texte sous une image qui occupe le reste de l'espace.

La très grave crise de l'édition pour la jeunesse qui sévit à la fin des années 1960 et dans la première moitié des années 1970 n'est guère propice à la publication de livres pour les très jeunes enfants. De 1967 à 1969, la revue *Livres et auteurs québécois* ne recense aucun album dans sa rétrospective annuelle. En 1970, seul *La surprise de dame Chenille* d'Henriette Major est mentionné et, en 1971, les Éditions

---

3. Françoise LEPAGE (2000), *Histoire de la littérature pour la jeunesse (Québec et francophonies du Canada)* suivie d'un *Dictionnaire des auteurs et des illustrateurs*, Orléans (Ont.), Les Éditions David, p. 443-512.

Paulines, qui s'étaient fixé pour mission de « diffuser le message chrétien par le biais des médias de masse[4] », font leur entrée sur la scène de l'édition d'albums. Pendant toutes les années de pénurie, qui vont de 1967 à 1974 inclusivement, cette maison d'édition a été la seule à publier des albums répartis en plusieurs collections : les « Contes du chalet bleu » (1971-1972), « Rêves d'or » (1974-1975), « Monsieur Hibou » (1974-1978), « Boisjoli » (1974-1984), « Le monde de Francis et Nathalie » (1976-1978), etc. On dénombre en tout une quinzaine de collections de contes d'auteurs contemporains, destinés aux enfants de cinq à sept ans[5]. Les Éditions Paulines ont eu le grand mérite de maintenir un semblant de vie dans une littérature pour la jeunesse moribonde, mais comme elles étaient seules à publier des albums au début des années 1970, leur production a dû subir les critiques d'un public qui attendait un renouveau lent à venir, et qui avait oublié l'origine de la maison d'édition et sa mission apostolique. Ce sont ces collections qui constituent le terreau sur lequel, ou plutôt *contre* lequel s'est formé l'album moderne. Elles se caractérisent par le conservatisme des textes et des illustrations. Les textes généralement prévisibles, souvent moralisateurs, d'inspiration religieuse, mettent fréquemment en scène des animaux, des plantes ou des objets très anthropomorphisés, créant ainsi un merveilleux de pacotille, qui n'a pour but que de faire passer un message didactique. Les valeurs sont souvent réactionnaires, les situations évoquées favorisant plus l'immobilisme idéologique que le progrès[6]. Les illustrations sont, elles aussi, extrêmement conventionnelles. Le trait sage, régulier, ne recherche aucun effet particulier et la couleur, mimétique de la réalité, n'offre guère de surprises. Quant à la représentation des personnages, elle vise à proposer des modèles. Toujours propres et bien coiffés, les enfants sont sages comme des poupées de cire dont ils ont les grands yeux naïfs et les longs cils en éventail. L'enfance est idéalisée, montrée comme on voudrait qu'elle soit et non telle qu'elle est véritablement. Les compositions s'étalent sur un fond généralement blanc et affichent un parti pris de clarté et de lisibilité. Elles correspondent en tout point à cet idéal de simplicité qui était, de l'avis des pédagogues d'alors, bon pour les enfants. Dans l'ouvrage qu'il consacre aux livres pour la jeunesse, Bruno Duborgel s'élève avec virulence contre ces images qui parlent plus à l'intellect qu'à l'imagination, qui sont destinées à sécuriser mais qui se révèlent stérilisantes pour l'imaginaire :

> D'où la célébration habituelle des images simples, claires, immédiatement et totalement verbalisables, bref, des images « bonnes » — fussent-elles vides en elles-mêmes

---

4. Josée MARCOUX (2000), *Littérature jeunesse au Québec. Médiaspaul, Éditions Paulines, 1947-1995*, Montréal, Médiaspaul, p. 23.

5. *Ibid.*, p. 132.

6. Françoise LEPAGE (1978), « Les albums », *Livres et auteurs québécois 1977*, Québec, Presses de l'Université Laval, p. 291-292.

et aliénantes pour l'être sensible —, c'est-à-dire encore des images à significations univoques, explicites, extériorisables par tous en mots identiques, contrôlables[7].

Selon l'essayiste, qui fait sienne l'expression de Pierre Emmanuel, ce type de livre participe à la « colonisation de l'imaginaire ». La pauvreté sémiologique et stylistique des images n'apporte aucun bénéfice à l'enfant non lecteur qui n'a pas accès au texte car, traditionnellement, le texte seul est signifiant. Ce sont ces albums d'autrefois qui ont amené une remise en question du statut du livre pour enfants et qui ont conduit le grand réformateur français que fut François Ruy-Vidal à énoncer sa célèbre profession de foi sur l'universalité de l'art, du graphisme, des couleurs et de la littérature dans son ensemble, quel que soit l'âge des lecteurs[8].

Le contexte international

Il faut dire que, partout dans le monde occidental, l'édition d'albums pour enfants avait dès les années 1950 et 1960 connu une très grande effervescence. En France, le galériste, éditeur d'art et publicitaire André Delpire avait modifié l'apparence de l'album en conférant au livre dans son entier un « sens plastique » qui métamorphosait tout l'objet-livre, de la couverture à la mise en pages, « conception entraîn[ant], entre autres, une révolution esthétique qui explique le goût actuel pour une image picturale[9] ». Faire du livre un objet signifiant dans tous ses aspects, lier le fond et la forme jusque dans ses composantes les plus extérieures, impliquait une adaptation du format, de la typographie et de la mise en pages au récit et au style de l'illustration. Ainsi virent le jour des ouvrages comme *Larmes de crocodile* (1956) d'André François, dont le format à l'italienne, très étroit (27 x 9 cm), et la couverture évoquant une boîte en carton étaient parfaitement adaptés au sujet du livre. « Dans ce conte moderne où l'idée de longueur spatiale et de lenteur temporelle sont constitutifs de l'histoire, le format oblong est non seulement adapté à la morphologie du crocodile mais il matérialise la structure du récit[10]. » Une telle démarche éditoriale se situe donc aux antipodes des pratiques des Éditions Paulines qui, au contraire, exploitaient pleinement le principe de la collection (même format, même maquette et souvent même illustrateur pour tous les livres d'une même collection) en vue de réduire les coûts de publication. L'entreprise de dépoussiérage de l'album pour enfants menée, en France, par André Delpire, ne s'arrête pas à ces considérations de forme. C'est également à cet éditeur que l'on doit la publication en

---

7. Bruno Duborgel (1992), *Imaginaire et pédagogie*, Toulouse, Privat, p. 62.

8. Marc Soriano (1975), *Guide de littérature pour la jeunesse*, Paris, Flammarion, article « Ruy-Vidal ».

9. Claude-Anne Parmegiani (1995), « Pourquoi les livres d'images ont cessé d'être sages », *La revue des livres pour enfants*, n° 163-164 (été), p. 56.

10. *Ibid.*, p. 58.

français d'œuvres très controversées en leur temps, devenues aujourd'hui des classiques, comme *Max et les maximonstres* (1965) de Maurice Sendak qui, pour la première fois, osait représenter certains aspects fantasmatiques de l'inconscient enfantin.

D'autres grands réformateurs français ont aussi modifié le visage de l'album pour la jeunesse. C'est d'abord Jean Fabre, qui fonde, en 1965, l'École des loisirs, maison d'édition à laquelle on doit nombre de grands titres de la bibliothèque des très jeunes, signés Binette Schroeder, Léo Lionni, Tomi Ungerer, José Aruego, pour n'en citer que quelques-uns ; puis François Ruy-Vidal qui s'associe, en 1967, avec l'éditeur américain Harlin Quist, amenant « une autre révolution esthétique, introduite par les graphistes new-yorkais du Push Pin Studio[11] ». Cette nouvelle tendance se caractérise par le recours aux techniques de l'art publicitaire et, plus particulièrement, par l'utilisation de l'aérographe. Cet appareil, qui projette la substance colorante sur le papier, produit des images très nettes, très froides, proches de la photographie. Il constitue l'instrument de prédilection des catalogues, des documentaires scientifiques ou de la publicité. À cet aspect technique vient s'ajouter l'attrait de François Ruy-Vidal pour un style que Claude-Anne Parmegiani qualifie de « surréaliste narratif[12] », traducteur de fantasmes, chargé de « libérer » l'inconscient du jeune lecteur. Bien que l'on ait reconnu, dès la fin des années 1970, les limites de ces nouveaux styles d'illustration, l'édition d'albums pour la jeunesse prit alors un tout nouveau visage et fit son entrée dans le domaine de l'art au même titre que le livre d'artiste, du moins en ce qui concerne les meilleurs d'entre eux. Toutes ces interrogations et ces expériences dans le livre pour enfants s'inscrivent également dans le contexte plus général des remises en cause de mai 1968, qui amenèrent une libération des idées et des mœurs, profitable aux groupes les plus aliénés de la société : les jeunes, les enfants et les femmes.

Le renouveau des années 1970 au Québec : l'enfant, centre du monde

C'est sur cette toile de fond de conservatisme local et de renouveau international que s'inscrit, au Québec, l'intervention de Bertrand Gauthier, qui va jouer le rôle que François Ruy-Vidal a joué en France, celui d'un réformateur iconoclaste et d'un novateur. Quelques albums de facture plus nouvelle avaient certes vu le jour, chez Leméac, dès 1973. On se souvient de *Ouram* d'Anne Vallières, dont l'illustration faite de papiers déchirés et collés paraît extraordinairement rafraîchissante par rapport à la production ambiante, ou encore *La poulette grise*, comptine illustrée par Louise Méthé, qui opte pour les formes simplifiées et les couleurs posées en aplats,

---

11. *Ibid.*, p. 61.
12. *Ibid.*, p. 60.

technique qui fut «indiscutablement la grande trouvaille du demi-siècle[13]». Toutefois, ces nouveautés restent isolées, alors que la production plus soutenue des Éditions Paulines est unanimement critiquée pour son manque d'originalité[14]. C'est donc *contre* cette production conservatrice que va s'élever Bertrand Gauthier lorsqu'il fonde en 1974, avec son associé Réal Tremblay, les éditions du Tamanoir.

Avant cette date, Gauthier avait travaillé au Service des moyens d'enseignement du ministère de l'Éducation du Québec et avait œuvré pendant deux ans à la préparation d'un document sur la littérature pour la jeunesse destiné aux enseignants. Dans une entrevue qu'il accorde à Michèle Huart en 1979, il déclare:

> J'ai lu à ce moment-là des centaines de livres: des classiques jusqu'aux choses plus récentes et fort différentes que commençaient à produire certains éditeurs, en France et aux États-Unis. Selon moi, ils tombaient, par un esthétisme poussé et des textes très symboliques, dans un degré d'abstraction extrême. À travers tout ça, j'ai moi-même commencé à écrire pour les enfants[15].

Fort de ses lectures, le jeune éditeur souhaite mettre le Québec «à l'heure du monde». Ses publications, il les veut dénuées de stéréotypes, qu'ils soient sexuels ou sociaux, au point qu'il déclare refuser un livre dans lequel «un petit garçon et une petite fille évolueraient du début à la fin dans une cellule familiale traditionnelle[16]», situation hautement invraisemblable dans les sociétés industrialisées de la fin des années 1970, époque à laquelle la famille n'échappe pas à la remise en question des valeurs traditionnelles. De même, Gauthier s'élève contre le fait que les personnages adultes sont différents dans les livres de ce qu'ils sont dans la vraie vie:

> Pourquoi les adultes, dans les livres pour enfants, n'ont-ils pas le droit d'être comme dans la vie? Parce que les adultes sont gênés de ce qu'ils sont et le cachent aux enfants. Mais les enfants le savent. Seulement, la règle des rôles est établie depuis longtemps. Les hommes et les femmes sont des pères et des mères. Ils donnent des ordres, pro-

---

13. Pierre FRANCASTEL (1988), *Art et technique aux XIXe et XXe siècles*, Paris, Gallimard, p. 209.

14. Voir les recensions annuelles de Marielle DURAND dans *Livres et auteurs québécois* de 1973 à 1977. Commentant la collection «Les escapades de Matinale», publiée par les Éditions Paulines, Marielle Durand écrit: «Quoique l'idée des collections soit bonne, ces éditions auraient avantage à varier leur formule. Par exemple, dans cette série de huit albums, les illustrations (d'inégale valeur) sont toujours placées aux mêmes endroits; il n'y a aucune variété ou originalité dans la présentation» («Littérature de jeunesse», *Livres et auteurs québécois*, 1973, p. 556). L'année suivante, Alvine BÉLISLE exprimait ce vœu: «Souhaitons pour nos enfants de nouveaux écrivains. Souhaitons des éditeurs qui prennent encore plus au sérieux la publication de livres pour enfants» («Des surprises dans le bas de Noël 1974», *Livres et auteurs québécois*, 1974, p. 257).

15. Michèle HUART (1979), «Bertrand Gauthier, un éditeur de livres et disques pour enfants», *Lurelu*, vol. 2, n° 3 (automne), p. 18.

16. *Ibid.*, p. 19.

tègent, conseillent... ne sont pas vraiment eux-mêmes. Comme il n'y a pas de communication véritable entre les individus, la société est très stéréotypée[17].

Cette prise de position avant-gardiste pour l'époque se généralise dans la littérature destinée à toutes les classes d'âge, même si les mentalités de ses diffuseurs, et en particulier celles du monde enseignant, demeurent souvent conservatrices[18]. D'une façon générale, Gauthier déplore le manque d'émotion dans l'album pour enfants. Selon lui, l'auteur d'albums a plus de chance de toucher directement le jeune lecteur s'il parle simplement de lui-même aux enfants, s'il raconte ce qu'il vit et comment il le vit sans en diminuer le contenu émotif[19].

Lorsque, en 1976, Bertrand Gauthier publie *Hou Ilva*, premier récit d'une trilogie dont il est aussi l'auteur, l'album devient véritablement postmoderne, en ce sens qu'il recourt à divers procédés de remise en question auxquels sont soumis les textes contemporains. Tout d'abord, le récit relève de l'absurde, du moins dans ses prémisses. Quel crédit peut-on accorder à cette histoire d'un œuf géant, cadeau pour le moins encombrant qu'un inconnu nommé Dou Ilvien envoie sans explication à Hou Ilva ? Et que penser des aventures qui transforment du jour au lendemain Hou Ilva, homme « très ordinaire », en un être qui « n'a plus du tout l'air ordinaire », obligé qu'il est de traîner partout avec lui cet étrange compagnon, véritable pomme de discorde, dans un monde peu enclin aux concessions ? Ce récit, apparemment sans queue ni tête, est cependant celui d'une métamorphose, puisque l'œuf est un double en devenir de Hou Ilva. Après bien des tribulations, celui-ci sort régénéré de l'énorme œuf. Cette histoire d'une croissance qui se fait dans la solitude, l'incompréhension, la peur parfois, comme le montre l'épisode de l'ogre, dans l'ignorance de l'avenir, avait de quoi toucher le jeune lecteur qui, à défaut de comprendre véritablement l'histoire, pouvait en ressentir intuitivement la portée. Outre l'absurdité de l'intrigue, *Hou Ilva* se distingue également par la déconstruction du récit. Celui-ci commence par l'inscription du mot « FIN... », en lettres majuscules, dont le « i » est fendu irrégulièrement dans le sens de la hauteur, comme touché par la foudre, pour mieux préparer visuellement le lecteur à la secousse sismique que constitue l'album. Sous ce mot FIN s'amorce un récit dont l'action se situe en « l'an de grâce neuf cent quatre-vingt-dix-neuf ». Mais il s'agit d'un faux prologue, et « l'histoire ne débute vraiment qu'à la page suivante ». À cette déconstruction du récit s'ajoute le mélange des genres, des chansons et des comptines étant insérées dans le texte en prose. Des extraits d'une lettre, à trois étapes différentes de sa

---

17. Marie-Jeanne ROBIN (1981), « Rencontre : Bertrand Gauthier », *Lurelu*, vol. 4, n° 4 (hiver), p. 18.

18. On connaît le cas de l'album de Dominique Jolin, *Qu'est-ce que vous faites là ?*, dans lequel la mère de famille partage le lit de son ami Jules. Plusieurs enseignants reconnaissent que, lors de la lecture de cet album en classe, ils/elles changent le nom de Jules pour lui substituer le mot « papa ».

19. Michelle HUART (1979), *art. cit.*, p. 19.

rédaction, viennent interrompre le récit en introduisant une note plus émotive. Hou écrit à son œuf géant, mais «cette partie de l'histoire est très difficile à écrire car elle touche le cœur». Aussi une période de trois mois est-elle nécessaire pour mener à bien cette entreprise épistolière. Les images de Marie-Louise Gay ancrent le récit dans un cadre concret. Bien que Hou Ilva ne se plaigne jamais de la solitude (au contraire même, il reçoit sa famille au grand complet pour Noël et passe des fêtes mouvementées), le vide du décor, l'importance des surfaces blanches traduisent la solitude du personnage. La métamorphose de l'être mûrit dans la solitude, la croissance est affaire personnelle et intime. Des détails loufoques accompagnent bien l'absurdité de la situation de base : les fleurs de la tapisserie croissent hors du mur et le personnage de Hou Ilva appartient à une catégorie d'âge indéfinie, mi-adulte, mi-enfant. Tout en vivant seul et en assumant pleinement la responsabilité de l'œuf, Hou Ilva ne dédaigne pas de s'adonner à des activités infantiles. Il joue au bilboquet, au tic-tac-toc, écoute la comptine de sa boîte à musique assis par terre, les jambes écartées, comme un bébé. Ce personnage qui oscille entre l'enfance et l'âge adulte nous paraît emblématique de la situation de l'album québécois des années 1970, qui cherche sa voie entre tradition et modernité.

Dans les albums suivants, *Dou Ilvien* (1978) et *Hébert Luée* (1980)[20], dérision et comique ne font qu'augmenter. *Dou Ilvien* présente une parodie d'enquête policière menée par le personnage éponyme. Tout en se prenant pour l'égal des grands détectives de la littérature, Dou Ilvien se caractérise par la faiblesse de son raisonnement logique. Quant à *Hébert Luée*, l'album présente un récit en abyme. Les personnages savent qu'ils figurent dans un livre pour enfants, ce qui permet au narrateur hétérodiégétique d'opposer deux conceptions de ce «qui convient» aux jeunes lecteurs. Hébert Luée, prénom porté ici par une femme, bien qu'il soit traditionnellement masculin, est ingénument moderne. Elle demande à son ami Hurlu Berlu de deviner l'aventure la plus farfelue qui lui soit arrivée. Comme il ne sait trop quoi répondre, son interlocutrice poursuit :

> Je vais te le dire car tu ne devineras jamais. Imagine-toi donc, Hurlu, que j'ai fait l'amour avec un martien et que...
> — Mais, voyons, Hébert, on ne parle pas de ça devant les enfants, coupa Hurlu. N'oublie surtout pas que nous sommes tous les deux à l'intérieur d'un livre pour les enfants.
> — Voyons donc, Hurlu, les enfants en savent déjà beaucoup plus que tu ne le crois. Ils en voient partout : à la télévision, au cinéma, dans les revues, dans les journaux, sur les panneaux-réclames...

Ainsi s'amorce un quiproquo absolument délicieux, Hébert Luée imaginant que ce sont les martiens qui constituent le sujet tabou. Au chapitre suivant, un

---

20. Ce dernier album a reçu, en 1980, le prix du Conseil des arts pour le texte.

chauffeur de taxi montréalais qui a chargé Hurlu Berlu et Hébert Luée dans son véhicule se fait le porte-parole d'une certaine opinion publique en critiquant l'éducation, la télévision, la bande dessinée et l'hypocrisie des adultes qui écrivent pour les enfants : «Vous deux, je mettrais ma main dans le feu que vous restez ensemble et que vous n'êtes même pas mariés...» Les contes de fées en prennent aussi pour leur grade et se font qualifier de «bouffonneries» lorsque le même chauffeur de taxi dépose à la porte d'un cirque «une grande fille blonde avec une note attachée à son corsage : elle dort depuis quatre-vingts ans et dormira encore un autre vingt ans. Ne pas déranger». Poursuivant dans cette voie de l'intertextualité accessible aux enfants, il est aussi question d'«un certain Barbe-Bleue» recherché par la police, «on ne sait plus trop pourquoi», d'une «compagnie de canots volants nommée Airchassegalerie» et ainsi de suite, dans une débauche d'humour, mais aussi de remise en cause des idées reçues. Outre la question du contenu du livre pour enfants, de l'hypocrisie des adultes, Bertrand Gauthier aborde aussi le problème des rôles traditionnels des femmes et des hommes, Hurlu Berlu et Hébert Luée clamant leur désir de «ne plus être prisonniers» de leur rôle respectif de père «financier» et de mère «captive». On est loin du discours moralisateur des productions antérieures qui incitaient l'enfant lecteur à reproduire les modèles proposés. L'album moderne remet en question, amène une prise de conscience, suscite une réflexion.

Gilles Tibo illustrant *Le Prince Sourire et le lys bleu* de Louis-Philippe Côté (1975) ou les comptines de Grand-Père Cailloux, Christiane Duchesne écrivant et illustrant pour les tout-petits (*Lazaros Olibrius* et *Le triste dragon*, 1975), Yvon le Roy aux Éditions Naaman (*Le marin pêcheur et le goéland*, 1977), Michel Fortier mettant en image le célèbre conte de chantier, «Le Money Musk», sous le titre *Les marionnettes* (1978), adapté par Roger Des Roches, ont chacun à leur manière contribué au renouveau de l'album. La critique a été unanime à saluer la nouveauté de leurs œuvres. On en souligne l'originalité, tant dans le texte que dans l'illustration, parfois le côté «dérangeant», comme c'est le cas pour les illustrations des *Marionnettes* de Michel Fortier, tout en ajoutant que ce dérangement est salutaire et attendu[21]. Il ne fait pas de doute que le public était mûr pour le changement. Toutefois, après l'éclatement des formes et des structures traditionnelles provoqué par Bertrand Gauthier dans une réflexion plus susceptible de toucher les adultes que le public cible, c'est à Ginette Anfousse et à sa célèbre série «Les aventures de Jiji et Pichou» que revient le mérite d'avoir franchi une autre étape en

---

21. Parlant des illustrations, Michèle GÉLINAS (1978) écrit : «Au premier coup d'œil, elles étonnent, elles dérangent nos conventions et c'est tant mieux : l'œil apprivoise peu à peu ce fouillis de lignes et on se prend à aimer vraiment ces images qui ont la «mouvance», la force et le génie de la vie». «Les marionnettes», *Lurelu*, vol. 1, n° 4 (hiver), p. 7.

donnant une voix/voie à l'enfant : une voix pour s'exprimer par l'intermédiaire d'un personnage à son image, et une voie pour grandir, les situations vécues par la petite Jiji reflétant celles que vit un jeune enfant de classe moyenne dans nos sociétés occidentales. Ginette Anfousse a su trouver le ton juste pour apprendre à l'enfant à se connaître lui-même[22]. L'enfant devient le centre du monde : chacun des volumes de la série donne à voir au lecteur le déroulement et la résolution d'une étape de la vie enfantine (*La cachette*, *La chicane*, *La varicelle*, *Je boude*), le rassure et lui fait comprendre sa propre psychologie et celle des personnes qui gravitent autour de lui. Dans l'univers de Jiji et Pichou, les adultes ne sont guère présents, et le narrateur exprime un point de vue d'enfant de l'âge du lecteur. Traditionnellement axé sur des petites collectivités proches de l'enfant, comme la cellule familiale ou l'école, l'album se recentre à la fin des années 1970 pour focaliser sur l'enfant en tant qu'individu. De nouveaux rapports, plus intimes, vont naître entre l'enfant et son livre.

Nouveaux rapports entre le livre et son lecteur

Outre le fait que l'univers de Jiji adhère en tous points à celui du lecteur, les albums de Ginette Anfousse instaurent de nouveaux rapports entre le livre et le lecteur. Les albums de Bertrand Gauthier avaient esquissé ces nouvelles modalités de lecture, mais à un niveau pas toujours accessible aux enfants comme, par exemple, l'humour issu de la critique sociale, certains jeux de mots ou une intertextualité hors de portée d'un enfant de sept ou huit ans (Hercule Poirot, le lieutenant Colombo, etc.). *La cachette* (1976) de Ginette Anfousse est un livre-jeu auquel le lecteur est expressément invité à participer. Avec son petit sourire en coin, un peu gênée et timide, Jiji interpelle le lecteur dès la première image : « Coucou ! » Puis, après quelques hésitations, elle exprime ce qui lui trotte dans la tête : « Je me demande qui pourrait jouer avec moi ?... Hé ! toi, tu voudrais ? » Les petits cœurs, qui volettent près du bord droit de son chapeau, traduisent sous forme métonymique la joie et le bonheur anticipés. Alors commence le jeu proprement dit. L'alternance de plans rapprochés et de plans d'ensemble vus sous des angles différents permet de passer en revue les diverses pièces de la maison, tandis que les injonctions du texte : « Ici, regarde bien ! » ou « Ouvre grands les yeux !!! » invitent l'enfant à chercher dans l'image des indices révélant la cachette de Jiji. Bien construit, le livre se clôt presque sur lui-même, en reprenant une des illustrations du début dans laquelle Jiji et Pichou, son tamanoir en peluche, font face au lecteur et, les yeux brillants, le remercient de sa participation par un « J'aime beaucoup jouer avec toi ! ».

Devine ? (1990) reprend la formule du livre-jeu, mais cette fois, sous la forme d'une devinette. Le terrible Cloclo Tremblay, qui se chamaille constamment avec

---

22. Le premier volume, *Mon ami Pichou*, a reçu en 1978 une mention au prestigieux prix international Hans Christian Andersen.

Jiji, a oublié sa collation sur un banc. Le nez plongé dans le sac en papier, Jiji explique à Pichou ce qu'elle découvre à l'intérieur, décrivant un monstre à trois yeux, « trois petits yeux rouges qui la fixent férocement ». Ainsi, pendant douze images, la petite rusée fait progressivement monter la tension pour finir par sortir du sac... un beigne au chocolat décoré de trois cerises rouges. L'image seule donne la réponse à la devinette, tandis que le texte informe le lecteur de ce qu'il croit être le dénouement : « Devine, Pichou ? Devine maintenant ce qui est rond comme mon chapeau et qui va se faire avaler tout rond ? » Mais l'espiègle Jiji a besoin de se donner bonne conscience. Sur les deux dernières images, on la voit remplacer le beigne au chocolat par la banane qu'elle avait apportée pour son goûter, tout en disant : « Tu sais, Pichou, je suis certaine qu'il [Cloclo] sera content d'avoir échangé son horrible cyclope au chocolat à trois yeux pour ma merveilleuse banane bien mûre. » La chute du texte est savoureuse, comme dans *Je boude*, autre album de Ginette Anfousse, où Jiji explique pourquoi elle boude. Après avoir énuméré toutes les bêtises et méchancetés qu'elle a faites pendant la journée et qui, à elles seules, pourraient bien lui valoir toutes les foudres de l'Olympe, Jiji explique que si elle boude, ce n'est pas à cause de tous ces incidents, mais parce qu'elle a été punie. Ginette Anfousse cultive ces dénouements inattendus qui, en provoquant le lecteur, suscitent sa réflexion et font appel à son bon sens et à sa raison. Délicate subtilité qui remplace avantageusement le didactisme d'antan, issu des rapports hiérarchiques qui unissaient l'enfant à l'adulte. Les liens verticaux de jadis ont cédé la place à des liens horizontaux : l'enfant est désormais considéré comme l'égal de l'adulte, un être humain à part entière, intelligent, libre, capable d'avoir une opinion personnelle.

Ce glissement des relations d'autorité vers des rapports de plus en plus fondés sur l'amitié et l'égalité n'ont fait que se renforcer dans les années 1990. Un album comme *Les grandes menaces* de Marie-Hélène Jarry, qui traite des calamités que les parents promettent à l'enfant s'il n'obéit pas (« Si tu continues à sucer ton pouce, tu vas avoir des dents de lapin », etc.), met l'autorité parentale à rude épreuve. Il donne la parole à un narrateur-enfant qui a compris que ces menaces ne sont que de la rhétorique, qu'elles sont fausses et vides. Après avoir évoqué tous les malheurs que ses parents lui promettent s'il n'agit pas à leur guise, le narrateur-enfant se tourne en quelque sorte vers le jeune lecteur et, dans une éblouissante synthèse finale, lui demande de se prononcer sur le bon sens du discours parental :

> As-tu déjà vu ça, toi, un petit garçon, très petit, tout seul au bord du chemin, avec sa gardienne et le Bonhomme Sept-Heures, sans un seul jouet, qui fait des grimaces et qui a un nez très long et des lunettes et deux grandes dents de lapin ?

Il est évident que l'autorité est ici tournée en ridicule, tandis que l'enfant apparaît comme un juge raisonnable et plein de bon sens.

Les rapports plus ludiques entre le lecteur et son livre, qui s'amorcent à la fin des années 1970, se confirment au fil des ans. Outre le développement des livres-jeux proprement dits, nombreux sont les albums qui prennent la forme d'une recherche (*As-tu vu Joséphine ?* [1986] de Stéphane Poulin), d'une devinette (*Le fidèle compagnon de grand-père* [1998] de Mario Leduc), d'un appel à la raison du lecteur (*C'est pas juste !* [1992] de Dominique Jolin). À ces transformations dans les rapports entre le livre et le lecteur sont venues se greffer des modifications dans le langage plastique.

Évolution du langage plastique

Depuis les années 1970, l'apparence du livre s'est complètement modifiée. À la suite des expériences réalisées dans l'édition internationale, sporadiquement dès les années 1910, par des auteurs comme Edy-Legrand (*Macao et Cosmage*, 1919), puis reprises et amplifiées par l'équipe Ruy-Vidal/Harlin Quist, le format carré s'impose de plus en plus comme format privilégié de l'album[23]. Outre le fait qu'après le cercle, le carré constitue la forme géométrique la plus parfaite, tendant à concentrer l'attention et l'énergie en son centre, le format carré offre à l'artiste la possibilité de travailler soit sur une surface carrée, s'il n'utilise qu'une seule page, soit sur un plan rectangulaire, s'il met à profit deux pages contiguës. Ce format permet aussi des mises en pages plus audacieuses, comme l'ont montré les livres bien connus de Iéla et Enzo Mari, *La pomme et le papillon* et *L'œuf et la poule*.

Simultanément, l'illustration de l'album pour enfants, jusqu'alors assez stéréotypée — le réalisme mimétique étant considéré comme le style le mieux approprié à l'enfance —, s'ouvre sur le monde de l'art et de la communication visuelle. Aussi rebelle que le texte déconstruit qu'elle accompagne, l'illustration de la trilogie de Bertrand Gauthier, confiée à Marie-Louise Gay, va parfois jusqu'à rejeter toute fonction narrative. On y rencontre, en particulier dans *Hébert Luée* (fig. 1, voir p. 42), des images de facture surréaliste dans lesquelles «le problème de la référence au réel est [...] évacué au profit de rapprochements insolites destinés à charger les choses de mystère et d'étrangeté[24]». L'influence conjuguée du graphisme publicitaire et du cinétisme de Victor Vasarely imprègne les premières réalisations de Gilles Tibo (*Le Prince Sourire et le lys bleu* [1975]) (fig. 2, voir p. 42), qui poursuit ses expérimentations en associant la photographie et le dessin dans *Le tour de l'île* (1980), avant de se consacrer, dans les années 1980 et 1990, à la peinture à l'aérographe. La technique des papiers déchirés et collés, mise à l'honneur au début du

---

23. Pour une esquisse historique du format carré dans l'album, voir le compte rendu que fait Brigitte ANDRIEUX (2001) des «Rencontres autour de la littérature jeunesse contemporaine, Blois, 23-24 octobre 2000», dans «Voix au chapitre», *La revue des livres pour enfants*, n° 197 (février), p. 99-102.

24. Claude-Anne PARMEGIANI (1983), «Des livres d'images sous influence : les petits-enfants du surréalisme», *La revue des livres pour enfants*, n° 90 (mai), p. 19.

cubisme par Picasso et Braque, apparaît dans *Ouram* d'Anne Vallières (1973), tandis que certains artistes optent pour un style proche de l'art naïf, tels Miyuki Tanobe (*Québec, je t'aime* [1976]), Guy Bailey (*Bienvenue chez nous* [1978]) ou Sheldon Cohen (*Le chandail de hockey* [1984] de Roch Carrier). Pendant toute cette période apparaissent de nombreux styles que l'on peut regrouper sous le vocable très général de « nouvelle figuration », désignant un mode de représentation figuratif modifié, enrichi par des influences, des techniques et des tempéraments divers. Des artistes comme Stéphane Poulin, Pierre Pratt, Stéphane Jorisch, Luc Melanson, Michèle Lemieux, Geneviève Côté et bien d'autres encore sont plus que des illustrateurs. Ils sont de véritables « faiseurs d'univers », très différents les uns des autres, usant de toute la gamme des procédés figuratifs, de l'hyperréalisme poétique de Stéphane Poulin (*Vieux Thomas et la petite fée* de Dominique Demers [2000]) (fig. 3, voir p. 43) à l'exotisme onirique de Stéphane Jorisch (*Un rêveur qui aimait la mer et les poissons dorés* de Marie-Danielle Croteau [1997]) (fig. 4, voir p. 43). Cette grande variété des styles d'illustration va de pair avec l'évolution qu'a connu l'art au xxe siècle. Selon Roger Garaudy, « la conception moderne de l'art est née de l'affirmation de l'autonomie de l'homme. À partir de là, l'art ne peut plus être imitation ou reconstruction d'un monde donné, mais création d'un monde possible[25] ». Cette évolution esthétique, allant de la glorification de Dieu à l'exploration de l'humain, se reflète dans l'idée que l'on se fait actuellement de l'illustration. Les clichés redondants et mimétiques de la réalité qui ornaient autrefois les livres pour enfants sont désormais proscrits. L'illustration s'est libérée de l'obligation de représenter la réalité. De descriptive qu'elle était, « sans aucune finalité d'action ou de communication[26] », elle s'est métamorphosée en outil de communication à part entière.

L'influence qui a le plus profondément modifié le visage de l'album pour enfants est à rechercher dans les moyens de communication visuelle : le cinéma, le cinéma d'animation et, surtout, la bande dessinée qui les a précédés. Cette dernière constitue incontestablement la plus grande révolution de l'expression visuelle depuis la formulation de la perspective linéaire à l'époque de la Renaissance. Le découpage scénique, l'expression du mouvement sur une surface plane et fixe, l'atmosphère et le rythme créés par la variation des plans et des angles de vue, toutes ces techniques sont à porter au crédit de la bande dessinée. De même, le recours aux phylactères, désormais fréquent dans l'album, permet d'ajouter à la narration un dialogue plus direct, plus spontané. Le dessin s'est radicalement transformé à l'école du neuvième art. Il se fait « synthétique et abréviateur », pour reprendre les termes de Baudelaire s'élevant « contre le réalisme enlisé dans le détail et commandé par la volonté de ne

---

25. Roger GARAUDY (1974), *60 œuvres qui annoncèrent le futur. Sept siècles de peinture occidentale*, Paris, Éditions d'art Albert Skira, p. 291.

26. Roland BARTHES (1982), « L'effet de réel », dans *Littérature et réalité*, Paris, Éditions du Seuil, p. 83.

rien oublier» ou contre «le culte du dessin tatillon[27]». D'un coup de crayon rapide, l'artiste contemporain ne retient «que l'essentiel, l'ensemble, le mouvement, le trait piquant[28]». Finis les visages d'enfants angéliques aux contours nets et fermes rendus dans tous leurs détails. Le dessin s'est mis à l'ère du mouvement et de la vitesse qui facilite l'expression du comique, caractère désormais prévalant dans l'album pour enfants : «Le comique a besoin de mouvement, c'est-à-dire de répétition (ce qui est facile au cinéma), ou de typification (ce qui est possible au dessin)[29].» Cette prédilection pour le mouvement reflète aussi l'instabilité et l'insécurité du monde dans lequel nous vivons, car «la croyance en la stabilité impliquait la croyance dans la netteté du trait[30]». Les illustrateurs dont le style s'inspire directement de la bande dessinée sont fort nombreux, beaucoup trop nombreux pour que l'on puisse les nommer tous. Marie-Louise Gay, Daniel Sylvestre, Philippe Béha, Dominique Jolin n'en sont que quelques exemples. Certains, comme Michèle Lemieux, recourent à l'un ou l'autre style en fonction du livre et de son contenu sémantique.

L'album, enfin, est devenu le lieu d'une véritable explosion de couleurs. L'industrie chimique a déversé sur le marché quantité de produits colorants qui permettent, seuls ou mélangés à d'autres médiums, de produire des textures et des effets divers. Parallèlement, les techniques d'édition et de reproduction des couleurs s'étant perfectionnées, l'album pour enfants se classe de plus en plus fréquemment au rang des livres d'art. Bien que la couleur se libère parfois de la contrainte du mimétisme, comme dans la série «Gofrette» de Doris Brasset et Fabienne Michot, où l'ami canin du chat Gofrette est bleu, elle demeure généralement assez proche du réalisme. Le principal changement dans le domaine de la couleur réside dans le fait que celle-ci est devenue un facteur important de dynamisme. Déjà, en 1979, l'*Abécédaire* de Marie-Francine Hébert, illustré par Gilles Tibo, montrait les qualités cinétiques de la couleur, caractéristique toutefois atténuée du fait que les tons utilisés dans cet album sont rompus. Dans les années suivantes, les couleurs primaires (bleu, rouge et jaune) sont de plus en plus présentes dans les illustrations et s'entre-choquent pour donner une impression de mouvement. *L'écharpe rouge* (1999) d'Anne Villeneuve fournit un bel exemple de cette utilisation moderne de la couleur. Le ruban rouge de l'écharpe constitue comme un fil d'Ariane qui guide l'œil du lecteur d'une image à l'autre dans une course ininterrompue, tandis que les

27. Charles BAUDELAIRE, *L'art romantique* : «L'art mnémonique», Genève, Skira, cité par François DAGOGNET (1973), *Écriture et iconographie*, Paris, Vrin, p. 60.

28. Denis DIDEROT, *Œuvres complètes*, Éditions Assézat, t. XI, Salon de 1767, p. 329, cité par François DAGOGNET, *Ibid.*, p. 159.

29. Roland BARTHES (1982), «Le message photographique», dans *L'obvie et l'obtus. Essais critiques III*, Paris, Seuil, p. 18.

30. Pierre FRANCASTEL (1988), *Art et technique aux XIXᵉ et XXᵉ siècles*, Paris, Gallimard, 1988, p. 213.

couleurs environnantes, le jaune en particulier, intensifient la vibration colorée et l'impression de mouvement. On retrouve dans ce récit sans texte les préoccupations de Robert Delaunay, qui a mieux que tout autre tenté d'exprimer le dynamisme par la couleur. On connaît l'explication qu'il aimait donner de son tableau intitulé « Hommage à Blériot » (1914), affirmant sous forme de boutade que « le moteur est dans le tableau ».

Les pages qui précèdent ont montré l'évolution de l'album pour enfants dans ses rapports avec le jeune lecteur, dans son apparence et dans son langage plastique. Bien que la production d'albums décline au cours de la première moitié des années 1990 au profit des mini-romans pour lecteurs débutants, la création de nouvelles maisons d'édition, telles Dominique et compagnie et Les 400 coups, relance, dans la deuxième moitié de la décennie, l'édition de livres pour les enfants d'âge préscolaire. Les Éditions du Raton Laveur, quant à elles, produisent avec constance des albums de qualité qui explorent de plus en plus les rapports du texte et de l'image, un des aspects les plus intéressants de cette évolution des années 1970-2000.

Les rapports du texte et de l'image

Dans son article bien connu sur la rhétorique de l'image, Roland Barthes soulignait le caractère « franc et emphatique » de l'image publicitaire, dont la fonction est évidente et le message flagrant[31]. Bien que la fonction de l'image d'illustration soit différente de celle de l'image publicitaire, l'album a bénéficié des travaux du critique français dans la mesure où les fonctions d'ancrage et de relais qu'il assignait au texte suffisent toujours à expliquer bon nombre d'albums d'aujourd'hui[32]. Toutefois, ces deux fonctions perpétuent le statut hiérarchique des rapports texte/image car, dans les deux cas, le texte apparaît comme essentiel à l'intelligibilité de l'image et à la poursuite de l'action, l'image n'étant investie que d'une importance secondaire. Or, dans les décennies 1980 et 1990, les rapports texte/image se sont considérablement diversifiés et raffinés et ont obligé la critique à mieux rendre compte des subtilités dialogiques qui les unissent dans certains albums. Il convient de signaler ici les travaux du Groupe μ, de l'Université de Liège, ainsi que ceux de Aaron Kibédi Varga, un des rares chercheurs à s'intéresser à l'image et à la relation du verbal et du visuel. Il faut toutefois noter que Kibédi Varga ne s'est jamais penché sur la question de l'album pour enfants et qu'une partie seulement de ses travaux, sur lesquels nous reviendrons ultérieurement, s'applique véritablement à cette forme de message visuel.

---

31. Roland BARTHES, « Rhétorique de l'image », dans *L'obvie et l'obtus. Essais critiques III*, Paris, Seuil, p. 26.

32. Rappelons pour mémoire que le texte remplit une fonction d'ancrage lorsqu'il limite la polysémie de l'image en lui assignant un seul sens. Quant à la fonction de relais, elle permet au texte d'ajouter des éléments, le plus souvent abstraits, que l'image ne peut exprimer ou ne peut montrer.

Plus proche de nos préoccupations, l'article de Denise E. Agosto fournit un modèle théorique sur ce qu'elle appelle le « récit interactif », dans lequel le lecteur doit tenir compte des deux formes de discours (le linguistique et le visuel) pour comprendre l'histoire[33]. L'auteure dégage deux tendances dans l'interaction texte/ image, l'une allant dans le sens d'une amplification du texte par l'image et de l'image par le texte, l'autre les mettant en contradiction. L'amplification peut servir cinq objectifs particuliers : susciter l'ironie, provoquer l'humour, révéler des indices, faire naître le fantastique, amener la transformation ou le retournement du récit. La contradiction, pour sa part, peut faire naître l'ironie, susciter l'humour ou révéler au lecteur une information que le protagoniste ignore. Ce modèle, qui ne s'applique qu'à un sous-ensemble limité d'albums pour enfants, a cependant le mérite de clarifier les relations texte/image dans certains livres parus au Québec dans les années 1990.

L'histoire de l'album québécois reflète et justifie cet approfondissement de la critique. Les albums publiés par les Éditions Paulines dans les années 1970 illustrent bien l'aspect accessoire de l'image, reléguée de par sa fonction redondante au rang de simple décoration. À l'extrême inverse, le même statut décoratif caractérise certaines illustrations surréalistes non narratives des premiers albums modernes de Bertrand Gauthier. L'image redondante, tout comme l'image non narrative, se rejoignent alors dans une même ignorance du sémantisme textuel. Le rapport texte/ image commence à changer dans certains albums de Ginette Anfousse, dans la collection que nous connaissons déjà bien, « Les aventures de Jiji et Pichou ». Prenons, par exemple, *Le savon* (1980). Dans les premières images, Jiji s'est lavée et habillée de frais à la demande de sa mère. Le texte corrobore l'image : « Voilà, je suis toute propre » ; il assume aussi une fonction d'ancrage, les images précédentes n'étant pas une publicité pour un produit de bain moussant ou une marque de vêtements d'enfants. Le rapport texte/image change cependant rapidement lorsque Jiji confesse à son ami Pichou : « Bien sûr, si j'étais toujours assise sur une chaise, sans bouger, je serais TOUJOURS, TOUJOURS propre... » Or, l'image nous montre Jiji rampant dans la boue pour passer sous une clôture. L'image contredit en quelque sorte le texte dans la mesure où il apparaît clairement que Jiji n'est pas toujours assise sur une chaise. On se trouve dans le schéma de contradiction décelé par Denise Agosto en vue de susciter l'humour.

Il n'est pas nécessaire d'insister non plus sur la désuétude du principe voulant que le texte soit un art du temps et l'image un art de l'espace. L'album a emprunté à la bande dessinée et au cinéma le principe des variations de plans, du plan d'ensemble au plan rapproché ou même au gros plan, permettant d'exprimer le

---

33. Denise E. AGOSTO (1999), « One and inseparable : Interdependent storytelling in picture storybooks », *Children's Literature in Education*, vol. 30, n° 4 (décembre), p. 267-280.

temps en montrant l'approche ou l'éloignement d'un personnage ou d'un véhicule. L'arrivée du Bonhomme Sept-Heures dans *L'hiver ou le Bonhomme Sept-Heures* (1980) de Ginette Anfousse joue ainsi sur les plans pour exprimer à la fois le temps qui passe, sans que le sommeil salvateur vienne endormir la petite fille, et la frayeur que cause le visage de l'affreux bonhomme en gros plan dans la fenêtre de la chambre. Le temps s'exprime aussi, comme dans les vitraux hagiographiques du Moyen Âge, par l'ajout en médaillons de scènes représentant différents moments de l'action. Ainsi dans *Les grandes menaces* (1989) de Marie-Hélène Jarry, dont il a déjà été question plus haut, le jeune protagoniste pense à l'avertissement de son père : « Si tu ne ranges pas tes jouets, on va les donner aux voisins. » Trois médaillons latéraux montrent les petits voisins en train de s'amuser avec les jouets favoris du narrateur. Cette mise en page concrétise la pensée du protagoniste et, en même temps, permet d'exprimer un futur virtuel (fig. 5, voir p. 44).

Au cours des années 1990, ont paru aux Éditions du Raton Laveur plusieurs albums dont le texte relève de formules figées du discours : proverbes, maximes, expressions toutes faites. Tel est le cas de *Proverbes et animaux* (1994), *Myope comme une taupe* (1995) ou *La Saint-Valentin des animaux* (1995), tous illustrés par Roxane Paradis, d'après une idée de Michel Luppens. Si l'on suit la voie empruntée par Kibédi Varga, on constate que le texte et l'image agissent l'un sur l'autre selon des modalités empruntées à la répétition, au pléonasme, à la mise en relief, à l'énumération, au parallélisme, mais aussi à l'hyperbole, à la litote ou à la synecdoque. Dans *La Saint-Valentin des animaux*, par exemple, on découvre un recueil de formules figées de diverses origines (langue populaire ou soutenue, chanson folklorique, régionalismes) exprimant l'amour chacune à leur façon. Si l'on ne s'intéresse qu'aux images, on découvre une succession de couples d'animaux. On devine qu'ils se parlent d'amour, ne serait-ce que par la dominante rouge des images et par les petits cœurs qui s'insinuent partout dans le décor, mais la véritable dimension de l'album, qui est d'amuser, disparaît en grande partie. Le texte, pour sa part, n'est pas spécialement comique non plus. Personne ne s'esclaffe lorsqu'on entend des formules du genre « J'ai trouvé l'oiseau rare », « Les amoureux sont seuls au monde » ou « J'ai l'honneur de vous demander votre main ». En fait, la dimension comique n'est vraiment atteinte que dans le dialogue du texte et de l'image qui joue de l'équivoque, de l'ironie, de l'antithèse ou de la métaphore pour susciter le rire. Par exemple, l'image prend le plus souvent le texte au pied de la lettre, elle joue sur la double valeur des mots ou expressions. Ainsi le hérisson qui exprime son attachement à sa compagne en lui disant : « Tu ne manques pas de piquant », tout en lui tendant un bocal de piments rouges (fig. 6, voir p. 44).

L'expression figurée étant par définition métaphorique, les exemples de relations métaphoriques entre texte et image sont nombreux. Ainsi ce volatile en jupe qui présente au lecteur son ami huppé et bariolé en ces termes : « J'ai trouvé l'oiseau rare ». On se trouve devant une juxtaposition du sens propre (message visuel) et du sens figuré (message verbal). De cette juxtaposition et de cette disjonction naît l'humour. Dans le même album, la séquence qui met en scène les serpents présente un cas d'équivoques en cascade. L'un des reptiles déclare solennellement : « J'ai l'honneur de vous demander votre main. » L'expression « demander la main de quelqu'un » est déjà métaphorique et équivoque, et comme les locuteurs sont des serpents, l'image introduit une deuxième équivoque humoristique. L'équivoque peut aussi porter sur les sens psychologique et physiologique d'un mot. Tel est le cas des caméléons qui se murmurent dans le tuyau de l'oreille : « Je t'aime comme tu es, surtout ne change pas. » Enfin, l'image entretient parfois des rapports antithétiques avec le texte, comme c'est le cas sur la page de titre qui affirme que « les amoureux sont seuls au monde » et qui montre deux pingouins apparemment amoureux, coincés au milieu d'une foule de congénères agglutinés sur une banquise.

On peut résumer tous ces effets du dialogue texte/image en recourant à la terminologie proposée par le Groupe μ qui suggère de distinguer deux niveaux de signification : le degré conçu et le degré perçu[34]. Selon ces chercheurs, ce type de communication visuelle présente un grand écart entre le degré conçu, qui désigne l'attente du lecteur après saisie du texte, et le degré perçu, qui renvoie à ce qu'exprime réellement l'image. La lecture d'une phrase telle que « j'ai l'honneur de vous demander votre main » amène immédiatement le lecteur à puiser dans son « encyclopédie visuelle[35] » et à concevoir un certain contexte. Lorsque, se reportant à l'image, il réalise qu'il s'agit de serpents, la situation prend une dimension comique. C'est dans l'espace de cet écart que surgit l'effet spécial, le comique dans les cas qui nous intéressent ici, né du fait que l'image ne procède pas par généralisation ou par abstraction comme le langage, mais au contraire par concrétisation. Le Groupe μ donne un exemple très clair de ce type de rapport entre message linguistique et message visuel :

> Si je dis d'une dame qu'elle a un cou de cygne, on focalise bien l'attention sur le caractère allongé et délié du cou. On pourra bien rendre compte de ce caractère dans un dessin. Mais il s'agira d'un simple « cou allongé » et non d'un « cou de cygne ». « De cygne » il ne sera que si je lui ajoute ces plumes qui, dans le linguistique, ont été éliminées de ma représentation. Avec l'effet de ridicule que cela comporte[36].

D'autres types de rapport entre texte et image ne relèvent plus du métaphorique ou de l'équivoque, mais plutôt de l'euphémisme ou de la litote.

Qu'est-ce que vous faites là ? (1993) de Dominique Jolin met en scène deux jeunes enfants qui doivent s'occuper pendant que leur mère travaille dans une autre

34. GROUPE μ (1990), « Rhétorique visuelle fondamentale », dans *La rhétorique du texte*, textes réunis par A. W. HALSALL sous la direction de Brian T. FITCH et Andrew OLIVER, Toronto, Éditions Trintexte, p. 128.

35. Catherine SAOUTER (1998), *Le langage visuel*, Montréal, XYZ Éditeur, p. 33.

36. GROUPE μ (1990), *art. cit.*, p. 128.

pièce de la maison. L'auteure inscrit le dialogue entre les personnages dans des phylactères, tandis qu'une phrase de texte par page, qui revêt une fonction référentielle, apporte des précisions temporelles ou chronologiques. À ces deux niveaux de discours vient s'ajouter celui des images, qui contredit le niveau dialogique. Ainsi lorsque la mère, au rez-de-chaussée, crie aux enfants : « Ça va là-haut ? » et que ceux-ci répondent : « Oui, on fait de beaux dessins », l'image montre, qu'au contraire, ça ne va pas du tout. Les enfants jouent avec des tubes de peinture : ils en ont mis partout sur le tapis et sur leurs vêtements et dessinent sur les murs et sur les tableaux qui y sont accrochés. Le dialogue, dans ce cas-là, entretient des rapports que le Groupe μ qualifierait d'« euphémiques » avec le discours de l'image. Les enfants minimisent une réalité que l'image fait apparaître tout autre et catastrophique.

On voit, par ces quelques exemples, combien l'image s'est libérée de sa sujétion au texte et à quel point elle est devenue un partenaire à part entière du texte, aussi indispensable que ce dernier à l'intelligibilité du message. Parfois même, et tel est le cas dans *L'écharpe rouge* d'Anne Villeneuve évoqué plus haut, l'image coupe en quelque sorte la parole au texte qui ne lui sert que de tremplin. Dans cet album tout en images, une seule phrase amorce le récit : « Un autre petit matin gris, se dit Turpin le chauffeur de taxi... » L'image prend alors le relais et développe la phrase-amorce dans le sens qui lui plaît. Elle la contredit purement et simplement en montrant que, pour Turpin, cette journée ne sera justement pas tout à fait une petite journée grise comme les autres. La traditionnelle « humble servante du texte » s'émancipe et prend de plus en plus souvent la clé des champs. L'album est probablement le type de livre destiné à l'enfance qui a le plus radicalement évolué entre 1970 et 2000, au point que son public cible est parfois ambigu et qu'à l'aube du troisième millénaire, il semble être un genre en mutation.

Albums pour enfants ou albums pour parents ?

Un certain nombre d'albums de la production actuelle sont manifestement conçus pour amuser les adultes, que ce soit parce qu'ils traitent de la vie privée des grandes personnes, comme l'amour entre adultes (*La Saint-Valentin des animaux*, *Qu'est-ce que vous faites là ?*), ou parce qu'ils sont fondés sur des expressions ou des réalités que l'enfant ne connaît pas toujours. Par exemple, dans *La Saint-Valentin des animaux*, pour comprendre l'humour de la séquence des caméléons qui se chuchotent à l'oreille : « Je t'aime comme tu es ; surtout ne change pas », il faut que le lecteur soit capable de reconnaître visuellement les caméléons, animaux peu fréquents dans le livre pour la jeunesse et que, les ayant reconnus, il sache qu'ils ont pour particularité de changer de couleur. Bien souvent, aussi, les albums mettent en scène les travers de l'enfant selon un point de vue d'adulte. Ainsi *Je ne pleure jamais* (1997) de Martin Traversy ou *L'horrible monstre* (1997) de Rémy Simard semblent vouloir venir en aide aux parents affligés d'enfants qui font des caprices au moment d'aller se coucher ou qui hurlent à tous propos. Ces albums amènent l'enfant capricieux ou pleurnichard à prendre conscience de son comportement, à le faire réfléchir dans l'espoir de lui faire perdre ses mauvaises habitudes. D'autres albums, comme *La soupe aux sous* (1990) et *Pourquoi les vaches ont des taches?* (1993) de Geneviève Lemieux, semblent destinés aux parents, l'auteure, qui est orthophoniste, les renseignant dans « Le mot de la fin », sur le zozotement ou sur cette période du développement de l'enfant où il n'arrête pas de poser des questions.

Plus récemment encore, les éditions Les heures bleues publiaient deux abécédaires, genre normalement destiné à la petite enfance, dont les textes d'accompagnement ne sont guère à la portée des jeunes enfants. *L'abécédaire des robots* (1999) de Jacques Thisdel et Alexis Lefrançois fourmille d'allusions qui échappent aux destinataires québécois. Le robonbon parle des calissons et des bêtises de Cambrai, la robohémienne mentionne les Saintes-Maries-de-la-Mer et la Mare Nostrum, le robouton joue sur un sous-entendu plutôt trivial à propos du « zipper utile pour s'arracher sinon le poil des nouilles du moins les poils du nez », et ainsi de suite. Quant à *L'abécédaire des animots* (2000) de Robert Soulières et Marjolaine Bonenfant, il invite à la création de mots-valises. Les textes d'accompagnement regorgent de termes plus éloquents pour les parents que pour les enfants : les mafieux, les plans quinquennaux et autres, les syndicats, le champagne Moët et Chandon, le mineur surnuméraire dont la devise est « Je bosse donc je suie ». Une foule d'allusions de tous ordres font de ces livres des textes qui seront vraisemblablement plus appréciés des adultes que des jeunes lecteurs.

Dans *Nuit d'orage* (1998) de Michèle Lemieux, une petite fille se met au lit, mais elle n'a pas sommeil. « Des milliers de questions se bousculent dans [s]a tête » : d'où venons-nous ? qui suis-je ? ma vie est-elle déjà toute tracée ou devrai-je trouver moi-même mon chemin ? qu'est-ce que l'infini ? et autres questions d'ordre métaphysique auxquelles l'artiste n'apporte que des réponses graphiques et métaphoriques, parfois étonnantes, quelquefois naïves, souvent ingénieuses ou humoristiques... Le dessin se développe avec une grande économie de moyens autour du thème récurrent du labyrinthe existentiel. La mise en pages elle-même prend part à l'expression du message. Par exemple, l'alternance du texte sur la page de gauche et de l'image sur celle de droite n'est interrompue qu'une seule fois, ce qui a pour effet de dramatiser la question et les silences qui l'entourent : « Et s'il n'y avait rien après la mort ? », question exceptionnellement inscrite sur la page de droite, tandis que la page précédente et la page suivante se murent dans la blancheur du silence. Bien que le narrateur soit une enfant, sa réflexion touche les lecteurs de tous âges.

Conclusion

L'analyse qui précède montre à quel point l'album pour enfants s'est transformé depuis les années 1970, alors que le projet didactique a fait place à l'esprit ludique.

Ces transformations résultent essentiellement de deux facteurs : un profond changement dans la conception que l'on se fait de l'enfant, et l'instauration de relations de plus en plus sophistiquées entre le texte et l'image. L'esprit de l'enfant était autrefois considéré comme une cire vierge sur laquelle on pouvait inscrire les comportements désirables. Il était malléable à merci : il suffisait de le faire passer dans le moule qui avait déjà façonné les générations précédentes. Indigne de la confiance des adultes, l'enfant se voyait imposer des modèles de comportement sur lesquels on ne lui demandait pas de réfléchir. À partir de la fin des années 1970, les relations adultes/enfants vont s'éloigner de plus en plus du schéma hiérarchique et autoritaire, pour accéder à un modèle beaucoup plus égalitaire. L'enfant devient un être doué d'intelligence et de bon sens, capable de trouver lui-même les comportements souhaitables pourvu qu'on sache faire appel à sa raison. Ce changement de mentalité amène une modification dans la nature de l'album. Le livre adopte de plus en plus un ton humoristique et une forme ludique qui amènent l'enfant à réfléchir, à prendre conscience et à porter un jugement sur les situations qui lui sont proposées. Une véritable maïeutique s'accomplit alors, dans laquelle le texte et l'image jouent chacun leur rôle dans une relation égalitaire et dialectique. Dans un certain nombre d'albums, texte et image donnent chacun une version contradictoire des faits, et de cette confrontation naît le sens véritable du message. Au lieu de brimer l'image, l'album d'aujourd'hui lui redonne la liberté d'expression qu'elle avait au XIXe et au début du XXe siècle dans le dessin d'humour, puis dans la bande dessinée, autant de genres décriés par les bien-pensants. L'image a cessé d'être accessoire pour devenir l'indispensable interlocuteur du texte. Dans le fait, enfin, que l'album semble s'adresser de plus en plus souvent aux adultes, on peut voir, certes, une technique de mise en marché, puisque ce sont les parents qui achètent les albums à leurs enfants, mais aussi un indice de l'accession de l'image au rang de langage universel du XXIe siècle.

Figure 1. Bertrand Gauthier, *Hébert Luée*, Montréal, La courte échelle, 1980.

Figure 2. Louis-Philippe Côté, *Le Prince Sourire et le lys bleu*,
Montréal, La courte échelle, 1975.

Figure 3. Dominique Demers, *Vieux Thomas et la petite fée*,
Saint-Lambert, Dominique et cie, 2000.

Figure 4. Marie-Danielle Croteau, *Un rêveur qui aimait la mer et les poissons d'argent*,
Montréal, La courte échelle, 1977.

Figure 5. Marie-Hélène Jarry, *Les grandes menaces*,
Saint-Hubert, Les Éditions du Raton Laveur, 1989.

Tu ne manques pas de piquant.

Figure 6. Michel Luppens, *La Saint-Valentin des animaux*,
Saint-Hubert, Les Éditions du Raton Laveur, 1995.

TRACES POSTMODERNES
DANS LES MINI-ROMANS ET PREMIERS ROMANS

Noëlle Sorin
Université du Québec à Trois-Rivières

Pourquoi la littérature pour la jeunesse, malgré la vague prégnante de socioréalisme qui la caractérise actuellement, ne serait-elle pas un champ également traversé par d'autres courants instaurant un certain renouvellement du littéraire ? Nous pensons notamment à l'esthétique postmoderne dont les particularités marquantes seront analysées à travers les œuvres de notre corpus. Plutôt que de démontrer l'appartenance au postmodernisme de certaines œuvres de la littérature pour la jeunesse, notre objectif est de vérifier s'il y a une « réalité » postmoderne dans ce champ littéraire, en étudiant comment certains aspects de ce courant s'intègrent aux romans et les alimentent.

Après avoir cerné les concepts de *mini-roman* et *premier roman*, nous recenserons d'abord les collections et séries que les maisons d'édition québécoises actuelles leur consacrent. Nous constaterons ensuite que la plupart des œuvres en littérature pour la jeunesse sont l'objet d'un traitement socioréaliste et relèvent souvent de la paralittérature, bien que plusieurs présentent des traces de postmodernisme. Enfin, à partir des quatre axes qui caractérisent cette esthétique littéraire, nous illustrerons leur présence dans plusieurs mini-romans et premiers romans. Certes, le choix du corpus est motivé par le souci d'analyser différentes stratégies d'écriture postmodernes telles le « je » narratif, le sujet écrivant représenté dans la fiction, l'intertextualité, etc. Nous constaterons toutefois que ces traces postmodernes confèrent une certaine qualité littéraire aux textes et permettent déjà une lecture littéraire aux lecteurs débutants.

Une entrée en lecture tout en douceur

De l'album… au mini-roman et au premier roman

Pour le jeune lecteur, le mini-roman (puis le premier roman) suit l'album qui, dans son sens usuel, est destiné, en tant que livre imagé, aux plus jeunes enfants. Alors que l'album est un concept flou oscillant entre le genre littéraire et la matérialité de l'objet-livre, en raison de la présence d'images, le mini-roman (et le premier roman) appartient explicitement au genre « roman ». La plupart des maisons d'édition d'ailleurs considèrent l'« album » comme un genre particulier. Édith Madore[1], dans son aperçu historique de la littérature pour la jeunesse au Québec, perpétue cette confusion. Certes, dans les albums, on retrouve plusieurs sous-genres : le conte, le récit fantastique, la légende, la fable, etc., mais l'« album » en tant qu'objet demeure un recueil imprimé où l'illustration domine.

Pour sa part, Francis Grossmann préfère la notion de « forme album » :

> Pour éviter toute confusion, je nommerai *forme album*, les livres dans lesquels le mariage entre le texte écrit et l'image crée un texte d'un genre particulier, dont les deux constituants ont une importance à peu près égale. Le texte écrit, lorsqu'on a affaire à la forme album est découpé en fonction de son rôle par rapport à l'image. La première différence avec le livre ordinaire réside dans le fait que la page ou plus souvent encore la double page acquiert le statut d'unités de sens à part entière[2].

Cette double page de l'album joue un rôle dans le découpage du texte. Elle « apparaît comme *une véritable scène*, et le fait de tourner la page représente pour le lecteur à la fois un changement de décor et le moyen, très concret, de faire avancer l'action : *un moteur narratif*[3] ». Cette segmentation particulière permet d'aménager des effets de surprise ou de ponctuer une suite de péripéties. L'histoire est en quelque sorte présentée en une suite de scènes illustrées, un court texte au bas de chaque page. Dans le roman, si *mini* soit-il, la page ne revêt plus cette unité de lecture. La structuration interne du récit n'est pas segmentée à la page. Elle est beaucoup plus autonome par rapport au support visuel, le fil de l'histoire se déroulant ininterrompu d'une page à l'autre jusqu'au début d'un nouveau chapitre.

Dans l'album, le texte écrit intervient de façon particulière, ayant principalement une fonction d'accompagnement de l'image. D'après Francis Grossmann, puisque « l'image assure à elle seule l'essentiel de la dynamique narrative, le texte

---

1. Ainsi, on peut lire : « Les collections se sont enrichies et multipliées au début des années 70. Parmi les genres littéraires privilégiés on trouve, bien sûr, les albums illustrés, les comptines, les contes, les légendes et le théâtre pour enfants […] » (Édith MADORE, *La littérature pour la jeunesse au Québec*, Montréal, Boréal, 1994, p. 36).

2. Francis GROSSMANN, « Que devient la littérature enfantine lorsqu'on la lit aux enfants d'école maternelle ? », *Repères*, n° 13, p. 88.

3. *Ibid.*

joue essentiellement un rôle *d'ancrage référentiel*[4] ». Il peut ainsi servir à situer le récit dans le temps et dans l'espace, à donner une étiquette aux personnages. Toujours d'après Grossmann, « le rôle d'accompagnement joué par l'énoncé peut aussi l'amener *à transcrire les paroles d'un personnage, ou à marquer un point de vue*, sans aucune introduction ou incise de verbe déclaratif. L'énoncé figurant sous l'image revêt alors souvent la forme d'un *commentaire évaluatif*, donnant une clé pour interpréter la scène[5] ». Cela permet, entre autres, de varier la voie narrative d'une page à l'autre.

Finalement quand l'image et le texte écrit coexistent, c'est dans une relation qui peut aller de la conjonction à la disjonction. Parfois, le texte suit page après page le déroulement chronologique de l'action et son découpage en images. Il peut remplir aussi « *une fonction dénotative* : il oriente la lecture de l'image d'une certaine façon, limitant les possibles interprétatifs[6] ». Parfois, l'image et le texte écrit peuvent proposer « *deux niveaux de lecture* apparemment autonomes, poursuivant chacun leur propre logique, mais se livrant en fait à un subtil jeu de contrepoints[7] ». L'album joue véritablement de codes multiples.

Si Grossmann a opté pour le concept de « forme album », les mini-romans et les premiers romans, eux, sont de format roman, c'est-à-dire un format de poche, notamment moins cher à produire. Toutefois, interrogeons-nous avec Suzanne Thibault sur les caractéristiques de ces propositions de roman à la portée des plus jeunes : « Le mini-roman, est-ce un album déguisé en roman, car certains titres pourraient fort bien se traduire en album illustré, ou encore un simple roman abrégé ? Est-ce un genre à part ou une sous-catégorie ? Et s'il s'agissait plutôt d'un produit hybride, plus près de la nouvelle pour enfants[8] ? »

Pour cerner ce que sont ces ouvrages particuliers, empruntons à la maison d'édition Dominique et compagnie[9] sa publicité de la saison 2000-2001 pour la collection « Carrousel », « une collection parfaitement adaptée aux besoins des jeunes lecteurs ». La première caractéristique est la présence de la couleur, rappelant l'album, quoique cette caractéristique ne semble pas essentielle quand on feuillette la collection « Ma petite vache a mal aux pattes » de Soulières éditeur, par exemple. À cette caractéristique s'ajoutent l'importance des illustrations et la qualité de la mise en pages qui « est vivante et originale, jusque dans les petits détails qui sont

---

4. *Ibid.*, p. 89.

5. *Ibid.*, p. 89.

6. *Ibid.*, p. 90.

7. *Ibid.,* p. 90. L'album *Perline Pompette* de Dominique Demers est à ce sujet exemplaire. Dominique DEMERS (1999), *Perline Pompette*, ill. de Marie-Claude Favreau, Saint-Lambert, Dominique et compagnie.

8. Suzanne THIBAULT, « As-tu lu ton mini ? », *Lurelu*, vol. 20, n° 3, p. 72.

9. *2000-2001. Collection Carrousel. Les romans jeunesse tout en couleurs*, Saint-Lambert, Dominique et compagnie, 15 p.

absolument uniques» (p. 3). La deuxième caractéristique touche à l'objet-livre et à sa résistance à la manipulation. Là encore on devine la filiation avec l'album. La troisième caractéristique relève de la lisibilité rédactionnelle et linguistique : « Le type et la grosseur des caractères utilisés permettent une lisibilité optimale. Les phrases sont courtes et le vocabulaire a été choisi pour être bien compris des enfants. Quant aux nombreuses illustrations, elles facilitent la compréhension et l'assimilation de mots nouveaux, plus difficiles. » (p. 3) Enfin, la dernière caractéristique distingue les mini-romans des *petits romans* que d'autres éditeurs baptisent premiers romans, en s'appuyant sur les niveaux de lecture :

> Les mini-romans (48 pages, [...]) proposent des textes courts, un vocabulaire simple, des illustrations très nombreuses. Voilà autant d'encouragements pour l'enfant qui, immédiatement, a la satisfaction de pouvoir lire rapidement, et seul, son premier roman.
>
> Les petits romans (64 pages, [...]) offrent des textes plus longs, séparés en chapitres, faisant appel à un vocabulaire enrichi qui correspond à l'évolution de l'enfant dans son apprentissage de la lecture. (p. 3)

Ces deux catégories de romans sont destinées à de jeunes lecteurs ayant entre six et neuf ans, manifestant déjà une attirance certaine pour les livres, mais également à ceux qui n'ont pas encore acquis une habitude de lecture. En effet, ces catégories sont spécialement conçues pour des lecteurs débutants qui ont dépassé le stade de lecture des albums, mais rejoignent aussi très bien les lecteurs plus âgés qui lisent habituellement peu. Tout est mis en œuvre pour «favoriser la lecture, faciliter la compréhension du texte [et] permettre une lecture ludique[10]». Ces catégories proposent des textes de complexité croissante dont le principal but pédagogique est la découverte du plaisir de lire.

Pour les plus jeunes lecteurs, qui possèdent déjà une bonne capacité de décodage et qui découvrent leurs premiers romans de façon plus autonome, la catégorie mini-roman offre des textes assez courts ayant une quarantaine de pages. La mise en texte est très aérée, les caractères de bonne taille, le vocabulaire et la syntaxe sont simples. Chaque page est illustrée. L'image, colorée ou non, colle souvent de près au texte, ne jouant plus un rôle fonctionnel comme dans l'album, mais étant plutôt de nature illustrative ; elle occupe entre le quart et la moitié de la page. L'intrigue est également simple, mais se déroule en un texte suivi sans division en chapitres. Quant à la catégorie *premier roman*, les lecteurs étant plus autonomes, les textes sont plus denses, le vocabulaire plus riche. L'action, plus complexe, est divisée en chapitres généralement courts. Par contre, les illustrations se raréfient ; on en trouve une vingtaine dans un livre qui compte une bonne soixantaine de pages.

---

10. Suzanne Thibault, «As-tu lu ton mini ?», *Lurelu*, vol. 20, n° 3, p. 72.

Une kyrielle de séries pour les grands de six à neuf ans

Depuis la naissance de la collection « Premiers romans » de la Courte échelle en 1988, la plupart des maisons d'édition québécoises, qui se consacrent entièrement à la littérature pour la jeunesse ou qui lui réservent un espace privilégié, offrent au moins une collection spécialement adaptée au lecteur novice, chaque collection étant généralement subdivisée en séries. Nous les avons répertoriées à partir des catalogues et autres publicités disponibles sur le marché pour la période 1999-2000 ou 2000-2001.

La maison d'édition Boréal propose la collection « Boréal Maboul » répartie en plusieurs séries pour les six à huit ans. Chaque roman compte 56 pages. Les séries, organisées autour d'un auteur et d'un illustrateur, sont les suivantes, avec plusieurs titres pour chacune d'elles : « Les enquêtes de Joséphine la Fouine », textes de Paule Brière et illustrations de Jean Morin ; « Les mésaventures du roi Léon », textes de Jean-Pierre Davidts et illustrations de Claude Cloutier ; « Le monde de Margot » de Caroline Merola, « Les aventures de Billy Bob », « Cervantès le cacatoès », « Les nuits et les jours de Julia ». Mentionnons deux nouvelles séries : « Les mystères de Dona-tien et Justine » et « Laurie l'intrépide », textes de Sonia Sarfati et illustrations de Jacques Goldstyn. La collection « Boréal Maboul » semble à cheval sur les deux catégories, mini-romans et premiers romans, et mise sur des héros sériels.

À La courte échelle, la catégorie premier roman a été privilégiée, comme en témoigne d'ailleurs la collection « Premier roman ». La publicité de l'automne 2000 la présente ainsi : « La collection Premier Roman est spécialement conçue pour les jeunes qui commencent à lire. De la fiction, des sujets universels qui touchent des personnages attachants et drôles. Une mise en pages aérée, des chapitres courts, des phrases simples et de nombreuses illustrations. » Les illustrations sont en noir et blanc. Cette unique collection destinée aux lecteurs de sept à neuf ans offre des ouvrages de 64 pages réunis surtout en séries autour d'un auteur particulier. Ginette Anfousse propose la série « Arthur » ; Chrystine Brouillet, la série « Clémentine » ; Marie-Danielle Croteau, la série « Fred » ; Marie Décary, la série « Adam » ; Jasmine Dubé, la série « Nazaire » ; Bertrand Gauthier, la série « Les jumeaux Bulle » ; Gilles Gauthier, les séries « Babouche », « Chausson » et « Marcus » ; Marie-Francine Hébert, la série « Méli Mélo » ; Louise Leblanc, les séries « Sophie » et « Léonard » ; Raymond Plante, la série « Marilou Polaire » ; Josée Plourde, la série « Paulo » ; Sonia Sarfati, la série « Raphaël » ; et Élise Turcotte, la série « Annette ».

Dominique et compagnie[11] est une maison d'édition qui a explicitement investi dans les deux catégories de romans pour lecteur débutant, à travers sa collection « Carrousel », conçue et dirigée par Yvon Brochu. En effet, cette collection

---

11. La maison d'édition Dominique et compagnie était encore tout récemment une division des Éditions Héritage. La collection « Carrousel » est d'ailleurs née sous l'égide d'Héritage Jeunesse.

se divise clairement en Roman rouge (à partir de sept ans) et Roman vert (à partir de neuf ans). Comme à La courte échelle et chez Boréal, plusieurs des romans sont regroupés en séries autour d'un auteur. Dans le Roman rouge, Dominique Demers a inauguré la série « Poucet », Hélène Vachon, la série « Somerset », Mireille Villeneuve, la série « Léonie » et Gilles Tibo, la série « Choupette ». Dans le Roman vert, Carole Tremblay propose la série « Croque-Cailloux ».

Sans avoir de collection destinée au lecteur qui commence tout juste à lire, la maison d'édition Hurtubise HMH s'intéresse à la catégorie premier roman à travers sa « Collection plus, premier niveau, facile »[12], qui s'adresse aux enfants de sept et huit ans de langue maternelle française et aux enfants de neuf et dix ans en classe d'accueil. Ces romans ont environ 54 pages et sont enrichis d'une partie pédagogique de 16 pages, « Le plus du plus ». La « Collection plus » est dirigée par Françoise Ligier et le supplément pédagogique, qui se retrouve à la fin de chaque roman, est une idée de Jean Bernard Jobin et Alfred Ouellet.

Les éditions Michel Quintin ont à leur actif deux collections : « Saute-mouton »[13], constituée de mini-romans (48 pages) destinés aux jeunes à partir de six ans, et « Le chat & la souris »[14], faite de premiers romans (64 pages) abordables à partir de sept ans. Toutefois, les romans ne sont pas regroupés en séries.

Les éditions Pierre Tisseyre possèdent une collection unique pour les six à neuf ans, la collection « Sésame », mais celle-ci est subdivisée en deux niveaux. Le niveau 1, de lecture facile, est réservé aux enfants de six à huit ans (sept à neuf ans en immersion) et le niveau 2 à ceux de sept à neuf ans (huit à dix en immersion). Bien que les livres fassent de 56 à 80 pages, nous reconnaissons dans ces deux niveaux les catégories de mini-romans et premiers romans. Selon le catalogue 2000, « cette collection du niveau premier cycle du primaire encourage les enfants à lire leur premier roman, tout en favorisant l'apprentissage de la lecture. Un soin particulier est apporté au développement des structures de phrases et au choix du vocabulaire » (p. 8). Dans la collection « Sésame », nous n'avons retracé qu'une série, la série « Jérémie », chaque titre semblant indépendant.

La maison d'édition Québec/Amérique, dans son catalogue 1999-2000, présente deux collections pour jeunes lecteurs, soit « Mini-Bilbo » pour les six-sept ans : « Les petits lecteurs d'albums sont toujours heureux d'ouvrir un Mini-Bilbo, leur premier roman de grands où les images occupent encore une place importante » (p. 2) ; et « Bilbo » pour les sept à neuf ans : « Les plus jeunes lecteurs adorent le texte

---

12. Dans la même collection, le premier niveau se reconnaît par un encadré de couleur bleue sur la page couverture, le deuxième niveau, par un encadré vert et le troisième niveau, par un encadré violet.

13. Catalogue 2001. « Textes courts, vocabulaire simple, gros caractères et beaucoup d'illustrations ! » (p. 2)

14. Catalogue 2001. « Textes plus longs, caractères plus petits et encore des illustrations ! » (p. 3)

bref et l'illustration généreuse des romans de la collection Bilbo. Ils les lisent pour ce plaisir inégalé des premiers romans.» (p. 2)

Enfin, Soulières éditeur, dans son catalogue 2001, consacre une seule collection à sa jeune clientèle, «Ma petite vache a mal aux pattes», collection dédiée aux enfants de six à neuf ans.

> La collection «Ma petite vache a mal aux pattes» est conçue pour les lecteurs qui commencent à lire. La typographie est généreuse et la mise en page, aérée. Quant aux illustrations, elles donnent un joli coup de pouce à la compréhension de l'histoire. Avec des thèmes près des jeunes lecteurs, c'est la collection idéale pour aborder graduellement le grand plaisir de la lecture. (p. 7)

Les livres de cette collection, illustrés en noir et blanc, proposent des textes de 61 pages. Ils semblent s'inscrire dans la catégorie premier roman. Par ailleurs, nous n'avons identifié qu'une seule série, celle de Gilles Tibo, «Rodolphe le détective», dont les textes ont 48 pages, et qui relèverait de la catégorie mini-roman.

Cette recension nous révèle que les œuvres destinées au jeune lectorat sont nombreuses. Elles se placent assurément du côté de la réception, puisqu'on se préoccupe fort aujourd'hui des tranches d'âges. Toujours regroupées en collections, parfois en séries, elles ont des caractéristiques éditoriales communes qui permettent de les classer soit comme mini-roman, soit comme premier roman.

Cette recension confirme dès lors que les mini-romans et premiers romans appartiennent essentiellement aux textes «paralittéraires» qui accentuent les normes de lisibilité à la fois rédactionnelle et linguistique, dans un double but pédagogique et économique: rendre accessible le livre et fidéliser un lectorat. En nous attachant au texte même, contenu et fonctionnement, nous constatons également que ces mini-romans et premiers romans s'inscrivent principalement dans le courant socioréaliste où lecteur et narrateur se confondent grâce à l'illusion référentielle d'une réalité partagée.

La littérature pour la jeunesse et le socioréalisme

Depuis les années 1980, comme l'affirme si justement Françoise Lepage, «le roman socioréaliste traverse toute la production actuelle pour la jeunesse, du mini-roman pour les enfants de sept à neuf ans au roman pour adolescents ou jeunes adultes[15]». Le roman pour la jeunesse a en effet versé dans le récit socioréaliste. D'abord, fidèle au réel, il offre une représentation qui se veut objective de la réalité plutôt qu'une image idéalisée. La fantaisie est mise en veilleuse au profit d'une représentation réelle des choses. Ensuite, il s'est mis au diapason des jeunes, les décrivant dans leur quotidien, les dépeignant aux prises avec le contexte familial et social de ce changement de

---

15. Françoise LEPAGE, *Histoire de la littérature pour la jeunesse, Québec et francophonies du Canada*, Orléans, Éditions David, 2000, p. 289.

siècle, confinant parfois à l'étude de cas ou à la résolution de problèmes. Il arrive souvent que le texte devienne prétexte à défendre une cause moralisatrice, quand il n'est pas empreint d'un didactisme à peine déguisé. À travers des personnages en miroir, les thématiques privilégiées sont les difficultés des relations familiales ou la vie à l'école. Le narrateur est généralement le personnage principal ; il partage les mêmes points de vue, préoccupations et émotions que le lecteur. En effet, une des tendances de la littérature pour la jeunesse est de chercher «le plaisir du lecteur et son identification au héros qui a souvent son âge et qui colle de près à ses rêves, à ses fantasmes, à ses aspirations[16] ».

Or, ces façons de procéder ne sont pas innocentes, dans la mesure où elles recherchent une osmose presque parfaite entre le jeune lecteur et le héros. Certes, le but — avoué — est honorable : faire lire les jeunes, les intéresser aux livres, leur donner des habitudes durables de lecture. Toutefois, derrière ces idéaux pédagogiques, certains objectifs se révèlent plus mercantiles. Pour les maisons d'édition par exemple, il s'agit de fidéliser un lectorat, donc de développer une clientèle. La recette du succès est dès lors exploitée à outrance. Cependant, les résultats sont les mêmes : dans cette stratégie visant à faire se confondre le lecteur et le héros, on a adapté les textes au lecteur, la littérature pour la jeunesse devenant de moins en moins littéraire. Dans un souci de lisibilité ou de plus grande accessibilité, on a donc « "récupéré" le roman de littérature jeunesse en l'allégeant et en le simplifiant[17] », en appauvrissant la langue et la syntaxe. La distanciation entre le lecteur et le narrateur, nécessaire au passage de l'identification à l'interprétation, est mise à mal : l'utilisation à outrance du présent superpose le temps de la lecture à celui du récit[18] ; le «je» réaliste, outil privilégié du roman miroir, prive le lecteur de sa part de rêve, de l'espace d'imaginaire propre au texte littéraire.

Toutefois, si la tendance générale en littérature pour la jeunesse est au roman socioréaliste, offrant trop souvent une «littérature» qui s'éloigne du littéraire, il existe, même dans les mini-romans et les premiers romans, plusieurs œuvres qui se distinguent et se laissent imprégner de l'expression d'une époque, notamment de la postmodernité. Françoise Lepage exprime indirectement cette réalité :

> Cette vogue du roman réaliste écrit à la première personne dans le ton d'un journal intime par un narrateur-enfant vivant au XXe siècle en milieu urbain est si bien ancrée dans les mœurs de cette fin de siècle que quelques romans, qui rompent avec cette forme narrative, déconcertent malgré leur intérêt et leur qualité d'écriture[19].

---

16. Noëlle SORIN, «La lisibilité dans le roman pour enfants de 10-12 ans par une analyse sémiotique des textes», thèse de doctorat, UQAM, 1996 p. 61.

17. SORIN, *ibid.*, p. 61-62.

18. Réginald HAMEL (dir.), *Panorama de la littérature québécoise contemporaine*, Montréal, Guérin, 1997.

19. LEPAGE, *ibid.*, p. 296.

Les jeux postmodernes dans les mini-romans et premiers romans

Le corpus à l'étude

La postmodernité en littérature pour la jeunesse sera abordée ici à l'aide des axes identifiés par Lucie-Marie Magnan et Christian Morin (1997) : l'autoreprésentation (narrateur et narrataire), l'intertextualité et l'autotextualité, les savoirs en question et l'identité en mutation. Toutefois, aucun mini-roman ou premier roman ne comprend à lui seul toutes les caractéristiques de l'esthétique postmoderne. C'est plutôt un portrait en mosaïque d'un postmodernisme fragmenté de la littérature pour la jeunesse que nous présenterons. Pour mettre en évidence des traces postmodernes dans les mini-romans et premiers romans, loin de nous appuyer sur une bibliographie exhaustive, nous avons constitué un corpus d'analyse succinct, mais hétérogène, puisé à six collections différentes[20].

Dans ces textes, nous avons exploré la présence de traits spécifiques au postmodernisme ; aucun d'eux ne comporte l'ensemble de ces traits, mais on retrouve dans chacun des traces du postmodernisme.

---

20. Ainsi, nous avons retenu la série « Somerset » d'Hélène Vachon dans la collection « Carrousel » de la maison d'édition Dominique et compagnie. Ses mini-romans, illustrés par Yayo, sont au nombre de cinq : *Le sixième arrêt* (n° 1 de la collection, 1995, 40 p.) ; *Le plus proche voisin* (n° 6, 1995, 38 p.) ; *Mon ami Godefroy* (n° 16, 1996, 42 p.) ; *Le cinéma de Somerset* (n° 25, 1997, 42 p.) ; *Le délire de Somerset* (n° 38, 1999, 44 p.). Dans notre corpus, les *premiers romans* que nous incluons proviennent d'abord de chez Soulières éditeur dans la collection « Ma petite vache a mal aux pattes » : *La chèvre de Monsieur Potvin* d'Angèle Delaunois (n° 3, 1997, 64 p.), illustré par Philippe Germain ; *Le bossu de l'île d'Orléans*, adapté d'une légende d'autrefois par Cécile Gagnon (n° 4, 1997, 48 p.) et illustré par Bruno St-Aubin ; *Les patins d'Ariane* de Marie-Andrée Boucher Mativat (n° 5, 1998, 61 p.), illustré par Anne Villeneuve ; *Le petit maudit* de Gilles Tibo (n° 17, 2000, 47 p.), illustré par Hélène Desputeaux. Ensuite, notre corpus comprend deux romans de « La collection plus » aux Éditions Hurtubise HMH, *Lili et moi* de Claudie Stanké (1998, 54 p.), illustré par Stéphane Jorisch, et *Ma voisine, une sorcière* de Jeannine Bouchard-Baronian (1994, 54 p.), illustré par Pierre Massé. Nous avons ajouté à cette liste cinq romans de La courte échelle, appartenant à la collection « Premier roman » : *Le garçon qui rêvait d'être un héros* de Sylvain Trudel (1995, 62 p.), illustré par Suzanne Langlois, hors-série ; *Ça va mal pour Sophie* de Louise Leblanc (1992, 64 p.), illustré par Marie-Louise Gay, dans la série « Sophie » ; *Une tempête dans un verre d'eau* de Marie-Francine Hébert (1989, 64 p.), illustré par Philippe Germain, dans la série « Méli Mélo » ; *Un colis pour l'Australie* (1999, 64 p.) et *Une voix d'or à New York* (2000, 64 p.) de Josée Plourde, illustrés par Linda Lemelin, dans la série « Paulo ». Les premiers romans, de la série « Les enquêtes de Joséphine la Fouine » dans la collection « Boréal Maboul » aux Éditions du Boréal, font également partie du corpus. Cette série propose actuellement quatre titres de Paule Brière : *Vol chez Maître Corbeau* (n° 1, 1998, 52 p.), *C'est de la triche !* (n° 2, 1999, 52 p.), *Au loup !* (n° 3, 2000, 56 p.), *La voleuse et la fourmi* (n° 4, 2001, 52 p.) ; les illustrations sont de Jean Morin. Enfin, *Valentine picotée* de Dominique Demers (1999, 59 p.), dans la collection « Bilbo » chez Québec/Amérique Jeunesse, a aussi retenu notre attention ; les illustrations sont de Philippe Béha.

L'autoreprésentation

On sait que la littérature postmoderne propose généralement un narrateur-acteur qui est le personnage principal. Ce «je», écrivain ou écrivant, renvoie à l'auteur. Certes, en littérature pour la jeunesse, dans la vague socioréaliste qui la porte encore, le narrateur au «je» est solidement établi depuis longtemps, surtout dans le roman à tendance psychologisante. Toutefois, est-ce le même type de narrateur-acteur? A-t-on la même représentation du «je»? Comme nous l'avons souligné plus haut, la littérature pour la jeunesse se met à l'écoute de son lecteur, et rappelons-le avec Réginald Hamel: «Le narrateur, qui a souvent le même âge que son lecteur, se raconte. Ce *je* acteur annule la distanciation entre lecteur et personnage et facilite l'identification au héros[21]». Par contre, les cinq œuvres d'Hélène Vachon retenues pour l'étude, illustrent bien cette caractéristique du roman postmoderne d'un narrateur homodiégétique dont le «je» n'est pas réaliste, les éloignant des romans miroir où le «je» se raconte. En effet, le «je» du narrateur-acteur chez Hélène Vachon, sans être celui de l'auteur, est différent de celui du lecteur. Déjà, Françoise Lepage avait remarqué les «sinuosités d'un narrateur à l'esprit raisonneur et compliqué (*Le sixième arrêt* et *Le plus proche voisin* d'Hélène Vachon, 1995)»[22], qui font de lui un narrateur peu banal.

Par ailleurs, ces mêmes œuvres offrent une représentation de l'écriture et de la lecture. En effet, Somerset, le narrateur-acteur des cinq romans, est un sujet écrivant et qui plus est, un sujet lecteur (un sujet lisant?). Ainsi, dans le deuxième roman d'Hélène Vachon, *Le plus proche voisin*, Somerset rédige un texte commandé par son professeur de français: «Décrivez en dix lignes, votre plus proche voisin» (p. 11), tout en découvrant le pouvoir des mots et leur double sens. D'ailleurs, le récit est celui de cette rédaction comme l'induit fortement le titre. Plus qu'à une représentation de l'écrivant, nous sommes conviés à celle du processus d'écriture d'un scripteur débutant et à sa découverte de la force du langage. Autre trace de postmodernisme, cette mise en abyme rejoint d'ailleurs le deuxième axe de Louise-Marie Magnan et Christian Morin, qui a trait, entre autres, à l'autoreprésentation. Dans *Le cinéma de Somerset*, le narrateur se fait effectivement tout un cinéma en jonglant avec les mots. Le pouvoir des mots occupe le devant de la scène et sert de trame à ce récit dans une sorte d'autoreprésentation de tendance assurément très «postmoderne». Il va sans dire que les jeux de langage et l'humour sont des constantes de la littérature pour la jeunesse, courant postmoderne ou pas.

Le narrateur, Somerset, est également un sujet lecteur. Si on se fie à la typologie des diverses instances du sujet lecteur de Michel Picard[23], ce narrateur

---

21. HAMEL, *ibid.*, p. 400.

22. LEPAGE, *ibid.*, p. 299.

23. Dans son ouvrage, *La lecture comme jeu*, Paris, Éditions de Minuit, coll. «Critique», 1986, Michel Picard distingue trois instances du sujet lecteur établies selon le niveau de relation que le

tient à la fois du «liseur», du «lu» et du «lectant». Ainsi, dans le premier roman, *Le sixième arrêt*, le narrateur est un «lectant», puisqu'il s'intéresse à la construction du texte, donc à la dimension symbolique de la lecture; on en trouve de nombreux exemples: «Dans les livres que je lis, les adversaires ne fuient pas. Ils s'affrontent face à face. Et les complices ne font jamais semblant de lire le journal» (p. 12); «Dans les livres que je lis, on appelle ça "négocier". Ça veut dire que les adversaires parlent ensemble, face à face. D'abord, chacun refuse ce que l'autre demande. Après, ils acceptent. Des fois, ça marche» (p. 21-22); «Dans les livres que je lis, je n'ai jamais vu de prisonniers se sauver parce que leur gardien trouve la journée belle ou le soleil chaud. Enfin…» (p. 36).

Dans *Le délire de Somerset*, le narrateur — toujours le même — entretient ce triple rapport avec le texte mis en évidence par Picard. En effet, non seulement le récit est celui de sa lecture de «*La malheureuse Histoire de l'infortunée Princesse Isadora de Schleimacher*» (p. 7-8) et de sa quête pour connaître la suite du récit en fréquentant la bibliothèque, mais le narrateur «hallucine» le texte en le vivant véritablement de l'intérieur. Le récit est en fait celui du processus de lecture d'un lecteur débutant, certes, mais aussi d'un lecteur ayant une certaine connaissance du fonctionnement d'un récit:

> La Grande Gardienne [la bibliothécaire] sourit encore et me tourne le dos.
> «Somerset, je me dis, pas question de te décourager. Quand on veut sauver une princesse, il faut savoir en payer le prix.» Et payer le prix, ça veut dire traverser un certain nombre d'épreuves. Faire la queue par exemple, convaincre des Grandes Gardiennes, retourner chercher des cartes… (p. 16-17)

Cette connaissance du récit transparaît une autre fois: «Catastrophe! Je suis arrivé trop tard! Des visions d'horreur défilent devant mes yeux. Isadora emportée par l'Ogre, embrochée, grillée vive… Tous ces mauvais traitements qu'on fait subir aux princesses.» (p. 24) Par ailleurs, pour jouer avec les procédés d'autoreprésentation, il est intéressant de souligner ici que cette lecture, mise en scène avec les réactions et les autres interprétations du lecteur, devient récit.

Le mini-roman *Mon ami Godefroy*, s'il use moins de procédés autoreprésentatifs, n'en offre pas moins un narrateur pour qui la lecture est une source de savoir:

> Il n'y a qu'un seul moyen de le connaître [son ami Godefroy]: j'ouvre le grand dictionnaire des noms propres et je pars à la recherche de Godefroy.
> Il y a sept Godefroy en tout. Celui que je préfère, c'est celui qui a passé sa vie à faire des croisades sur son cheval. Une croisade, c'est une grande randonnée à cheval

---

lecteur entretient par rapport au texte: le *liseur*, qui est le lecteur empirique pris dans sa dimension pragmatique de l'acte de lire; le *lu*, qui réfère à la part d'imaginaire que la lecture éveille et stimule chez le lecteur; le *lectant*, qui est l'aspect plus symbolique, plus cognitif de la lecture amenant le lecteur à s'intéresser au fonctionnement du texte.

dans la campagne. On en faisait beaucoup dans l'ancien temps. Toujours pour les mêmes raisons : délivrer un lieu saint et en rapporter un objet précieux, un vase, par exemple (p. 13-14).

Dans les romans de Josée Plourde, le narrateur, Paulo, est également un sujet lecteur. Voici l'incipit de *Un colis pour l'Australie* :

> Chaque dimanche, depuis que je sais lire, je dévore les aventures de Didier aux pieds d'acier.
> Chaussé de ses bottes ultraspéciales, Didier peut marcher n'importe où. Sur un arbre, une automobile ou encore un gratte-ciel !
> S'il le voulait, Didier pourrait même se tenir debout sur une piscine remplie de pouding. En plus, il ne se décoiffe jamais. Maman l'adorerait.
> L'histoire de cette semaine est palpitante. Didier s'agrippe à l'aile d'un avion qui vole sous une pluie énorme de grêlons, quand subitement... maman entre dans ma chambre. (p. 7-8)

Le récit est ainsi ponctué des exploits du superman ; il garde donc des traces de lecture. Voici, par exemple, ce qu'on lit plus avant : « Didier aux pieds d'acier est formidable. Il a sauvé les 722 passagers de l'avion pris dans l'orage de grêle. La semaine suivante, il a empêché la statue de la Liberté de piquer du nez. Chaque dimanche, Didier fait une action d'éclat. » (p. 47)

Par ailleurs, tout l'imaginaire du narrateur est nourri par les exploits de son héros, qui alimente aussi sa réflexion : « Ce n'est pas Didier qui aurait dégringolé bêtement d'un tabouret. Grâce à ses bottes ultraspéciales, il ne tombe jamais » (p. 31), ou bien « Si j'avais les bottes de Didier aux pieds d'acier, je monterais sur le toit pour la soirée. Je préférerais ne pas voir les clichés. Je m'attends au pire » (p. 45). Le narrateur tâte également de l'écriture. Non seulement nous apprenons qu'il est bon en rédaction : « Ta mère m'a dit que tu avais remporté le concours de composition de ton école ! Wow ! Je suis si fière de toi ! » (p. 11), mais nous participons à son processus d'écriture lorsque Paulo décide de répondre à une lettre de sa grand-mère. En effet, on suit le sujet écrivant dans les méandres de sa cogitation : le contexte favorable à la création, la génération des idées, la prise en compte du destinataire, la révision et la correction :

> La langue sortie, je gratte le papier, j'efface, je soupire et je recommence. La lettre avance. Je la veux parfaite. Pas un mot de trop, pas une faute, pas un gribouillis.
> Écrire, c'est aussi difficile que réciter une comptine ou monter sur des patins pour la première fois. Il faut de la concentratio.n (p. 18)

Le tout se termine par l'appréciation finale : « Ce n'est pas parce que c'est moi qui l'ai écrite, mais c'est vraiment une belle lettre. J'appelle papa et maman. Il me faut un public. » (p. 21) Lors de la rédaction d'une deuxième lettre à sa grand-mère, fier de son exploit, le narrateur se réclame même de son héros de magazine :

Je n'en reviens pas. Je l'ai fait. J'ai mis toutes ces phrases bout à bout, sans relever mon crayon. J'ai écrit cette lettre d'un coup! Je ne suis peut-être pas Didier aux pieds d'acier, mais je suis le seul et l'unique Paulo au crayon de plomb! (p. 50-51)

Dans un autre roman de Josée Plourde, *Une voix d'or à New York*, on retrouve la même passion de Paulo pour son héros, Didier aux pieds d'acier. N'est-ce pas le principe même des personnages sériels de garder les mêmes caractéristiques? Toutefois, cela enrichit la lecture de liens intertextuels dans le passage d'un roman au suivant. Ainsi, dès le premier chapitre, on lit ces lignes: «Dès mon retour à la maison, je pars avec mon père pour une grande aventure. Je traverserai la jungle, imitant Didier aux pieds d'acier, mon héros de magazine préféré.» (p. 10)

Par ailleurs, dans plusieurs premiers romans, l'acte de communication, implicite comme dans tout discours, est souligné par des appels au narrataire. Ainsi, dans *Les patins d'Ariane* de Marie-Andrée Boucher Mativat, la narratrice, Ariane, interpelle à plusieurs reprises le narrataire, un narrataire pluriel:

«Vous ne devinerez jamais! Je n'en reviens pas! Philippe avait raison au sujet de Manon. Dès que je lui ai parlé des patins, elle a fait sa tête de mule: — Pas question!» (p. 13)

[...]

«Ils se mettent à deux contre moi. Deux adultes contre une enfant! Vous trouvez ça juste, vous?» (p. 17)

Chez Louise Leblanc, dans *Ça va mal pour Sophie*, nous retrouvons un narrataire pluriel et ce, dès l'incipit:

C'est le printemps! Le ciel est bleu, les oiseaux chantent, et tout le monde est joyeux. Tout le monde, sauf moi.

Et vous savez pourquoi? Parce que je voulais écouter de la musique et que je n'ai pas pu. Ce n'est pas compliqué, je ne peux jamais faire ce qui me plaît. (p. 7)

Le roman de Marie-Francine Hébert, *Une tempête dans un verre d'eau*, fait également appel à la complicité du narrataire: «Je t'assure, un petit frère ou une petite sœur, c'est la pire chose du monde! En tout cas!» (p. 15) Son jugement des actions de l'héroïne est même anticipé: «Je devine ce que tu penses! Tu penses que je devrais courir à la maison avertir maman.» (p. 36)

Le système de l'énonciation est par ailleurs perceptible par la présence du narrataire dans *Valentine picotée* de Dominique Demers:

– *Alexzis, Alexzis, zai deziné un poizon zie.*

Au secours! Ça, c'est ma sœur qui arrive de la garderie. Il faut que je te traduise parce qu'en plus de ses dix millions d'autres défauts, ma sœur zézaie. Elle met des «z» partout. Ça fait franchement idiot. (p. 11)

Le narrateur y entretient même un échange suivi avec le narrataire : « Je t'ai déjà dit qu'hier soir, j'ai jeûné. Ce matin, j'ai bu un demi-verre de jus de pomme. C'est tout. Juste assez pour ne pas tomber dans les pommes. » (p. 33-34)

Certes, le fait que certains récits de notre corpus offrent une représentation de la lecture et de l'écriture à travers un narrateur qui s'exprime au « je » et qui est un acteur lecteur et/ou écrivant, le fait qu'un narrataire soit interpellé de façon explicite, ne font pas pour autant de ces œuvres des romans postmodernes. Cela leur confère toutefois une certaine vitalité, qui démontre notamment que la littérature pour la jeunesse n'est pas en marge des courants littéraires. Elle est perméable au changement et s'en inspire.

L'intertextualité et l'autotextualité

Nous venons de constater que les textes d'Hélène Vachon offrent plusieurs cas d'autotextualité, entre autres par l'utilisation de la mise en abyme. *Le plus proche voisin* offre un bel exemple d'autotextualité où subtilement le texte se cite lui-même. En effet, dans sa première rédaction, Somerset choisit son professeur de français, monsieur Tréma, comme sujet, et surtout son chien, Grand Escogriffe. Celui-ci a la mauvaise habitude de venir sur leur terrain voler le journal du matin et y faire ses besoins, et son père en est très fâché. Somerset, par sa rédaction, prévient monsieur Tréma de garder son chien chez lui, surtout pour le protéger de la colère de son père. Voici ce qu'il advient dans la suite de l'histoire :

> Depuis une semaine, Grand Escogriffe ne vient plus du tout près de ma maison. Il n'y a plus aucun bidule sur le terrain. Mon père lit son journal tous les matins et il chante en prenant sa douche.
>   Les mots ont gagné, on dirait. Mais moi, j'ai perdu Grand Escogriffe...
>   Ce matin, monsieur Tréma dit :
>   — Une autre rédaction, les enfants ! Sur la *liberté* ! En dix lignes, dites-moi ce que vous pensez des chiens qu'on garde attachés. Vous avez une heure. Un, deux, trois. PARTEZ !
>   « CHOUETTE ! » je me dis. [...]
>   Et tant pis pour le journal de mon père. (p. 37-38)

Plusieurs des romans étudiés mettent en jeu l'intertextualité, une des caractéristiques essentielles du texte postmoderne qui renvoie souvent à d'autres textes, d'autres discours. Ainsi, *Le sixième arrêt*, dans la collection « Carrousel », fait référence aux *Contes des mille et une nuits* et plus précisément à *Ali Baba et les quarante voleurs* : « Moi aussi je suis content. Je connais maintenant le mot de passe, TERMINUS, c'est comme le SÉSAME, OUVRE-TOI de la caverne d'Ali Baba. » (p. 28) *Le cinéma de Somerset* propose aussi des liens intertextuels ; les allusions au discours cinématographique y sont nombreuses, quoique d'ordre général. En voici trois extraits très représentatifs :

Mais qu'est-ce qu'ils attendent ? Que je grimpe sur le toit ? Comme au cinéma ? Dans les films, il y a toujours un malheureux juché sur un toit et une foule en bas qui attend qu'il tombe. (p. 26)

Le directeur !

Sur le toit. Comme au cinéma. Blanc comme un linge et les yeux rivés sur moi. Alors c'est lui, le malheureux qui veut se jeter dans le vide ! [...]

Vite, Somerset. Fais quelque chose ! Je regarde en bas : il n'y a pas encore de filet. Tant mieux. Comme ça, pas de danger qu'il tombe, le directeur. Au cinéma, celui qui est en haut attend toujours que le filet soit installé pour tomber. Sinon, il pourrait se faire mal. Mais des fois, au lieu du filet, il y a une deuxième personne qui monte sur le toit et, à la fin, personne ne tombe. (p. 28-30)

Parle, Somerset. N'arrête pas de parler. Pour le distraire. Dans les films, il y en a toujours un des deux qui parle sans arrêt et ça empêche l'autre de tomber. (p. 33-34)

Dans *Le délire de Somerset*, il y a également présence de l'intertexte, quand le narrateur revisite le conte de Charles Perrault, *Le Petit Poucet*.

Elle [l'héroïne du roman qu'il lit] aurait au moins pu emporter ses cailloux, comme le Petit Poucet. Pas de danger qu'il passe par là, celui-là ! Il pourrait ramener la Princesse chez lui avec ses frères. À sept, ils seraient sûrement capables de la décrocher.

Mais à bien y penser, ça servirait à rien. Les parents du Petit Poucet sont toujours sans le sou. Et pas fiables du tout. Avec eux, c'est toujours pareil : quand ils n'ont plus rien à manger, ils ramènent leurs enfants dans le bois pour les perdre. Tout est toujours à recommencer. (p. 12-13)

La même référence est reprise plusieurs fois tout au long du récit telle une métaphore filée : « Si l'Ogre s'amène avant le Petit Poucet, elle est cuite, la Princesse » (p. 15) ; « À l'heure qu'il est, l'Ogre a peut-être déjà décroché la Princesse » (p. 20) ; « Isadora emportée par l'Ogre, embrochée, grillée vive... » (p. 24) ; « Antivol ou pas, l'Ogre n'en fera qu'une bouchée, de votre bande » (p. 27) ; « — Sans parler de ses bottes, je dis. Ça va vite, des bottes de sept lieues » (p. 28).

À travers les affabulations du narrateur, le lecteur est également convié à un rappel d'autres contes. Celui, subtil, de *Cendrillon* : « Et puis quelle idée de s'habiller comme ça ! En robe longue et en escarpins ! » (p. 29) ; ou, plus évident, celui de *La Belle au bois dormant* : « — Sans compter qu'elle est bien capable de tomber endormie, je dis. Étourdie comme l'est [*sic*] ! Elles font toutes ça, les princesses : elles s'évanouissent ou s'endorment pendant cent ans » (p. 31) ; ou celui explicite de *Barbe-Bleue* en parlant de la bibliothécaire qui, nous le savons dès le début du récit, a « de beaux cheveux gris bleu » (p. 10) :

Les cheveux bleus. Les clés. Les mauvais traitements... Ça y est, je viens de comprendre. Barbe-Bleue, c'est elle. Barbe-Bleue, c'était une sorte de Grande Gardienne, lui aussi. Je dis d'une toute petite voix :

— Ça veut dire que je peux aller partout...

Elle fait oui de la tête. Sa tête toute bleue. Il ne manque que la barbe. Je connais la suite.

> — Il n'y a qu'un seul endroit où je ne peux pas aller…
> Barbe-Bleue hoche encore la tête. J'avale péniblement.
> — Dans la cave. C'est ça?
> Là où Barbe-Bleue enferme ses femmes avant de les égorger. Là où se trouve la Princesse. (p. 33-35)

L'intertextualité déborde des références aux textes classiques pour renvoyer à la collection même du «Carrousel». Ainsi, quand Somerset, en désespoir de cause, emporte toutes les cartes qu'il trouve dans le tiroir de sa commode dont sa «carte pour faire la chasse aux autobus» (p. 22), le texte rappelle au lecteur la première aventure du héros, *Le sixième arrêt*.

Les autres romans du corpus s'inscrivent également dans un ludisme intertextuel. Le titre de la collection «Ma petite vache a mal aux pattes», référant à la comptine bien connue des enfants, signale immédiatement l'intertextualité. Cependant, il est remarquable que plusieurs auteurs retenus aient choisi l'intertextualité comme moteur de leur projet d'écriture. Ainsi, le roman d'Angèle Delaunois, *La chèvre de Monsieur Potvin*, est-il une réécriture du fameux conte d'Alphonse Daudet, dont elle emprunte de longs passages inscrits à même le récit en lettres italiques. D'entrée de jeu, elle reconnaît d'ailleurs cet emprunt, puisqu'en sous-titre nous pouvons lire: «avec la collaboration involontaire d'Alphonse Daudet». Son récit est aussi ponctué d'une quinzaine d'extraits qui épousent bien le fil de l'histoire. À preuve, au chapitre 7, intitulé «Le grand croqueur de chèvres», cette longue citation du roman:

> Le loup! Agathe avait évité d'y penser durant la journée mais, maintenant, il devenait urgent de prendre une décision. Elle devait trouver une cachette au plus vite. Pas question de se laisser manger sans rien tenter.
>   Mais il était trop tard! *La chèvre entendit derrière elle un bruit de feuilles. Elle se retourna et vit dans l'ombre deux oreilles courtes, toutes droites, avec deux yeux qui reluisaient…* Tout le monde aura compris de qui il s'agissait! (p. 38-39)

Les romans de Paule Brière sont également des réécritures. Les *Fables* de Jean de La Fontaine lui servent de trame aux enquêtes policières de Joséphine la Fouine. Son premier roman, *Vol chez Maître Corbeau* emprunte évidemment à la fable *Le corbeau et le renard*; son deuxième, *C'est de la triche!*, est inspiré du *Lièvre et de la tortue*; son troisième, *Au loup!* rappelle bien sûr *Le loup et l'agneau* et, enfin son dernier, *La voleuse et la fourmi*, ne peut nier sa filiation avec *La cigale et la fourmi*. La publicité du printemps 2000 de Boréal jeunesse annonce *Au loup!* en ces termes non équivoques:

> Les loups peuvent-ils être végétariens?
> Les chiens de berger mangent-ils du mouton?
> Comment mesure-t-on l'appétit d'un renard?
> Et où est donc passé le petit agneau?
> Seule la célèbre détective Joséphine la Fouine peut résoudre cette énigme…

Paule Brière reconnaît d'ailleurs explicitement la paternité de La Fontaine, puisqu'en exergue de chaque roman, elle place l'incipit de la fable qui l'a inspirée. Ainsi, on peut lire au début de *C'est de la triche!*: «Rien ne sert de courir; il faut partir à point./Le lièvre et la tortue en sont un témoignage. Jean de La Fontaine».

Dans le roman de Marie-Francine Hébert, *Une tempête dans un verre d'eau*, le conte du Petit Poucet, comme dans le mini-roman d'Hélène Vachon, est également revisité à plusieurs reprises:

> Je me rends alors compte que je n'ai aucune idée de la direction à prendre.
>
> Mimi n'arrive pas à le croire:
>
> — On a juste à retourner par où tu es venue!?
>
> — Mimi, j'ai tellement marché et tourné et marché que je ne sais plus par où je suis venue. On est perdus.
>
> — Comme le Petit Poucet?
>
> C'est ça! Je vais grimper à un arbre comme le Petit Poucet! Ainsi, je saurai tout de suite dans quelle direction aller. (p. 40)
>
> [...]
>
> Je remets le pied à terre. Mon frère me reproche aussitôt de ne pas avoir semé des petits cailloux sur mon chemin comme le Petit Poucet.
>
> Je ne lui envoie pas dire que les cailloux se seraient enfoncés dans la neige. On ne les aurait jamais retrouvés, ces cailloux. (p. 43)

Dans ce récit, le dénouement de l'intrigue procède du même lien intertextuel par l'intermédiaire d'un objet devenu adjuvant, les fameuses mitaines rouges, tricotées par leur mère: «Il a suffi de remonter le fil de la mitaine détricotée pour revenir à notre point de départ.» (p. 58)

Le roman de Louise Leblanc, *Ça va mal pour Sophie*, convie également le lecteur à une certaine intertextualité par le rappel constant des aventures de Tintin de Hergé, dont le jeune frère de Sophie est friand: «Je suis descendue au sous-sol. Mais là, mon frère Julien regardait *Tintin sur la lune* pour la centième fois.» (p. 8) Ce personnage de Julien filtre la réalité à travers cette bande dessinée. Notamment, il emprunte les jurons du colérique capitaine Haddock. Ainsi, quand les échanges verbaux s'enveniment entre Sophie et leur frère Laurent, il s'écrie: «— Arrêtez! Espèces de bachi-bouzouks!» (p. 39); ou bien il s'interpose dans une querelle en lançant: «— À l'abordage, mille millions de tonnerre de *braise*!» (p. 40) Ces emprunts, même erronés, au capitaine Haddock, sont repris plus loin: «C'est moi, espèces de bachi-bouzouks, qui ai fait fuir les *Chauves-Souris* avec mon épée invincible, mille millions de tonnerre de *braise*!» (p. 60)

Jusqu'ici, nous avons pu explorer plusieurs traits spécifiques du postmodernisme, qu'il s'agisse d'autoreprésentation, d'autotextualité ou d'intertextualité. Abordons maintenant les deux autres axes identifiés par Magnan et Morin, soit *les savoirs en question* et *l'identité en mutation*.

Les savoirs en question

Pour ce qui est de la remise en question des savoirs, le champ de la littérature pour la jeunesse s'attaque souvent aux idées préconçues et interroge les clichés et les stéréotypes, auxquels, sur le plan éthique, on reproche leur injustice et leur caractère socio ou ethnocentrique. Il n'est pas rare, par exemple, que dans cette littérature les rôles sociaux et les métiers soient non conventionnels. Certains préjugés et jugements hâtifs, certaines valeurs égocentriques qu'on rencontre souvent chez les enfants de notre société occidentale sont également remis en question. Ainsi, dans *Les patins d'Ariane* de Marie-Andrée Boucher Mativat, la jeune héroïne, tout à fait représentative de la société de consommation dans laquelle nous vivons, réalise grâce à ses parents que tout n'est pas monnayable, qu'il existe des gestes gratuits, entre autres, dans le partage des tâches qu'exige la vie en famille.

Dans *Valentine picotée* de Dominique Demers, le personnage d'Alexis remet en question un préjugé tenace à l'endroit des filles tout en s'éveillant à l'émotion amoureuse. Depuis l'incipit où les filles sont condamnées en bloc : « Les filles, c'est nouille. Très nouille. De vraies pâtes, fades et molles comme des spaghetti trop cuits. Sans sauce, ni fromage, ni chili » (p. 5), le lecteur assiste à la transformation progressive de la mentalité d'Alexis avec l'arrivée d'une nouvelle élève, Katarina : « J'ai tout de suite pensé à une comète parce que ça m'a foudroyé. Un beau cadeau lumineux tombé du ciel. Depuis, je me demande s'il n'y a pas d'exceptions à la règle des filles nouilles. » (p. 7)

Le roman de Sylvain Trudel, *Le garçon qui rêvait d'être un héros*, fournit un autre bel exemple de remise en question des savoirs. En effet, le protagoniste a sa petite idée sur les cadeaux de Noël et surtout sur la pauvreté. Dans son système de valeurs, les chômeurs sont des pauvres, qui vivent dans des quartiers de pauvres. Or, son opinion change du tout au tout lorsque son père devient chômeur.

Gaétan, le héros de *Ma voisine, une sorcière* de Jeannine Bouchard-Baronian, va à l'encontre des préjugés véhiculés par son ami, David, à l'endroit d'une voisine étrange : « Ne parle pas à la dame du 404, c'est une sorcière ! Elle porte malheur à ceux qui l'approche » (p. 12), et affiche une saine indépendance d'esprit : « Tous ces racontars de David et de sa mère, je n'y prêtais guère attention. Je savais que ma voisine n'était pas méchante et qu'elle ne me porterait jamais malheur. » (p. 20) Il est même en contact avec elle : « Et puis, ce que je n'osais pas dire à David, c'est qu'elle me parlait, à moi, de temps à autre. » (p. 20) Finalement, le lecteur perce en même temps que Gaétan le secret de ce personnage énigmatique, un acte de courage qui aurait bouleversé sa vie : « Saviez-vous qu'elle a failli mourir, un jour, en sauvant son bébé des flammes ? » (p. 44) Nous ne livrerons pas ici la clef de l'énigme, mais comme on le voit, les préjugés sont encore une fois bousculés.

L'identité en mutation

La question d'identité/altérité qui caractérise le dernier axe de Magnan et Morin est également exploitée en littérature pour la jeunesse. Plusieurs exemples nous sont fournis parmi les œuvres étudiées. Ainsi Alexis, dans *Valentine picotée* de Dominique Demers, se redéfinit au contact de Katarina, sa «belle comète européenne» (p. 8). Vivant ses premiers émois amoureux, il s'ouvre à la différence, à l'autre, féminin. La quête identitaire est également présente dans *Lili et moi* de Claudie Stanké, où l'héroïne, enfant unique et égocentrique, vit tout un bouleversement dans sa vie heureuse et douillette: le divorce de ses parents. Plus tard, elle rejette d'abord sa demi-sœur, Lili, en lui faisant vivre les pires misères jusqu'à provoquer son départ. Puis, elle découvre la valeur de l'amitié, riche de complicité et de tendresse:

> Au début, j'étais bien contente que Lili soit partie. Mais après quelques jours, je trouvais la maison triste. C'est vrai, ce n'était plus pareil. Et puis, je ne sais pas… j'avais envie d'être avec elle. Le soir, je n'arrivais pas à m'endormir tellement je pensais à Lili. J'avais vraiment envie qu'elle revienne! (p. 46)

Dans le roman *Le petit maudit* de Gilles Tibo, le personnage principal découvre, chez son ami qu'il a d'abord voulu dominer, une autre façon d'être, de concevoir la vie, et cette découverte suscite chez lui une profonde remise en question et un revirement complet.

Le personnage de Josée Plourde, Paulo, que nous avons déjà rencontré comme personnage lecteur et écrivant, présente une identité en pleine mutation dans le roman *Une voix d'or à New York*. Il est enivré par le succès de sa voix d'or. Au début, n'ayant pas encore perdu le goût du rêve, il imagine que son héros, Didier aux pieds d'acier, l'accompagne dans son ascension:

> Imaginez un peu, j'avais réellement un garde du corps. C'était ce cher Didier aux pieds d'acier.
>
> Je débordais d'orgueil à l'idée d'être protégé par un superhéros. Il me soulevait au-dessus des foules pour éviter d'être écrasé.
>
> Heureusement que Didier était là. Il étendait parfois sa cape pour me cacher à mes fans trop enthousiastes. Un soir, il a même déposé ma limousine sur le toit d'une haute tour. (p. 37-38)

Puis, le vedettariat lui montant à la tête, Paulo ne rêve plus… éveillé. «Dans ma vie d'artiste international, Didier ne vient plus me visiter dans mes songes. Je ne l'aperçois plus juché sur les buildings. J'échangerais bien une partition contre un de mes magazines. Mais il me faut me consacrer à mon travail.» (p. 50)

L'enfance s'en est allée avec sa part de rêve. Toutefois, les événements aident Paulo à réaliser qu'il s'ennuie de sa vie: «Je vais redevenir Paulo Constantin, celui qui ne sait pas chanter une seule note juste. Celui qui va finir pas jouer du tambourin dans la chorale de la classe. Tout ce que je veux, ce sont mes amis. Je veux recommencer à rêver la nuit… et le jour!» (p. 58) Cette aventure fait retrouver à Paulo les valeurs de l'amitié, de l'authenticité, etc.

Le roman de Louise Leblanc, *Ça va mal pour Sophie*, traite de la construction de soi dans la rencontre avec une autre ethnie, une autre culture, dans l'ouverture au monde. Sophie voit d'abord son refuge envahi par la nouvelle voisine:

> Savez-vous qui est perché sur une branche de mon arbre?
>
> Une petite fille… un peu bizarre! On dirait qu'elle a une lavette sur la tête. Et elle a des cheveux NOIRS et RAIDES! Une vraie PUNK!
>
> Grrr! Moi qui voulais avoir la paix. (p. 18)

Ses valeurs se trouvent ensuite bouleversées lors d'une vente débarras où elle se défait de ses vieux jouets. En effet, Sophie veut absolument gagner de l'argent pour s'acheter un baladeur. Elle réalise tout à coup que la nouvelle voisine lui fait concurrence en vendant des gâteaux faits maison. Or, un curieux concours de circonstances lui permet non seulement d'apprécier cette voisine, mais de réaliser que la vente des gâteaux était pour une cause autrement plus sérieuse que l'achat d'un baladeur:

> La voisine aussi est formidable. Maintenant que je la connais, je ne la trouve plus bizarre du tout. Elle s'appelle Lola et elle vient d'Amérique du Sud.
>
> Ses parents ont quitté leur pays à cause du général Ricochet et de sa bande. Il paraît qu'ils sont pires que les *Chauves-Souris*. Et Lola vendait des gâteaux pour envoyer de l'argent à ceux qui se battent contre eux.
>
> Je ne lui ai pas dit que j'avais ouvert un magasin pour acheter un baladeur. D'ailleurs, je n'en ai plus besoin.
>
> Je n'ai pas le temps d'écouter de la musique. Lola et moi, on se réunit tous les jours. On essaie de trouver un meilleur plan pour mettre en fuite la bande du général Ricochet. (p. 61-62)

Cette analyse de corpus de mini-romans et de premiers romans destinés aux enfants de six à neuf ans, si limitée soit-elle, montre que cette littérature pour lecteur débutant est traversée par le courant postmoderniste. Ne proposerait-elle pas dès lors une lecture littéraire à ses jeunes lecteurs?

Pour une lecture littéraire des mini-romans et premiers romans

La littérature pour la jeunesse porte des traces évidentes de postmodernisme, nous venons de le démontrer; cela confère à ces romans une certaine dimension littéraire, puisque l'intertextualité est l'une des composantes fondamentales de la littérarité d'une œuvre. D'ailleurs, serait-ce cela qui a donné sa popularité à la série «Somerset»[24]? Nous constatons que, loin de se limiter à être uniquement fonctionnelle,

---

24. Suzanne THIBAULT, «As-tu lu ton mini?», *Lurelu*, vol. 20, n° 3, p. 72-73.

c'est-à-dire psychologisante, scolarisante ou didactique, la littérature pour la jeunesse peut même convier de très jeunes lecteurs à une expérience plus esthétique, plus littéraire. Karl Canvat propose trois traits distinctifs qui caractériseraient la lecture littéraire : 1) « l'attention à la polysémie du texte. Le lecteur participe à une lecture plurielle l'éloignant d'une lecture littérale de premier niveau » ; 2) la « fonction modélisante. La lecture littéraire propose au lecteur de vivre sur le mode imaginaire une expérience qu'il ne pourrait vivre dans la réalité » ; 3) « la dimension comparative : la lecture littéraire implique une compétence culturelle, qui permet de mesurer la part de conformité, d'innovation ou de subversion du texte[25] ».

L'œuvre postmoderne convie à une lecture plurielle. En effet, elle doit être ouverte à une pluralité de sens et d'interprétations. Il faut toutefois admettre que plus le lecteur est débutant, moins il est sensible à cette pluralité ; ou moins l'œuvre doit être ouverte, plus le sens doit être univoque. En littérature pour la jeunesse, justement, la tendance est à combler les non-dits du texte afin de réduire l'ambiguïté au maximum et obtenir ainsi une plus grande lisibilité.

Cependant, par l'entremise de l'intertextualité — qui relève aussi de la dimension comparative — une certaine lecture littéraire est réalisable. En effet, l'intertextualité est un « phénomène qui oriente la lecture du texte, qui en gouverne éventuellement l'interprétation, et qui est le contraire de la lecture linéaire[26] ». Le lecteur joue un rôle prépondérant dans la perception des faits intertextuels et sa culture y est pour beaucoup. Aussi doit-il être capable d'établir des liens entre le texte, ses souvenirs de lecture et l'expérience qu'il a des autres textes. Toutefois, le jeune lecteur sera-t-il perméable à cette multiplicité des lectures possibles et des niveaux de lecture qui donnent une saveur et un sens particulier au texte ? Ainsi, si Somerset est un narrateur éminemment intertextuel, le lecteur aura-t-il cette connaissance des contes de Charles Perrault ou des récits des *Mille et une nuits*, et aura-t-il suffisamment de recul face au texte pour le filtrer à travers ses autres lectures ? D'après Danielle Thaler, n'importe quel lecteur ayant dépassé le stade de déchiffrage et apte à construire du sens « est en mesure de procéder à des associations provoquées par des souvenirs de lecture[27] ». Un jeune lecteur n'est alors certainement pas totalement imperméable à l'intertextualité. En outre, toujours selon Thaler, « une lecture intertextuelle implique que soient remplies au moins les deux conditions suivantes : elle exige du lecteur une certaine culture [...] et la pratique d'une démarche critique qui repose sur une capacité à prendre du recul par rapport au texte » (p. 35). Cela dépendra de la

---

25. Karl CANVAT, *Enseigner la littérature par les genres. Pour une approche théorique et didactique de la notion de genre littéraire*, Bruxelles, De Boeck-Duculot, p. 111-112.

26. Michael RIFFATERRE, « L'intertexte inconnu », *Littérature*, 1981, n° 41 (février), p. 5-6.

27. Danielle THALER, « Ginette Anfousse et le jeu intertextuel », *Canadian Children's Literature*, 1993, n° 72, p. 35.

fréquentation hâtive de la littérature dont le lecteur aura bénéficié depuis sa plus tendre enfance. Le rôle des parents, celui des centres de la petite enfance, enfin celui de l'école à partir de la prématernelle, se révèlent alors primordiaux dans cette ouverture au littéraire dès le plus jeune âge.

Par ailleurs, la reconnaissance des faits intertextuels et la lecture plurielle qu'ils commandent ne sont pas essentielles à une compréhension littérale de l'histoire. Riffaterre (1980) parle d'intertextualité aléatoire par opposition à l'intertextualité obligatoire. La majorité des mini-romans et premiers romans convient le lecteur à une intertextualité aléatoire. La lecture reste alors essentiellement linéaire, généralement suffisante, mais le lecteur n'accédera pas « à cette épaisseur de sens sans laquelle il n'y a pas de littérature possible[28] ». Dans le cas d'une intertextualité obligatoire, au sens de Riffaterre, « il s'agit d'une intertextualité que le lecteur ne peut pas ne pas percevoir parce que l'intertexte laisse dans le texte une trace indélébile, une constante qui joue le rôle d'un impératif de lecture et gouverne le déchiffrement du message dans ce qu'il a de littéraire[29] ». Les mini-romans et premiers romans de notre corpus « obligent » donc le lecteur à pratiquer une certaine lecture intertextuelle.

Pour ce qui est du deuxième trait distinctif de la lecture littéraire, la littérature pour la jeunesse qui a su s'affranchir de la veine socioréaliste offre généralement une ouverture sur l'imaginaire. Le texte littéraire ouvre à d'autres mondes possibles que le lecteur construit tout en s'appuyant sur son monde réel, sur son monde de référence. La remise en question des savoirs et l'identité en mutation sont autant d'éléments qui activent cette dimension de la lecture. Quant à la « dimension comparative » de la lecture littéraire relevée par Karl Canvat, si elle semble moins s'appliquer au jeune lecteur encore incapable de percevoir ces effets littéraires, elle relève toutefois de l'intertextualité, et nous l'avons démontré, la littérature pour la jeunesse convie à une certaine lecture intertextuelle.

Conclusion

Tout en constituant une réalité éditoriale aux caractéristiques précises, les mini-romans et premiers romans n'en demeurent pas moins un passage obligé du jeune lecteur qui s'ouvre au monde des livres. Sans être de format album, ils sont de manipulation aisée, encore largement illustrés et d'une lisibilité rédactionnelle et linguistique maximale. Souvent classés selon les niveaux de lecture, ils s'adressent à un jeune lectorat ayant entre six et neuf ans. Sur le marché québécois, la plupart des maisons d'édition qui se consacrent, en tout ou en partie, à la littérature pour la

---

28. Danielle THALER, *ibid.*, p. 36.
29. Michael RIFFATERRE, « La trace de l'intertexte », *La Pensée*, 1980, n° 215 (février), p. 5.

jeunesse, regroupent les mini-romans et premiers romans en collections, voire en séries. Nous avons répertorié bon nombre de ces collections et séries chez huit maisons d'édition.

La littérature pour la jeunesse, comme toute littérature, est avant tout un objet social en ce sens qu'elle reflète la société, ses valeurs et ses normes, tout en comblant jusqu'à un certain point les besoins réels des jeunes lecteurs. Depuis les années 1980, la littérature pour la jeunesse s'est ainsi fortement inscrite dans le courant socio-réaliste, favorisant une représentation objective de la réalité et décrivant les jeunes dans leur quotidienneté mais, ce faisant, elle s'est éloignée d'une certaine littérarité, se condamnant à rester de la paralittérature.

Toutefois, loin de souscrire à cette généralisation, nous avons émis l'hypothèse que le champ de la littérature pour la jeunesse peut également être perméable à d'autres courants littéraires. À l'aide des quatre axes qui définissent l'œuvre post-moderne, appliqués à un corpus d'une vingtaine de mini-romans et premiers romans, nous avons montré qu'il existe bel et bien une « réalité » postmoderne dans la littérature pour la jeunesse, et ce, déjà dans les mini-romans et premiers romans — la même constatation pourrait sans doute être faite dans le cas des albums. Cette réalité nous permet d'affirmer que la littérature pour la jeunesse peut se libérer de sa condition de paralittérature pour accéder à la littérature. Trop souvent, les auteurs, par souci de lisibilité, sacrifient en quelque sorte leur œuvre au public auquel ils la destinent. En s'éloignant de cette tendance à vouloir faire se conjoindre le héros et le lecteur, donc en refusant de se plier aux seules conditions de réception de l'œuvre, la littérature pour la jeunesse démontre qu'elle peut également valoriser une dimension plus littéraire, en offrant au jeune lecteur une certaine épaisseur de sens sans laquelle toute lecture littéraire reste impossible.

LE ROMAN POUR ADOLESCENTS : QUELQUES BALISES

Monique Noël-Gaudreault
Université de Montréal

> [...] lire ne vous arrache au monde que pour vous
> le rendre autre, revu, éclairé : si la lecture est une évasion,
> comme disent les gens simples qui lisent, si c'est une fuite,
> c'est celle du prisonnier qui s'échappe de son cachot en
> en fracturant les barreaux. Mieux : la littérature achève le (sens du)
> monde, elle l'accomplit parce qu'en elle il se revisite[1].
>
> Danielle SALLENAVE

En tant que phénomène commercial et néanmoins littéraire, l'existence de la littérature de jeunesse est assez récente. L'étroitesse du marché et la forte concurrence étrangère — française et américaine — n'ont pas empêché que se multiplient au Québec des collections destinées aux jeunes. Danielle Thaler[2] explique ce phénomène par la répartition de la production éditoriale selon des tranches d'âge déterminées ; entre autres, celle de l'adolescence[3].

L'adolescence n'est reconnue comme groupe social particulier que depuis le XXe siècle. Cette invention culturelle[4] peut donc être qualifiée d'assez récente, elle

---

1. Danielle SALLENAVE (1991), *Le don des morts. Sur la littérature*, Paris, Gallimard, p. 98.

2. Danielle THALER (1991), « La littérature de jeunesse : quelle littérature ? Pour quelle jeunesse ? », *Présence francophone*, n° 38, p. 95-100.

3. À la suite de cette mise en tranches d'âges, Françoise Lepage signale un problème de taille : les collections sont lues par des lecteurs de plus en plus jeunes, en raison, semble-t-il, des critères de lisibilité imposés aux auteurs par les éditeurs. Ce décalage n'est pas sans conséquences dans la mesure où la thématique, elle, cible des problèmes spécifiques à telle ou telle catégorie d'âge. Voir Françoise Lepage (2000), « Le concept d'adolescence : évolution et représentation dans la littérature québécoise pour la jeunesse », *Voix et images*, vol. 25, n° 2, p. 240.

4. Denise OSSON (1990), *L'adolescent entre son passé et son avenir*, Lille, Presses universitaires de Lille.

aussi. Les psychologues et la société occidentale la présentent comme une période intermédiaire entre l'enfance et l'âge adulte, et les adolescents, comme des êtres en mutation. Ainsi que chacun le sait, les mutations propres à cette période sont de plusieurs ordres : physique, psychique, voire existentiel et social. Qui n'a pas rencontré de ces adolescents, fatigués, mal dans leur peau, qui grandissent trop vite, mangent et dorment plus ou moins bien[5] ? Qui ne les a pas entendus s'exalter, se plaindre ou vus se décourager ? Adoptant des conduites à risque, certains jouent avec leur vie ; la plupart découvrent la sexualité ou l'amour ; et beaucoup rêvent. Tous ces jeunes, dit-on, se cherchent et traversent une grave crise existentielle d'où ils sortiront un jour, sans doute, meilleurs et plus sages. Toutefois, même s'ils revendiquent l'autonomie et clament leur besoin de s'émanciper, la majeure partie de leur temps se passe sous l'influence d'autres personnes, qu'il s'agisse de professeurs, de copains, de voisins ou encore de vedettes de la télévision[6].

Pour traduire ce mal-être, ou encore ces attitudes ambivalentes ou paradoxales, le roman convient parfaitement dans la mesure où il est multiple dans ses formes et reflète l'émergence de la notion d'individu en marche[7]. Notre corpus comprend neuf romans jeunesse finalistes du prix du livre M. Christie de 1999 et de 2000. En 2000, les finalistes étaient : *Ma vie zigzague*, de Pierre Desrochers ; *Deux petits ours au milieu de la tornade*, de Francine Allard ; *Journal d'un bon à rien*, de Michel Noël et *Le temps s'enfuit* de Stanley Péan (gagnant). Le cinquième finaliste était Daniel Mativat, pour *Ni vous sans moi, ni moi sans vous*. Comme ce roman est une réécriture de *Tristan et Iseult*, nous avons préféré ne pas en traiter ici, en dépit des qualités indéniables du travail de l'auteur. En 1999, les finalistes étaient : *La nuit rouge*, de Gilles Tibo ; *La liberté ? Connais pas…*, de Charlotte Gingras ; *La chambre d'Éden 2*, d'Anique Poitras ; *Kate, quelque part*, de François Gravel ; et *Les citadelles du vertige*, de Jean-Michel Schembré (gagnant)[8].

L'analyse de ces œuvres permettront de répondre aux questions suivantes : quel portrait se dégage du roman pour adolescents ? Plus précisément : de quels problèmes existentiels traite-t-il ? Dans quels lieux et temps l'action se déroule-t-elle en toile de fond ? À quoi les relations amoureuses ressemblent-elles ? Nous posons l'hypothèse que ces romans, destinés à la littérature jeunesse, ont été rédigés en fonction du public cible et qu'ils s'articulent, *grosso modo*, autour de deux pôles : le

---

5. Marie-Françoise PADIOLEAU (1989), *Les 13-18 ans. Ce qui se passe dans leur corps et dans leur cœur*, Paris, Balland.

6. Jean-Marie PERMINGEAT, Paul LEMOINE, Tony ANATRELLA et Ross CAMPBELL (1992), *Gros plan sur l'adolescence*, Paris, Éditions Chalet.

7. Yves REUTER (1991), *Introduction à l'analyse du roman*, Paris, Bordas, p. 13.

8. Pour alléger le texte, nous utiliserons les abréviations suivantes pour indiquer le titre des romans : *La chambre d'Éden* (CE) ; *Les citadelles du vertige* (CV) ; *Deux petits ours au milieu de la tornade* (DPO) ; *Journal d'un bon à rien* (JBR) ; *Kate, quelque part* (KQP) ; *La liberté ? Connais pas* (LCP) ; *La nuit rouge* (NR) ; *Le temps s'enfuit* (LTE) ; *Ma vie zigzague* (MVZ).

roman-miroir et le roman de la découverte de l'altérité. C'est pourquoi le présent article comprendra deux parties, chacune traitant successivement de la nourriture, des vêtements, des personnages célèbres (idolâtrés ou admirés selon les cas), de l'espace, du temps, de la voix narrative, des problèmes existentiels et de l'amour.

« Miroir, mon joli miroir » ou l'identification

L'identification du lecteur au héros-personnage mis en scène semble être un des objectifs visés par l'écrivain jeunesse pour plaire à son public et répondre à ses goûts[9]. Dans quelle mesure la nourriture, les vêtements, les idoles, les modes d'expression des adolescents d'aujourd'hui se retrouvent-ils dans les romans étudiés ?

Le verbe « manger » étant le mot le plus souvent prononcé par les adolescents québécois[10], que nous apprennent les personnages des romans sur leur nourriture ? Charles (MVZ) évoque la crème glacée, le bol de Corn Flakes, la Caramilk, le pâté chinois, les hamburgers, le poulet Saint-Hubert, et même le Jell-O. Dans les Cantons de l'Est, Bertrand (DPO) apporte des petits gâteaux à sa chère Nadia dans sa serviette de table, quand tous deux ne partagent pas un sac de bonbons-oursons en gelée. À Montréal, Marlon (LTE) se fait réchauffer un reste de tourtière que lui a laissé sa mère. Mira (LCP) exprime son envie de manger son sac de nachos au complet (p. 26), partage « une frite » avec sa meilleure amie et se compare à une pizza toute garnie (p. 32) convoitée par des garçons qui n'auraient rien mangé depuis une semaine !

Par ailleurs, les vêtements mentionnés dans les romans sont aussi révélateurs des adolescents. D'autant plus que l'habillement est diversifié. Dans *Ma vie zigzague,* Charles, invité chez Eunice, se contente de sa chemise bleue et de ses bermudas, tandis que Maxime porte « un chandail Tommy, des "pants" Nike très amples, des bas ravalés très larges sur ses baskets... » (p. 50), concession à notre société de consommation. Dans *Deux petits ours au milieu de la tornade,* pour décrire la mue de ses élèves de treize ans, Sylvie, jeune retraitée, la mère de Bertrand, évoque leurs boutons d'acné, leurs voix de chèvres *(sic)* et leurs casquettes fluos. En outre, les garçons se rasent le crâne et les filles s'habillent tout en noir et se maquillent de façon théâtrale.

Dans *La liberté ? Connais pas...,* les deux amies craquent pour un garçon que l'héroïne décrit en ces termes : « Il a un blouson de cuir, un regard bleu marine et, à l'oreille droite, un anneau d'or qui brille dans la lumière. » Et voici Catherine, nouvelle élève, vue par les yeux de Mira : « Une couette en forme de palmier sur le

9. Raymond TÉTREAULT (1994), « La littérature jeunesse vue par des spécialistes », *Des livres et des jeunes,* n° 47, p. 16.

10. Gilles FORTIER (1993), *Le vocabulaire des adolescents et des adolescentes du Québec. Fréquence, répartition, disponibilité,* Montréal, Éditions Logiques, p. 104.

dessus de la tête, un blouson de cuir et un *legging* avec des losanges verts et violets, une petite jupe par-dessus, des bottines noires. » (p. 16) Symbole de séduction, d'affranchissement, cette jupette revient à plusieurs reprises dans le roman. Par son audace, ces vêtements éblouissent l'héroïne qui se voit plutôt terne : « Je porte toujours les mêmes vêtements, un *legging* noir et un chandail noir. Quand ils sont sales, je les lave et les remets. » (p. 14)

Dans ce roman, l'habillement fait l'objet de négociations avec la mère qui, se réclamant d'une tradition plus classique, préfère nettement le manteau marine et le foulard de mohair (p. 20) pour sa fille. Fonctionnant comme des signes de reconnaissance, la coiffure, les bijoux et autres accessoires traduisent une certaine manière d'être à la mode : « Dis-moi ce que tu portes, je te dirai ce que tu es ; dis-moi ce que tu admires, je te dirai ce que tu aimerais être. »

Quels modèles les auteurs jeunesse proposent-ils à l'admiration de leurs personnages ? Au passage, soulignons le rôle essentiel de ces « héros » : « L'adolescent se crée des idoles parce qu'il a besoin d'un appui extérieur dans sa recherche de lui-même[11]. » Parmi les vedettes sportives, citons les joueurs de hockey Patrick Roy et Maurice Richard, ainsi que le coureur Bruny Surin (MVZ). Les gens riches comme Lambert, de la quincaillerie Lambert, impressionnent la famille d'accueil de Nipishish (JBR). Les références aux vedettes de cinéma concernent Arnold Schwarzenegger, Claudia Schiffer (MVZ) et Tom Hanks (DPO).

Pour que les adolescents, lecteurs difficiles, se retrouvent dans les romans qui leur sont destinés, il importe que ces récits s'inscrivent dans un espace et un temps connus et reconnus par eux. L'intrigue de deux romans se déroule, par exemple, à Montréal. Dans *La nuit rouge,* les jeunes « graffiteurs » préfèrent aux chics gratte-ciel du centre-ville les murs des vieux hangars (p. 9), au fond de ruelles pleines de détritus (p. 49). La structure du pont Jacques-Cartier, les gares de triage, les bouches d'aération du métro, la grande côte Saint-Denis n'ont plus de secrets pour eux. Quant à l'action de *Ma vie zigzague,* elle se déroule entre l'hôpital Sainte-Justine et le Forum. Le Montréal du roman *Le temps s'enfuit* apparaît plutôt indéterminé, si l'on exclut la boutique de musique dans le Vieux-Montréal. Enfin, dans *Kate, quelque part* sont mentionnés des lieux comme le Mont-Royal, le West Island, la rue Saint-Hubert.

Mise à part Montréal, la ville de Québec et la Gaspésie constituent aussi des lieux de reconnaissance pour les jeunes lecteurs ; il convient de leur ajouter l'Abitibi, Mont-Laurier, Maniwaki et Val d'Or — pour *Journal d'un bon à rien* —, ainsi que les Cantons de l'Est pour *Deux petits ours au milieu de la tornade.* Toutefois ces lieux référentiels sont complétés par des lieux plus spécifiques à des jeunes de cet âge :

---

11. Daniela ORIGLIA et Henri OUILLON (1980), *L'adolescent*, Paris, ESF, p. 67.

l'école polyvalente, le dépanneur, le parc, le café, auxquels s'opposent classiquement, comme dans le roman québécois en général, la forêt (LCP ; MVZ ; LTE).

Pour que le roman fonctionne vraiment comme miroir, il faut aussi que les actions rapportées se produisent dans un temps qui se rapproche le plus possible de celui du lecteur, surtout si sa compétence en lecture laisse à désirer. Par leur caractère indéterminé, les dates citées dans *La nuit rouge* créent cette illusion. Il en va de même avec *La liberté ? Connais pas...* où ce sont les saisons et les transformations biologiques de l'arbre coincé entre l'asphalte, les autos, les bicyclettes et les piétons (p. 9) qui rythment la vie de Mira, âgée de quinze ans, dont le corps, à ce qu'elle nous dit, « pousse comme de la mauvaise herbe avec trop de jambes, trop de bras, des hanches maigres » (p. 15).

Une narration au « je »

À cet âge de regard sur soi, la narration au *je* est le procédé par excellence pour faciliter l'identification du lecteur. Le moi ne paraît pas haïssable dans un roman pour jeunes, car il permet de donner la parole à un être humain oscillant entre sensibilité et raison, et de faire connaître de plus près au lecteur quelque chose de l'humaine condition. Selon Di Cecco[12], l'influence américaine dans le roman adolescent de la francophonie se caractérise par une narration autodiégétique (au *je*), qui « permet d'exclure la morale et de peindre le mal de vivre de l'intérieur ». Cependant, le narrateur accorde une grande importance à son rapport avec le monde extérieur, particulièrement avec son entourage. Dans ces conditions, le narrateur fonctionne comme un double du lecteur adolescent et « partage avec celui-ci ses interrogations, les incidents de son quotidien, sa conception de la vie, ses premiers émois amoureux[13] ». En effet, dans le confort de leur lecture, cette fonction identificatoire de certains romans jeunesse permet aux lecteurs adolescents de retrouver leurs rêves, leurs aspirations et même leurs fantasmes. En quoi ces romans pour adolescents épousent-ils le point de vue des jeunes ? De quels problèmes existentiels traitent-ils ?

Le désir d'être comme les autres, le manque d'amis, une mère bizarre et possessive, un père absent et très aimé, comment embrasser un garçon, tels sont les cinq soucis majeurs de Mira, dans *La liberté ? Connais pas*. La souffrance physique et la mort, les interdits et le mensonge, la violence et l'alcoolisme, les relations avec la police, voilà les pôles autour desquels gravite l'action de *La nuit rouge*. L'amitié et la quête de l'amour, le conformisme et son contraire, la fidélité ou l'union libre apparaissent comme les thèmes majeurs de *Kate, quelque part*. Comme le mentionne

---

12. Daniela Di Cecco (2000), *Entre femmes et jeunes filles. Le roman pour adolescentes en France et au Québec*, Montréal, Éditions du remue-ménage, p. 60.

13. Françoise Lepage (2000), *art. cit.*, p. 249.

Permingeat[14], les jeunes ont besoin de se démarquer et cherchent la façon d'y parvenir. Qu'il s'agisse des graffitis de *La nuit rouge,* que les personnages osent afficher à leurs risques et périls ; qu'il s'agisse de se libérer d'une mère oppressante comme dans *La liberté ? Connais pas...* ou encore de trouver l'amour et de le garder comme dans *Kate, quelque part,* l'adolescent lecteur s'attend à recevoir des scénarios susceptibles de lui fournir des réponses, fussent-elles temporaires. Les risques sont grands : l'affrontement avec la police, à la fois auxiliaire et substitut parental, le rejet culpabilisant par la mère. Cependant les gains n'en paraissent que plus désirables... D'autant que la connaissance et l'estime de soi passent par la reconnaissance de l'autre. C'est dans le regard de l'autre que le personnage se sent exister. Cette recherche de soi à travers l'autre s'exprime aussi par la quête amoureuse. Dans *La nuit rouge,* pas question d'amour, si ce n'est sur les ondes radio de la voiture de police : « violence conjugale, quartier Mercier » (p. 81). *La liberté ? Connais pas...* oppose la frivole Catherine et ses amoureux successifs à Mira qui n'a « jamais embrassé personne sur les lèvres, encore moins avec la langue » (p. 41) mais qui est attirée par son professeur d'arts plastiques. Son amie délurée lui suggère d'essayer avec Marc, mais Mira les surprend tous deux en train de s'embrasser « comme s'ils voulaient se manger » (p. 77).

Dans *Kate, quelque part* s'opposent deux grandes conceptions : celles de l'amour traditionnel et de l'amour moderne. Michel, grand bourreau des cœurs féminins, n'a pas encore trouvé l'amour vrai ; Jean-François, pour sa part, expédie à Kate de courtes lettres : « Je m'ennuie de toi [...] Je te remercie d'exister. » Lorsqu'au chapitre 9, les amoureux passent à l'acte, le rideau tombe sur leurs ébats avec grande pudeur (p. 79). Enfin, *Les citadelles du vertige* présentent l'amour de Guillaume pour Jeanne comme un sentiment noble, spontané, né du premier regard (p. 133). Jeanne, plus loin, regarde dormir son amoureux avant de le réveiller d'un baiser et de lui proposer de prendre un bain (p. 162). Audacieusement, il lui suggère de le frictionner ; le résultat ne se fait pas attendre mais la scène d'amour reste sobrement suggestive.

Au-delà du miroir, ou la découverte de l'altérité

La nourriture, les vêtements, l'espace apparaissent dans certains romans moins familiers au public cible, les problèmes existentiels traités se classent plus haut sur une échelle de variations dans la distance qui s'établit entre les lecteurs adolescents et les personnages actualisés dans les récits. Mais voyons d'abord ce qui relève du quotidien des personnages.

Le choix de la nourriture se nuance, s'élargit. Mystérieusement parachuté à New York, Marlon Lamontagne (LTE) ne boude pas l'omelette aux légumes et aux

---

14. Jean-Marie PERMINGEAT, Paul LEMOINE, *et al.*, *op. cit.*

fines herbes préparée par son mentor musicien et cuisinier talentueux, Falcon. Quant à Nipishish (JBR), on s'en doute, sa nourriture varie du tout au tout selon qu'il vit dans la réserve algonquine ou en ville, à Mont-Laurier. Chez Mona Paradis, il mange de la soupe et les sorties en automobile se terminent par la dégustation d'une consolante crème glacée à la vanille. Régulièrement, il partage avec son ami Millette la bière et les cigarettes. Ces mâles plaisirs adultes, il les connaissait déjà avant, à l'intérieur de sa communauté, mais il y mangeait aussi de l'orignal, de la bannique (pain) et buvait du thé noir. Enfin, Bertrand (DPO) cueille des bleuets pour sa chère Nadia. Dans *Kate, quelque part,* le narrateur qualifie certaines traditions culinaires de « répugnantes » (hot dogs, fromage Velveeta, gâteau au fromage) et les considère bourgeoises. Cependant, une fois les parents de sa douce amie partis, il se plaît à vider la bouteille de vin, prétextant que « ce n'est pas le vin qui est bourgeois, mais la façon de le boire » (p. 99). À un autre moment, le jeune couple ne dédaigne pas non plus de boire du champagne !

Au même titre que la nourriture, les vêtements constituent un autre domaine marqué par une certaine diversification. Ils font l'objet de moins de mentions et amènent le lecteur dans un monde plus « adulte ». Marlon Lamontagne arbore une chemise et un complet prêtés par son idole qu'il a rencontrée alors qu'il « débarquait » à New York en pyjama (LTE). Il en va de même pour *Kate, quelque part,* où le complet veston et l'attaché-case font l'objet de l'ironie des jeunes des années 1960. Enfin, de son côté, Nipishish (JBO) ne mentionne qu'un seul accessoire qui échappe aux distinctions d'âge : une paire de mocassins en peau d'orignal offerte par sa mère adoptive, Manie Twenish.

Au chapitre de la « culture » avec un grand C, l'engagement de certains personnages apparaît plus individualisé et donc d'envergure moindre que le phénomène des idoles. Faut-il s'étonner que telle héroïne passionnée d'oiseaux (LCP) évoque l'éthologiste Konrad Lorenz et Audubon ? À ce peintre animalier, il convient d'ajouter Salvador Dali, Léonard de Vinci et les Impressionnistes, qui hantent un autre roman (DPO). Jules Verne est cité à cause de *Michel Strogoff* : l'héroïne donne en effet ce nom à un orignal. *L'amant* de Marguerite Duras ainsi que le romancier Robert Lalonde sont également mentionnés au passage (LCP). Quant à la poésie, elle apparaît comme une bouffée d'air frais dans la vie de Nipishish rebaptisé Pierre Larivière, avec « Le lac » de Lamartine et « Oceano Nox » de Victor Hugo : « Je ne veux pas que l'on voie les larmes rouler sur mes joues. Elles sont remontées à la surface comme l'eau qui soudainement jaillit, libérée, lorsqu'on creuse un trou, l'hiver, à travers la glace épaisse. » (JBR, p. 215)

Dans *Kate, quelque part* ressurgissent aussi les gloires des années 1960. En plus de l'écrivain Somerset Maugham, des philosophes et auteurs-compositeurs sont à l'honneur : Jean-Paul Sartre et Simone de Beauvoir, les Beatles, John Lennon, Bob Dylan, Léo Ferré, Jacques Brel et Georges Brassens. Nul doute qu'il s'agit là de ressusciter l'époque des hippies et des communes pour la faire connaître aux adolescents d'aujourd'hui. Enfin, parmi les musiciens, des «légendes» du jazz telles que Louis Armstrong, Miles Davis, Duke Ellington, Billie Holiday, Ella Fitzgerald, Charlie Parker, Dizzie Gillespie, sont évoquées. En outre, les graffitis méritent qu'on s'y arrête un instant, ne serait-ce que comme forme spéciale de «philosophie». «Vu le manque d'intérêt général, demain n'aura pas lieu» (LTE, p. 19) fait écho à celui du New York des années 1960 : «Beware for Armaggedon is coming!» (p. 68) Rien à voir, apparemment, avec les dessins obscènes réalisés par les élèves dissipés de la mère de Bertrand (DPO, p. 13) ni avec les messages scatologiques inscrits sur le mur des toilettes de l'école fréquentée par Nipishish (JBR, p. 184)! Rien à voir, non plus, avec les «tags» de *La nuit rouge*, ces sortes de graffitis qui servent à marquer le territoire des bandes de jeunes et qui témoignent d'un certain esthétisme de la rue.

Certes, une culture éclectique (LTE) permet des conversations qui ne sont jamais marquées par la monotonie : les séries mondiales de base-ball, l'exposition au musée Guggenheim, la campagne électorale de Kennedy, les thrillers d'Alfred Hitchcock. De tels sujets étonnent Marlon, et cela paraît habile de la part de Péan, qui présente un héros lui-même cultivé et semble dire à ses lecteurs : le monde est vaste, et passionnant, la connaissance aussi! Il en va de même pour Jean-Michel Schembré qui, dans *Les citadelles du vertige*, propose un panorama d'histoire de France du XIIᵉ siècle : on y traite de la chevalerie et de l'amour courtois en particulier. L'espace connaît ainsi un décentrement par rapport à Montréal et même par rapport au Québec tout entier.

Réels ou virtuels, les déplacements en camion, en autobus, en voiture, caractérisent certains récits pour adolescents et figurent peut-être la quête, la traversée. Même si Charles (MVZ) ne quitte pas Montréal, Eunice risque de partir pour Haïti, «le pays de tous les malheurs» ; pour sa part, le grand joueur de hockey, Patrick Roy, a été échangé et joue maintenant au Colorado. En ce qui concerne Bertrand et sa mère (DPO), ils quittent la métropole pour s'installer dans les Cantons de l'Est, à Rockstown, près de Mégantic, tandis que le père de Nadia voyage pour aller là où l'appelle son travail : en Arizona, à Melbourne ou à San Diego. Enfin, Marlon Lamontagne (LTE), dont le père est né à Chicago et la mère à Alma, effectue un transfert spatio-temporel inexpliqué de Montréal à New York au début des années 1960, avec retour, ultimement, chez lui. New York, c'est le quartier mal famé, l'appartement de Dolorès, le métro, le manoir O'Sullivan, Harlem, le Brilliant Corners, Greenwich Village, le poste de police. *La chambre d'Éden* nous transporte au Yukon, par les yeux de Sara qui photographie, apaisée, le spectacle de la nature. Whitehorse, Little Eden River, White Pass, Dawson City semblent se rapprocher de Vancouver, de Toronto, de l'Inde et du Népal, de l'Himalaya ou du Far-West. Enfin, avec le roman historique *Les citadelles du vertige*, c'est la France qui est mise en scène : l'action se déroule dans plusieurs dizaines de lieux déterminés — Nîmes, Montpellier, Carcassonne, Narbonne — qui sont parcourus par Guillaume et Amaury.

Le temps connaît lui aussi une dilatation dont nous ne pouvons que nous réjouir. Par rapport à l'époque actuelle, le saut semble grand avec *Les citadelles du vertige* qui plonge ses lecteurs dans la tourmente de la croisade contre les Cathares au début du XIIIe siècle. Ce roman, gagnant du prix Christie 1999, aborde la question de l'intolérance et celle de la gloire, problèmes qui s'éloignent radicalement de ceux mentionnés plus haut. *Le temps s'enfuit* nous transporte dans le New York des années 1960, à l'instar de *Kate, quelque part*. « Tout se passe... comme si l'adulte auteur présentait au jeune un miroir de sa propre génération », écrit Claire Le Brun[15].

Dès lors, le *je* semble se démultiplier. En effet, la narration au *je* n'est plus le procédé incontournable, même s'il persiste encore. Le roman historique *Les citadelles du vertige* est rédigé tantôt à la troisième personne, tantôt à la première, car le héros y écrit son journal. Qu'il s'agisse de Guillaume ou d'Amaury ou des deux à la fois, ils rêvent de conquérir le Languedoc et, en cela, le roman offert aux adolescents québécois rejoint la violence télévisuelle. Toutefois, se trouve posée ici la question des valeurs morales : le personnage de Guillaume sauve une jeune fille cathare et en tombe amoureux, ce qui le fait déserter et découvrir la bonté de l'ennemi. Également rédigé à la troisième personne, *La nuit rouge* se signale pourtant par une forte tendance au réalisme. Cela permet à l'auteur Gilles Tibo de jouer avec la distance, peut-être dans le but de mettre en relief la problématique des graffiteurs vue de l'extérieur et de l'intérieur, dans la tête de Simon et de Guillaume. De fait, le point de vue restreint à la première personne aurait nui à la démonstration.

Des problèmes existentiels lourds ?

Ma vie zigzague raconte l'histoire d'un jeune joueur de hockey qui tombe amoureux d'Eunice, une Haïtienne ; il s'en défend d'autant plus énergiquement qu'il se retrouve en rivalité avec son meilleur ami. Atteint du cancer, Charles lutte pour sa survie ; cela ne l'empêche pas de s'éprendre de Virginie, qui meurt à l'hôpital, tandis que lui guérit et réussit à rencontrer le grand Patrick Roy, son idole au hockey, grâce à la complicité de ses amis et de son professeur. Dans *Deux petits ours au milieu de la tornade,* le personnage de Bertrand, handicapé intellectuel, se caractérise par sa naïveté et son don de prémonition. Son amie et lui sont exposés par hasard à la tornade qui pourrait les rendre intelligents si le prix ne s'avérait pas trop lourd à payer : les jujubes en forme d'oursons qu'ils croquent sans cesse ne symbolisent-ils pas la fragilité de la vie ? *Journal d'un bon à rien* montre Nipishish, jeune Métis orphelin, en butte au regard sans indulgence des Blancs, qui contrôlent tout et l'envoient en pension. Tiraillé entre deux mondes — celui de la nature et de son

---

15. Claire LE BRUN (1996), « Famille et multiculturalisme dans le roman québécois pour adolescents des années 80 et 90 », *Quebec Studies*, vol. 22, p. 153.

père amérindien, celui de la ville et de sa mère blanche —, il découvre cependant avec émotion la poésie française et écrit à la belle Pinamen, dont le souvenir le hante. Enfin, *Le temps s'enfuit* est le titre du morceau qu'improvise Marlon, jeune trompettiste, né de père haïtien ; il reconnaîtra plus tard ce dernier sur un disque de jazz que sa mère vient de lui offrir. Plus étrange encore, le temps bascule et le héros se retrouve à New York, au début des années 1960, dans l'orchestre de son idole héroïnomane, à jouer « Tempus fugit ».

Dans le sens de la découverte de l'altérité par les lecteurs adolescents, les romans évoqués ici permettent de répondre à des questions fondamentales assez éloignées de la vision d'un ego étriqué. Comment vivre avec le cancer (MVZ) ? Comment vivre en étant l'Étranger (JBR) ? Comment vivre avec un handicap intellectuel (DPO) ? Comment vivre dans un monde conformiste ? Que faire si les non-conformistes qu'on admire se droguent (LTE) ? Si le cancer se soigne et se guérit parfois, la « différence », elle, apparemment irrémédiable à cause du mépris et du rejet qu'elle suscite, peut-elle devenir source d'énergie et de croissance[16] ? Les handicapés intellectuels, eux aussi, « nés comme ça », n'en croquent pas moins dans la vie à belles dents (d'une certaine manière, leur ignorance les sauve), ce qui n'est pas le cas des héroïnomanes que Marlon est appelé à côtoyer. Et même s'il se retrouve le ventre ensanglanté à cause d'un coup de couteau, notre héros n'en quittera pas moins ce monde et cette époque qui, par certains côtés, ressemblent étrangement aux nôtres dans lesquels il finit par revenir...

De l'amour

Comment vivre avec ou sans amour ? Chacun des romans examinés traite de cette question et il devient possible, à l'analyse, d'établir une gradation dans la représentation de l'union des corps. Dans *Journal d'un bon à rien*, pas de scène d'amour, mais des évocations, sous la plume de Nipishish, de la belle et douce Pinamen qui l'a « envoûté ». Depuis le jour où il l'a rencontrée, l'irrésistible ascendant qu'elle exerce sur lui se traduit par une sorte de communion spirituelle : « La certitude qu'elle n'est pas très loin, qu'elle [lui] parle. » (p. 9) À la fin du roman, il écrit à la belle Attikamek et, au milieu de la longue liste de ses chagrins de déraciné et de réprouvé, il lui avoue l'amour salvateur qu'il éprouve pour elle (p. 222). Toutefois, comme l'auteur nous promet une suite, tous les espoirs sont permis quant à l'issue de cette relation jusque-là toute platonique. Dans *Ma vie zigzague*, la scène d'amour entre Charles et Virginie mourante consiste, en fait, en une célébration de fiançailles romantiques sur le toit de l'hôpital Sainte-Justine (p. 261). Après avoir

---

16. Claire LE BRUN (1994), «Fonctions de l'Étranger dans le roman québécois pour la jeunesse, 1985-1993», dans *Francophonies plurielles : actes du Congrès mondial du Conseil international d'études francophones tenu à Casablanca (Maroc) du 10 au 17 juillet 1993*, p. 92.

parlé sereinement de la vie et surtout de la mort, ils s'embrassent et se passent mutuellement un anneau au doigt en se déclarant leur amour, à la lueur de deux chandelles, sous la voûte des étoiles.

Dans le roman *Deux petits ours au milieu de la tornade*, la scène d'amour entre Bertrand et Nadia (p. 106), quoique brève, se trouve coupée en deux. Entre les préliminaires et l'acte lui-même, le jeune homme se rappelle le conseil de sa mère de « ne jamais forcer une personne à faire ce qu'elle ne veut pas ». Le tout se conclut à la plus entière satisfaction du jeune couple, innocent comme Adam et Ève au paradis. Enfin, dans *Le temps s'enfuit,* les étapes de la scène d'amour entre le héros, puceau, et Dolorès, plus expérimentée, sont décrites de façon humoristique, parallèlement à celles de la cuisson de l'eau dans une casserole pour le thé : l'eau frémit, l'eau bouillonne très fort, puis l'eau s'est presque entièrement évaporée. Le « presque » a évidemment son importance, puisque le héros débutant bénéficiera d'une deuxième chance.

Compte tenu du public cible — qui n'est sans doute pas aussi homogène qu'on voudrait nous le laisser croire —, la diversité des scènes d'amour offre une vision intéressante du processus d'apprivoisement entre les sexes.

Des genres romanesques hybrides

Outre le réalisme, quels genres sont représentés dans les romans qui nous intéressent ? Il semble bien que ceux-ci soient le jeu des reflets du monde actuel. À « ces sortes d'histoires de vie, fausses autobiographies qui affichent une volonté de transparence et créent un effet de réel[17] », on peut opposer le merveilleux, le fantastique, l'horreur, la science-fiction, l'historique ou le policier qui, en apparence, s'éloignent de la fonction narcissico-thérapeutique visée par le réalisme. Le roman *Les citadelles du vertige*, par exemple, peut être considéré comme relevant d'un genre mixte, à la fois roman historique de guerre et roman d'amour, dans la mesure où Amaury choisit de déserter et de rester dans le camp ennemi plutôt que de continuer la croisade contre les Cathares. De quoi alimenter bien des discussions entre lecteurs, garçons ou filles ! Globalement, *Ma vie zigzague* participe de l'effet de réel, malgré le caractère un peu merveilleux du personnage auxiliaire de Virginie : elle apparaît toujours au moment où Charles s'y attend le moins et l'emmène visiter la « cathédrale », qui n'est autre que le garde-manger de l'hôpital Sainte-Justine, et le « château aux émeraudes », la chapelle, la nuit. Enfin, l'enlèvement du héros, qui finit par réaliser son rêve de rencontrer son champion de hockey préféré, a quelque chose d'échevelé et de délicieusement invraisemblable qui nous délivre des

---

17. Suzanne POULIOT (1994), *L'image de l'autre : une étude des romans de jeunesse parus au Québec de 1980 à 1990*, Sherbrooke, Éditions du CRP (Université de Sherbrooke), p. 30.

problèmes trop lourds. À l'issue de ces deux « miracles », en effet, Charles se déclare guéri de son cancer.

Qu'en est-il du *Journal d'un bon à rien ?* Le fait que l'époque, le lieu et le personnage soient relativement lointains exige, sans nul doute, un effort de la part du lecteur ou de la lectrice ; toutefois, une certaine analogie peut être établie entre le personnage opprimé, humilié, solitaire malgré son groupe d'appartenance, et l'adolescent « en mutation » qui lit cette histoire. Par ailleurs, le réalisme s'accompagne de critiques de la société moderne et s'éclaire de formules ou d'images que Nipishish note dans son journal ; avec précaution, celles-ci peuvent être qualifiées de poétiques dans la mesure où elles traduisent un regard « autre ».

Le roman *Deux petits ours au milieu de la tornade* pourrait, d'une certaine manière, appartenir au genre socioréaliste, mais le fait que la narratrice soit la mère du héros crée une distance propre à faciliter la réflexion. De plus, la soucoupe extraterrestre et le rayon qui rend intelligent nous entraînent dans un univers de science-fiction qui élargit le champ des possibles narratifs. Une fois la coupole brisée par le père de Nadia, la vie reprend, plus normale, quoique différente.

Avec son voyage dans le passé, *Le temps s'enfuit* semble appartenir en partie au roman historique ou à la science-fiction. Quand le héros revient chez lui, grièvement blessé, peut-on définir cette irruption imprévue du mystère dans la vie réelle comme un élément de fantastique, même si l'aventure ne génère pas la terreur ou l'angoisse chez le lecteur ? Habilement, le roman de Péan permet de traiter de la drogue et de la violence qu'elle suscite. En situant l'histoire au début des années 1960, l'auteur crée un effet de distance. Accueillons ces écarts, ces hybridations de genres avec plaisir, car ils ouvrent des portes sur l'immensité.

Conclusion

Après avoir brièvement évoqué le roman pour adolescents en général, nous avons examiné neuf romans finalistes du prix Christie 1999 et 2000. Presque tous sont écrits au *je* ; à leur façon, ils permettent au lecteur d'entendre la voix d'un autre et de vivre avec cet autre à une période transitoire de sa vie[18]. Nous avions formulé l'hypothèse que certains romans fonctionnaient davantage que d'autres comme des romans miroirs. Ils reflètent en effet, nous l'avons vu, le quotidien des adolescents, à travers la nourriture qu'ils aiment, les vêtements qu'ils portent, les idoles qu'ils admirent. Le temps et l'espace eux-mêmes contribuent à faciliter une identification plus ou moins précise aux récits racontés. À cette fin, la narration au *je* constitue le procédé par excellence. Les problèmes existentiels évoqués rejoignent ceux des adolescents mis en scène, y compris la recherche du partenaire amoureux.

---

18. Annette BÉGUIN (1994), « Lectures modèles et modèles de lecture », *L'école des lettres. Collèges*, numéro spécial « Lire avec les adolescents », p. 21-36.

Toutefois, ceux qui témoignent à un degré ou à un autre d'une ouverture, même si celle-ci reste modeste, nous ont paru les plus intéressants. La culture se métisse peu à peu, s'universalise, serions-nous tentée de dire. Le temps se dilate et l'espace éclate dans tous les sens. La narration au *je* cesse d'être une obligation, les voix narratives se multiplient avec des procédés comme les lettres insérées, le journal intime, etc. Les problèmes existentiels s'alourdissent et rejoignent ceux des adultes : le cancer, le fait d'être étranger, les handicaps intellectuels, la violence, l'amour charnel qui concrétise l'union des âmes. Quand l'esthétique littéraire elle-même se diversifie et s'hybride en apparaissant dans plusieurs genres pour ouvrir une brèche sérieuse dans le réalisme, il est permis d'espérer beaucoup de la production jeunesse à venir.

LA SCIENCE-FICTION AU FÉMININ

Claire Le Brun
Université Concordia

Un genre masculin?

Selon les idées reçues et les perceptions communes, selon les statistiques aussi, la science-fiction[1] n'est pas un genre féminin. Ses auteurs comme ses lecteurs se recrutent majoritairement parmi les hommes. Du côté de la littérature pour la jeunesse, les choses ne semblent guère faire exception s'agissant du lectorat. Dans un article intitulé «Écrire des histoires de filles dans un univers masculin», l'auteure québécoise la plus clairement identifiée au récit de SF pour la jeunesse, Francine Pelletier, évoquant ses nombreuses rencontres avec ses lecteurs et lectrices, rappelle l'aveu presque unanime de ces dernières: «Je n'aime pas la science-fiction[2]. »

Le tableau est plus contrasté quand on examine la production d'ensemble des romans jeunesse depuis les années 1960 et la place qu'y occupe la science-fiction. Les récits de SF écrits par des femmes n'y manquent pas. *Surréal 3000* de Suzanne Martel a été un véritable *best-seller* (1963, 1971, 1980). Cette évocation d'une cité souterraine sous le Mont-Royal du quatrième millénaire a marqué l'imaginaire de plusieurs générations de jeunes lecteurs et lectrices. Certes l'exploit ne semble pas avoir été renouvelé par la suite. La collection «Galaxie», lancée par Martel à la fin des années 1970 — qui a publié des récits de cette dernière (*Nos amis robots*), de Monique Corriveau (*Patrick et Sophie en fusée*), de la romancière canadienne-anglaise Monica Hughes (*Visiteurs extra-terrestres*) —, n'a pas réussi à se renouveler. Dans «Jeunesse-Pop», la collection de SF actuelle, les auteures sont minoritaires. Dans quelle mesure peut-on parler d'une SF au féminin dans le contexte de la

---

1. Désormais abrégé en SF.

2. Francine PELLETIER (1995), «Écrire des histoires de filles dans un univers masculin. Les femmes et la science-fiction», dans Andrea PARADIS (dir.), *Visions d'autres mondes. La littérature fantastique et de science-fiction canadienne*, Ottawa, Quarry Press et Bibliothèque nationale du Canada, p. 186-193.

littérature jeunesse au Canada français ? Quelles seraient ses caractéristiques ? Nous tenterons de répondre à ces questions en examinant les récits publiés dans des collections de SF et dans des collections non spécialisées, du début des années 1980 jusqu'au seuil du nouveau millénaire.

Auteurs et collections

La collection « Galaxie » n'a publié que quelques titres, dont des rééditions (*Surréal 3000* ; *Titralak, cadet de l'espace* ; *Patrick et Sophie en fusée*). La seule collection qui publie massivement des récits de SF — ainsi que de fantastique, fantastique épique (*Heroic Fantasy*) et de « mystère » — est la collection « Jeunesse-Pop » aux éditions Médiaspaul. Comme elle s'est enrichie de nombreux titres au cours des années 1990, elle occupe, dans le paysage des collections jeunesse, le secteur du récit d'aventures délaissé par la plupart de ses consœurs qui privilégient le roman socio-réaliste et psychologique. La plupart des œuvres que nous examinerons ont été publiées dans cette collection qui édite, aux côtés de Daniel Sernine, Joël Champetier, Jean-Louis Trudel ou Yves Meynard, Esther Rochon, Francine Pelletier, Joanne Massé. Par ailleurs, tout au long des deux décennies à l'étude, des romans de SF ont paru dans des collections non spécialisées, chez divers éditeurs comme Fides au début des années 1980, puis à La courte échelle et chez Québec/Amérique dans les années 1990.

Du point de vue de leur insertion dans le champ de la SF et dans celui de la littérature pour la jeunesse[3], les romancières peuvent se regrouper en trois catégories : les auteures pour la jeunesse qui ont aussi écrit quelques récits apparentés à la SF, dont Francine Loranger et Bernadette Renaud, par exemple ; celles qui n'ont écrit que des récits de SF pour la jeunesse, dont Johanne Massé ; celles, enfin, qui partagent leur production entre les romans pour adultes et les romans pour jeunes : Esther Rochon et Francine Pelletier en sont.

Les thématiques de la SF pour la jeunesse au Québec

Il faut distinguer les récits destinés aux enfants de ceux destinés aux adolescents. Alors que les premiers sont centrés sur les figures du robot et de l'extraterrestre, les

---

3. Donnant au terme « champ » l'acception bourdieusienne largement diffusée dans les études littéraires, nous faisons allusion ici aux instances de diffusion, animation, légitimation. Le roman de science-fiction pour la jeunesse se situe à l'intersection de deux ensembles de productions culturelles à faible capital symbolique, généralement considérées comme des « paralittératures ». Comme littérature de jeunesse et comme science-fiction, il est doublement paralittéraire. En effet, dans ce sous-champ périphérique que constitue le roman pour la jeunesse, il jouit actuellement et a toujours joui d'un statut moins prestigieux que le roman réaliste. Voir Claire LE BRUN (1998) : « Le roman pour la jeunesse au Québec. Sa place dans le champ littéraire », *Globe. Revue internationale d'études québécoises*, vol. 1.2, p. 45-62.

seconds ont abordé, au cours des années 1990, la plupart des grands thèmes de la SF internationale[4].

Au début des années 1980, les personnages de robots et d'extraterrestres servent souvent à un «recyclage[5]» du conte de fées et du conte moral. La collection «Pour lire avec toi» des éditions Héritage fournit de bons exemples de ces récits où l'apparition d'un robot ou d'un E.T. ne suffit pas pour en faire des romans de science-fiction[6]. Rares sont les romans qui, comme *Les géants de blizzard* et *Les yeux d'émeraude* de Denis Côté, ont véritablement fait de l'extraterrestre l'Autre à découvrir, et non un repoussoir permettant aux auteurs de réaffirmer, par opposition, les véritables valeurs humaines: facultés d'émotion, amour du travail, sens de la famille, etc. Le second thème fréquemment présenté à cette classe d'âge est l'écologie. On peut citer par exemple la «ville dépotoir» de Joceline Sanschagrin dont tous les habitants portent des œillères[7].

Pour un lectorat adolescent, tous les thèmes et sous-genres de la SF paraissent possibles: la dystopie — représentation hyperbolique, dans un proche avenir, des menaces qui pèsent sur la société du romancier ou de la romancière —, magistralement représentée par *Hockeyeurs cybernétiques* de Denis Côté (1983) et la série des «Inactifs», où l'auteur a approfondi la description de cet univers[8]; les aventures galactiques (Camille Bouchard, Jean-Louis Trudel); le voyage temporel (Johanne Massé, Charles Montpetit). Les planètes lointaines et les décors postcataclysmiques fournissent souvent un cadre à la réflexion politique et sociale (Esther Rochon, Francine Pelletier, Jacques Lazure, Joël Champetier). Deux préoccupations dominent les années 1990: les manipulations génétiques et la réalité virtuelle.

---

4. Pour un panorama des thèmes abordés, voir: Simon DUPUIS (1993), «La science-fiction pour la jeunesse», *Solaris*, n° 104 (hiver), p. 70-75; Claire LE BRUN (1995), «Le roman de science-fiction pour la jeunesse au Québec. Des années 60 aux années 90», dans Andrea PARADIS, *op. cit.*, p. 92-101. Pour une analyse du discours critique sur la SF québécoise, voir Guy BOUCHARD (1993), «L'image de la science-fiction au Québec», *Imagine... Regards sur la science-fiction et les littératures de l'imaginaire*, n° 65 (septembre), p. 11-59.

5. Nous empruntons le terme à la revue *Canadian Children's Literature/Littérature canadienne pour la jeunesse* qui a consacré deux numéros à cette problématique (n°s 73 et 74, printemps et été 1994).

6. Voir Claire LE BRUN (1994), «Il était/sera une fois. Le conte de fées technologique des années 80», *Canadian Children's Literature/Littérature canadienne pour la jeunesse*, n° 74 (été), p. 73-75.

7. Joceline SANSCHAGRIN, série «Wondeur» (1989-2000), Montréal, Les éditions de La courte échelle (Coll. «Roman jeunesse»): en particulier *La fille aux cheveux rouges* (1989) et *Mission audacieuse* (1991).

8. Voir Jean-Denis CÔTÉ (1994), «La vision de la société future dans la quadrilogie des romans jeunesse du cycle des "Inactifs"». Mémoire de maîtrise ès arts, Sainte-Foy, Université Laval.

Quelles sont les principales thématiques retenues par nos auteurs? Si l'on admet que la SF n'attire pas spontanément les femmes, quelles sont les préoccupations qui les incitent à explorer les possibilités narratives de ce genre? Pour les mettre en lumière, nous présenterons les sujets de réflexion et les types de récits par ordre d'apparition, en nous attardant sur quelques œuvres marquantes de chaque courant.

Intelligences artificielles

La peur de la machine intelligente, violant la conscience de l'humain et le privant de travail, donc de dignité, est sans cesse présente dans l'histoire de la SF. Le roman *1984* de George Orwell (1949) est devenu une référence obligée, même chez celles et ceux qui n'ont jamais osé ouvrir un roman de science-fiction. Une tendance diamétralement opposée, tout aussi présente, est illustrée par Isaac Asimov et ses lois de la robotique qui interdisent à l'automate de nuire à l'humain (*I, Robot*, 1950). Au Québec, le début des années 1980 voit naître une série de robots aussi dangereux que séduisants. Ainsi dans *La ville fabuleuse* d'Henriette Major (1982), ils ne veulent rien de moins que priver les héros de leurs facultés d'émotion. Dans ce contexte idéologique, *Chansons pour un ordinateur* de Francine Loranger (1980) n'apparaît que plus intéressant.

Le récit prend la forme d'un journal écrit en 2276 par un enfant de douze ans. Celui-ci se fait une joie de revoir la Terre après un voyage spatial de deux ans en compagnie de ses parents scientifiques — la mère est spécialisée dans la médecine des robots. Le héros a poursuivi ses études dans l'espace grâce à un robot-professeur, Socrate. Il maîtrise les arts anciens de la lecture des livres et de l'écriture manuscrite. Socrate est un robot AP (à personnalité) qui a été doté d'imagination, qualité indispensable pour le robot enseignant, selon le narrateur. L'équipage comporte un second robot AP, Ulysse, le navigateur du vaisseau. Pour une raison mystérieuse, les manœuvres de retour sur Terre échouent. Après avoir suspecté des forces extraterrestres, le groupe d'enquêteurs formé du narrateur, de la fille du capitaine et du robot-professeur en vient à découvrir que le problème est dû aux états d'âme du robot Ulysse. En proie à l'angoisse de retourner sur Terre, où il perdra son importance, Ulysse n'arrive plus à prendre des décisions. Le système le plus fragile chez cette nouvelle génération d'ordinateurs est en effet celui des sentiments et des émotions; il faudra toute la persuasion de son ami Socrate pour que la peur cesse d'aveugler son cerveau. Le récit de Francine Loranger conjure la peur de la machine; ici le mouvement est inversé: ce ne sont plus les robots qui veulent faire des humains des machines, mais les robots, créatures des hommes, qui demandent à être traités humainement, avec égards et amitié. Les robots ne sont ni ennemis ni jaloux des supériorités humaines; c'est bien Socrate qui a appris à lire à Martin, lui permettant ainsi de tenir un journal intime.

La dépression de l'ordinateur, de Bernadette Renaud (1981), témoigne du même souci de dédramatiser l'irruption de la machine dans la vie quotidienne. Comme Ulysse et Socrate, Samco le superordinateur est doté d'une sensibilité délicate. Quand le programmateur-analyste détecte des erreurs, il est d'abord incrédule et s'en attribue tout naturellement la responsabilité :

— L'ordinateur ne peut fournir de mauvaises réponses. Ces tests périodiques m'ennuient tellement que j'ai dû faire des erreurs en les programmant. (p. 7)

Or il s'avérera que le fautif n'est pas l'humain, mais la machine. Samco a sombré dans une dépression nerveuse en apprenant que son travail de sélection des employés avait eu de graves conséquences sur un candidat évincé. Aussi n'a-t-il plus la « tête » aux travaux routiniers ; il lui faut une mission d'envergure. L'équipe d'informaticiens a alors une idée : pourquoi ne pas confier à l'ordinateur dépressif le processus d'analyse de la maladie ? De cette façon, il pourra aider les autres malades ; l'humain ne se sentira pas jugé par une machine et se « percevra davantage comme l'agent de sa guérison » (p. 77). Samco et le candidat malheureux, qui a sombré dans l'alcoolisme, unissent donc leurs efforts.

Comme Francine Loranger, Bernadette Renaud joue à estomper la frontière entre l'humain et la machine. L'humain dépressif voit en Samco « le seul être qui lui confère de l'importance » (p. 83). Le personnage de Nounou, l'ordinateur domestique de la série « Arialde » de Francine Pelletier (que nous analyserons plus loin) est décrit comme « une sorte d'ange gardien » (*Les eaux de Jade*, p. 24) ; il témoigne de la même perception des intelligences artificielles. L'attitude de ces trois auteures est à rapprocher de la réflexion de la romancière et critique Élisabeth Vonarburg sur le point de vue « ambivalent » des femmes vis-à-vis de la science et de la technologie. Vonarburg estime que « les femmes savent ce qu'elles ont à gagner de l'évolution des sciences et des technologies[9] ». Il est frappant de constater que les récits de Loranger et de Renaud, publiés au moment où l'ordinateur commence à changer le quotidien des non-spécialistes de l'informatique, véhiculent l'ouverture sur la nouveauté et non la crainte.

De la dystopie à l'utopie féministe

Le genre de la dystopie, définie plus haut, a été illustré par des auteures québécoises au cours des années 1960 et 1970. Pour Suzanne Martel (*Surréal 3000*), la cause du désastre est nucléaire[10]. Dans *Compagnon du soleil* de Monique Corriveau (1976), les

---

9. Élisabeth VONARBURG, « Les femmes et la science-fiction », dans Andrea PARADIS (dir.), *op. cit.,* p. 205.

10. Pour une analyse approfondie de ce roman, voir Hélène COLAS DE LA NOUE (1990), « Sciences, techniques et sociétés dans les dystopies québécoises (1963-1973) », *Imagine... Regards sur la science-fiction et les littératures de l'imaginaire*, n° 53 (septembre), p. 71-98.

craintes se concentrent sur la surpopulation et la raréfaction des richesses naturelles : les habitants d'Ixanor sont répartis en citoyens de jour et citoyens de nuit, citoyens de première et de seconde classe, il va sans dire. En Europe, la SF des années 1980 est massivement une littérature de dénonciation, une transposition de cauchemars suscités par la dégradation de l'environnement, les progrès technologiques antagonistes du travail humain, la crainte de la désinformation et de la manipulation. Au Québec, ce courant est magistralement illustré par Denis Côté, avec ses hordes d'« inactifs » faméliques de 2010. Le motif du complot, à l'échelle planétaire, voire interplanétaire, est au cœur de cette SF quelque peu paranoïaque. Les titres sont éloquents à cet égard : *Le complot ordrien* et *La machination* (Christian Grenier), *L'invisible puissance* (Denis Côté). Dans *Hockeyeurs cybernétiques*, on découvre que le pouvoir est aux mains de ploutocrates du xxᵉ siècle, maintenus en état de survie dans des sarcophages électroniques.

Durant la période qui nous intéresse, peu d'auteures se sont intéressées à la description détaillée du dysfonctionnement d'une société future. Délaissant les extrapolations à partir des problèmes sociaux, politiques et écologiques du présent, les auteures des années 1980 et du début des années 1990 ont préféré utiliser la convention du décor postcataclysmique pour faire *tabula rasa* des pesantes structures. Ce courant, issu de la *Speculative Fiction* et notamment inspiré par l'œuvre de l'Américaine Ursula Le Guin (*The Left Hand of Darkness*, 1969), nous paraît être le plus caractéristique de l'écriture de SF au féminin[11]. Les récits ont pour points communs les grands espaces et les ruines d'un décor postcataclysmique où une héroïne accédant au pouvoir et/ou ayant à prendre une décision d'importance effectue un parcours initiatique. Des variantes différencient les auteures, selon le charisme, les dons ou les pouvoirs particuliers qu'elles donnent à leur héroïne. Dans *L'étranger sous la ville* (1986), Anar Vranengal doit soudainement prendre la succession du sorcier de la communauté ; elle institue ainsi un nouveau mode d'exercice du pouvoir : « À douze ans, rompant avec la tradition des sorciers, je détenais déjà un pouvoir temporel. » (p. 121) C'est encore de rupture avec les traditions qu'il s'agit dans *L'ombre et le cheval* de la même auteure (1992), où une adolescente de seize ans succède à son grand-père, « homme de tradition » (p. 94), au moment où la communauté, bousculée par la ville, doit décider de son évolution :

> Un défi m'attend. Le destin de notre village dans le désert, l'avenir de notre art, de nos chevaux de ciel, sont en jeu. [...] Mon grand-père m'avait choisie pour lui succéder. Je ne m'attendais pas à commencer si tôt. (p. 5)

---

11. Voir Claire LE BRUN (1990), « *Bildungsroman*, littérature pour la jeunesse et science-fiction », *Imagine... Regards sur la science-fiction et les littératures de l'imaginaire*, n° 53 (septembre), p. 99-108.

Le dénouement, ouvert, semble préconiser une attitude de souplesse et d'ouverture : « Le monde tourne et je tourne avec lui. Je mènerai ce village en tournant avec le monde. » (p. 121)

Dans *La cavernale* de Marie-Andrée Warnant-Côté (1983), un groupe de jeunes doit son salut à une expédition de spéléologie qui les soustrait à la catastrophe nucléaire. Une jeune fille, au prénom prédestiné d'Ariane, devient naturellement le guide. Tous lui reconnaissent un charisme exceptionnel. L'univers postcataclysmique d'*Australia* de Johanne Massé, que nous analyserons plus loin, présente des points communs avec ces récits : l'héroïne Yana et, dans une moindre mesure, sa jumelle Valérie, doivent prendre des décisions mettant en jeu la vie de nombreuses personnes.

L'accession des femmes au pouvoir est donc au cœur de ces fictions qui s'ouvrent toutes sur un horizon utopique. La distanciation radicale créée par la convention du cataclysme permet de faire, en réaction aux structures sociales établies, des contre-propositions féministes. Le plus souvent, il s'agit pour les héroïnes d'un choix de vie en conformité avec leurs aspirations personnelles et avec les besoins du groupe[12].

Le roman le plus représentatif de ce courant est *La traversée du désert* de Francine Pelletier (1987). Dans une société revenue à l'économie de subsistance après le Changement — que l'on devine causé par une catastrophe nucléaire —, des fermes pratiquant la culture souterraine vivent presque en autarcie, dispersées dans le désert. Des coursiers, hommes et femmes, maintiennent un lien entre les différentes communautés. Ils escortent notamment les adolescents envoyés en apprentissage dans une ferme voisine. Au cours d'une marche dans le désert, en compagnie de la coursière Algir, un mentor féminin, Coril, adolescente de quinze ans, s'interroge sur son avenir, hésitant entre la liberté de la vie de coursière et la maternité. Plusieurs modèles féminins s'offrent à elle : sa mère sédentaire ; la responsable du clan ; une vieille conteuse ; une grand-mère coursière, qui a disparu ; sa compagne de voyage Algir. Au fil du récit, on voit coexister trois milieux de vie, isolés par le désert : la ferme fortifiée où est née l'héroïne, la ville dont les habitants semblent avoir perdu la notion de la famille, et une vallée heureuse où on pratique la culture en plein air. Un instant séduite par la vie dans la vallée, l'adolescente choisit la mobilité, la circulation qui s'oppose à l'isolement et à la vie sédentaire. La vie de coursière est la seule qui lui permette de pénétrer dans les trois milieux sans en être prisonnière. La « traversée du désert » est une ascèse physique et morale. Le dernier échange de paroles du récit montre que Coril effectue en toute lucidité un choix impliquant un renoncement aux relations stables :

---

12. Sur les femmes et les relations de pouvoir en SF, voir l'étude d'Andrée LOTEY, « Les relations de pouvoir dans la science-fiction écrite par des femmes et publiée dans la revue *Imagine...* entre 1982 et 1987 », *Imagine... Regards sur la science-fiction et les littératures de l'imaginaire*, n° 53 (septembre), p. 9-25. Des nouvelles d'Esther Rochon et de Francine Pelletier y sont analysées.

Coril se détourna :
> — Alors, on ne se reverra jamais ?
> — Qui sait ?
> Coril hocha lentement la tête :
> — Les coursières n'ont-elles jamais d'amis ?
> — Mais elles ont de très beaux souvenirs ! (*La traversée du désert*, p. 127)

Il est à noter que les récits de Pelletier, Rochon et Warnant-Côté donnent à lire une structure sociale simple, celle du clan qui se choisit un chef charismatique. Chez Rochon et chez Warnant-Côté, qui réactivent la figure de la bonne sorcière, l'héroïne se distingue par la nouveauté du regard qu'elle porte sur le monde. Chez Massé, les structures, plus complexes, n'en demeurent pas moins déchiffrables. Le dilemme des héroïnes consiste à se demander dans quelle mesure et au nom de quel objectif supérieur elles peuvent passer outre aux règlements. Ce qui distingue nettement ces récits de ceux du courant dystopique, c'est la transparence des règles du jeu. Dans les dystopies, nous l'avons vu, le pouvoir est occulte, le complot est le maître-mot. Sans être des utopies au sens strict du terme, tous ces romans sont porteurs d'un projet utopique.

Comme les dystopies, ces quasi-utopies féminines prennent le plus souvent la forme de romans de formation. Mais il faut rappeler que les visées respectives diffèrent. Dans le roman de formation dystopique, le parcours amène le héros, généralement masculin, à découvrir les rouages cachés du fonctionnement social, afin d'empêcher une catastrophe imminente. Dans le roman de formation féminin à tendance utopique, le fonctionnement est à réinventer après la catastrophe, et le parcours formatif de l'héroïne passe avant tout par la découverte de ses propres possibilités.

Le voyage temporel

Johanne Massé n'est pas la seule à aborder le voyage temporel ; Denis Côté, et un peu plus tôt Monique Corriveau et Reynald Lefebvre, s'y sont également intéressés. Mais cette auteure est la seule à avoir créé un univers au fil de ses quatre romans parus de 1989 à 1993. L'action débute sur Terre en 1995, au moment où la Russie soviétique s'apprête à envahir les États-Unis. On constatera que l'Histoire s'est chargée, une fois de plus, de déjouer les prévisions à court terme des auteurs de science-fiction ! Selon un schéma classique de la SF, une navette spatiale décolle au moment d'une explosion nucléaire et se retrouve propulsée dans l'avenir. Joanne Massé se réclame de la SF d'Arthur C. Clarke et d'Isaac Asimov[13]. Australia, la société du futur, est un milieu clos, à l'abri du désert radioactif où vivent des

---

13. Quatrième de couverture des deux premiers épisodes.

mutants irradiés, mi-humains mi-bêtes. Les cosmonautes qui arrivent de la Terre de 1995, en vertu du paradoxe temporel, vont être accueillis par les Australians.

L'intrigue de Massé est familiocentrique. Par un hasard inouï, l'astrophysicienne de la navette spatiale, Valérie, n'est autre que la sœur jumelle de Yana, temponaute d'Australia. Le trio de personnages principaux : Yana, Valérie/Yavel et leur demi-frère Yarik sont les enfants du président d'Australia. Ce dernier était temponaute, comme son épouse. Or un accident survenu durant un voyage temporel en Israël pendant la Guerre des six jours avait causé la mort de la mère et la disparition d'une des jumelles. Il faut noter à ce sujet que la sphère privée et surtout les relations entre frère et sœurs retiennent l'attention de l'auteure tout au long de la série ; cela est particulièrement sensible dans le quatrième épisode, où Valérie déplore de ne pouvoir aider sa jumelle après l'infraction au code temporel que celle-ci a cru devoir commettre.

Ayant atteint un niveau de technologie avancé, les Australians ont appris à voyager dans le temps. Le but des expéditions est la redécouverte de leur passé, après la destruction des archives. Un code très strict leur interdit d'intervenir dans l'existence des gens du passé ; aussi les temponautes se trouvent-ils sans cesse soumis, devant les catastrophes imminentes, à de terribles tentations, en particulier quand la vie d'enfants est en jeu. Le souvenir des enfants de Varsovie, à la veille de l'invasion allemande de 1939, hante Yana. Dans le troisième épisode, *Le passé en péril* (1990) — le plus réussi selon nous —, les temponautes se rendent en Irlande au moment de la grande famine de 1847, puis ils suivent les émigrants affamés et malades au Canada. Yana décide d'enfreindre la loi afin de sauver un groupe d'enfants attendant au poste de quarantaine de Grosse-Île. Dans le quatrième épisode, Yana a renoncé à sa carrière de temponaute après l'infraction commise en Irlande. Tout au long d'une mission dans l'espace, elle se demande si sa décision était justifiée.

Dans cette série, le voyage temporel est présenté comme une façon de tirer les leçons du passé afin de ne pas reproduire les erreurs des prédécesseurs. Or, dans le dernier épisode, plus pessimiste, les héros se demandent si les civilisations ne sont pas un éternel recommencement. Australia se comporte en effet, dans ses relations avec les peuplements des colonies outre-espace et des cités orbitales, comme les nations de l'ancienne Terre à l'égard de leurs colonies (*Les mots du silence*, p. 30). La rencontre d'une créature extraterrestre les oblige à redéfinir les valeurs humaines essentielles, comme la solidarité. Ainsi, alors qu'un auteur comme Charles Montpetit tire des effets burlesques du motif du paradoxe temporel (*Temps perdu, temps mort*), Johanne Massé l'utilise comme prétexte à une réflexion sur l'Histoire, avec en contrepoint une réflexion sur l'empathie face à la souffrance d'autrui.

Planètes menacées

Préoccupation constante durant toute la période examinée, l'écologie affleure dans tous les récits dont elle n'est pas la thématique principale. Dans *Chansons pour un ordinateur* de Francine Loranger (1980), pour ne donner qu'un exemple, le robot-professeur donne au héros sa leçon d'histoire ancienne : « Il s'agissait de l'époque des années 1980, quand la Terre était encore toute polluée. Comment les gens arrivaient-ils à vivre en ce temps-là ? Mystère ! » (p. 65) Après la pollution des eaux (Hélène Gagnier, *Les Enfants de l'eau*), l'envahissement des villes par les déchets (la série « Wondeur » de Joceline Sanschagrin), des périls plus récemment signalés par les médias sont abordés en littérature jeunesse ; ainsi les romans *La grande catastrophe* de Lucie Bergeron (1992) et *Risque de soleil* de Louise Lévesque (1999) traitent-ils du rétrécissement de la couche d'ozone.

La planète Arkadie de Francine Pelletier représente une bonne illustration de cette SF aux visées écologiques. L'auteure a publié à partir de 1988 une série d'aventures spatiales et policières centrée sur le personnage d'Arialde. Arkadie, toponyme limpide, ressemble beaucoup à la Terre. Chaque épisode rappelle la lutte, sur cette représentation métaphorique de notre planète, entre le profit, représenté essentiellement par l'exploitation des richesses souterraines, et le respect de l'environnement. Arialde et sa « famille » vivent dans une minuscule base scientifique, Bourg-Paradis, qui est cernée par les compagnies minières. Tous les résidants de Bourg-Paradis sont amoureux d'Arkadie dont ils veulent mieux connaître la flore et la faune. Arialde, sa sœur et ses deux frères sont le résultat d'une expérience génétique : tous les quatre ont été fabriqués pour s'adapter parfaitement à l'environnement. Avec leur concepteur, le « cytogénéticien responsable de la *fabrication* des enfants » (*Mort sur le Redan*, 1988, p. 16), et une psychogénéticienne chargée de veiller à leur développement mental, ils forment la seule « famille » de la planète.

> Un dernier coup d'œil au paysage. À chaque fois, elle sentait son cœur se gonfler d'orgueil. Cette planète, ces terres, c'était chez elle.
>
> Arialde et Ian étaient incontestablement Arkadiens. Tout comme Marline et Fédric, les autres « enfants » d'Arkadie. Car ces « enfants » avaient été fabriqués. (p. 15)

Les jeunes Arkadiens ont déjà des spécialisations scientifiques : Arialde est ornithologue, Ian, hydrographe, Fédric, entomologiste. Les enquêtes policières ont pour ressort l'attaque de la planète au nom du profit, et particulièrement le mal causé à la faune. Dans *Le septième écran* (1992), Arialde est bannie d'Arkadie pour avoir voulu enquêter contre des contrebandiers d'animaux extraterrestres.

L'altérité heureuse

Dans son essai de sociopoétique de la science-fiction[14], Jean-Marc Gouanvic voit dans l'évocation de l'altérité sociohistorique et bioécologique la meilleure potentialité de ce genre narratif. Selon l'auteur, les topoï du genre sont «la généralité du changement, les possibles métamorphoses et l'évocation d'altérités radicales» (p. 41). L'altérité bioécologique peut être «angoissante» ou «heureuse» (p. 207). C'est la seconde possibilité que choisissent d'illustrer les auteures de notre corpus. Il est frappant de constater en effet que l'altérité créée par les humains sous forme de manipulation génétique est sereinement envisagée par Francine Pelletier. Alors que Jean-Pierre Guillet (*Le paradis perdu,* 1991) et Paul de Grosbois (*Un mal étrange,* 1991) soulignent plutôt les possibilités de dérapages, Pelletier utilise ce motif thématique pour créer une nouvelle Ève en parfaite harmonie avec sa planète.

Quant aux entités extraterrestres, elles ne présentent aucune menace pour les héroïnes, d'autant plus que le respect qui leur est dû est une préoccupation majeure. Arialde est fascinée par des créatures amphibies rencontrées au cours d'une mission (*La planète du mensonge,* 1993), qu'elle appellera par analogie des «Dauphins». Dans le dernier épisode de la série, *Les eaux de Jade* (2000), elle accepte une mission périlleuse dans l'espoir d'approfondir le contact avec les fascinantes créatures. Le temps a passé, et Arialde est cette fois accompagnée de sa fille de douze ans, Jade. L'enfant, qui est venue au monde naturellement à la différence de sa mère, a hérité des qualités génétiques des Arkadiens fabriqués. Plongeuse émérite, elle est admise dans la société de mammifères marins, les Zébréfans. Son but, à la fin du récit, est d'améliorer la communication avec eux:

> Jade avait changé. Elle n'oubliait pas Ernan et Zia, l'aide qu'ils lui avaient apportée, la compréhension qu'elle avait lue dans leurs yeux. Un jour, elle les retrouverait. Elle apprendrait à communiquer avec eux, à mieux les comprendre. N'étaient-ils pas les véritables habitants d'Arkadie? (*Les eaux de Jade*, p. 160)

Pendant ce temps, sa mère Arialde est «obsédée par l'idée d'une éventuelle visite des "Dauphins" sur Arkadie» (p. 159). Remarquable communauté de desseins.

Les mots du silence (1993), dernier épisode de la série «Australia» de Johanne Massé, est centré sur la possibilité d'une communication différente. L'auteure établit un parallèle intéressant entre le langage humain des signes — l'exobiologiste de l'expédition est sourde-muette — et les possibilités de communication avec une entité extraterrestre dépourvue d'organes de phonation et d'audition, que les membres de l'équipage vont baptiser Unique. *L'arbre aux tremblements roses* de Danièle Simpson (1984) est sans doute la meilleure illustration de cette altérité

---

14. Jean-Marc GOUANVIC (1994), *La science-fiction française au XXe siècle. Essai de socio-poétique d'un genre en émergence (1900-1968)*, Amsterdam-Atlanta, Éditions Rodopi.

heureuse. Sur la planète Là-où, le mouvement crée la couleur ; en battant, le cœur de l'arbre laisse voir des tremblements roses. Cette planète est visitée par des habitants d'une autre planète, les Durmiens, qui subissent de constantes métamorphoses en adaptant leur forme à l'énergie dispensée par le milieu. L'héroïne originaire de Là-où est séduite par ces infinies possibilités de changements : « Nous pourrions changer de formes, devenir des plantes, des animaux, des bébés, des insectes. Nous pourrions expérimenter toutes sortes de vies. Fini l'ennui d'être toujours pareil. » (p. 95) Chez les auteurs masculins de la même période, l'évocation de l'altérité bio-écologique est au service d'une fable sociopolitique dénonçant les abus commis envers certains groupes. On peut mentionner *La mer au fond du monde* (1990) de Joël Champetier, *Le domaine des Sans Yeux* (1989) et *Le rêve couleur d'orange* (1996) de Jacques Lazure, *Le chant des Hayats* (1992) d'Alain Bergeron. Dans les récits que nous venons d'aborder, l'objectif est essentiellement d'envisager d'autres possibilités d'existence et de communication.

Nouvelles images

La thématique de la réalité virtuelle qui fait irruption en littérature jeunesse au tournant des années 1990 retient immédiatement l'attention de nos auteurs. Dès la novella *L'enfant d'Asterman* (1985), Francine Pelletier choisit, comme moyen d'expression artistique et comme carrière pour son héroïne, la création d'environnements tridimensionnels. L'évocation de ces décors occupe également une grande place dans *Le crime de l'enchanteresse* (1989). Alors que la réalité virtuelle est envisagée avant tout par Pelletier comme un nouveau moyen d'expression artistique, d'autres auteures, telles Esther Rochon et Marie Décary, s'interrogent sur les possibilités de mensonge et de manipulation. Leurs fictions s'insèrent dans un mouvement de réflexion sur le faux, auxquels participent Jacques Lazure dans *Pellicules cités* (1992) et Charles Montpetit dans *Copie carbone* (1993). *L'ombre et le cheval* de Rochon (1992) oppose une société rurale, où des artistes produisent des spectacles irremplaçables par leur caractère unique et collectif, et la ville voisine, dont le spectacle trivialisé menace les traditions artistiques du village.

Marie Décary apporte une tonalité très particulière au roman pour adolescents. Ses trames romanesques sont complexes, mêlant les chronotopes et les instances narratives. Dans un premier roman paru en 1993, *L'incroyable destinée*, une méga-entreprise répondant au sigle de D.I.E.U. (Design, Innovation, Efficacité, Urbanisme), crée, pour marquer le passage à l'an 2000, la « femme de demain ». Pour ce faire, elle manipule l'image d'une très belle fille noire aux yeux verts et la transforme en déesse. Ce roman d'inspiration « Nouvel Âge » maintient une hésitation entre la technologie, les extraterrestres, les pouvoirs spéciaux (télépathie et sixième sens) et les secrets des grandes civilisations disparues. *Rendez-vous sur Planète Terre* (1998) utilise la science-fiction en trompe-l'œil. Il est intéressant de noter à ce sujet que, dans le premier roman, cette technique picturale, pratiquée par le père du héros, est définie comme «passe-passe artistique» (*L'incroyable destinée*, p. 20-21). Marie Décary, qui œuvre aussi dans les arts visuels et le cinéma, semble quant à elle l'adopter comme technique romanesque.

Le premier chapitre de *Rendez-vous sur Planète Terre* ressemble à l'incipit d'un roman de SF classique. Un couple d'extraterrestres s'apprête à quitter une planète menacée pour se diriger vers la Terre, après avoir pris une apparence humaine. Mais il devient rapidement clair que cette histoire est une mise en abyme. Le chapitre 2 ramène en effet le lecteur à «quelque trois millions de secondes avant la fin du XXᵉ siècle» (p. 25), chez un adolescent qui vit avec son ordinateur plutôt qu'avec son père ou sa mère (p. 36). Les rencontres faites dans la RV (réalité virtuelle) permettront graduellement à ce dernier de réintégrer la VR (vie réelle).

Marie Décary se tient à la frontière du réalisme et de la science-fiction, du mimétique et du conjectural. Le plus «fin de siècle» des romans analysés, *Rendez-vous sur Planète Terre*, porte un regard nostalgique et amusé sur cette composante de l'imaginaire moderne qu'est la science-fiction. Les images utilisées par les personnages appartiennent au registre de la SF: se prendre pour un extraterrestre, grandir comme une mutante, etc. En la nommant, elle met la science-fiction à distance: «Non, ce n'était pas de la science-fiction (p. 25)»; «après avoir regardé un mauvais film de science-fiction» (p. 83). L'univers romanesque, qui est donné comme réaliste, est technologique. L'auteure prend soin de mettre en scène trois générations d'internautes, signifiant ainsi que le cyberespace n'est pas la chasse gardée de la jeunesse. L'environnement musical est «pré-fin du monde» (p. 89), l'environnement visuel, d'un style «néo-hyper-décadent» (p. 106). L'histoire d'extraterrestres du premier chapitre réapparaît dans le roman à différents niveaux; ce conte de l'enfance du héros est réactivé par l'Internet et sert de signe de reconnaissance entre les protagonistes. À la fin du roman, on s'interroge sur les liens que le couple d'adolescents vedette entretient avec les extraterrestres.

Dans les deux romans de Marie Décary, l'appartenance des héros est envisagée en termes planétaires. Le questionnement qui rapproche les couples porte sur le sens de leur présence sur Terre et sur l'avenir de la planète. Quand ils se rencontrent enfin dans la VR après être tombés amoureux dans la RV, les héros de *Rendez-vous sur Planète Terre* font ensemble un voyage dans le temps et revivent en accéléré l'évolution des êtres vivants.

Retour de la dystopie

Solitaire à l'infini de Josée Plourde (1998) semble annoncer un retour à un type de récit peu pratiqué par les auteures des années 1980 et 1990, mais avec une thématique et des techniques d'écriture renouvelées. Cette dystopie située dans les années 2020 exorcise les grandes peurs de la fin du XXᵉ siècle: violence croissante, désengagement et fuite dans le virtuel, danger des manipulations génétiques pour l'identité. La situation de départ est terrible pour l'héroïne, qui a choisi la solitude après avoir rompu les relations avec ses parents pour des raisons que l'on découvre graduellement. La violence est omniprésente; elle oppose de nouveaux groupes ethniques, issus du métissage — Eurasiens, Euracains ou Africaliens — autant que les groupes d'âges: élèves et éducateurs s'affrontent dans les écoles secondaires. L'univers réel est fait de caméras de surveillance et systèmes de protection en tous genres. Parmi les armes les plus sûres figure l'appareil judiciaire, car le procès est devenu la nouvelle forme de duel. Nombreux sont ceux qui quittent ce « réel désarticulé » (titre du chapitre 4) pour l'univers virtuel. Cet univers est le seul refuge où la narratrice puisse laisser tomber ses défenses.

La plupart des protagonistes sont nés avec le virtuel. Détail emblématique, la mère de l'un d'entre eux a accouché dans un environnement virtuel. Si le virtuel offre de nouvelles possibilités pour l'aménagement intérieur, permettant de renouveler le décor à volonté et à peu de frais, il crée aussi de nouveaux dangers pour les enfants. Certains ne disparaissent-ils pas derrière des murs qu'ils ont fait surgir? Des psychoses apparaissent chez les intoxiqués du virtuel, ces « perdus de l'illusion ». Les dirigeants mêmes n'y échappent pas, prenant des décisions « sous influence 3D » (p. 114).

Le thème de la bioéthique est présent en filigrane. On apprend dans les dernières pages que les techniques de fécondation assistée ont eu des conséquences troublantes pour la famille de l'héroïne. La narratrice a une petite sœur, issue d'un embryon congelé que la mère s'est fait greffer après son divorce, à la suite du refus de l'aînée de vivre avec sa mère. Cette enfant de remplacement, le presque double de la narratrice, se révèle être la destinataire du récit. On entrevoit ici comment le récit de science-fiction peut renouveler le questionnement sur l'identité en littérature jeunesse.

Solitaire à l'infini présente de nombreux points communs avec *Rendez-vous sur Planète Terre*, paru la même année[15]. Les deux romans explorent les nouvelles possibilités de socialisation que présente l'Internet, tout en signalant ses pièges. On entre dans la réalité virtuelle comme dans une sorte de bal masqué où on peut choisir son apparence; en revanche l'interlocuteur se cache aussi. On peut changer de sexe et d'âge, mais on ignore l'identité réelle de l'autre. Chez Marie Décary, l'adolescente qui se fait passer pour un garçon est entraînée, à sa grande gêne, sur un site pornographique. Chez Josée Plourde, l'héroïne, admise dans un réseau de résistance cybernétique, en vient à découvrir que la figure maternelle éminemment sympathique qui est à la tête du réseau, n'est autre que son père, policier dans la

---

15. Il n'est pas indifférent de signaler que ces romans sont parus dans la collection « Roman+ » de La courte échelle, destinée aux adolescentes et adolescents, et non dans une collection de SF. Cette publication hors collection spécialisée leur assure en principe un lectorat plus vaste.

vraie vie. Dans les deux romans, où la dimension d'éducation sentimentale et sociale est importante, la réalité virtuelle permet un meilleur retour à la vie réelle. Enfin, la conscience planétaire que nous avons signalée chez les personnages de Décary caractérise aussi la narratrice de Plourde, qui termine son récit par les mots : « Libre, sans entrave » et signe : « Caroline... du Monde » (p. 154).

Le refus du pessimisme

L'image virtuelle est à la fois danger de fragmentation de l'identité, source de psychose et possibilité d'explorer différents aspects de sa personnalité et d'expression artistique. Les récits des auteures de SF que nous avons examinés témoignent dans leur ensemble d'une ouverture aux nouvelles technologies. Si la SF écrite par des femmes au cours des années 1980 et 1990 suit globalement l'évolution du genre et si leur choix thématique diffère peu de celui des auteurs masculins de la même période, le survol que nous venons d'effectuer permet toutefois de préciser certaines caractéristiques de cette SF au féminin. L'intérêt pour les nouvelles technologies se concentre surtout sur les nouvelles possibilités de communication et de modification de l'environnement qu'elles représentent. Les préoccupations pour l'environnement, naturel ou technologique, sont constantes. La thématique des nouveaux arts visuels est centrale chez Francine Pelletier, Esther Rochon, Marie Décary et Josée Plourde. Cette attitude sereine devant la nouveauté technologique, perceptible durant toute la période étudiée, nous paraît constituer, avec le roman de formation féminin des années 1980, la spécificité des récits de science-fiction des auteures québécoises.

PANORAMA DE LA BANDE DESSINÉE QUÉBÉCOISE POUR LA JEUNESSE (1970-2000)

Sylvain Lemay
Université du Québec à Hull

À Jacques S., l'ami (pas très) lointain

DE PAR SA SITUATION GÉOGRAPHIQUE ET SON HISTOIRE, le Québec a toujours subi la double influence culturelle de la France et des États-Unis. La bande dessinée québécoise n'y a pas échappé. Bien que des auteurs aient fait preuve d'originalité dans les thèmes abordés ou dans les mises en marché de leurs produits, un rapide survol de la production québécoise ne peut que nous amener à cette constatation. Dès les premières années du XXᵉ siècle, les auteurs québécois doivent faire face à la rude concurrence américaine amenée par la création des *syndicates*[1] peu avant la Première Guerre mondiale. Si près de 800 planches réalisées par des artistes québécois sont publiées dans *La Presse* et *La Patrie* entre 1904 et 1909[2], elles vont peu à peu disparaître, remplacées par des traductions de bandes dessinées américaines. Ainsi, pendant cinquante ans[3], *La Presse* ne publiera pas de bande dessinée québécoise.

---

1. Un *syndicate* est une agence de distribution qui permet de vendre une bande quotidienne à des centaines, voire des milliers de journaux. Le coût de location d'un titre revient beaucoup moins cher, puisqu'il est déjà amorti sur le marché américain. Il était donc difficile pour les auteurs locaux de concurrencer cette énorme machine.

2. D'après une recension de Jean VÉRONNEAU (1976), « Introduction à une lecture de la bande dessinée québécoise, 1904-1910 », *Stratégie*, nº 13/14, p. 59-75.

3. Après avoir publié *L'éducation de Pierrot* de Max en 1915 (pendant une semaine) et *Benoni* de J. Avila Boisvert de 1922 à 1923, il faut attendre 1973 et *Les microbes* de Michel Tassé pour qu'une série québécoise soit accueillie dans les pages de ce quotidien. Voir Jacques SAMSON (1986), *Mémoire sur la situation de la bande dessinée au Québec et au Canada*, Montréal, Association des créateurs et intervenants en bande dessinée (ACIBD) [mémoire présenté en commission parlementaire en 1986 et mis à jour en 1991].

Si le lectorat québécois constitue pour les éditeurs européens et américains une extension de leur propre marché, il ne permet que difficilement à des auteurs locaux de survivre. Les éditeurs québécois ont toujours fait face à des difficultés. Il est vrai que le coût de production d'un album de bande dessinée est plus élevé que celui d'un livre traditionnel. Longtemps, au Québec, les éditeurs ont privilégié le noir et blanc, non par souci d'esthétisme, mais bien par souci économique, tentant de réduire les frais de production qu'occasionne la couleur. Malheureusement, des albums en noir et blanc brochés au milieu d'une jungle d'albums cartonnés en couleurs vendus au même prix, défavorisent quelque peu la production locale. La tendance observée ces dernières années dans les petites maisons d'édition euro-péennes, qui consiste à travailler le côté esthétique du noir et blanc, va peut-être permettre à une certaine bande dessinée de concurrencer les produits européens sur leur propre marché. Mais cela concerne surtout la bande dessinée dite adulte. Le créneau de la bande dessinée jeunesse peut difficilement se passer de la couleur.

L'extension du marché nous semble donc primordiale pour les auteurs et les éditeurs québécois. Mais les tentatives en ce sens n'ont pas encore porté fruit. Pensons à l'édition européenne d'*Atlantic City* de Cédric Loth et Pierre Montour, au début des années 1980, aux éditions Humanoïdes associés, ou aux trois albums des aventures de Red Ketchup de Réal Godbout et Pierre Fournier aux éditions Dargaud à la fin des années 1980. Plus récemment, certains auteurs québécois ont publié directement chez des éditeurs européens (Julie Doucet, Guy Delisle et Thierry Labrosse) ou ont rejoint la grande industrie américaine (Michel Lacombe, Gabriel Morrissette, Denis Rodier et Éric Thériault entre autres). Les Éditions Mille-Îles, quant à elles, ont maintenant une antenne en France avec *Les 400 coups*, France. L'avenir seul permettra de juger des retombées de tout cela. Précisons que cette situation ne concerne pas uniquement le Québec, puisque certains pays ont été jusqu'à légiférer pour interdire sur leur territoire la distribution d'œuvres étrangères (l'Australie en 1940 et le Portugal en 1950)[4]. D'autres pays, comme la Suède en 1968, ont mené des campagnes pour promouvoir la production locale. Mais au Québec, rien de semblable.

Sur le plan thématique, la bande dessinée québécoise a également subi l'in-fluence étrangère. Jusqu'aux années 1960, elle avait une couleur très locale sous des dehors très européens ou américains. Les *Contes historiques* de la Société Saint-Jean-Baptiste de Montréal (1919-1925), dans le style des images d'Épinal, est une œuvre idéologique tentant d'inscrire dans la tête des jeunes l'histoire de la glorieuse race canadienne-française[5]. Ce sont les hauts faits des explorateurs et des missionnaires

---

4. J'emprunte ces informations à Michel VIAU (1999), *BDQ. Répertoire des publications de bandes dessinées au Québec. Des origines à nos jours*, Laval, Éditions Mille-Îles.

5. Ce sont donc des récits légendés. Il est vrai que l'on n'y utilise pas le phylactère, mais les théoriciens s'entendent aujourd'hui pour ne pas réduire la bande dessinée à la seule utilisation du

en Nouvelle-France, ou des héros du Bas-Canada, qui sont proposés en lecture à la jeunesse d'ici. Ces contes paraissent dans *L'oiseau bleu*, revue pour la jeunesse éditée par cette même société de 1920 à 1940.

Dans les années 1930, plusieurs adaptations de romans canadiens-français seront publiées dans certains quotidiens sous forme de *strip*[6]. Nous y retrouvons *L'appel de la race* de Lionel Groulx ou encore *Une de perdue, deux de trouvées* de Georges Boucher de Boucherville. Par la suite, les éditions Fides détiendront presque entièrement le monopole québécois de la bande dessinée. Voulant contrer la mauvaise influence des *comic books*[7] américains sur la jeunesse canadienne-française, Fides publiera en 1944 une revue de bande dessinée intitulée *Hérauts*[8]. À ses débuts, elle était composée essentiellement de matériel traduit de l'américain, mais quelques dessinateurs québécois parviendront à y être publiés, à condition, bien sûr, que leurs histoires véhiculent les valeurs chrétiennes. L'auteur local le plus prolifique de *Hérauts* sera Maurice Petitdidier, un artiste d'origine française. En 1947, Fides s'affilie à cinq congrégations religieuses qui donneront le jour à autant de revues[9]. Dans un marché restreint comme celui du Québec, le tirage de ces revues est phénoménal. Selon Roland Francart, il semble que le premier numéro de *Hérauts* ait été tiré à un million d'exemplaires. Toujours est-il qu'en 1954, le tirage moyen de chacun des douze numéros de cette revue était de 84 000 exemplaires[10]. Fides reprend également certaines histoires en images publiées dans *Hérauts*, pour les regrouper en albums qui sont achetés par les écoles, garnissent leurs bibliothèques et sont offerts aux élèves comme prix de fin d'année. Dans ce paysage éditorial occupé par Fides, Albert Chartier va se démarquer. Il publie les aventures d'Onésime, de 1943 jusqu'au début des années 1990, dans *Le bulletin des agriculteurs*. Cette bande dessinée mettait en scène le Québec rural de l'époque et son ouverture à la modernité après la révolution tranquille.

---

phylactère. Voir à ce sujet l'ouvrage de Thierry GROENSTEEN (1999), *Système de la bande dessinée*, Paris, Presses universitaires de France.

6. Un *strip* est une histoire complète ou à suivre en trois ou quatre images, publié dans les quotidiens.

7. Un *comic book* est un petit fascicule à couverture souple qui fait son apparition dans les années 1930 aux États-Unis. Souvent associé aux superhéros, ce format de publication accueillera la majorité des productions américaines.

8. Voir à ce sujet l'article de François HÉBERT, « Hérauts, première véritable revue de bandes dessinées québécoises », *La Nouvelle Barre du jour*, n°s 110-111, p. 113-120.

9. Ce sont les Frères des écoles chrétiennes (*Jeunesse*), les Frères de l'instruction chrétienne (*L'Abeille*), les Frères de Saint-Gabriel (*Ave Maria*), les Frères Maristes (*Stella Maris*) et les Frères du Sacré-Cœur (*L'Éclair*).

10. Mira FALARDEAU (1994), *La bande dessinée au Québec*, Montréal, Boréal, p. 40 ; et Roland FRANCART (1994), *La BD chrétienne*, Paris, Cerf, p. 48.

Vers 1968, nous assistons à ce qui sera nommé par la suite «Le printemps de la bande dessinée québécoise[11]». Influencés par le mouvement *underground* américain, des artistes vont créer des œuvres personnelles et souvent contestataires qui s'adressent à un public plus âgé. C'est que, depuis le début des années 1960, la bande dessinée européenne et américaine connaît une certaine maturation et rejoint de nouveaux publics[12]. Mais les jeunes ne seront pas oubliés pour autant.

Cette bande dessinée pour les jeunes était déjà bien établie en Europe francophone et plus particulièrement en Belgique. La France, de son côté, développait plutôt le marché adolescent, avec la revue *Pilote* (1959), puis le marché adulte et la bande dessinée d'auteurs dans les années 1970. Après la Seconde Guerre mondiale, la Belgique connaissait son âge d'or, alors que les revues *Spirou* et *Tintin* jetaient les bases esthétiques de la bande dessinée pour les jeunes: de l'aventure et de l'humour dans le style de la «ligne claire[13]» hergéenne ou plus caricatural, plus en rondeur, avec des couleurs plus vives à la façon du journal *Spirou*.

Ces albums européens se retrouvant en librairie au Québec depuis les années 1950, ils représentaient un peu la norme en ce qui a trait à la bande dessinée jeunesse. Le produit québécois se devait d'être concurrentiel. La couleur, claire et en aplat (couleur uniforme à l'intérieur d'une zone nettement délimitée), était donc privilégiée. À de rares exceptions, la bande dessinée québécoise a toujours exploité le côté caricatural au détriment de la veine réaliste, ce qui est encore le cas aujourd'hui à l'intérieur de la production destinée essentiellement aux jeunes.

Le style graphique américain issu de la bande dessinée superhéroïque — anatomie hyper-développée des personnages, mise en pages spectaculaire — s'observe beaucoup moins dans la bande dessinée québécoise pour la jeunesse, et a surtout été utilisé avec une intention parodique.

1970-1980: hésitations entre l'album de facture européenne et le *comic book* américain

Cette décennie va connaître une certaine ébullition en ce qui concerne la bande dessinée au Québec. S'émancipant de l'hégémonie religieuse, et à la suite des pro-

---

11. D'après le titre de l'article de Georges RABY (1971), «Le printemps de la bande dessinée québécoise», *Culture vivante*, n° 22 (septembre), p. 12-23.

12. On parle des années 1960 comme du passage de la bande dessinée à l'âge adulte à la suite de la publication d'«Astérix» et de «Barbarella», entre autres, qui vont conquérir d'autres marchés que celui de la jeunesse.

13. La ligne claire que l'on associe à Hergé ne désigne pas tant son style que celui de ses «héritiers». Le terme ligne claire a été créé par le dessinateur Jost Swarte à l'occasion d'une exposition tenue à Rotterdam en 1977 et se caractérise par un dessin épuré, un trait linéaire et continu, un refus de l'ombre et de tout volume susceptible d'altérer la lisibilité de l'ensemble. Voir Patrick GAUMER et Claude MOLITERNI (1994), *Dictionnaire mondial de la bande dessinée*, Paris, Larousse, p. 394.

ductions du Groupe Chiendent[14] qui donnent naissance au printemps de la bande dessinée québécoise, c'est plus de 35 titres de revues consacrées entièrement à la bande dessinée, et près d'une soixantaine d'albums, qui seront publiés entre 1968 et 1979[15]. Une trentaine de ces albums s'adressaient directement à la jeunesse[16].

Du petit écran à la planche

C'est du côté de la télévision que viendront les principales initiatives. Des personnages du petit écran verront leurs aventures transposées dans des albums cartonnés de 44 planches correspondant aux standards de l'édition franco-belge de ces années, ou encore sous la forme de *comic books* dans la même veine que les héros de DC et Marvel[17]. Ce sont «Le Capitaine Bonhomme», «Patof», «Bobino et Bobinette», «Nic et Pic», «Monsieur Tranquille» ainsi que le «Capitaine Cosmos» (de l'émission *Les Satellipopettes*). Malheureusement, on comptait trop souvent sur la popularité des personnages auprès des jeunes pour établir un succès commercial, et la qualité artistique de ces œuvres, tant sur le plan du dessin que sur celui des scénarios, laissait à désirer.

En mai 1966, paraît le premier numéro du *comic book* consacré au personnage du «Capitaine Bonhomme». Publiée par les Éditions Héritage qui vont se spécialiser en traduction de bandes dessinées américaines[18] au début des années 1970, cette série ne connaîtra qu'une seule livraison. Le personnage reviendra en 1973 sous la forme d'un album cartonné de 46 pages en couleurs, une coédition Hatier (Paris) et Mondia (Montréal). La première version était dessinée par Gui Laflamme et la deuxième par Bernard Groz. Michel Noël lui-même, le créateur du personnage à la télévision, scénarisait les histoires. L'album, dans un style un peu naïf, mais dont certaines planches rappellent le graphisme psychédélique de ces années, transportait le personnage du Capitaine Bonhomme au Mexique. Un dossier de trois pages sur ce pays venait clore l'album.

---

14. Le Groupe Chiendent, bien que n'ayant presque rien publié, est souvent considéré comme le pivot de cette renaissance de la bande dessinée québécoise. Le groupe était composé du poète Claude Haeffely et des dessinateurs Marc-Antoine Nadeau, André Montpetit et Michel Fortier.

15. D'après un recensement effectué par Jacques SAMSON (1997), «Bande dessinée québécoise: sempiternels recommencements?», dans Réginald HAMEL (dir.), *Panorama de la littérature québécoise contemporaine*, Montréal, Guérin, p. 282-307.

16. Les revues de bande dessinée pour la jeunesse, par contre, ne seront pas légion.

17. Detective Comic (DC) et Marvel sont les principales firmes américaines publiant les aventures de superhéros sous forme de *comic books*.

18. Essentiellement des traductions de la firme Marvel qui au début des années 1960 allait renouveler le concept du superhéros en le dotant de caractéristiques plus humaines. Ce sont, entre autres, les *Fantastic Four* (1970 chez Héritage), *Spider Man* (1969) et *Hulk* (1969 ou 1970). Héritage va aussi proposer les traductions de la firme Archie Comic Books, personnage créé par Bob Montana en 1941.

La série « Bobino et Bobinette » va connaître deux albums en 1973 et 1974, coédités par les Éditions Héritage et la Société Radio-Canada. *Le journal fou fou fou* et *Le rayon Oméga* mettent en scène tous les personnages de l'émission, bien connus des enfants : Camério, Télécino, Gustave, etc. Là encore le texte est écrit par Michel Cailloux, auteur de la série télévisée, et les dessins sont l'œuvre de Norbert Fersen. Dans la même veine, le personnage de Patof va connaître trois aventures en bande dessinée. Ces récits sont publiés aux éditions Mirabel. Il y aura d'abord *Patof découvre un ovni* en 1973, puis *Patof en Chine* en 1974, tous deux de Georges Boka pour le dessin et Gilbert Chénier pour le scénario. Un troisième album suivra en 1976, *Patof chez les dinosaures*, par François Ladouceur, de loin le plus réussi des trois. Tous ces albums sont publiés selon les normes européennes de l'époque : 44 pages, couverture cartonnée et couleurs en aplat.

Les autres séries de bande dessinée mettant en scène des personnages télévisuels seront publiées sous la forme américaine des *comic books*. « Nic et Pic » connaîtront deux séries distinctes. Ce sont d'abord Claude Poirier et Serge Wilson, sur des textes de Michel Cailloux, qui mettront en scène les deux petites souris. Six petits albums de seize pages en couleurs seront publiés aux Éditions Héritage entre 1974 et 1977. Cette même année verra la parution du magazine (*comic book*) éponyme sous la direction d'Henri Desclez. Six numéros paraîtront jusqu'en 1978. Ces histoires seront rééditées en format de poche la même année, pratique courante chez cet éditeur. Parcours identique pour le personnage de Monsieur Tranquille. De 1980 à 1981, le personnage du Capitaine Cosmos connaîtra, lui aussi, six livraisons de son magazine sans être repris, par contre, en format de poche.

Ces différents univers, qui sont bien connus des jeunes téléspectateurs, se voient donc transposés en bande dessinée. De longues aventures dans des contrées lointaines ou non identifiées mettront ces personnages (clowns, marionnettes, souris, etc.) à rude épreuve. Mais elles seront pimentées d'une touche humoristique. Il y a un côté loufoque qui ressort à la lecture de ces albums : la fantaisie est à l'honneur.

L'humour

Le personnage humoristique occupera une grande place dans la production québécoise de ces années. Henri Desclez, ancien rédacteur en chef du journal *Tintin* en Belgique, aura sûrement fait beaucoup pour promouvoir la publication de séries québécoises lors de son passage aux Éditions Héritage à la fin des années 1970. C'est sous sa gouverne que seront publiées toutes les séries québécoises de cette maison d'édition. En plus de la publication de ces personnages issus du monde télévisuel, il créera lui-même deux personnages : Brisebois et Diogène. Neuf numéros du *comic book Brisebois et compagnie* paraîtront entre 1976 et 1977. Le personnage de Diogène, un chien philosophe présent dans la série, aura droit à son album de poche en 1977. Brisebois est un colosse fréquentant la famille Tremblay dont le père est un inventeur loufoque. Ici aussi le divertissement semble être l'unique préoccupation des créateurs.

Mais la copie la plus flagrante d'un modèle étranger est sans conteste la série Bojoual, publiée entre 1973 et 1976 aux Éditions Mondia. Ce personnage se voulait ni plus ni moins qu'un Astérix québécois[19]. Un héros (huron) possédant une force gigantesque (sans potion magique) aidait son village à résister à l'envahisseur (les Anglais). Le tout était ponctué d'anachronismes, tout comme la série qu'il copiait : le cadre des aventures de Bojoual était une exposition universelle et des jeux olympiques. Il va sans dire que ni sur le plan du graphisme ni sur le plan des scénarios, cette série ne pouvait prétendre concurrencer la qualité des récits du petit gaulois. Il semble tout de même que cette série ait connu un certain succès commercial, grâce sûrement à une excellente campagne de publicité, puisqu'on affirmait avoir vendu plus de 50 000 exemplaires de certains titres. Mais la série allait disparaître après seulement trois albums.

C'est donc l'humour qui résume le mieux cette décennie en ce qui concerne la bande dessinée québécoise. À l'exception de certains albums qui publient un court dossier à la fin (*Capitaine Bonhomme au Mexique*, *Patof en Chine*), ces productions n'ont aucune visée didactique. On demeure dans le domaine fantaisiste.

Les revues

Une exception cependant : la revue *Vidéo-presse*, qui voit le jour en 1971[20]. Cette revue didactique catholique (Éditions Paulines) publiait surtout des reportages sur divers sujets, la bande dessinée ne comptant que pour environ 25 % de son contenu. Mais là encore, ce sont surtout des bandes dessinées humoristiques qui sont l'œuvre d'auteurs québécois. Plus d'une vingtaine de séries québécoises seront publiées à l'intérieur de la revue. Certains de ces auteurs publient toujours aujourd'hui : Yves Perron, Louis Paradis, Toufik, Zoran, Serge Gaboury, Tristan Demers et Marc Auger. Selon Michel Viau[21], les auteurs québécois, à de rares exceptions près, n'occupaient que le créneau de la bande dessinée humoristique, les récits réalistes

---

19. Le personnage d'« Astérix » d'Uderzo et Goscinny a vu le jour dans l'hebdomadaire *Pilote* en 1959. Si le premier album aux Éditions Dargaud a connu un tirage initial de 6000 exemplaires, les titres suivants allaient se vendre à des millions d'exemplaires, devenant ainsi un des plus grands succès commerciaux de la bande dessinée franco-belge.

20. Autre exception, les 52 fascicules des Oraliens publiés entre 1968 et 1971, qui servaient de matériel didactique pour les enseignants. Pierre Dupras y aurait publié plus de 125 pages de bandes dessinées mettant en scène les personnages de la série télévisée. Nous n'avons pas pu consulter ces documents. Voir Michel Viau (1999), *BDQ, Répertoire des publications de bandes dessinées au Québec des origines à nos jours*, Montréal, Éditions Mille-Îles, p. 79.

21. *Ibid.*

étant des traductions de bandes dessinées italiennes. Peu de récits ont été repris en albums, sauf les quatre aventures d'Alexis le Trotteur de Bos et Blaise, publiées par les Éditions Paulines entre 1979 et 1981. La revue cessera de paraître en 1994.

Il y a d'ailleurs peu de revues de bandes dessinées destinées principalement aux jeunes au cours de cette décennie. Mentionnons *L'écran* et *Mic Mac*. La première publia quatre numéros en 1974 et est reconnue comme l'une des premières revues professionnelles de bande dessinée au Québec. Des aventures pour jeunes («Arsène») côtoyaient les expérimentations graphiques de Dan May (Daniel Racine) et des auteurs provenant plutôt de l'*underground* québécois de l'époque (Fernand Choquette et Michel Fortier). Cette revue visait un public plus large que le public jeunesse. Quant à *Mic Mac* (cinq numéros en 1979 et 1980[22]), elle était clairement destinée aux jeunes. Sans visées didactiques, contrairement à *Vidéo-presse*, cette revue, d'une facture visuelle assez professionnelle, se consacrait à l'humour.

Un soupçon d'originalité

Deux autres cas, plutôt intéressants, méritent notre attention dans le panorama de cette décennie : *Les contes de mon pays* et *On a volé la coupe Stanley*. La première série compte cinq albums de seize pages publiés entre 1975 et 1978. Réalisés par Claude Poirier et Serge Wilson qui, pendant les mêmes années, travaillaient sur les albums de Nic et Pic, ces récits sont des adaptations de contes populaires rassemblés par Germain Lemieux[23]. Nous avons ici l'une des rares tentatives d'adaptation en bande dessinée du patrimoine culturel franco-ontarien.

D'un autre côté, nous pouvons observer que cette décennie met rarement en scène l'urbanité. La majorité des récits se déroulent dans des lieux imaginaires (Patofville, l'univers de Bobino, etc.) ou dans un passé rural (*Les contes de mon pays*, *Bojoual*, etc.[24]). On ne trouve, par exemple, que deux références à Montréal : dans la revue *L'écran* et dans l'album du caricaturiste de *La Presse*, Girerd, *On a volé la Coupe Stanley*, paru aux Éditions Mirabel en 1975. Il met en scène, dans un style proche de ses caricatures, mais en couleurs, les enquêteurs Berri et Demontigny à la recherche du précieux trophée, volé juste avant la grande finale entre les Canadiens de Montréal et les Bruins de Boston. Lieux (Montréal, Forum, Parlement à Ottawa) et personnages (Guy Lafleur, Henri Richard, etc.) sont aisément identifiables. Cette caractéristique se manifestait déjà dans la revue *L'écran* rapportant les aventures

---

22. Nous touchons ici le problème majeur de l'édition des périodiques de bande dessinée au Québec : la durée. Très peu de revues ont réussi à dépasser le cap de la première année de publication.

23. Germain Lemieux (1973), *Les vieux m'ont conté*, Tome I (répertoire de Théodule Miville et Aldéric Perreault), Montréal, Bellarmin.

24. Ajoutons à cela une série de science-fiction : *Sharade, aventurière de l'espace* de Robert Hénen. Trois albums de 16 pages verront le jour en 1974 et 1975 aux Éditions Héritage.

d'Arsène, ce personnage évoluant dans un décor de ruelles montréalaises facilement reconnaissables. Mais ce sont là des exceptions. La décennie suivante allait être plus urbaine, avec une touche de science-fiction.

À l'exception des Éditions Héritage qui, au tournant des années 1980, vont pratiquement cesser de publier du matériel québécois pour se consacrer à la publication de traductions américaines, les éditeurs de cette époque (Mondia, Mirabel) disparaîtront rapidement du paysage de la bande dessinée québécoise. Si d'autres éditeurs vont tenter leur chance lors de la décennie suivante, il faudra attendre les années 1990 et l'arrivée de la maison d'édition Mille-Îles pour connaître, au Québec, un éditeur de bande dessinée avec un catalogue substantiel.

1980-1990 : le difficile métier d'éditeur de bande dessinée au Québec

Dans un texte de 1975, André Carpentier se demandait : à quand des éditeurs spécialisés en bande dessinée au Québec[25] ? On allait tenter, pendant les années 1980, de répondre à cette question, mais sans vraiment y arriver. En effet, plusieurs petites maisons d'édition se sont lancées dans l'aventure de la bande dessinée, mais peu ont réussi à se maintenir à flot. On sent quand même un certain professionnalisme poindre à l'horizon dans quelques productions. Les personnages télévisuels vont laisser la place à d'authentiques héros qui vivront des aventures toujours placées sous le signe de l'humour. Sur la centaine d'albums publiés au cours de cette décennie, une trentaine environ visaient le marché des jeunes lecteurs.

Ces années verront donc le développement de plusieurs petites maisons d'édition (Ludcom, Desclez, Michel, D'Amours, Phylactère, Cœur de pomme et Kami-case) qui tenteront de s'imposer dans le marché de la bande dessinée québécoise, ainsi que la publication de plusieurs albums à compte d'auteur.

Ovale

Du côté de la bande dessinée jeunesse, ce sont les Éditions Ovale, avec sept albums entre 1983 et 1986, qui vont suivre la ligne éditoriale la plus impressionnante de cette décennie. Ainsi, trois séries différentes verront le jour, chacune avec deux albums. Malheureusement, certains théoriciens soutiennent qu'il faut au moins cinq albums pour qu'une série puisse se développer convenablement et s'imposer au public[26].

C'est d'abord avec les aventures d'*Octave*, de Patrice Dubray et d'Yvon Brochu, publiées toutes deux en 1983, que les Éditions Ovale vont tenter leur chance dans

---

25. André Carpentier (1975), « À quand les éditeurs ? », *La Barre du jour*, nᵒˢ 46/47/48/49, p. 111-112.

26. Voir Jacques Samson (1997), *op. cit.*, p. 296.

la bande dessinée. Octave, un jeune chômeur heureux de son sort, se voit dans l'obligation de se chercher un emploi. En 1984 paraît le premier tome des aventures de *Ray Gliss*, dessinées par Rémy Simard sur un scénario de François Benoît. Un deuxième album suivra en 1986. C'est également en 1984 que le détective *Humphrey Beauregard* connaîtra la publication en album. Créé par Yves Perron sur un scénario de Normand Viau, le deuxième tome sortira lui aussi en 1986. Ce détective privé qui travaille dans le Chicago de la prohibition (avec des titres comme *Eliess Nut l'incorrigible* et *Salcatraz*) vivra une dernière aventure au Québec en 1994, l'album paraissant cette fois aux éditions Les 400 coups. Enfin, les Éditions Ovale publieront, en 1984, *Célestin le mangeur d'étoiles* de Serge Gaboury, série qui avait vu le jour dans les pages de la revue *Mic-Mac*.

Que ce soit dans les tribulations quotidiennes d'Octave, dans les aventures policières urbaines de Ray Gliss et de Humphrey Beauregard, ou dans la science-fiction de Célestin, force est de constater qu'encore une fois, c'est l'humour qui tient le haut du pavé. Dans ce même registre, nous pouvons inclure les aventures d'un jeune garçon d'épicerie, Camron. La découverte d'une pierre mystérieuse fera basculer le récit dans le fantastique. Cette unique aventure du personnage a été prépubliée dans *La Presse*, et l'album a paru en 1987.

Il est évident, à regarder la facture de ces albums, que l'éditeur tente de concurrencer les productions européennes en offrant un produit comparable, par exemple, à ce que la maison d'édition belge Dupuis offre en librairie chez nous depuis plusieurs années. Mais s'il est possible d'égaler leurs ventes sur le territoire québécois, cela n'est pas suffisant pour rentabiliser une série. Dupuis ne pourrait pas survivre avec la petite quantité d'albums distribués au Québec. La majorité de ses productions est écoulée en France, en Belgique et en Suisse. Le marché européen constituerait donc un débouché intéressant pour la bande dessinée québécoise, mais malheureusement, jusqu'à maintenant, son exportation remporte très peu de succès.

Autres lieux, autres paysages

L'autre thème important de cette décennie est la science-fiction. Aux aventures de *Célestin* s'ajoutent celles des *Mics et Miquettes*, d'*Électrozz et Bozz* et de *Nostrabek*. Ces trois séries ont toutes été publiées en 1983. Les *Mics et Miquettes* sont une création du studio Henri Desclez, que nous avons déjà vu chez Héritage dans les années 1970. Les deux premiers albums de la série se voulaient des outils pédagogiques d'initiation à la calculatrice électronique et au micro-ordinateur. Un troisième album (*La planète des Mics*) viendra raconter la vie de ces petits personnages sur une lointaine planète. Ce n'est pas très original, par contre, puisque tout dans cet album rappelle les *Schtroumpfs*, ces petits personnages bleus de Peyo qui, à l'époque, sont au faîte de leur gloire. Les *Mics et Miquettes* sont même sous la gouverne d'un Grand Mic, le pendant du *Grand Schtroumpf.* La série de Prouche (Pierre Larouche[27]), *Électrozz et Bozz,* est plus intéressante. Dans les trois albums parus entre 1983 et 1986, nous faisons la connaissance de ces deux extratouristes qui viennent visiter le Québec parce qu'ils sont friands de pommes. Un dernier album, *Nostrabek, la grande aventure,* vient clore ce volet science-fictionnel. Écrit et dessiné par Jean Daumas en 1983, ce récit écologique se déroule dans le Québec du XXIIe siècle.

Les revues

Du côté des revues, *Vidéo-presse* aura un sérieux concurrent dès 1982 avec *Je me petit débrouille*, qui deviendra par la suite *Les petits débrouillards.* Cette revue de vulgarisation scientifique publie très peu de bande dessinée, mais donne tout de même la chance à certains auteurs de créer pour les jeunes. Ainsi, Jacques Goldstyn avec *Les aventures des débrouillards*, Serge Gaboury avec *Glik et Gluk*, Al+Flag (Alain Gosselin) avec les *Jumeaux Gémeaux* et Garnotte avec *Stéphane l'apprenti-inventeur.* Certaines de ces séries vont par la suite paraître en albums. Cette pré-publication en revue, qui a fait les beaux jours des éditeurs européens (Dupuis avec *Spirou* et Lombard avec *Tintin*) et qui fournit un banc d'essai à de jeunes auteurs, permet de « tester » certaines séries avant de prendre le risque de sortir un album. Elle n'a cependant jamais vraiment réussi à s'imposer au Québec[28].

Histoire, religion, et le cas Gargouille

L'un des seuls albums historiques de cette décennie demeure *Jacques Cartier et l'or du Canada* de Gilles Simard, qui a été réalisé pour les célébrations entourant le 450e anniversaire de la venue de Jacques Cartier au Canada. Cet album, maladroitement réalisé, n'a pas connu de suites.

La fin de cette décennie allait aussi voir la parution d'une première bande dessinée chez l'éditrice Anne Sigier, *Missionnaire en Nouvelle-France*, de Paul Roux et Gilles Drolet. Publiant des bandes dessinées religieuses, cette éditrice allait récidiver trois fois dans les années 1990 avec *Jésus, un regard qui fait vivre* du même Paul Roux, *Abraham et Moïse* et *Les premiers chrétiens*, ces deux derniers albums étant réalisés par Louis Paradis.

Nous ne pouvons évidemment pas passer sous silence le succès qu'a connu le personnage de Gargouille de Tristan Demers. Ce dernier n'avait que dix ou douze

---

27. Prouche est également l'auteur de la biographie d'Alphonse Desjardins en bande dessinée (1990).

28. Depuis la fin des années 1980, nous assistons lentement à la fin de cette façon de procéder en Europe, les différents supports périodiques ayant, à de rares exceptions près, cessé de paraître.

ans lorsqu'il a créé son personnage à l'intérieur d'un petit *fanzine*[29] photocopié. De 1983 à 1993, Tristan Demers publiera 56 numéros de ce qui allait devenir, au numéro 37, un magazine de facture plus professionnelle. Marquée par la personnalité de l'auteur, la série *Gargouille* allait remporter un certain succès commercial. Outre les 56 numéros de la revue, le personnage allait également connaître la publication en album, le premier en 1984, édité par l'auteur, puis de 1988 à 1998, huit albums aux Éditions Mille-Îles. Dans toute l'histoire de la bande dessinée québécoise, Gargouille demeure le personnage ayant le plus d'albums à son actif. L'auteur a aussi été publié en Belgique par l'éditeur P&T Productions en 1997. Notons également que plusieurs produits dérivés ont vu le jour autour de ce personnage : livre de recettes, agenda, carnet téléphonique, etc. Si les premières pages étaient sympathiques compte tenu de l'âge de l'auteur, la série n'a pas beaucoup évolué au fil des années. La longévité de ce personnage s'expliquerait plus par les qualités de relationniste de son auteur, que par les qualités graphiques et narratives de l'œuvre.

Urbanité, enquêtes policières, science-fiction, cette décennie se démarque donc nettement de la précédente. Peu d'albums paraissent sous la forme de *comic book*, les standards européens semblent l'emporter. Bien qu'ils soient de qualité égale à ce que les éditeurs européens offrent en librairie chez nous, le coût de production fait problème. Avec leur tirage limité, puisqu'ils ne visent que le marché québécois, ces albums sont un peu plus chers que leurs concurrents. Il est également difficile de concurrencer des séries qui ont dix, vingt, trente albums, et qui ont ainsi fidélisé leur public. Très peu de séries de la bande dessinée québécoise vont réussir à publier une quatrième aventure.

1990-2000 : une certaine consolidation

Cette dernière décennie allait enfin voir un éditeur spécialisé en bande dessinée persévérer et développer un catalogue assez substantiel. Si la petite quantité d'albums de bandes dessinées publiés de 1970 à 1990 ne nous a pas permis de relever beaucoup de fils conducteurs, il en va autrement pour la dernière décennie. Il semble que le marché jeunesse intéresse de plus en plus les éditeurs, ce qui augure bien pour l'avenir puisque, comme le constate Jacques Samson, « ce créneau du jeune lectorat mériterait d'être développé de manière encore plus conséquente vu les enjeux très importants qu'il représente : d'une part, parce qu'il est à peu près monopolisé par la production étrangère et, d'autre part, parce qu'il concerne le futur public potentiel de la bande dessinée québécoise[30] ».

---

29. Contraction des termes « fanatique » et « magazine ». Petite revue, souvent photocopiée, centrée sur un sujet (bande dessinée, musique, science-fiction, etc.).

30. Jacques SAMSON (1997), *op. cit.*, p. 296.

Mille-Îles

Les Éditions Mille-Îles, qui ont débuté dans la bande dessinée en publiant en album les aventures de Gargouille, ont su diversifier leurs opérations. D'abord en achetant la maison d'édition Zone convective, et en l'intégrant à son catalogue en tant que collection, elle permet à une certaine bande dessinée d'avant-garde et destinée à un public plus adulte de se développer. Mais le public jeunesse demeure sans conteste la cible privilégiée de cet éditeur. Si plus de 50 albums de bande dessinée pour la jeunesse sont publiés entre 1990 et 2000, les Éditions Mille-Îles en revendiquent à elles seules une vingtaine. Du jamais vu dans l'histoire de la bande dessinée québécoise. Certains albums reprennent des récits qui avaient été précédemment publiés dans la revue *Pignouf*.

Tandis que *Vidéo-presse* cesse de paraître en 1994 et que *Les débrouillards* poursuivent leur travail didactique, *Pignouf* sera la seule nouvelle revue de bande dessinée jeunesse à paraître durant cette décennie. Elle se veut une copie de la revue *Spirou* des beaux jours[31], mais ne connaîtra que cinq numéros en 1995 et 1996. Si elle avait survécu plus longtemps, peut-être aurait-elle pu se démarquer de son modèle. Elle rassemblait en ses pages des auteurs de qualité qui, pour la plupart, poursuivront leurs séries directement en albums aux Éditions Mille-Îles. C'est le cas, entre autres, de Yves Rodier, Paul Roux et Makoello.

C'est à Yves Rodier qu'appartient le personnage-titre de la revue, Pignouf, un jeune homme sans emploi qui parcourt villes et campagnes et qui, lors de sa première aventure, recueille un cochon qui ne le quittera plus par la suite[32]. Dans un style graphique très proche de ce que l'on a appelé l'école de Charleroi et qui caractérise justement les productions de la revue *Spirou*, Yves Rodier livre une bande dessinée de qualité, mais qui souffre mal la comparaison avec les modèles européens.

Paul Roux, un peu dans le même style, est probablement l'auteur de bande dessinée jeunesse le plus prolifique. Il a touché à plusieurs styles : la bande dessinée chrétienne (chez Anne Sigier), la science-fiction (*Images d'ailleurs*), la bande dessinée historique humoristique (*Histoire du monde... revue et corrigée*), ces deux derniers albums ayant paru aux Éditions Mille-Îles, tout comme une autre série s'adressant aux plus jeunes, *Ariane et Nicolas*. Les trois albums de cette série[33] combinent le

---

31. Pignouf était d'ailleurs le nom d'un pastiche québécois de la revue *Spirou* publié en 1977. Réalisé par Charles Montpetit et Simon Labelle, ce pastiche va même être republié à l'intérieur de la revue qu'elle parodiait.

32. On voit ici un schéma récurrent de la bande dessinée franco-belge : Tintin et son chien Milou, Spirou et son écureuil Spip, Astérix et Idéfix, etc.

33. Le premier album, *Voyage au pays des mots* est paru au Studio Montag en 1992, réédité en 1994 par le Centre franco-ontarien de ressources pédagogiques sous le titre *Le miroir magique*. Les deux albums suivants, *Le rêve du capitaine* et *Le phylactère fou* ont été publiés par Mille-Îles en 1996 et 1998.

merveilleux et la fantaisie. Traversant un miroir (Alice n'est pas loin), les deux personnages explorent des contrées imaginaires, allant jusqu'à jouer avec les codes de la bande dessinée (*Le phylactère fou*).

Makoello (Marco Ménard) est un autre auteur de l'aventure de *Pignouf* qui publie chez Mille-Îles. Très près lui aussi de l'école franco-belge, il met en scène le personnage de Pete Kevlar dans deux aventures. Ce sont des récits policiers humoristiques se déroulant dans le monde de la boxe de la fin des années 1940. Makoello avait débuté dans *Pignouf* la série de *Béatrice l'aubergiste*, une vieille dame accueillant des personnages loufoques. Cette très belle série sera reprise en album chez Mille-Îles mais, là encore, elle laissera une impression de déjà lu.

La fantaisie est également représentée par des titres comme *Bi Bop* (les aventures humoristiques d'un canard et de son chien) et *Culbute* de Raymond Parent ; *Les aventures de Strychnine sur l'île des Ha! Ha!* de Bruno Serré ; *Super-H*, un loup-garou dans les Laurentides, œuvre de Paul Le Brun et Dario ; *Grokon le monstre* de Mario Malouin (prépublié dans *Safarir*) ; et Marc Chouinard avec les aventures de *Pépite et Goberge* qui pourchassent un violon qui rend dingue celui qui l'écoute. Suivant l'exemple du caricaturiste Girerd et son album sur le hockey (*On a volé la Coupe Stanley*), le caricaturiste Pijet a tenté de renouveler l'expérience avec le premier album d'une série qui n'a pas connu de suite : *Les Cantons à la conquête du saladier d'argent*. Si Girerd peignait les décors et les personnages réels, Pijet et son scénariste Michel Blanchard, journaliste à *La Presse*, inventent un monde imaginaire où le hockey se retrouve au centre d'une lutte entre deux villages. Récit intéressant, mais que la lourdeur du trait de Pijet rend difficile à déchiffrer.

Ces albums n'ont en commun que la fantaisie et l'humour, et se démarquent nettement des productions européennes. Serge Théroux, éditeur de Mille-Îles, se donne pour mission de faire mentir un propos qui a longtemps été associé à la bande dessinée québécoise, à savoir que « ce qui se publie ici est moins bon que ce qui se fait en Europe. Il nous faut démontrer qu'il y a ici une production de qualité. En tant qu'éditeur, je dois devenir de plus en plus exigeant afin que le lectorat finisse par constater que ce qui est réalisé ici est de même niveau et de qualité comparable à ce qui se fait ailleurs[34] ». Conscient de la fragilité de l'édition de la bande dessinée, il fait le constat suivant : « Nous devons continuer à travailler d'arrache-pied à ouvrir de nouveaux marchés. Il faut également réaliser que faire de la BD implique la création de séries ; ce qui, de la part des auteurs, nécessite un travail de longue haleine. Il est donc impératif de soutenir les créateurs à l'aide de bourses qui leur permettront de tendre vers cet objectif[35]. »

---

34. Cité par Paul Roux (2000), « La portion magique de l'édition », *Liaison*, n° 108 (septembre), p. 23.

35. *Ibid.*

Cette idée de la série est évidemment au centre de la problématique du développement de la bande dessinée au Québec. Si Jacques Samson parlait précédemment d'au moins cinq titres pour réussir à imposer une série, force est de constater que seul Tristan Demers, avec son personnage de Gargouille (huit albums), a réussi ce tour de force au Québec. C'est très peu comparé à la soixantaine d'albums d'un *Lucky Luke*, d'un *Ric Hochet*, à la quarantaine d'albums des *Tuniques bleues*, de *Spirou*, à la trentaine d'albums d'un *Astérix* ou à la vingtaine d'albums d'un *Tintin*, etc. Cela n'explique pas tout, mais il est clair, surtout pour un jeune lectorat, que cette fidélité à une série est importante[36]. Pour qu'une série se développe, il faut que l'éditeur fasse preuve de persévérance. Voilà comment Mille-Îles peut jouer un rôle important. Ses albums, avec leur couverture souple et leurs couleurs, à un prix concurrençant les productions européennes, semblent avoir trouvé un créneau où se nicher.

Les autres éditeurs

Mille-Îles n'est pas le seul éditeur à publier de la bande dessinée pour les jeunes. Mais tous les éditeurs déjà mentionnés mettront fin à cette aventure éditoriale après quelques titres.

Durant cette dernière période, sept récits provenant du magazine *Les débrouillards* paraîtront en albums. Il s'agit de *Stéphane, l'apprenti inventeur* de Garnotte (Michel Garneau, aujourd'hui caricaturiste au *Devoir*), des *Bédébrouillards* de Jacques Goldstyn et Garnotte, suivis des deux tomes des *Jumeaux Gémeaux* d'Al+Flag (Alain Gosselin) en plus des trois tomes des *Petits débrouillards* de Jacques Goldstyn. Ces albums présentent des personnages dont les inventions loufoques leur causent parfois des ennuis. Le côté scientifique est surtout prétexte à l'humour et à l'aventure.

Le caricaturiste André-Philippe Côté (*Le Soleil*) a également abordé le domaine de la bande dessinée. Sa série *Baptiste*, publiée dans les pages de *Safarir*, a eu droit à cinq titres, d'abord aux Éditions Aristocrates, puis chez Falardeau, et finalement chez Soulières. Le clochard Baptiste vit dans une poubelle et philosophe sur la société qui l'entoure tout en discutant avec son chien Bali. Très belle série, mais qui s'adresse à un public un peu plus âgé par son côté critique sociale.

Signalons, avant de terminer, l'album *Le petit peuple* d'Al Daniel. Cette aventure humoristique d'une communauté d'insectes à la recherche d'un parchemin a été prépubliée dans *Le Journal de Montréal*. Nous avons ici l'un des seuls exemples de bande dessinée animalière québécoise (avec *Pépite et Goberge* ainsi que *Nic et Pic*),

---

36. Pensons par exemple aux livres de Harry Potter et à l'impatience des jeunes qui attendent la sortie d'un nouveau livre. Pour la bande dessinée québécoise, cette attente est trop souvent impossible à combler.

alors que ce créneau a été largement utilisé en France et en Belgique pour la bande dessinée jeunesse.

En guise de conclusion

Si la fantaisie de la première décennie a cédé la place à des héros plus urbains avant de s'éparpiller dans plusieurs directions, un constat s'impose après ce tour d'horizon : l'humour traverse ces trente années de création.

Le problème majeur de la bande dessinée pour la jeunesse (et de la bande dessinée québécoise en général) demeure celui de l'édition. Nous avons pu constater que pendant longtemps les éditeurs ont utilisé les modèles européens ou américains avant de tranquillement s'en affranchir. Il est évident que le coût de production d'un album de bande dessinée (surtout s'il est en couleurs) rend l'entreprise hasardeuse pour tous ceux qui sont tentés par l'aventure. Ce panorama nous a permis de constater que de nombreux éditeurs ont disparu ou ont cessé de publier des bandes dessinées d'auteurs québécois après avoir mis en marché quelques titres : Mondia, Mirabel, Héritage, Ovale, etc.

Nous avons également fait ressortir l'importance de la série pour fidéliser un public — ce qui est encore plus vrai lorsque nous parlons d'un jeune public. La formation d'un public est une condition *sine qua non* du développement de notre bande dessinée. Si les éditeurs ont un rôle à jouer en ce sens, il est clair que les auteurs doivent également être soutenus (à l'aide de bourses, notamment) dans leur démarche créatrice. Trop souvent avons-nous vu, dans l'histoire de la bande dessinée québécoise, des auteurs délaisser peu à peu ce médium pour se tourner vers des domaines plus lucratifs : le dessin animé, le *story board*, l'illustration, etc.

Il nous semble clair, après ce panorama, que les problèmes que rencontre la bande dessinée québécoise ne sont pas le fruit d'un manque de qualité. Certaines œuvres n'ont rien à envier à ce qui se publie ailleurs. Mais les auteurs, tout comme c'est le cas en Europe et aux États-Unis, ont besoin de temps pour développer leurs œuvres. Et pour cela ils ont besoin des éditeurs. Il reste à espérer pour l'avenir que la persévérance de Mille-Îles porte ses fruits et surtout qu'elle soit imitée par d'autres.

Figure 1. François Ladouceur, *Patof chez les dinosaures*,
Éditions TM/Éditions Mirabel, p. 9, case 1.

Figure 2. Girerd, *On a volé la coupe Stanley*,
Éditions Mirabel, p. 17, case 1.

Figure 3. Yves Perron et Normand Viau, *Eliess Nut l'incorrigible*,
Éditions Ovale, planche 4, case 4.

Figure 4. François Benoît et Rémy Simard, *Le cloître de New York*,
Éditions Ovale, p. 45, case 8.

Figure 5. Jean-Paul Eid et Claude Paiement, *Le naufragé de Mémoria*,
Éditions Mille-Îles, p. 45, case 9.

Figure 6. Paul Roux, *Le passé dépassé*,
Éditions Mille-Îles, p. 27, case 7.

L'ADAPTATION DES GENRES LITTÉRAIRES POUR LA SCÈNE DU THÉÂTRE JEUNESSE

Hélène Beauchamp
Université du Québec à Montréal

C'EST AU DÉBUT DES ANNÉES 1980 que les adaptations commencent à figurer dans la programmation des compagnies professionnelles de théâtre jeunes publics. La grande époque des créations collectives est terminée, les auteurs n'ont pas encore tout à fait affirmé leur présence et les artistes cherchent l'inspiration ailleurs que dans la vie quotidienne. Ils sont attirés par les thèmes sociaux et écologiques, ils sont gagnés à des activités artistiques inter et multidisciplinaires, ils essaient de conjuguer romantisme et considérations politiques, mais surtout de maîtriser une écriture dramatique et scénique qui soit porteuse de sens. Ils tentent des incursions du côté des autres langues, des autres cultures, des autres genres.

Si l'on considère que seulement 18 des 199 textes identifiés dans l'édition de 1994 du «Répertoire du Centre des auteurs dramatiques» comme s'adressant aux jeunes spectateurs sont des adaptations (sept de romans ; six de contes traditionnels ; trois d'albums et deux de légendes), on peut difficilement affirmer qu'il s'agit d'un courant majeur de la dramaturgie jeunesse. Une compilation effectuée à partir du répertoire de 1999 donne des résultats semblables. L'adaptation est donc un phénomène circonscrit et marginal. Les auteurs dramatiques sont peu nombreux à avoir tenté l'adaptation pour la scène, pratique ardue s'il en est. Denis Chouinard demeure ici l'exception. Il faut par ailleurs souligner que tous les textes produits à la scène ne sont pas déposés au Centre des auteurs dramatiques et que l'information dont nous disposons reste par conséquent lacunaire.

Les auteurs dramatiques s'entendent pour affirmer que l'adaptation pour la scène est un travail de création. En 1982, alors que la Nouvelle Compagnie Théâtrale (maintenant Théâtre Denise-Pelletier) reprend son adaptation du roman de Jacques Godbout *Salut Galarneau!*, Denis Chouinard intitule son texte de présentation «Adapter, c'est créer...» (1982, p. 8).

L'adaptation est avant tout pour moi une volonté de faire passer un thème, une idée, une histoire qu'on aime. Un texte nous plaît mais ce n'est pas du théâtre; un texte nous plaît, mais il manque d'accessibilité, ou de modernisme, ou de clarté, alors on adapte. Mes adaptations proviennent d'un amour pour une œuvre, du désir de la transmettre en y choisissant des éléments que je juge pertinents. [...] Adapter, c'est faire acte de nouveauté. Adapter, c'est créer. (p. 8)

Apportant quelques nuances à cette affirmation, Suzanne Lebeau explique qu'en adaptant pour la scène le roman de Howard Buten, *Quand j'avais cinq ans je m'ai tué*, elle a «écrit un texte de théâtre» (1989, p. 52). Mais elle reconnaît que le travail du créateur premier — si l'on ose s'exprimer ainsi — et celui de l'adaptateur sont différents et, s'appuyant sur sa connaissance intime de l'écriture de création, elle souligne à quel point le fait d'adapter lui a fait vivre des émotions nouvelles. «J'ai connu le plaisir de travailler sur les structures, les images et les mots sans connaître toute l'angoisse de la création, celle que suppose le fait de projeter pour quelqu'un d'autre sa propre vision de la vie.» (p. 54)

Rodrigue Villeneuve, dans le cadre d'une réflexion plus large, estime qu'adapter c'est «transporter un texte d'un lieu à un autre, où il a des chances, momentanément, d'être mieux entendu» (2000, p. 159). Adapter «ce n'est donc pas d'abord transformer», explique-t-il (p.154), et encore moins «passer d'une forme textuelle à une autre (du romanesque au théâtre, du narratif au dramatique)» mais bien «poser un *acte*» (p. 159, l'auteur souligne). «C'est déplacer *concrètement* un texte du livre à la scène, un texte qui n'appelle pas celle-ci et qui n'en a nul besoin pour s'actualiser. C'est mettre un texte en rapport avec la *théâtralité*.» (p.159)

L'adaptateur choisit donc d'implanter dans l'art dont il maîtrise le métier et les techniques, une œuvre issue d'un autre art, d'un autre genre, voire d'une langue, d'une culture ou d'une époque autres que les siennes. C'est un peu comme si l'adaptateur et l'œuvre se choisissaient mutuellement. L'œuvre vit ainsi dans une autre «écriture», celle de l'art d'arrivée. Car on peut parler, pour l'œuvre qui migre, d'un art de départ et d'un art d'arrivée, l'adaptation faisant passer une œuvre de son art premier (roman, poésie, installation) à un art second (ici le théâtre). L'œuvre connaîtra un autre public, un autre mode d'existence, d'autres lieux et occasions de diffusion.

Au-delà de l'influence que ne manque pas d'exercer l'œuvre originale sur celle ou celui qui choisit de l'adapter pour la scène, adapter suppose un travail d'écriture qui n'est pas sans risques. L'adaptation peut réduire l'œuvre, parfois même la trahir. Suzanne Lebeau estime «avoir perdu du roman de Buten des moments absolument magnifiques. Mais il fallait couper, renoncer» (1989, p. 52). Au cours des différentes phases de construction-déconstruction, de montage, de réécriture, d'appropriation, le texte initial, travaillé par la matière du théâtre, passe d'un genre à l'autre, il peut même parfois être assimilé par l'autre. C'est surtout, selon Louise Vigeant, une entreprise qui «exige que l'on ait une vision» (1989, p. 30).

Nous avons choisi d'explorer les adaptations théâtrales de contes, d'albums et de romans qui ont connu des succès soutenus auprès des jeunes spectateurs au cours des vingt-cinq dernières années, et dont les textes sont toujours actuels et disponibles.

Les contes : des universels pour individualiser la parole

Les contes peuvent être considérés comme de grands récits. Leur structure narrative est forte, leur sens est cohérent, leurs personnages imposants, et leur portée est véritablement universelle. Les mêmes contes se retrouvent dans plusieurs traditions culturelles, ce qui fait penser qu'il en existe des souches disséminées ici et là. Ils donnent prise à l'adaptation et, en retour, s'accommodent facilement des styles et des formes qu'on leur impose. Leur adaptabilité est apparemment sans limites, et les contes donnent l'impression d'appartenir à celles et à ceux qui se les approprient. Ils deviennent, en fait, un bien commun accessible et les véhicules privilégiés des propositions des auteurs « modernes ». Il y aurait là comme une complicité entre les anciens et les modernes autour de personnages, de thèmes et de valeurs du patrimoine universel.

Les contes sont associés à l'enfance : leurs histoires sont brèves et exposées de façon saisissante. Leurs personnages — des animaux, des enfants ou des êtres associés à l'enfance — sont actifs. Leur cadre temporel est celui de l'autrefois légendaire alors que leur cadre physique est la nature, le village, la forêt. Leurs thématiques sont également proches de l'enfance — l'autorité, la justice, la peur, l'amour — et portées par des aventures et des émotions fortes. De tous les contes adaptés pour la scène et pour les jeunes, il semblerait que ce soit « Le Petit Chaperon rouge » et « Barbe-Bleue » qui l'aient été le plus souvent. Afin d'interroger le travail des contemporains, nous avons choisi *Mademoiselle Rouge* de Michel Garneau (Théâtre Am Stram Gram, 1989), *La nuit blanche de Barbe-Bleue* de Joël da Silva (Théâtre de Quartier, 1989), *Qui a peur de Loulou ?* de Marie-Louise Gay (Théâtre de l'Œil, 1993) et *Barbe-Bleue* d'Isabelle Cauchy (Le Petit Théâtre de Sherbrooke, 1998)[1].

Michel Garneau et Joël da Silva n'ont pas, à strictement parler, adapté un conte, mais ont pris sa dynamique interne comme point de départ d'une toute nouvelle histoire. La Mademoiselle de Garneau, c'est le Petit Chaperon rouge devenue adulte : de retour dans la forêt de son enfance, elle retrouve dans la maison de sa grand-mère, Jacques, son sauveur de jadis, qui chasse toujours le loup qu'il a blessé autrefois. Elle est revenue pour comprendre, dit-elle, ce que c'est « être une personne de la race humaine » et « être une personne de la race louve » (Garneau, p. 42). Elle pousse Jacques à appeler Olbe, le Vieux Loup, qui leur intente *illico* un procès : ils ne vont pas mourir, dit-il, mais ils vont changer (p. 41). Ce procès est en

---

1. L'année indiquée est celle de la création à la scène.

fait celui de la férocité qui habite l'humain autant que l'animal, méchanceté engendrée par l'absence d'amour, de bonheur, et par l'ennui, ce qui n'empêche pas que «chacun de nous est responsable de ce qu'il fait» (p. 59). La pièce se termine sur une réconciliation générale entre Jacques, Mademoiselle, la Hubête et les Loups, ainsi que sur un mariage et une naissance.

Garneau n'adapte pas le conte, mais n'en retient que la situation de base selon laquelle une jeune fille confrontée au loup, à la forêt, à l'animalité, est amenée à se connaître/reconnaître. Fidèle à la proposition originale du conte, il en théâtralise le pouvoir de suggestion et l'enrichit d'une réflexion philosophique sur les passages de l'animalité à l'humanité. Garneau écrit en quelque sorte le conte de la réconciliation entre l'homme et la nature. Joël da Silva, pour sa part, se sert de «Barbe-Bleue» comme d'un canevas à partir duquel il laisse courir ses mots, ses figures, ses rythmes et ses chansons. Il maintient la structure et l'histoire traditionnelles, mais il les ouvre comme pour leur donner une autre vie de l'intérieur. Il se glisse à titre d'auteur-interprète dans la peau de Benoît Beaulieu, un petit garçon qui est à ce point subjugué par ce conte qu'il décide de le faire sien, coûte que coûte. Resté seul à la maison un soir, il glisse la cassette audio du conte dans l'appareil, manipule la narration à volonté et se raconte cette histoire à lui-même autant de fois qu'il le faut pour vaincre sa peur. «Ce soir, c'est moi qui vais te faire peur. Tu dormiras pas de la nuit. J'vais te raconter ton histoire. Écoute bien ça: l'histoire écœurante, épeurante de Barbe-Bleue.» (da Silva, p. 13)

Benoît joue pour lui-même cette fameuse histoire dont il réinvente au fur et à mesure qu'il se les remémore les circonstances et les péripéties. Il fait des allusions constantes à sa propre vie quotidienne donnant, par exemple, à la huitième épouse de Barbe-Bleue, qu'il présente aux spectateurs comme si elle était une de ses camarades de classe, le prénom de Blanche:

> Blanche était belle comme le jour.
> *L'éclairage revient. Benoît joue avec son ballon blanc. Bruits d'une cour d'école: enfants qui jouent, qui crient...*
>
> À l'école,
> C'était la meilleure au ballon-chasseur.
> Elle tuait tout le monde et s'faisait jamais tuer.
> Mais un jour, à la récréation,
> Elle a visé trop haut
> Et son ballon est sorti d'la cour d'école... (p. 17)

Le destin de Blanche — dont la sœur Anne est speakerine à la radio — est d'épouser Barbe-Bleue. En montant vers le château, elle s'arrête au Dépanneur Beauséjour comme les sept autres fiancées avant elle. Monsieur Beauséjour lui offre son aide.

Si un jour, 'i t'arrive malheur,
Monte vite, vite en haut d'la tour.
Fais-moi un signe au dépanneur.
On est ouvert sept jours. (p. 27)

Le projet de Joël da Silva est d'entrer dans le conte, de se glisser dans sa structure narrative, de le travailler de l'intérieur par l'intermédiaire d'un tout jeune personnage qui veut à tout prix dominer les émotions qu'il provoque chez lui. Benoît s'endormira après en avoir joué tous les personnages, y compris celui du « beau chevalier masqué/Sur sa bicyclette dorée » dont l'épée imbattable est en acier inoxydable (p. 67).

Garneau et da Silva ont adapté la substance des contes. Ils ont, en fait, emprunté ces histoires pour les redonner aux jeunes comme autant de nouvelles occasions d'apprentissage[2]. Marie-Louise Gay et Isabelle Cauchy, en théâtralisant « Le Petit Chaperon rouge » et « Barbe-Bleue », les éloignent de la tradition. Elles prennent beaucoup de liberté avec l'histoire, sortent résolument des structures connues et réinventent les personnages qui s'en trouvent étoffés, plus complexes et qui, en retour, confèrent au conte une nouvelle intensité dramatique. Les thématiques y gagnent des résonances nouvelles qui font écho à des réflexions plus profondes sur la responsabilité de l'être humain, ses rapports aux autres et au groupe, collectif qui inclut le monde animal et tout l'environnement naturel.

Qui a peur de Loulou? est d'abord et avant tout un texte ludique, dans lequel Marie-Louise Gay s'amuse à aborder la même histoire à partir de deux points de vue dont elle structure parallèlement le développement. Le premier est celui des animaux, et il nous entraîne dans l'univers de Mère-Loup et de Loulou, sa fille de six ou sept ans; le second montre les jeux de Simone, petite fille de six ou sept ans, avec Chat et Cochon, ses meilleurs amis. De son côté, Mère-Loup tâche d'expliquer à sa fille qui s'ennuie parce qu'elle n'a pas d'amis, que les gens et les autres animaux ont peur des loups. Pour en faire la preuve, elle lui raconte « Le Petit Chaperon rouge ». Pendant ce temps, ailleurs dans la forêt, Simone et ses amis s'ennuient, se demandent quoi faire, pensent qu'il serait amusant de faire du théâtre, proposent de jouer « Le Chat botté », « Blanche Neige » ou « Les Trois Petits Cochons » mais choisissent en définitive... « Le Petit Chaperon rouge ». Ils s'affairent donc à dénicher leurs costumes et leurs masques. S'ensuit une série de méprises, de quiproquos et de reconnaissances au bout desquels les trois amis se trouvent face à face avec Loulou, un « vrai loup », menacée par un chasseur énorme qu'ils éconduisent et chassent

---

2. Michel Garneau adaptera aussi *La petite fille aux allumettes* sous le titre *La petite marchande*, texte pour marionnettes (1990). Joël da Silva s'inspirera librement de *Hansel et Gretel* pour écrire *Le pain de la bouche* (1992), publié chez VLB éditeur en 1993. Louis-Dominique Lavigne adaptera le conte des frères Grimm, *L'histoire du petit tailleur*, qui sera mis en musique par Tibor Harsanyi pour la Société de musique contemporaine du Québec (1998).

bravement. À la toute dernière scène, les quatre personnages sont devenus des amis et des complices. «Ils apparaissent de dos, tous revêtus de leur costume de Chaperon rouge. Ils se retournent. Simone, Chat et Cochon portent des masques identiques au visage de Loulou. Ils éclatent de rire, enlèvent leurs masques et disparaissent tous les quatre.» (Gay, p. 104)

La pièce se passe en pleine forêt, domaine du loup et du chasseur qu'apprivoisent les deux animaux domestiques et la petite fille; l'histoire est celle de l'amitié possible entre des êtres différents. Le chasseur en est réduit à perdre son fusil et à se sauver, bredouille. L'écriture de Marie-Louise Gay, pleine de rebondissements, invite à la réconciliation au-delà des différences et des préjugés. C'est donc par le sens unificateur donné aux rencontres et à l'amitié, que ces contes trouvent de nouvelles synthèses.

Le *Barbe-Bleue* d'Isabelle Cauchy tente la réhabilitation d'un personnage malmené par son destin. Lui — Barbe-Bleue — et Elle se retrouvent après leurs noces. Elle est enjouée, s'amuse, rit; Lui demeure distant. En plein jeu de séduction, Elle se rend compte qu'elle a perdu les fameuses clés... à moins qu'elle ne les ait oubliées quelque part... La méfiance s'installe, les regards sont intenses et le coutelas est visible, déposé sur la table du repas. «Elle mange avec appétit, et boit plus que sa soif» (Cauchy, p. 24) et finit par lui demander de parler.

> Lui — De quoi?
> Elle — Parlez-moi de vous.
> Oui, de vous...
> Lui — De moi...
> Elle — Racontez-moi.
> Il était une fois...
> Il était une fois,
> un tout petit... petit...
> *Elle le pointe du doigt.*
> Lui *surpris* — Moi!
> Elle — Qui grandit...
> Qui grandit?... (p. 28)

Mis en confiance, il se met effectivement à parler, à se raconter et, au fil de son monologue, il se révèle peu à peu un être troublant d'une grande humanité. Deux êtres cohabitent en lui, mais pas en harmonie: le barbu, plutôt sombre, et l'autre, celui qui a les joues lisses. Il raconte la «triste histoire d'un malheureux mari» (p. 36) et en appelle à sa propre réhabilitation. Mais Elle n'est plus disponible et n'entend pas. À la fin de la pièce, Lui retrouve sa voix sinistre.

Isabelle Cauchy revient ici sur les thématiques de la nature et de l'instinct, comme sur la responsabilité individuelle. Elle s'approprie une histoire populaire et un personnage à la silhouette connue qu'elle transforme dans le sens d'un idéal qui pourrait être qualifié de moderne. Au même titre que Michel Garneau, Marie-Louise Gay et Joël da Silva, elle considère que les contes offrent de belles occasions d'écriture, la possibilité de variations sur une histoire et, surtout, des personnages qui n'ont pas encore livré tous leurs secrets. Ces modernes variations, à leur tour portées publiquement par la parole, sur scène, se trouveront, peut-être, à l'origine de nouvelles transmissions orales.

Les albums: des images à message

Les transpositions théâtrales d'albums jeunesse sont souvent le fait du théâtre de marionnettes et parfois celui du théâtre d'acteurs. Deux des albums retenus ont été adaptés par des marionnettistes, soit *Le Roi de Novilande* de Cécile Gagnon (*Barnabé-les-Bottines*, Diane Bouchard, Théâtre de l'Avant-Pays, 1983) et *Comment la souris reçoit une pierre sur la tête et découvre le monde* d'Étienne Delessert (*À dos de soleil*, le Théâtre de l'Œil, 1989). Il est intéressant de souligner ici ce lien en quelque sorte naturel qui s'établit entre l'album illustré et le théâtre de marionnettes. Les illustrations, qui déterminent de façon significative le sens de l'histoire et les caractéristiques des personnages, peuvent marquer, voire influencer, la conception des éléments scénographiques et visuels des spectacles. Le troisième album retenu, *Mais je suis un ours!* de Frank Tashlin, a été adapté par Gilles Gauthier pour des acteurs sous le titre *Je suis un ours!* (Théâtre l'Arrière-Scène, 1982). Ces trois albums sont portés à la scène au début des années 1980, époque de transition en théâtre jeunesse entre la création collective et le début des trajectoires individuelles d'auteurs. Nous entrerons dans ces textes guidés par leur personnage principal.

La Souris, l'Ours, Barnabé: ces personnages sont des solitaires, des citoyens ordinaires si l'on peut dire, non pas des héros mais peut-être des symboles. Ils se trouvent comme malgré eux au cœur de l'aventure et au milieu de la scène. Il s'agit de leur histoire. On les présente d'abord par de courts textes et des images qui sont presque des portraits. Puis, comme il convient de le faire au théâtre, ils sont mis en situation, confrontés à un problème: la maison natale de Souris est trop petite, la place lui manque et elle entreprend de creuser sa propre chambre; Ours sort de la caverne où il a dormi tout l'hiver et entre directement dans l'usine qui a été construite là, à son insu; Barnabé rencontre un homme qui lui donne une brouette, puis une femme qui lui remet une bouilloire et un chapeau, puis un enfant qui lui tend un livre. Qu'en fera-t-il? Il faut à ces personnages une motivation pour agir — l'action étant au cœur du drame —, motivation qui est inscrite dans ces situations initiales. Souris va se mettre à gratter et à creuser, Ours va essayer de comprendre où il se trouve et Barnabé va s'imaginer que son rêve de devenir roi est réalisable. Et puis — selon une structure qui est commune aux trois albums et à leur adaptation — le personnage se «met en marche», littéralement.

Souris part à la découverte du monde, mais surtout de ceux qui le peuplent: le soleil, qui lui présente la nuit; le nuage qui lui présente le vent, la pluie, la neige, et puis la fleur, la lune et les étoiles. Elle effectue sa ronde de reconnaissance et, ayant salué « son monde », elle entreprend un grand voyage de découverte avec le soleil comme guide. Ours, lui, voyage d'étage en étage à l'intérieur de l'usine pour rencontrer le contremaître et le chef du personnel, le sous-directeur et le directeur, le vice-président puis le président-directeur général de la compagnie. Tous nient qu'il soit un ours et l'obligent à se mettre au travail. Quand l'usine fermera ses portes, Ours reprendra sa marche dans sa forêt natale jusqu'à ce que son instinct lui rappelle son identité profonde. Barnabé, nouvel arrivant au pays de Novilande, accepte tout ce que les gens lui donnent. Au bout de sa route, il construit sa maison avec toutes ces vieilleries, maison qui finit par ressembler à un palais.

Nous ne sommes pas, dans ces albums et ces textes dramatiques, en présence d'histoires aux rebondissements impressionnants, aux revirements fabuleux et aux péripéties palpitantes. Nous suivons chaque fois un personnage qui progresse petit à petit dans la découverte de lui-même et de sa situation dans le monde. Par la même occasion, en même temps que le personnage et grâce à lui, nous connaissons le monde dans ses conditions sociales et politiques. Les difficultés de l'adaptation à la scène tiennent ici à la linéarité des récits et à la succession répétitive des événements. Souris rencontre les éléments de la nature un à un et l'un après l'autre : il n'y a là qu'une légère montée dramatique. Ours rencontre les représentants du pouvoir économique au fur et à mesure qu'il progresse d'étage. Une seule image, amusante mais statique, fait état de ses découvertes : plus les patrons sont importants, plus leurs bureaux sont grands et plus ils ont de secrétaires. Le théâtre devra mettre en place d'autres moyens pour différencier les rencontres et les découvertes de Souris et les situations d'autorité auxquelles Ours se heurte. Barnabé est couronné roi par ceux qui sont heureux de retrouver leurs vieilleries dans son palais, mais comment est-il possible de faire parler cette accumulation d'objets au théâtre ? Nous avons cherché à comprendre comment les dramaturges procèdent pour effectuer ce passage de l'album à la scène.

Dans les trois cas, les adaptateurs ont modifié la fonction dramatique des personnages. Dans *À dos de soleil*, et comme le titre le laisse entendre, c'est le personnage du Soleil qui est mis à l'avant-plan et qui est présenté comme étant l'interlocuteur privilégié de Souris. C'est au Soleil qu'elle explique ses découvertes et pose « publiquement » ses questions. Sa présence est donc fort significative. Aussi retient-il l'attention des jeunes spectateurs qui comprennent son rapport privilégié avec Souris, apprécient sa fonction de guide et d'initiateur, et trouvent dans les dialogues leurs points d'appui pour suivre le déroulement de l'histoire. Le personnage central, au théâtre, agit comme point de mire et de repère pour le public.

Gilles Gauthier, pour *Je suis un ours !*, a augmenté de façon sensible le nombre des personnages secondaires auxquels l'Ours est confronté dans sa quête d'identité, et il a dû, par conséquent, inventer de nouveaux dialogues. L'action dans le texte dramatique se développe donc autrement que dans l'album. L'Ours rencontre d'abord le médecin de la compagnie, tout à fait sourd et presque à la retraite, dans une scène qui fait sourire même si (ou parce que) les clichés y abondent. Il se dirige ensuite vers le bureau du directeur de l'usine, Monsieur La Forêt, qui n'a manifestement aucun pouvoir. Le directeur de l'International Pulp and Paper Company est, lui, docteur en Management de la Harvard Administration Sciences' Institute et il commente longuement l'organigramme de la compagnie tout en accusant l'Ours de ridiculiser l'autorité et de soulever le personnel. Le président-directeur général parle français avec un fort accent, se montre favorable au dialogue et à la communication, fait étalage de ses connaissances sur les ours, pour finalement intimider l'Ours et le piéger par ses questions. L'adaptateur, au lieu de montrer l'importance d'un personnage uniquement par la longueur de son titre et le nombre de ses secrétaires la fait entendre dans son discours.

Il faut donc, au théâtre, que le dramaturge différencie les personnages par le texte de leurs répliques, tout en articulant une montée dramatique et thématique. L'Ours ne pouvant s'exprimer dans de longues phrases, ses répliques doivent, tout en gardant leur sens, intégrer des onomatopées et des monosyllabes. Sans tomber dans tous les clichés, elles doivent aussi montrer ses étonnements et ses questionnements sur l'identité mais aussi, et de façon plausible, ses réactions instinctives aux situations, tout autant que sa capacité d'évolution dans ce qui pourrait s'appeler une prise de conscience et de reconnaissance de soi. Donner vie à des personnages animaux joués par des acteurs n'est pas toujours évident au théâtre, mais Gilles Gauthier relève le défi de façon convaincante.

Diane Bouchard, pour adapter *Le Roi de Novilande*, a dû aussi multiplier les personnages secondaires et donner la parole à des groupes, donc à des chœurs d'enfants, de rats, de médecins. Barnabé, être marginal, est seul au début de l'histoire, puis se trouve à vivre avec une communauté qui est d'abord soumise au roi, puis révoltée. Il fallait donner une voix à ces gens, faire vivre les lieux de leur histoire — le dépotoir, par exemple, avec les rats Ratapoil, Ratatouille, Rase-Mottes et Rabougri. Il fallait établir une complicité avec les jeunes spectateurs — grâce à des personnages d'enfants, par exemple — et fonder une critique de l'autorité abusive de Bébé-Roi 1er en inventant le chœur des médecins : médecin chef, femme médecin, médecin 2. Ces personnages socialisent le propos du texte et rendent plausible l'accession de Barnabé au trône.

La fin de *Barnabé-les-Bottines* est un peu précipitée, un peu magique. Il arrive qu'il soit difficile au théâtre de nouer tous les fils d'une intrigue de façon entièrement logique. Se peut-il vraiment que Barnabé devienne roi et le demeure ? C'est une question à laquelle il ne faut pas tenter de répondre. Les images de l'album peuvent nourrir longtemps les fantaisies des jeunes lecteurs, alors que l'illusion est en quelque sorte contrainte au théâtre : le spectacle doit se terminer. L'euphorie n'est possible que pendant un certain temps.

Une autre des différences entre la pièce et l'album est que les dramaturges ajoutent parfois des narrateurs pour faire le lien entre les épisodes, des répliques qui seront livrées en aparté, ou un prologue pour situer les jeunes spectateurs par rapport à la fiction dramatique. En ouverture du spectacle *À dos de soleil*, par exemple, les comédiens-marionnettistes annoncent aux spectateurs qu'ils vont raconter une histoire de souris, qu'il faut «écouter pour bien l'entendre» et «s'asseoir pour bien la voir». Il y a donc beaucoup plus d'intermédiaires actifs, d'interventions d'adultes, entre le jeune spectateur et la fiction proposée, qu'il n'y en a entre le jeune lecteur et l'histoire donnée à lire dans un album.

Les albums retenus abordent des problématiques sociales liées aux questions d'identité et de pouvoir au moyen d'un personnage central qui n'a pas nécessairement la stature ni la fonction d'un héros, mais dont l'action, même modeste, rejaillit avec bonheur sur le public. Suffisamment sympathiques pour être proches des enfants spectateurs, ces personnages sont assez actifs et dynamiques pour attirer et retenir l'attention sur l'objet de leur quête. Ces histoires sont construites sur des structures fermées dont la clôture est évidente, tout autant que le(s) message(s) véhiculé(s). Ce sont des textes que l'on pourrait dire «utiles» pour leurs jeunes spectateurs, pas nécessairement didactiques, mais qui ne privent certainement personne du plaisir que procurent une bonne histoire, des personnages amusants et une résolution satisfaisante.

Les romans : des personnages en quête d'idéal

L'adaptation du roman à la scène est certainement l'entreprise la plus difficile, la plus hasardeuse, celle qui impose des choix et exige une vision artistique et éthique. Il n'en demeure pas moins que les romans ont donné au théâtre jeunesse des textes percutants. Un des premiers à avoir connu un grand retentissement est le *Salut Galarneau!* que Denis Chouinard adapte du roman éponyme de Jacques Godbout publié en 1967. Chouinard raconte comment son écriture s'est nourrie d'improvisations collectives d'étudiants en interprétation, puis des acteurs: «C'était révolutionnaire d'improviser à partir de quelque chose qui nous ressemble!» (1982, p. 10) Son texte est créé par le Théâtre Sainfoin en 1973, repris en tournée dans les écoles secondaires par le Théâtre de l'Atrium et inscrit à la saison 1982-1983 de la Nouvelle Compagnie Théâtrale. Il connaîtra de nombreuses productions amateures et scolaires, sans doute à cause de la sympathie qu'éveille spontanément son protagoniste. «Lors de l'écriture, je me souviens m'être beaucoup identifié à François, aux situations qu'il vivait, je m'y laissais aller. Et des mots sont sortis, et de nouvelles pensées ont jailli de François Galarneau, fidèle à ce qu'il est.» (p. 10)

Galarneau raconte sa vie tout en l'écrivant, en notant dans son cahier, les événements, les personnes et les moments qui ont marqué son passé. Il se déplace de lieu en lieu, de moment en moment, remonte et descend le cours de sa propre histoire, ouvre l'espace de sa vie, évoque celles et ceux qui y ont trouvé une place. Les retours en arrière sont très fréquents dans ce roman, technique d'écriture qui s'avère difficile à intégrer dans un texte dramatique. Galarneau écrivait déjà de la poésie et c'est à la suggestion de sa femme et sans doute poussé par l'exemple de son frère, scripteur à succès, qu'il se met à l'écriture d'un livre, exercice qui l'amène à scruter sa vie, à observer attentivement celle des autres puis, progressivement, à s'en éloigner, à s'en détacher. Cette activité du personnage structure le roman de Godbout. L'exemple le plus clair est celui de la division du roman en deux grandes parties qui s'intitulent : « Cahier numéro un » et « Cahier numéro deux ». Le changement de cahier correspond à la rupture de François et Marise, qui survient après qu'elle ait été séduite par le frère de François. Fallait-il pour autant que l'adaptation théâtrale transpose ce procédé et inscrive la représentation théâtrale dans l'adaptation théâtrale, soit le théâtre dans le théâtre ?

Chouinard choisit plutôt d'écrire et de faire jouer de façon chronologique l'histoire de François Galarneau. Il invente un « présentateur » dont la fonction est d'encadrer l'action par des textes poétiques chantés. La pièce se joue en sept tableaux : l'entracte survient au moment où Marise quitte François et la pièce se termine, comme le roman, sur ce que Jacques Godbout appelle un « point-virgule » (1982, p. 20). Au premier tableau, Chouinard livre très rapidement tous les renseignements biographiques nécessaires à la connaissance de son personnage : portrait de sa mère ; présentation des « vampires », les frères Jacques, François et Arthur ; rencontre avec le grand-père Aldéric ; première embauche comme barman ; initiation sexuelle planifiée par le grand-père ; départ pour Québec et mariage avec Louise Gagnon. Puis, Chouinard ralentit le rythme et entre dans l'histoire de son personnage principal qu'il situe désormais au cœur du drame. Au deuxième tableau, Paul Godin est trop pressé pour entendre ses poèmes ; au tableau suivant, sa rencontre avec Marise ne laisse pas présager une relation harmonieuse ; au troisième tableau, François demande, comme s'il en doutait : « Comme ça tu penses qu'en écrivant ma vie, j'pourrais faire quelque chose de ben ? » (Chouinard, 1973, p. 46) Au fur et à mesure qu'il écrit, François entrevoit les complots mis en place contre ceux qu'il appelle les citoyens moyens et au sixième tableau, témoin de la scène de séduction entre Marise et Jacques, il s'effondre.

> Qu'est-ce que tu penses qui m'arrive hein, qu'est-ce que tu penses qui m'arrive ?
> [...]
> Ben j'reste des grandes journées longues comme des régimes de bananes à essayer de me souvenir ! Pis d'autres à r'garder devant moi, autour de moi. Sais-tu ce que j'vois autour de moi Jacques, des écœuranteries, des sacrements d'égoïsteries ! (p. 62)

Le texte dramatique rend évidente la progression du drame, montre l'enfermement de François sur et en lui-même, fait entendre ses âpres critiques contre un système qu'il réprouve. Le septième et dernier tableau, aussi dense que le premier, plonge le spectateur dans une atmosphère apparentée au réalisme magique où il est question de tentatives de suicide, d'écriture, d'enfance, de « pouvoir [s]'envoler comme Batman» (p. 75), de la «société de pourris» qu'il exècre (p. 76), d'un voyage des trois frères aux States pour revoir leur mère, des informations télévisées, de sa peine d'amour, de son anniversaire: «Faut naître un jour ou l'autre.» (p. 91) Les autres personnages viennent et repartent, en une série très théâtrale d'apparitions ou de projections pour une fin de spectacle toute en éclats de lumière dont on ne sait pas s'ils éclairent ou s'ils aveuglent le personnage comme les spectateurs.

Chouinard a réussi, avec *Salut Galarneau!*, une adaptation fidèle au personnage et au roman, et d'une efficacité certaine, étant donné la quantité d'informations à transmettre et d'atmosphères à mettre en place. En 1978, cette fois pour le Théâtre du Gros Mécano de Québec, il adapte le roman de Félix Leclerc (publié en 1962), *Le fou de l'île*. Le défi ici n'est pas tant de retrouver la linéarité du récit, puisque le roman est déjà structuré selon une mise en place progressive des événements, mais bien de mettre clairement en évidence le propos central. En effet, le roman de Leclerc est touffu. Le personnage principal est entouré d'un grand nombre de personnages secondaires, les habitants de l'île où le Fou échoue un matin à la recherche d'un gîte, mais surtout d'un milieu propice à sa quête. Félix Leclerc met en place les lieux où ils habitent et exercent leur métier, ainsi que la route qui les relie les uns aux autres. Le propos du *Fou de l'île* est éminemment social. Il y est question d'égalité, de gestion collective du patrimoine, d'amour, de cause à défendre, de partage. Le roman invite à l'élévation de l'esprit et de l'âme au-dessus des contingences matérielles et du petit pouvoir politique local.

Très judicieusement, Chouinard choisit la forge de Bérêt comme lieu principal de l'action dramatique. C'est là que le forgeron discute avec Salisse le pêcheur et que la jeune fille Yose apprend les faits et gestes du Fou. Les autres lieux sont la cabane du Fou et la route. Ceux qui cherchent à inscrire quelque chose de nouveau dans leur vie se rencontrent dans la cabane du bord de l'eau, alors que se croisent sur la route Barnabé, maire véreux du plus gros village et père de Yose, la Jubiau, joueuse de guitare et conductrice du seul taxi de l'île, et le Bouclé, homme violent, qui apprendra à découvrir le sentiment d'amour. Chouinard tient là les personnages essentiels à son histoire, et le lecteur du roman reconnaîtra sans peine les choix qu'il opère. Mais l'adaptateur a respecté les caractéristiques essentielles des personnages tout en leur attribuant des fonctions dramatiques. Les monologues de Yose, par exemple, sont des adresses aux jeunes spectateurs.

L'intrigue est construite en crescendo. La présentation des personnages et de leurs positions respectives s'effectue dans les neuf premiers tableaux. Les tableaux 10 à 14 nous font saisir les enjeux politiques et philosophiques de la présence du Fou; les tableaux 15 à 22 nous montrent les transformations qui se préparent chez chacun des habitants de l'île. Du tableau 23 au tableau 32, le Fou effectue son voyage en ville, revient et affronte ceux qui veulent se débarrasser de lui alors que des élections se préparent. Les deux derniers tableaux confirment les changements survenus dans les mentalités et les comportements des habitants de l'île. On peut dire des dialogues qu'ils sont brefs et vont à l'essentiel, et des tableaux, qu'ils sont comme autant de brèves séquences qui confèrent à l'ensemble un rythme rapide et efficace. La poésie, l'expression de la pensée sont dans l'action. Quant à cette chose mystérieuse qui vole et qui symbolise la quête du Fou, Bérêt et Salisse en ont fait un cerf-volant, et Chouinard se sert de cette métaphore tout au long de son texte. Le cerf-volant donne forme aux questions des personnages et aux rêves des enfants spectateurs. Ce texte dramatique adopte donc le message social du roman, met en place des personnages fort bien campés et un déroulement rapide de l'action[3].

Les adaptations marquent souvent le travail d'une compagnie et contribuent à définir son esthétique. C'est le cas de *Mowgli* que Patrick Quintal écrit à partir des deux premiers chapitres du *Livre de la jungle* de Rudyard Kipling, et produit en 1992 au Théâtre du Double Signe. Cette écriture est d'abord ludique et c'est là sa qualité première, ludique dans le sens où elle donne beaucoup de jeu aux acteurs qui se partagent les nombreux rôles. Tous les personnages sont des animaux de la jungle qui communiquent surtout par le geste, le son, l'onomatopée. Comme une partition, le texte requiert l'invention d'une gestuelle chorégraphiée et d'images par une recherche sur le costume, le maquillage, le masque. Quintal accorde aussi une grande place aux deux chœurs, celui des loups et celui des singes Bandar-Log. Il transforme les mises en relation des personnages en jeux de toutes sortes : approche, séduction, menace, etc. Au cinquième tableau, par exemple, Mowgli l'enfant-loup donne les consignes d'un défi qu'il lance au Loup Noir.

> On se fixe les yeux dans les yeux. Il faut tenir comme ça le plus longtemps possible. Le premier qui cligne des yeux ou qui détourne la tête est le perdant.
> *Loup Noir et Mowgli, accroupis ou à genoux, face à face, se regardent fixement dans les yeux. Loup Brun et Loup Blanc les observent attentivement. Ça dure quelques secondes. Loup Noir se sent de plus en plus intimidé, cligne des yeux, puis finit par baisser le regard.*
> (Quintal, p. 46)

Ce jeu du regard apprend à Mowgli qu'il est différent, qu'il n'est pas véritablement un loup, et que les autres le craignent.

La pièce s'ouvre sur le chœur des loups qui viennent annoncer l'histoire, présenter l'enfant trouvé au clan, puis l'initier aux lois de la jungle. Mowgli joue avec ses frères loups et apprend les « maîtres mots » pour communiquer avec les autres animaux sur son territoire. Du tableau 7 au tableau 12, la question de l'identité est centrale. Sans s'en rendre compte et à cause des jeux qu'ils lui font faire, Mowgli participe à son propre enlèvement par les singes qui le couronnent roi dans

---

3. Denis Chouinard signera avec Nicole-Marie Rhéault l'adaptation de l'album *Histoire de Julie qui avait une ombre de garçon*, publié aux éditions du Sourire qui mord, Paris, 1978 ; texte dramatique publié chez Québec/Amérique, Montréal, 1982 ; production par le Théâtre du Gros Mécano, 1982. En 1984, il tentera l'écriture d'un spectacle musical : *Titre provisoire : Roméo et Juliette* dont le propos et la manière étaient sans doute trop ambitieux.

leur Palais des Grottes Froides. Sa situation est critique jusqu'à l'arrivée de Kaa le Python. Jusqu'au tableau 12, c'est donc la question de l'identité individuelle qui détermine l'action de Mowgli. Pendant les cinq derniers tableaux, la question du clan et de l'appartenance, centrales dans l'œuvre de Kipling, revient au premier plan. Mowgli se porte à la défense d'Akela avec la «Fleur Rouge», ce feu qu'il est allé chercher au village de sa mère. Ni loup ni homme, Mowgli nous oblige à nous poser la question de l'identité et de l'appartenance, de la nature et de la culture. L'adaptation de Patrick Quintal est fidèle à l'œuvre de Kipling, mais rejoint surtout les préoccupations d'un public contemporain.

L'adaptation de certains textes demeure risquée en raison de leur sujet. Ce fut le cas du roman de Howard Buten *Quand j'avais cinq ans je m'ai tué*, adapté par Suzanne Lebeau à partir de la traduction de Jean-Pierre Carasso et produit sous le titre de *Gil* par Le Carrousel en 1987. La production a connu un retentissement considérable, mais le texte de l'adaptation demeure problématique.

Le roman, une longue narration entrecoupée de dialogues, a comme personnages principaux deux jeunes enfants de huit ans : Gilbert et Jessica. Ils sont d'une grande sensibilité, d'une belle intelligence et d'une imagination aussi vive que fertile. Au fur et à mesure de leurs rencontres — à l'école et dans leur voisinage — ils deviennent amoureux l'un de l'autre. Accusé d'avoir agressé sexuellement son amie, Gilbert raconte leur belle histoire dans un long «journal» alors qu'il est placé sous observation. On comprend déjà que la beauté et l'intensité du roman tiennent à l'écriture et à la façon dont Howard Buten présente cet amour fulgurant, qui est aussi une montée du désir entre les deux enfants. Cette histoire d'amour est en quelque sorte mise en contexte par la confrontation entre Gilbert et deux psychiatres de cette institution dont les approches sont diamétralement opposées. Comment donc rendre justice à ce roman? En privilégiant la relation amoureuse entre les deux enfants? En laissant entendre le débat entre les deux psychiatres? En adoptant le point de vue de Jessica? Et surtout, comment contourner les interdits touchant la représentation de la sexualité enfantine?

Didier Bezace, dans une entrevue avec Michel Vaïs, explique ce qui le trouble le plus dans le travail d'adaptation : «C'est qu'il y a toujours au moins deux autres hypothèses qu'il aurait pu mettre en œuvre. [...] le roman contient plusieurs théâtres, mais le théâtre ne contient même pas tout un roman.» (Marleau, p. 172) Dans *Quand j'avais cinq ans je m'ai tué*, il y a bel et bien au moins deux hypothèses — pour utiliser l'expression de Bezace — et plusieurs «théâtres» dans le roman. Or, *Gil* cherche à tout garder du roman — ce qui est impossible —, y compris en privilégiant aussi le point de vue de l'enfant. Ce texte nous donne l'occasion de nous poser de façon aiguë la question des fondements mêmes des modes et des procédés de l'adaptation.

Dans d'autres cas, sûrement plus rares, l'adaptation est l'occasion d'une véritable écriture théâtrale comme celle de Robert Bellefeuille pour *La machine à beauté*, adaptation du roman de Raymond Plante. Cette comédie, « une amusante réflexion sur la présence de l'utopie dans le monde » (Bellefeuille, quatrième couverture), est produite par le Théâtre de la Vieille 17 en 1991 et obtient un immense succès. Le texte fait la preuve de la superbe maîtrise de l'écriture comique par cet auteur-adaptateur qui est aussi acteur et metteur en scène. Structuré de façon très serrée, il donne à voir le jeu physique des acteurs, à entendre les jeux de mots, à s'amuser aux quiproquos, aux situations, aux méprises. Robert Bellefeuille connaît tous les registres du comique et s'emploie à les mettre en valeur tout en rendant justice au roman.

Plante et Bellefeuille partagent donc une même histoire et les mêmes personnages, à quelques légères modifications près. Ils sont cependant aux antipodes pour le traitement et le style. Le premier est généreux dans les descriptions et la présentation des personnages, et il prend tout son temps pour mettre en place les événements; le second est concis, rapide, précis dans l'organisation des informations, l'intégration et les interactions des personnages, et le rythme des dialogues.

Le roman et la pièce s'ouvrent sur un prologue et se terminent sur un épilogue. Plante plonge dans l'action dès le prologue, et confie à l'épilogue la solution de l'imbroglio provoqué par la recherche de la beauté au village d'Ici. Bellefeuille profite de ces deux moments privilégiés d'abord pour installer l'atmosphère de l'action qui va suivre et, à la fin, pour inviter doucement les spectateurs à sortir du village et laisser les personnages à leur propre existence. La mise en place de l'histoire est la même chez les deux auteurs: la photographe Catou Clin d'Œil annonce l'ouverture de son studio de la rue de la Trapéziste en offrant à tous les habitants de les prendre en photo. Évidemment, ils se trouvent tous plutôt laids. C'est alors que le professeur Arsène Clou — au théâtre commis voyageur et inventeur de l'heure — installe sa machine à transformer les choses, sa machine à beauté. Or, un sondage effectué par Galope — Anne-Marie dans le roman, Henri au théâtre — décrit la tête idéale de la femme et celle de l'homme, tête que tous les habitants vont réclamer, les uns après les autres. Au théâtre, cette transformation donne lieu à des situations amusantes comme celle où Josaphat Pavillon court après sa femme Zézette qui ne le reconnaît pas, ou encore celle où Pauline, chef policier, met en prison son fidèle agent Betterave qu'elle soupçonne d'avoir enfilé les vêtements du véritable Betterave après l'avoir kidnappé. « La situation n'est pas compliquée. Elle paraît même trop simple. Tous les adultes de la ville ont exactement la même tête. Les hommes sont beaux. Les femmes sont belles. Tous à l'image des modèles d'Anne-Marie Galope. Ils sont des photocopies de la même personne, des photographies monotones des mêmes mannequins. » (Plante, p. 101-102)

Le roman se termine sur une manifestation où tous, fort mécontents, obligent Arsène Clou à repasser dans sa propre machine à transformation. Un oiseau quelconque en sort, qui ne ressemble à rien… L'épilogue nous apprend que les touristes prendront l'habitude de visiter ce village dont les habitants portent des masques et s'affublent d'accessoires comme «un gros nez croche, des oreilles un peu difformes, un menton légèrement fourchu» (Plante, p. 123) pour avoir des têtes différentes.

La pièce de théâtre comporte quatorze scènes. La scène 10 est le temps fort de l'adaptation, où tous les personnages se disent heureux de la belle tête qu'ils portent fièrement. Ils expérimentent l'euphorie, le bonheur qui donne des ailes. Mais cela ne dure pas, et la situation se dégrade rapidement. Les confusions d'identité se multiplient, ainsi que les mesquineries («Vous voyez, tout est possible! Même Carmen est belle!» — p. 76), les jalousies, les chicanes et les méchancetés («... maintenant que je suis belle, tu n'es plus assez beau pour moi» — p. 79). Les conflits personnels s'étendent au domaine public.

> Béatrice — Maintenant que je suis belle, je ne veux que du beau. Et j'ai décidé de ne manger que de beaux légumes. Et je trouve que le maïs est le plus beau des légumes. Et maintenant que nous sommes beaux, nous devrions tous manger du beau maïs.
> Léo — Très bonne idée!
> Béatrice — Cela devrait être une loi.
> Léo et Jean Betterave — C'est vrai.
> Josaphat — Alors, en tant que maire de ce beau village, je propose que tous les gens ne mangent que du beau maïs, et que tous nos commerçants ne vendent que du maïs.
> Béatrice — J'appuie.
> Léo — Voté.
> Jean Betterave — À l'unanimité. (Bellefeuille, p. 86-87)

Comme il s'agit d'une comédie, ces débats sont présentés de façon amusante, mais ils n'en révèlent pas moins les tensions qui montent, les batailles qui éclatent et les mésententes qui perdurent. Comme l'explique Carmen: «La folie a éclaté dans notre village. Depuis que les gens sont tous beaux, on ne reconnaît plus personne... C'est le désastre total.» (Bellefeuille, p. 106) Arsène ne peut pas renverser le processus de la machine et il se sauve alors que Catou, retrouvant ses «déguisements de carnaval» — faux nez, fausses oreilles, lunettes — invente une solution aux malheurs du village. Tous s'en trouvent soulagés, très théâtralement. Et puis de toute façon, et à cause des caractéristiques si particulières des personnages, c'est toute la pièce qui est jouée sous le masque, ce qui contribue à accentuer les démarches, les jeux physiques et les gestuelles typées des habitants du sympathique village d'Ici.

* * *

Ces textes dont nous venons de traiter, qui ont été adaptés pour la scène par autant de dramaturges et dans des contextes très variés, disent le plaisir que procure l'écriture d'emprunt quand des propos, des visions du monde et des styles se rencontrent et s'harmonisent par le passage d'un genre à un autre ou d'un art à un autre. Dans tous les cas, c'est l'œuvre elle-même qui y gagne en visibilité et en richesse. Nous avons constaté que les thématiques abordées dans les œuvres premières importent beaucoup à celles et ceux qui les choisissent et les adaptent. C'est par là que les adaptateurs sont attirés, touchés, et, à cause des thèmes abordés qu'ils consentent au travail d'écriture et de transformation : l'adaptation est une création qui demeure solidaire du premier acte de création.

Le travail des auteurs contemporains d'ici s'appuie sur les œuvres d'auteurs de la tradition classique et d'auteurs d'ailleurs. Ces rencontres sont porteuses de nombreuses promesses et elles président aux interactions continues entre les genres, mais aussi entre les langues, les cultures et les sources d'inspiration. Elles s'apparentent aux traductions, aux migrations et aux passages.

Le théâtre jeunesse, qui est ici le point d'arrivée de ces échanges, s'ouvre ainsi de façon spectaculaire, puisque les adaptations entraînent souvent avec elles des rythmes différents, des couleurs nouvelles, des sonorités inusitées, des gestuelles autres. Ce n'est donc pas uniquement un échange entre les textes littéraires et dramatiques qui en résulte, mais un véritable passage d'un genre et d'un art à l'autre. Le roman instruit le théâtre psychologique et le théâtre de mouvement, l'album enrichit le théâtre d'images, le conte entraîne l'invention d'un théâtre musical, etc. L'adaptation autorise beaucoup de liberté et met en place des dialogues fructueux.

Dans l'adaptation d'un texte à succès comme dans la création d'un nouveau texte, les auteurs de théâtre prennent vraiment à leur compte une écriture pour la jeunesse qui est spécifique à la scène et qui pourrait très avantageusement être proposée pour des mises en lecture inventives par les jeunes.

LA CENSURE, L'ÉCOLE
ET LA LITTÉRATURE POUR LA JEUNESSE

Jean-Denis Côté
Université Laval

LA CENSURE EST-ELLE PRÉSENTE EN LITTÉRATURE JEUNESSE[1]? Si oui, comment se manifeste-t-elle? Et qu'entend-on au juste par «censure»? Autant de questions qui se posent à qui connaît les liens étroits qui unissent le milieu de la littérature jeunesse à celui de l'école. Pour bien cerner le terme, j'ai choisi d'aborder sa définition au sens strict et de présenter un bref historique de la censure au Québec en littérature. Pour cerner son territoire, j'ai interviewé des auteurs, des auteurs-éditeurs, et traiterai d'un des cas types qui m'ont été rapportés à la lumière des stratégies connexes que sont l'autocensure, la politique éditoriale et la rectitude politique.

La censure instituée

La censure, au Québec, voire en Occident, a longtemps été associée à l'Église. Dans un dossier que *Voix et images* consacrait à «La censure 1920-1960», Pierre Hébert écrit que «depuis le xxe siècle, l'Église contrôlait presque tous les secteurs de la vie culturelle, si bien qu'il était difficile pour un écrivain de noircir sa feuille sans y apercevoir l'ombre d'un clocher[2]». Les écrivains craignaient «la menace de l'*Index* qui plan[ait] sur leurs œuvres publiées dans des périodiques ou des livres[3]». L'Église,

---

1. Dans la première partie de ce texte, je reprends l'essentiel d'un article paru dans *Québec français*. La direction de la revue m'avait demandé, sensiblement durant la même période, un article portant sur ce thème. Voir Jean-Denis CÔTÉ (2001), «La littérature jeunesse, victime de censure?», *Québec français*, n° 120 (hiver), p. 85-89.

2. Pierre HÉBERT (1998), «Présentation», *Voix et images*, n° 68 (hiver), p. 221.

3. Richard GIGUÈRE (1998), «"Ces restes d'Inquisition…". Littérature, édition et censure dans les correspondances d'écrivains de l'entre-deux-guerres au Québec», *Voix et images*, vol. 23, n° 2 (hiver), p. 248.

figure d'autorité[4], aurait, selon les conclusions du dossier, constitué un frein à l'épanouissement de la vie culturelle et à la diffusion du livre. On ne saurait pour autant
résumer l'influence de l'Église sur la vie culturelle au seul rôle de censeur.

Car l'Église a largement contribué à la diffusion de la culture par le biais de ses
propres canaux de diffusion évangélique. Ce missionnariat avait pour pendant des
mécanismes de contrôle qui servaient à en garantir l'intégrité. Le Québec, et plus
précisément la jeunesse québécoise, n'y a pas fait exception, comme le montre une
étude de Suzanne Pouliot, « Le discours censorial sur la littérature jeunesse québécoise de 1900 à 1960 », qui décrit

> le réseau très serré de censeurs qui ont veillé, sans relâche, de 1900 à 1960, à contrôler
> les lectures des jeunes Québécois et conséquemment la lecture publique, plus
> particulièrement à la suite de la promulgation de la loi Choquette, en 1925. Au même
> moment, la presse catholique s'emparait du marché de la presse à grand tirage destinée
> aux jeunes, comme *L'oiseau bleu* et *L'abeille*, et imposait ses normes morales et litté-
> raires. Seules les œuvres jugées conformes à l'idéologie dominante étaient publiées,
> diffusées, publicisées[5].

Si l'Église a déjà pu exercer une censure au sens strict du terme, en interdisant
la diffusion dans le public, avant la publication d'un écrit, d'une représentation
théâtrale, d'une projection de film « de nature à troubler l'ordre, à menacer les
institutions, à répandre de fausses nouvelles, à corrompre les esprits[6] », force est de
reconnaître que tel n'est plus le cas au Québec. Selon Pierre Hébert, le Québec a
connu, entre 1920 et 1960, une « transition cruciale où [...] s'est produit le passage
d'une censure monologique, celle de l'Église [...] à une autre censure [...] exercée
à l'intérieur de groupes sociaux définis. De là l'éclatement, la diversité des intérêts,
des moyens, des fins[7] ». L'analyse de cette diversité s'accommode même d'une définition plus large de la censure, comme celle que propose Yves Léveillé :

> La censure est dogmatique et vise la soumission des personnes en vue de préserver une
> morale, une autorité ou un système. Elle cherche à imposer son code moral, assorti de
> punitions ou de récompenses. La censure s'oppose au libre choix. Elle est en quelque

---

4. Qu'entend-on ici par autorité ? Voici la définition qu'en propose Durkheim : « [C]'est un
caractère dont un être, réel ou idéal, se trouve investi par rapport à des individus déterminés, et par
cela seul qu'il est considéré par ces derniers comme doué de pouvoirs supérieurs à ceux qu'ils
s'attribuent à eux-mêmes. Peu importe, d'ailleurs, que ces pouvoirs soient réels ou imaginaires : il suffit
qu'ils soient, dans les esprits, représentés comme réels. » Émile DURKHEIM [1934] 1963. *L'éducation
morale*, Paris, Presses universitaires de France, p. 74.

5. Suzanne POULIOT (1997), « Le discours censorial sur la littérature de jeunesse québécoise de
1900 à 1960 », *Présence francophone*, n° 51, p. 40-41.

6. Louis GABRIEL-ROBINET (1965), *La censure*, [Paris], Hachette, p. 13.

7. Pierre HÉBERT (1998), *op. cit.*, p. 221.

sorte une prise de position contre l'analyse critique, le point de vue différent, la sélection en définitive[8].

La censure ne prend pas toujours la forme de l'interdiction, de la proscription, et peut aussi se manifester sous la forme de la prescription. Selon Pierre Hébert encore, est censure «tout autant l'interdiction que l'obligation, comme si empêcher de dire et fixer les conditions de la parole représentaient les deux faces d'un même pouvoir de contraintes[9]».

La censure en littérature jeunesse

Parmi les niveaux de pouvoir touchant de près ou de loin la littérature jeunesse, le milieu scolaire est certainement le plus déterminant. Francine Allard, écrivaine jeunesse depuis 1995 et présidente de l'Association des écrivains québécois pour la jeunesse (AEQJ), l'a appris à ses dépens. Son roman *Mon père, ce salaud!*[10], publié aux Éditions Vents d'Ouest en 2000, est censuré par les enseignants et les responsables des bibliothèques scolaires qui, selon elle,

> sans avoir même lu la quatrième de couverture, refusent de mettre ce roman à la disposition des élèves. Ce roman est une œuvre littéraire sur le pardon. Sur la place du père qui est bafouée, par les temps qui courent. La semaine passée, une enseignante d'une école primaire d'un milieu défavorisé de Montréal a refusé les exemplaires du roman *Mon père, ce salaud!*, que le ministère de l'Éducation lui a offerts pour précéder ma visite à l'école. L'enseignante ne s'était fiée qu'au titre, arguant qu'elle n'avait pas le temps de le lire. Je considère que c'est une censure nuisible pour les jeunes autant que pour moi. C'est inadmissible.

Mon père, ce salaud! n'est pas le seul livre de Francine Allard boudé par les intervenants du milieu scolaire. Son roman *Deux petits ours au milieu de la tornade* a, lui aussi, été écarté, mais pour des raisons radicalement différentes, bien que liées là encore au titre. Allard soutient que

> *Deux petits ours au milieu de la tornade*[11], un roman qui a été finaliste au Prix du Livre M. Christie en 1999, est victime d'un autre genre de censure. Les enseignants refusent de le faire lire à leurs élèves parce qu'ils le jugent trop «bébé».
>
> Ce roman a été écrit pour un public adulte et a finalement été publié dans une collection pour adolescents. J'y traite de la déficience intellectuelle et de l'étrange histoire d'amour entre Bertrand, 18 ans et Bijou, [une jeune femme qui, tout comme Bertrand, souffre de déficience intellectuelle] 25 ans. Pourtant, [le livre] est mis de côté parce qu'il est jugé trop enfantin à cause du titre.

---

8. Yves LÉVEILLÉ (1995), «La sélection et la censure», Lurelu, vol. 17, n° 3 (hiver), p. 27.

9. Pierre HÉBERT (1998), *op. cit.*, p. 223.

10. Francine ALLARD (2000a), *Mon père, ce salaud!*, Hull, Vents d'Ouest, coll. «Ado».

11. Francine ALLARD (1999), *Deux petits ours au milieu de la tornade*, Hull, Vents d'Ouest. coll. «Ado».

La censure s'exerce aussi de l'intérieur. Marie-Aude Murail, écrivaine jeunesse française particulièrement prolifique[12], souligne que depuis « le XIXᵉ siècle et la constitution d'une littérature spécifique pour la jeunesse, ce ne sont plus tant les éducateurs ou les politiques qui établissent la censure que les éditeurs, sous la pression du public[13] ». Laurent Chabin, auteur pour la jeunesse habitant à Calgary mais dont la majorité des titres sont publiés au Québec, affirme ouvertement avoir été soumis à la censure. Son témoignage confirme les propos de Pierre Hébert voulant que la censure soit « exercée à l'intérieur de groupes sociaux définis[14] » :

> La censure vient de l'intérieur. J'ai eu des problèmes avec un éditeur jeunesse. Il fallait que j'enlève tout ce qui était susceptible d'être mal interprété politiquement par les gens du milieu de l'éducation, pour en arriver à des aberrations. La plus grande d'entre elles, c'est celle où je ne pouvais pas écrire qu'un adulte écrasait un insecte. [...] Le caractère « violent » de l'acte posé et la prétendue mauvaise image du personnage adulte qui est, de surcroît, un parent étaient, pour l'éditeur, inacceptables. Il y avait également mon histoire où un crapaud finissait par se jeter à l'eau en raison du fait que la jeune fille dont il était amoureux refusait de le regarder à cause de sa laideur. L'éditeur m'a dit que les crapauds, animaux terrestres, n'allaient pas à l'eau. Je lui ai rétorqué qu'il s'agissait d'un crapaud désespéré qui voulait se suicider. Il m'a répondu qu'il ne pouvait pas laisser passer une telle chose dans sa maison d'édition parce qu'il publiait des livres sérieux. Mais il ne s'agissait que d'un conte de fée ! Mon crapaud aurait pu se jeter dans le feu ! Mon texte ne devait pas risquer de choquer qui que ce soit.

Ann Lamontagne, qui travaille dans le milieu de l'édition et de l'écriture depuis plusieurs années, est une nouvelle venue en littérature jeunesse. Ses manuscrits de romans — qui viennent d'être publiés — avaient été refusés par des éditeurs parce que son histoire était « trop complexe, que le personnage principal n'arrivait pas dans les toutes premières pages du récit, que [ses] phrases étaient trop longues et les mots employés trop compliqués[15] ».

Le pouvoir des éditeurs a des effets inattendus. La peur de voir son manuscrit rejeté peut conduire un auteur à s'autocensurer.

---

12. Marie-Aude Murail a écrit plus d'une quarantaine de livres jeunesse.

13. Marie-Aude MURAIL (1993), *Continue la lecture, on n'aime pas la récré...* [Paris], Calmann-Lévy, p. 51.

14. Pierre HÉBERT (1998), *op. cit.*, p. 221.

15. Il s'agit des romans d'Ann LAMONTAGNE (2001a), *Les mémoires interdites*, Hull, Vents d'Ouest, coll. « Ado » ; et Ann LAMONTAGNE (2001b) *Le petit parrain. La piste des Youfs 1*, Hull, Vents d'Ouest, coll. « Girouette ».

L'autocensure

Laurent Chabin reconnaît que la mauvaise expérience évoquée précédemment l'a amené à censurer lui-même un de ses manuscrits :

> Quand j'ai envoyé le manuscrit de *Serdarin des étoiles*[16], ça faisait quelques années que je travaillais avec des éditeurs. Je connaissais donc un peu le milieu. *Serdarin des étoiles*, c'est l'histoire d'un petit garçon. Le livre se termine ainsi : « Moi aussi, j'ai menti. […] Je ne suis qu'un petit garçon avec les cheveux blancs et les yeux rouges, et je ne suis pas heureux... » Je m'étais dit que j'allais supprimer cette dernière phrase. Je voulais la remplacer par : « ...et je voudrais tellement être heureux », donc quelque chose de plus doux. Lorsque l'éditeur m'a rappelé, pour la première fois dans ma vie, on m'a dit : « Envoyez la disquette tout de suite. L'histoire n'a pas besoin de modifications. » D'habitude, il y a toujours des choses à revoir. Seul un balayage à l'aide du correcteur linguistique était prévu, pour la ponctuation, les coquilles, les redondances. Je lui ai dit : « Puisque vous le prenez tel quel, j'aimerais bien remettre ma fin initiale, plus dure, plus désespérée. » La personne m'a dit : « Si c'est ce que tu avais écrit, je ne vois vraiment pas pourquoi tu as changé. Remets ce que tu avais écrit au début. » J'ai trouvé qu'il y avait des éditeurs qui respectaient scrupuleusement les auteurs.

Il n'est pas étonnant que Chabin ait hésité à écrire une fin « plus dure, plus désespérée », car cela est plutôt inusité dans les romans destinés aux neuf-douze ans. Simon Dupuis[17] qui a fait le compte rendu du roman dans *Lurelu* rend justice à l'audace de l'auteur : « Combien d'auteurs ont le courage d'achever leur roman par des mots tels que : "Je ne suis qu'un petit garçon avec les cheveux blancs et les yeux rouges, et je ne suis pas heureux…"[18] ? »

Guy Dessureault, dont deux romans jeunesse ont été en lice pour le prix du Gouverneur général dans la catégorie « texte[19] », est conscient lui aussi de pratiquer l'autocensure. Son point de vue apparaît d'autant plus significatif qu'il est à la fois professeur de français au collégial et auteur.

> En écrivant un roman qui s'adresse aux jeunes, je ne peux qu'être *a priori* sensible aux effets que peuvent produire sur eux mes mots, mes images, mes thèmes. Comment ne pas l'être ? Si je ne le suis pas, de toute manière, l'éditeur à qui je soumettrai mon

---

16. Laurent CHABIN (1998), *Serdarin des étoiles*, Saint-Laurent, Éditions Pierre Tisseyre, coll. « Papillon ».

17. Simon Dupuis était, en 1999, non seulement critique littéraire, mais aussi responsable de la section « M'as-tu vu, m'as-tu lu ? » de *Lurelu* qui offre une recension de toutes les nouveautés en littérature jeunesse francophone au pays, en raison du mandat d'exhaustivité que s'est donné la direction de la revue.

18. Simon DUPUIS (1999), « *Serdarin des étoiles* », *Lurelu*, vol. 21, n° 3 (hiver), p. 30.

19. Il s'agit des livres suivants : Guy DESSUREAULT (1997), *Lettre de Chine*, Saint-Laurent, Éditions Pierre Tisseyre, coll. « Conquêtes » et Guy DESSUREAULT (1999), *L'homme au chat*, Saint-Laurent, Éditions Pierre Tisseyre, coll. « Conquêtes ».

manuscrit le sera, lui. À moins qu'il tienne expressément à choquer son lectorat habituel, à révulser parents, éducateurs, animateurs, faiseurs d'opinion, etc. Remarquez que, en ce qui me concerne, ça ne me pose pas de problèmes. Je ne cherche pas tant le choc que l'adhésion à des sentiments et à une intrigue. Quand un enseignant me demande s'il devrait faire lire mon premier roman à ses élèves, *La maîtresse d'école*[20], qui ne s'adresse pas à un public jeunesse, je lui annonce en quelques mots l'intrigue : un garçon tombe amoureux de son institutrice... Sourire. Quand j'ajoute que celle-ci, à son tour, en tombe amoureuse, le sourire disparaît sur le visage de mon interlocuteur, en même temps que son projet d'inscrire mon livre au programme. Même mon éditeur, en 1984, avait substitué son titre, *La maîtresse d'école*, au mien : *La maîtresse de Paul*, du nom de mon jeune héros. Question d'éviter l'équivoque. Hier soir, en écoutant les infos à la télé, j'entendais le présentateur de nouvelles dire : « Nous hésitons toujours à parler du suicide, sachant que cela peut inciter à... » S'il a raison, si le fait d'en parler accroît le nombre de suicides dans les jours qui suivent un bulletin de nouvelles, alors l'autocensure devient moins détestable.

Pour Dessureault, le véritable danger de l'autocensure réside dans le fait qu'elle puisse être une contrainte supplémentaire venant brimer l'« imaginaire du créateur » qui pourrait, à la limite, instaurer une forme de « blocage appauvrissant ».

Dans *Secrets de guerre*[21], qui se déroule en 1943, en Alsace, pendant la Seconde Guerre mondiale, Jean-Michel Lienhardt s'est limité à transposer la guerre à l'échelle des enfants en parlant peu de celle des adultes. Traiter de cette période de l'Histoire en littérature jeunesse est si délicat que l'auteur, qui est aussi directeur d'une école primaire, s'est volontairement censuré :

> J'aurais désiré parler davantage de la guerre des grands, des saccages qui ont été commis. J'avais écrit des choses un peu plus crues, puis j'ai réalisé que j'allais, selon moi, peut-être un peu trop loin. Je les ai donc retirées. Bien sûr, j'y fais quelques petites allusions, comme le fait qu'un avion vient de passer, qu'il y a eu un bombardement. [...] Par contre, je reconnais que j'aurais pu en parler davantage et décrire les ravages causés par les raids aériens. Mais, à la demande de la directrice de collection, Catherine Germain, j'ai ajouté quelques notes historiques dans l'avant-propos et l'épilogue afin de situer cette guerre. Les jeunes d'ici ne connaissent pas nécessairement bien ces événements.

Lorsque les éditions de La courte échelle ont approché l'auteur Stanley Péan, il a présenté, un peu par défi, *L'emprise de la nuit*[22], qui aborde un sujet extrêmement violent, soit une guerre de « gangs ». Il s'attendait à ce que l'éditeur refuse le roman. Mais, au contraire, la directrice littéraire a manifesté beaucoup d'enthou-

---

20. Guy DESSUREAULT (1985), *La maîtresse d'école*, Montréal, Quinze.
21. Jean-Michel LIENHARDT (1997), *Secrets de guerre*, Montréal, Hurtubise HMH, coll. « Atout ».
22. Stanley PÉAN (1993), *L'emprise de la nuit*, Montréal, La courte échelle, coll. « Roman+ ».

siasme pour le sujet et le traitement : « De toute façon, avait-elle dit à Péan, si je te demandais de retirer la violence, il ne resterait plus rien dans ce livre-là. » Une remarque fort juste puisque, de l'avis même de l'auteur, « c'est une histoire qui porte sur la violence et sur le traitement de celle-ci ».

La politique éditoriale...

Parfois confondue avec la censure, la politique éditoriale est l'orientation qu'un éditeur s'est donnée à partir d'un certain nombre de critères. C'est au nom de ces critères qu'il refusera un manuscrit dont il reconnaît par ailleurs les qualités indéniables.

Prenons l'exemple des éditions du Soleil de minuit, qui a comme politique éditoriale de publier des livres qui représentent, soit dans le texte, soit dans l'illustration, des individus issus des communautés culturelles. Diane Groulx, l'éditrice, accepterait-elle de publier un texte ne mettant pas en scène des communautés culturelles même si elle le trouvait de qualité ? La réponse est sans appel :

> Non, je ne le publierais pas. Je tiens à m'en tenir au mandat que s'est donné la maison d'édition. Il est important de ne pas empiéter dans les plates-bandes des autres. Je veux conserver l'orientation que je me suis donnée pour que je puisse couvrir plusieurs communautés culturelles qui ne sont pas nécessairement visibles. Nous avons également le souci de traduire les livres pour les tout-petits en langue autochtone, lorsqu'ils s'appliquent à la réalité concernée. [...]
>
> Ce choix éditorial me permet, je crois, d'avoir un contact privilégié avec les auteurs, de leur écrire directement des lettres plus personnalisées. Je tente également de les orienter, de leur faire quelques suggestions pour ce qui est de leur manuscrit. Si je reçois un texte où les animaux sont davantage en vedette, je suggère à l'auteur d'aller proposer son manuscrit aux Éditions Michel Quintin. Je tente d'être à l'écoute des auteurs, mais en même temps, nous ne pouvons accepter tout ce que nous recevons.

Pour sa part, Denis Côté, un des plus populaires auteurs jeunesse, considère que la politique éditoriale n'a rien à voir avec la censure et qu'elle est inhérente au monde de l'édition :

> L'éditeur est celui qui édite, qui publie, qui investit et qui s'assure de la diffusion de l'œuvre. Le livre que l'éditeur publie devient le livre de l'auteur, évidemment, mais également le livre de l'éditeur. Il est donc tout à fait normal que celui-ci refuse de publier des choses qui vont à l'encontre de sa politique éditoriale et de ses valeurs. Nous ne sommes donc pas, ici, en présence de censure. Je peux donc affirmer que je n'ai jamais été censuré. Quant à savoir s'il est arrivé que l'éditeur me demande de biffer des éléments qui ne correspondaient pas à sa politique éditoriale, à ses valeurs, je répondrai oui. [...] Le plus souvent, l'éditeur discute avec moi. Ses propos vont davantage dans le sens de « je ne suis pas sûr de cela » que de « je ne veux pas ceci ». Alors, nous discutons, ou nous négocions, si vous préférez. Si j'ai affaire à un bon directeur littéraire, celui-ci va probablement trouver de bons arguments. Je vais

changer assez facilement d'idée quand il s'agit d'enlever un détail secondaire du récit qui n'a aucune incidence sur l'œuvre.

Au Québec, le cas de refus le plus connu pour cause de politique éditoriale[23] est sans aucun doute celui du deuxième tome de la trilogie *Marie-Tempête* de Dominique Demers, *Les grands sapins ne meurent pas*. Dans ce roman, l'héroïne, enceinte, décide, non pas de se faire avorter ou de garder l'enfant, mais de le donner en adoption. Cette version n'a pas plu à l'éditeur, La courte échelle, qui avait pourtant publié le premier tome, *Un hiver de tourmente*. Demers s'est donc retrouvée dans l'obligation de proposer son manuscrit à un autre éditeur, en l'occurrence Québec/Amérique. Les trois romans[24] sont maintenant réunis sous un même titre, *Marie-Tempête*[25], dans une édition destinée aux adultes, tout en apparaissant dans une collection pour adolescents, « Titan Jeunesse », des éditions Québec/Amérique.

...et les autres contraintes de l'édition

La politique éditoriale n'est pas la seule contrainte à laquelle sont soumis les auteurs jeunesse au Québec. La première maison d'édition de Francine Allard, HRW, soit la branche franco-canadienne de la maison britannique Holt Reinhardt & Winston[26], lui a présenté des critères très stricts à respecter et un encadrement particulièrement serré, si elle désirait publier dans les collections « L'Heure Plaisir » et « L'Heure Plaisir Tic-Tac », destinées aux jeunes de niveau primaire. La liste que nous a fait parvenir l'auteure elle-même en témoigne :

1. Le récit doit être linéaire ou logique en respectant la manière dont un ou une élève de cet âge perçoit la réalité. Le texte doit aussi être au présent.
2. Le dernier paragraphe d'un chapitre doit relancer l'intrigue.
3. Dialogues : s'assurer qu'il est toujours facile d'identifier la personne qui parle.
4. Descriptions : couper dans les descriptions trop longues. Elles doivent aussi fournir l'information concrète et familière ou de l'information nouvelle que l'élève peut comprendre aisément en s'appuyant sur ses connaissances antérieures.
5. Les personnages, les lieux et les actions d'un récit doivent faire partie ou se rapprocher de l'univers imaginaire de l'élève de 7 à 9 ans.
6. Longueur des paragraphes : maximum 5 à 8 lignes.

---

23. Lire l'article de Marie-France LÉGER (1993), « Dominique Demers passe chez Québec/Amérique. Son héroïne ne plaisait pas à La courte échelle... », *La Presse*, 28 février, p. B-5.

24. Le troisième volume de la trilogie s'intitule *Ils dansent dans la tempête*.

25. Dominique DEMERS (1997), *Marie-Tempête*, Montréal, Québec/Amérique.

26. Fondées en 1966, les Éditions HRW sont une division du Groupe Éducalivres inc. qui regroupe également les éditions Études vivantes, éditeur de manuels scolaires pour le collégial, et COBA, concepteur de logiciels de gestion pour les établissements d'enseignement. Le principal secteur d'activités de cette maison est l'édition de manuels scolaires pour le primaire et le secondaire, et non pas la littérature jeunesse.

7. Longueur des chapitres : 3 à 6 pages.

8. Phrases d'une ou deux propositions, d'une longueur maximale de 12 mots et leur construction se rapproche de la langue parlée correcte.

9. Vocabulaire : le récit ne doit pas contenir plus de 20 % à 30 % de mots nouveaux. La répétition des mots nouveaux est essentielle. Ils doivent être accompagnés d'illustrations, d'une courte explication ou d'exemples.

10. À éviter absolument : propos sexistes, racistes ou moralisateurs et surtout tout [*sic*] forme de violence.

Outre ces consignes, le manuscrit devait respecter « un total obligatoire de 128 pages ». Pour Allard, une telle façon de procéder correspond à du « dirigisme éhonté. Comment faire voguer mon imaginaire en respectant tous ces critères ? Comment concentrer ou plutôt étirer une histoire en respectant exactement 128 pages ? ». Le format de la collection aurait donc préséance sur l'œuvre littéraire. Dans un texte publié dans le quotidien *La Presse*, Allard explique qu'elle a cherché à savoir ce qui pouvait motiver l'éditeur à imposer de tels critères. L'éditeur lui a répondu que

> le ministère de l'Éducation avait établi les exigences ci-haut décrites et que si on voulait que nos élèves lisent les romans québécois, il ne fallait pas leur présenter du matériel trop compliqué. « Les élèves se découragent vite devant les romans difficiles ; déjà qu'ils ne lisent presque pas. » Je fus alors complètement découragée, moi qui trouvais déjà que notre littérature jeunesse devenait presque simpliste, que le programme du MEQ était de la purée pour édentés, que ces pauvres enfants étaient condamnés à ne pas faire d'efforts[27].

Les idées reçues répandues tant dans le milieu de la littérature jeunesse que celui de l'éducation ont cependant volé en éclats depuis la sortie des trois tomes de la célèbre série *Harry Potter* de J. K. Rowling[28], qui sont pour Allard de magistrales réponses aux contraintes étouffantes qui sévissent au Québec :

> Fort heureusement, se pointa l'auteure J. K. Rowling avec son Harry Potter, devenu si grand, sans aucune influence de la sorcellerie. Le génie de cette écrivaine s'exprimait sans contrainte. Le vocabulaire y était d'une richesse impensable. Le nombre de pages variait entre 350 et 400. S'y trouvaient des situations qui s'entrecroisaient comme des spaghettis. Des centaines de noms abracadabrants à retenir, des lieux étranges avec des appellations anglaises, des monstres, des situations effrayantes. [...] J. K. Rowling a eu la sagesse de n'écouter aucun ministère de l'Éducation. Elle a écrit ses *Harry Potter*

---

27. Francine ALLARD (2000b), « Harry Potter, plus qu'un sorcier ! », *La Presse*, 15 juillet, p. B-3.

28. J. K. ROWLING ([1997] 1998), *Harry Potter à l'école des sorciers*, [Paris], Gallimard Jeunesse, coll. « Folio junior » ; J. K. ROWLING ([1998] 1999), *Harry Potter et la Chambre des secrets*, [Paris], Gallimard Jeunesse, coll. « Folio junior » ; J. K. ROWLING (1999), *Harry Potter et le prisonnier d'Azkaban*, [Paris], Gallimard Jeunesse, coll. « Folio junior ».

comme si elle ne s'adressait qu'à des enfants intelligents. [...] Les *Harry Potter* tiennent le palmarès des librairies depuis des mois et ils doivent nous conduire à réfléchir sur notre propre littérature jeunesse[29].

Est-ce à dire qu'un *Harry Potter* ne pourrait être édité au Québec? Il faut savoir que la normalisation du format n'est pas une fantaisie éditoriale. Elle répond à des impératifs de marché, car les coûts de production d'un format uniforme sont nettement moins élevés. Cette pratique serait assez répandue puisque même les éditions Pierre Tisseyre, où la liberté d'écrire était, selon Allard, «plus grande» et où l'écrivaine a pu rédiger au mode du passé simple en proposant un vocabulaire «énormément enrichi», l'ont rappelée à l'ordre lorsqu'elle dépassait «les fameuses 128 pages!».

La maison d'édition la plus connue pour le caractère uniforme de ses collections est La courte échelle. Les livres des trois principales collections présentent tous le même nombre de pages, soit 64 pages («Premier roman»), 96 pages («Roman jeunesse») et 160 pages («Roman +»). Un problème s'est d'ailleurs posé pour le manuscrit du roman *Un été de Jade*[30] destiné au lectorat adolescent («Roman +»). Charlotte Gingras, auteure du livre, explique la situation dans laquelle la directrice littéraire de la maison d'édition et elle-même se sont trouvées:

> [E]n fin d'écriture, je me suis rendu compte qu'*Un été de Jade* comportait bien plus de mots que *La liberté? Connais pas...*[31] [son premier roman publié à La courte échelle] et je ne savais pas où couper! Je m'en suis remise à la directrice littéraire, en lui spécifiant qu'*Un été de Jade* comportait un nombre de mots supérieur à mon autre roman. Je lui ai donc laissé le manuscrit et elle m'a rappelée en disant: «C'est vrai qu'il est plus long. Cela fait trois fois que je le lis et il n'y a rien à enlever dans ce roman. Nous allons faire une chose que nous n'avons jamais faite à ce jour: nous allons commencer indifféremment les chapitres sur les pages de gauche ou de droite pour gagner de l'espace.» C'est ce qui a été fait et nous n'avons pas dépassé le nombre de pages du format! Bien sûr, je n'aurais pas soumis un texte de 300 pages pour adolescents. Je sais pertinemment qu'on ne l'aurait pas publié à La courte échelle, ou alors en deux ou trois tomes[32].

29. Francine ALLARD (2000b), *loc. cit.*

30. Charlotte GINGRAS (1999), *Un été de Jade*, Montréal, La courte échelle, coll. «Roman+».

31. Charlotte GINGRAS (1998), *La liberté? Connais pas...*, Montréal, La courte échelle, coll. «Roman +».

32. Cette citation est tirée d'une entrevue publiée intégralement. Lire Jean-Denis CÔTÉ (2000), «Charlotte Gingras: lauréate du prix du Gouverneur général 1999», *Canadian Children's Literature*, vol. 26, n° 2 (été), p. 62.

La rectitude politique

Quand on écrit pour les jeunes, il est de bon ton de ne pas trop s'éloigner de la rectitude politique, de ne pas trop dévier d'une certaine ligne de jugement, conforme aux attentes, non pas des jeunes lecteurs, mais des adultes qui en ont la charge : parents et enseignants. C'est cet aspect que couvrait le dixième critère de la liste citée plus haut. Certains auteurs vous le diront franchement, d'autres vous le confieront sous le couvert de l'anonymat, un thème, sans être tabou, est plus difficile à traiter en littérature jeunesse : la sexualité. Jean-Michel Schembré, auteur du livre *Les citadelles du vertige*[33], a accepté, sur les conseils de son éditeur, de remplacer le mot « sexe » par le mot « corps », de crainte de voir son roman banni des écoles :

> Mon livre, destiné aux adolescents, raconte une histoire se déroulant au Moyen Âge, où la violence était un phénomène de tous les jours. J'ai essayé de faire en sorte qu'il n'y en ait pas trop. Évidemment, lorsque la ville de Béziers est mise à sac, il y a des jambes qui sont coupées, des têtes cassées. Il était très difficile de faire autrement, car je raconte une guerre sanglante. À l'époque, on ne se tirait pas des projectiles à distance à l'aide de fusils. Je raconte aussi une belle histoire d'amour. Amoureux l'un de l'autre, Guillaume et Jeanne vont faire l'amour. Jeanne aide Guillaume à se laver dans le bain. À un moment donné, elle aperçoit le sexe du garçon. Son œil est attiré, car elle n'en a pas vu plusieurs dans sa vie. Elle le dit et cela l'émeut. Lors de la lecture du manuscrit, la directrice de collection m'a demandé d'enlever le mot « sexe » si je voulais que mon livre se retrouve dans les bibliothèques des écoles. Pourtant, dans mon récit, des bébés sont lancés sur les murs et leurs cervelles se retrouvent dans les rues. Cela n'a pas semblé poser problème, alors qu'il en était tout autrement du mot « sexe ». J'ai trouvé cela étonnant.

Stanley Péan, qui, comme on le sait, est peu porté sur l'autocensure, a subi les foudres du milieu scolaire pour deux de ses livres, l'un en Alberta, l'autre au Québec :

> À Calgary, j'ai subi une forme de censure. J'ai appris que l'un de mes deux premiers romans jeunesse avait été retiré de la bibliothèque d'une école. C'était *La mémoire ensanglantée*[34]. On a évoqué des raisons religieuses. J'ai été très surpris. Je croyais que celui qui poserait le plus de problèmes serait *L'emprise de la nuit*, à cause de la violence. En ce qui concerne *La mémoire ensanglantée*, j'avoue ne pas avoir compris ce que l'on voulait dire par raisons religieuses. J'ai su par la suite qu'il s'agissait en fait d'une scène au chapitre 10, où il est question d'un bain de minuit. Des jeunes s'adonnent à des caresses. C'est curieux, puisque dans l'autre livre, *L'emprise de la nuit*, l'un des personnages a déjà eu des relations sexuelles. Mais on ne les voit pas : tout cela est évoqué

---

33. Jean-Michel SCHEMBRÉ (1998), *Les citadelles du vertige*, Saint-Laurent, Éditions Pierre Tisseyre, coll. « Conquêtes ».

34. Stanley PÉAN (1994), *La mémoire ensanglantée*, Montréal, La courte échelle, coll. « Roman+ ».

au passé et présenté comme faisant partie du passé du personnage. Dans *La mémoire ensanglantée*, la scène est décrite. C'est cela qui a choqué. Je trouve cette réaction un peu ridicule, puisque les adolescents savent quand même comment cela se passe.

À Sainte-Thérèse, un enseignant d'une école primaire a tenté d'alerter les médias à mon sujet. *L'appel des loups*[35] était, selon le monsieur, une œuvre malsaine et peu recommandable qui faisait la promotion des sectes et du suicide collectif. [...] Des copies conformes de cette longue lettre enflammée ont circulé auprès du ministère de l'Éducation, des médias électroniques et imprimés. L'histoire a même fait les manchettes du bulletin d'information de 22 heures [...]

Dans le reportage, on n'a jamais mentionné que l'enseignant avait fait lire à ses élèves un livre qui de prime abord ne s'adressait pas à eux [la collection « Roman + » s'adresse aux adolescents] et que, surtout, il ne l'avait pas lui-même lu au préalable. Qui était le plus irresponsable ?

S'il apparaît difficile d'évaluer les effets de ce reportage sur la diffusion du roman, il n'a pas empêché le livre de remporter le prix littéraire du CRSBP (Centre régional de services aux bibliothèques publiques) du Saguenay-Lac Saint-Jean en 1998. Selon Péan, toute cette controverse au sujet de son roman montre « à quel point les médias, toujours à l'affût de scandales, n'hésitent pas à monter aux barricades dès qu'il s'agit de littérature jeunesse et qu'ils entendent quelqu'un crier au loup ! ».

Les plaintes ne viennent pas uniquement du milieu scolaire. Claude Bolduc, écrivain et ex-directeur de collection aux éditions Vents d'Ouest, explique :

Aussi incroyable que cela puisse paraître, nous avons déjà reçu des plaintes au sujet de *La liberté des loups*[36], écrit par Richard Blaimert. Sans qu'on nous l'ait dit ouvertement, il semble que l'emploi du mot « lesbienne » ait fait bondir certains esprits bien-pensants. [...] Comme si l'orientation sexuelle des gens était quelque chose de sale qu'il fallait à tout prix cacher aux jeunes. Ceci dit, les lesbiennes en question n'y faisaient rien de répréhensible : elles étaient simplement là. Heureusement, *La liberté des loups* est un roman dont les qualités exceptionnelles ont été reconnues, entre autres par le jury du prix Cécile-Gagnon en 1998 ! Il est donc très facile à défendre.

Le prix cautionne, auprès du milieu littéraire, la valeur du livre, mais cela ne le rend pas pour autant plus facile à « vendre » (au sens propre et au sens figuré) auprès des intervenants du milieu scolaire pour lesquels ces prix ont peu ou, souvent, pas d'impact.

Parfois, les plaintes du milieu scolaire peuvent empêcher la reconnaissance littéraire d'un livre. Ce fut le cas de cet autre livre publié aux éditions Vents d'Ouest sous la direction de Claude Bolduc :

---

35. *Id.* (1997), *L'appel des loups*, Montréal, La courte échelle, coll. « Roman+ ».
36. Richard BLAIMERT (1998), *La liberté des loups*, Hull, Vents d'Ouest, coll. « Ado ».

Le recueil de nouvelles *La maison douleur et autres histoires de peur*[37] n'a guère circulé dans les écoles en raison de son illustration de couverture [on y voit notamment un bébé au crâne ensanglanté]. Il y a aussi eu un cas où un libraire a retourné les exemplaires du livre chez le distributeur. Sous le couvert de l'anonymat, un membre du jury d'un prix littéraire m'a confié, voici quelques années, que cette illustration avait empêché le livre de figurer parmi les finalistes. Pourtant, si on prend le temps de lire ce collectif, on se rend compte que la couverture illustre une nouvelle qui condamne les horreurs de la guerre. Ensuite, on se rend compte qu'il s'agit d'un collectif tout simplement remarquable quant à son contenu, et qu'on y trouve des auteurs qui sont parmi les plus grands spécialistes en matière de littérature fantastique.

La « censure » aura eu son effet, car les éditions Vents d'Ouest, profitant d'une réimpression, ont modifié la couverture pour en faire disparaître l'illustration du bébé au crâne ensanglanté. À sa place, un lapin regarde au travers d'une fenêtre dont le carreau est brisé.

Selon Marie-Aude Murail, refuser de traiter de thèmes plus délicats, comme la violence et la sexualité, c'est condamner le lectorat à des expériences bien plus néfastes :

> Se taire, c'est livrer les enfants au Minitel rose[38], au porno, aux idées fausses et aux adultes déviants. Voilà pourquoi les livres doivent parler, doivent en parler. Certains romans pour adolescents, certains albums pour enfants sont allés plus loin que je n'ose aller, et je voudrais saluer le courage de leurs auteurs qui, parfois tombant dans l'ornière, tracent aussi des chemins pour les autres[39].

De même elle déplore qu'en France on ne puisse « mettre un petit Mohamed dans un roman pour la jeunesse sans en faire un prix de vertu. Autrement, c'est net, on fait le jeu de Jean-Marie Le Pen [le chef du Front national, un parti politique d'extrême-droite][40] ».

La rectitude politique n'empêche pas certains éditeurs québécois de faire preuve d'audace. Robert Soulières, éditeur et auteur, présente quelques exemples, tout en y allant de sa touche d'humour habituelle :

> Sachez que notre maison d'édition [Soulières éditeur] a voulu censurer, puis a finalement refusé un roman de Daniel Pennac, qui s'est retrouvé chez Gallimard, un petit éditeur français [rires]. Sérieusement, nous essayons de faire le meilleur livre possible, qui va plaire, du moins nous le souhaitons, au plus large public possible. Cependant,

---

37. Claude Bolduc (dir.) (1996), *La maison douleur et autres histoires de peur*, Hull, Vents d'Ouest, coll. « Ado ».

38. Le minitel est un « petit terminal de consultation de banques de données vidéotex », et le Minitel rose fait référence aux messages à caractère érotique qui y sont échangés. Source : *Le nouveau petit Robert*, édition de 1993.

39. Marie-Aude Murail (1993), *op. cit.*, p. 86-87.

40. *Ibid.*, p. 66.

L'ogre de barbarie[41] de Daniel Mativat est très irrévérencieux. C'est une reprise de contes très anciens, comme «Le Petit Chaperon rouge» et «La Petite Fille aux allumettes». Nous y retrouvons plusieurs gags sexuels et machos. Nous avons laissé 95 % de ceux qui se trouvaient dans le manuscrit. Par contre, je ne permets pas qu'il y ait des sacres dans un livre, à moins que cela soit en accord avec le personnage. S'il s'agit d'un «bum», il ne peut pas parler comme un curé. Je ne crois pas qu'il y ait de la censure au Québec. Pour moi, c'est un grand mot. Je n'en vois pas. La société est très ouverte. Il y a des livres comme *Requiem gai*[42], de Vincent Lauzon, publié chez Tisseyre, qui parlent d'homosexualité, par exemple.

Les livres traitant d'homosexualité ne sont toutefois pas légion en littérature jeunesse. Se montrer trop audacieux peut avoir un effet négatif sur les ventes du livre, d'où une tendance à se montrer conservateur, d'autant plus que les écoles et les bibliothèques municipales représentent la plus grosse part du marché.

Les leviers du pouvoir sont donc détenus par l'école qui, en fonction d'une morale conformiste, exerce une certaine forme de censure, particulièrement à l'égard de la violence et surtout de la sexualité, thèmes qui sont aussi les plus névralgiques pour les parents. On se souviendra qu'il y a quelques années, deux romans de Bertrand Gauthier, *Ani Croche*[43] et *La course à l'amour*[44], avaient soulevé la colère des dirigeants de l'Association des parents catholiques du Québec (APCQ), qui avaient demandé que l'on retire ces livres des bibliothèques scolaires de la Commission des écoles catholiques de Montréal. Dans le premier roman, destiné aux lecteurs âgés de neuf ans et plus, Ani se montre fort irrespectueuse de l'autorité et invente une chanson parodiant les dix commandements. Dans *La course à l'amour*, destiné aux douze ans et plus, le personnage principal, un adolescent amoureux, révèle ses fantasmes sexuels. La demande de l'APCQ n'a pas eu de suite, mais les deux romans, profitant d'une large couverture médiatique, ont connu des ventes impressionnantes. *La course à l'amour* s'est vendu à plus de 30 000 exemplaires et *Ani Croche*, à plus de 60 000! Ajoutons que cette controverse n'a pas non plus empêché le roman *Ani Croche* de connaître une carrière internationale, puisqu'il a été traduit en grec, en espagnol et en chinois. Comme quoi la censure n'a pas toujours les effets escomptés, bien qu'un refus de l'institution scolaire demeure un frein majeur à la diffusion d'un livre jeunesse. Les deux livres de Charles Montpetit intitulés *La première fois* sont, à cet égard, des exemples fort significatifs.

---

41. Daniel MATIVAT (1998), *L'ogre de barbarie*, Saint-Lambert, Soulières, coll. «Graffiti».

42. Vincent LAUZON (1998), *Requiem gai*, Saint-Laurent, Éditions Pierre Tisseyre, coll. «Faubourg St-Rock».

43. Bertrand GAUTHIER (1985), *Ani Croche*, Montréal, La courte échelle, coll. «Roman jeunesse».

44. *Id.* (1989), *La course à l'amour*, Montréal, La courte échelle, coll. «Roman+».

La première fois ou la difficile percée de deux livres jeunesse dans les écoles

Les livres parlant de sexualité, en littérature jeunesse, sont moins rares depuis le début des années 1980, mais ceux qui en traitent très ouvertement au point d'en faire le point central du récit demeurent rarissimes.

Dans ce contexte, les deux premiers tomes de la défunte collection «Clip» de Québec/Amérique apparaissent bien marginaux. Les auteurs des deux tomes de *La première fois* racontent des histoires vraies, mais pas nécessairement autobiographiques, centrées sur la première expérience sexuelle[45]. Ce projet, particulièrement audacieux, a été dirigé par Charles Montpetit, écrivain montréalais qui s'est d'abord fait connaître dans le milieu littéraire par ses romans jeunesse de science-fiction, et par le prix du Gouverneur général du Canada que lui a valu *Temps mort* en 1989[46].

La naissance du projet

En 1982, Élisabeth Vonarburg organise à Chicoutimi un atelier d'écriture sur la science-fiction. Montpetit s'y inscrit et en profite pour établir un réseau de contacts avec d'autres écrivains. Afin de poursuivre l'expérience, les participants décident de se soumettre mutuellement des thèmes, par exemple «créer un personnage romantique, maladroit et sympathique». Peu enclin au romantisme, Montpetit puise dans son expérience personnelle pour écrire l'histoire de ses premières expériences amoureuses, il faudrait dire, la série de ses échecs amoureux[47]. Une rencontre à Montréal des différents écrivains participant à l'atelier favorise un échange sur le texte de Montpetit. Délaissant leur rôle de critiques, les participants cherchent à savoir s'il est véritablement autobiographique. Puis, les auteurs racontent, à tour de rôle, leurs premières expériences. Le groupe évoque vaguement la possibilité d'en faire un recueil pour adultes, mais, réflexion faite, tous les participants craignent que le résultat soit trop déprimant, la majorité de ces expériences ayant été des échecs. Quelques années plus tard, en 1989, Montpetit envisage une autre manière d'aborder le sujet en racontant une première expérience sexuelle, qu'elle ait été un échec ou non. Ce nouveau projet reçoit un bien meilleur accueil auprès des écrivains. On conclut que de telles expériences pourraient constituer un bon recueil pour adolescents, et Montpetit offre ses services pour coordonner la future anthologie.

---

45. Charles Montpetit (dir.) (1991), *La première fois, tome 1*, Montréal, Québec/Amérique, coll. «Clip»; Charles Montpetit (dir.) (1991), *La première fois*, tome 2, Montréal, Québec/Amérique, coll. «Clip».

46. *Id.* (1988), *Temps mort*, Montréal, Médiaspaul (anciennement les Éditions Paulines), coll. «Jeunesse-pop».

47. *Id.* (1991), «Blanc sur blanc», dans Charles Montpetit (dir.), *La première fois,* tome 2, Montréal, Québec/Amérique, coll. «Clip», p. 55-75.

L'impact d'un réseau et le prestige des prix

En tant que responsable du recueil, Montpetit décide de faire appel au talent de plusieurs écrivains afin de présenter différentes versions de « la première fois ». Pour ce faire, il doit consolider son réseau de collaborateurs :

> À partir de là, j'ai fait une trentaine de coups de téléphone et j'ai décroché quinze collaborateurs relativement rapidement. Premièrement, nous nous connaissons un peu tous dans le métier. Je n'avais donc pas besoin de me présenter. J'avais déjà gagné le prix du Gouverneur général du Canada en 1989 pour mon roman *Temps mort*. Ce fait, encore tout récent, incitait les gens à me faire confiance. Lorsque j'arrive avec ce projet, je vais chercher des gens qui, dans bien des cas, ont eux aussi gagné des prix. Il y avait donc un solide noyau de personnes prêtes à se lancer dans le projet. L'une des premières auteures à qui j'ai téléphoné était Michèle Marineau. Elle-même avait gagné le prix [du Gouverneur général] un an auparavant. Elle a accepté tout de suite, sans hésitation[48].

Relevons ici l'importance que Montpetit accorde, tout comme Claude Bolduc d'ailleurs, aux prix littéraires, source de prestige et forme de reconnaissance institutionnelle indéniable de la part des acteurs du sous-champ de la littérature jeunesse. Noëlle Sorin confirme « la double fonction de légitimation des prix littéraires[49] » :

> D'une part, s'inscrivant dans un champ relativement autonome, la littérature jeunesse, malgré le fort soutien des institutions telles que l'école ou les bibliothèques, n'en demeure pas moins rattachée au domaine de la paralittérature. […] La littérature jeunesse, trop longtemps reléguée au rang de sous-littérature, mise donc sur les prix littéraires pour la conforter dans sa quête de reconnaissance par l'institution littéraire et leur poids va de pair avec cette recherche de légitimation. D'autre part, bon nombre d'auteurs, bien que reconnus et encensés en littérature jeunesse, aspirent à ce « *capital symbolique* (Bourdieu) procuré par l'appartenance au champ littéraire[50] ».

Ce capital symbolique n'a souvent de valeur qu'à l'intérieur du champ. Cela explique que les prix littéraires soient très peu connus du lectorat jeunesse. Noëlle Sorin souligne à ce sujet que « la mention des prix littéraires obtenus, inscrite à même les ouvrages ou servant d'atout publicitaire aux maisons d'éditions [*sic*], ne

---

48. Entrevue avec Charles Montpetit réalisée à Montréal le 18 novembre 2000. À moins d'avis contraire, les propos de Montpetit renverront tous à cet entretien.

49. Noëlle Sorin (2000), « Les prix littéraires, instance de légitimation de la littérature jeunesse », dans Robert Viau (dir.), *La création littéraire dans le contexte de l'exiguïté : 9ᵉ colloque de l'APLAQA*, Beauport, MNH, p. 223.

50. Noëlle Sorin (2000), *op. cit.*, p. 223-224. La citation de Sorin est tirée d'un article de Claire Le Brun (1994), « L'exergue comme procédé de légitimation du roman québécois pour la jeunesse (1982-1994) », *Canadian Children's Literature*, n° 75 (automne), p. 15.

s'adresse pas aux destinataires empiriques que sont les jeunes[51] », mais bien aux acteurs du sous-champ de la littérature jeunesse. Pour ceux-ci, l'obtention du prix du Gouverneur général[52] demeure une référence, voire *la* référence dans le milieu. En recrutant d'autres lauréats de prix littéraires, Montpetit cherche manifestement à asseoir la crédibilité de son projet auprès, non pas du lectorat futur, mais des éditeurs éventuels[53].

Profitant de la force de son réseau, Montpetit ne tarde pas à recruter seize collaborateurs[54]. Parmi ceux-ci, trois travaillent chez des éditeurs, ce qui n'est pas rare dans le milieu[55]. Ils proposent tous que l'on publie l'anthologie dans leur maison. Les autres membres du projet votent pour l'éditeur pouvant publier le plus rapidement les deux tomes. Le choix de l'éditeur est particulièrement révélateur, car il est lié à la logique du marché, caractéristique propre au sous-champ de grande production symbolique. Pour les auteurs qui ne sont pas en quête de leur première publication en littérature jeunesse, l'envoi d'un manuscrit à un éditeur est générale-ment un acte soigneusement pensé. Il en va de même pour l'éditeur lorsqu'il prend la décision de publier un texte.

Si Québec/Amérique a été retenu, c'est parce que la maison proposait, fait plutôt rare, de publier les livres en moins de six mois. En outre, Québec/Amérique offre aux auteurs du projet de lancer une nouvelle collection avec les deux tomes de *La première fois*, premiers numéros de la collection « Clip », une « collection de

---

51. Noëlle SORIN (2000), *loc. cit.*

52. Le prix du Gouverneur général, et la bourse qui l'accompagne, est décerné en littérature jeunesse depuis 1988. Auparavant, les auteurs jeunesse devaient se contenter du prix du Conseil des arts du Canada dont la bourse était de moitié moindre (5000 $ au lieu de 10 000 $). Depuis l'an 2000, le prix du Gouverneur général est doté d'une bourse de 15 000 $.

53. Dans les divers salons du livre, la remise d'un prix en littérature jeunesse n'attire pas ou peu de jeunes, pourtant particulièrement présents lors de ces salons. Ceux qui y assistent sont les finalistes, leurs proches, leurs éditeurs et quelques autres acteurs du milieu (libraires, animateurs de lecture, etc.).

54. Lérie Labrosse et Michèle Marcoux étant les seules exceptions confirmant la règle, ces auteures étant les seules à publier pour — excusez le jeu de mots — la première fois. Voir Lérie LABROSSE, « La fin du rêve », dans Charles MONTPETIT (dir.) (1991), *La première fois*, tome 2, *op. cit.*, p. 101-117 ; et Michèle MARCOUX, « La petite tache noire », dans Charles MONTPETIT (dir.) (1991), *La première fois*, tome 1, *op. cit.*, p. 125-149. Montpetit a eu beaucoup plus de difficulté à recruter des auteurs et à trouver un éditeur pour la version canadienne-anglaise. Charles MONTPETIT (dir.) (1995), *The First Time. True Stories. Volume 1* et *Volume 2*, Victoria, Orca Book Publishers.

55. En fait, ce qui peut constituer une exception dans d'autres champs correspond ici à la norme. Sans être exhaustif, mentionnons, à titre d'exemple, que plusieurs éditeurs ou directeurs de collection sont également des auteurs : Robert Soulières (Soulières éditeur), Daniel Sernine (Médiaspaul), Angèle Delaunois (Pierre Tisseyre), Michel Quintin (Michel Quintin), Yvon Brochu (Dominique et compagnie), Diane Groulx (Soleil de minuit), Michel Lavoie (Vents d'Ouest), Anne-Marie Villeneuve (Québec/Amérique Jeunesse) ; d'autres l'ont été par le passé : Claude Bolduc (Vents d'Ouest), Bertrand Gauthier (La courte échelle), Michèle Marineau (Québec/Amérique Jeunesse), Raymond Plante (Québec/Amérique Jeunesse, Boréal), Susanne Julien (Pierre Tisseyre).

nouvelles », au dire de Montpetit lors de notre entretien. Hélène Baillargeon, dans un article paru dans *Des livres et des jeunes*, a présenté les deux tomes comme des « recueils de nouvelles[56] ». Richard Cadot, dans *Montréal Campus*, parle de « seize courtes nouvelles sur le sujet, toutes basées sur des histoires vraies[57] ». Mais, s'agit-il encore de « nouvelles » ? Les textes de *La première fois* racontent des histoires « vraies », sans qu'elles soient pour autant nécessairement autobiographiques :

> Ces « premières fois » n'étaient pas nécessairement celles vécues par leurs auteurs eux-mêmes[58]. À moins que l'auteur n'insiste pour conserver son prénom et signer l'histoire à la première personne. Encore là, le fait que l'auteur choisisse de raconter à la première personne ne signifiait pas automatiquement qu'il s'agissait de « sa » première fois. Le fait d'avoir la possibilité de raconter l'histoire comme si elle appartenait à quelqu'un d'autre enlevait un élément important de gêne chez les écrivains.

Il faudrait, par conséquent, parler de « récits » plutôt que de « nouvelles ». Le mot « nouvelles » n'apparaît d'ailleurs ni sur la page couverture, ni sur la page titre des deux tomes.

L'expression de soi, voilà un des objectifs reliés au projet de *La première fois* et qui confirme que l'on a bien affaire à des « récits » :

> Il n'y a aucune retenue à l'intérieur de ce recueil. Je disais à chaque auteur : allez aussi loin que vous osez le faire. Je vous recommande de ne pas vous arrêter à la porte de la chambre à coucher. Soyons explicites. Ce livre va enfin parler de choses que les jeunes n'ont jamais eu l'occasion de lire ailleurs. Imaginez quelqu'un sur le point de vivre sa première expérience sexuelle et qui ne dispose, comme documentation, que d'un exemplaire de la revue *Playboy* consulté à la sauvette. Il serait temps de fournir à ces jeunes ce que nous, nous aurions aimé avoir lu, à leur âge, lorsque nous étions nous-mêmes adolescents. Des histoires, donc, auxquelles on peut se référer, que l'on aime, non seulement parce qu'elles sont vraies, mais également parce qu'elles ne versent pas dans le sensationnalisme. Elles vont couvrir un assez large spectre d'expériences, des bonnes, des mauvaises. Il ne faut pas que ce soit nécessairement des histoires dramatiques. Certaines pourraient être drôles.

Le projet se fait donc de plus en plus ambitieux à plusieurs égards. Montpetit va chercher à varier les styles comme les points de vue : le néo-Canadien Polycarpe

---

56. Hélène BAILLARGEON (1993), « Audace et panache chez Québec/Amérique Jeunesse : une entrevue avec Anne-Marie Aubin », *Des livres et des jeunes*, n° 43 (hiver), p. 4.

57. Richard CADOT (1991), « Le sexe, ça vous rappelle quelque chose ? », *Montréal Campus*, 25 septembre, p. 25.

58. Lors d'une autre entrevue, Reynald Cantin me confiait au sujet de son récit : « Je me suis basé sur l'expérience d'un jeune garçon. Il ne m'a pas donné beaucoup de détails. J'ai changé de nombreuses choses afin d'éviter qu'il soit reconnaissable. » (Reynald Cantin, entrevue réalisée à Sainte-Foy, le 13 juillet 1999). Voir aussi : *Id.*, « Moé pis Catou », dans Charles MONTPETIT (dir.) (1991), *La première fois*, tome 1, *op. cit.*, p. 81-116.

Ambé-Niba offre un texte sous la forme épistolaire[59] ; celui de Michèle Marcoux, handicapée, prend la forme d'un entretien[60] ; celui de Sylvie Desrosiers, d'un abécédaire.

La réception des médias…

Aussi marginaux qu'audacieux, les deux volumes suscitent un vif intérêt de la part des médias, sans précédent dans le domaine du livre jeunesse québécois. Dominique Demers fait une critique de six colonnes dans *Le Devoir*[61]. Les autres médias emboîtent le pas, au grand plaisir de Montpetit :

> Toute la couverture de presse a été positive. Nous n'avons pas trouvé une seule phrase négative dans les 33 interventions médiatiques concernant le livre. Déjà, le nombre est impressionnant pour un livre jeunesse. Pour n'importe quel livre, les gens s'arrachent les critiques au Québec. Mais, qu'il n'y ait aucune phrase négative pour un sujet aussi provocateur apparaissait étonnant[62]. À moins que dans *Le Droit*, le fait d'avoir intitulé « Un livre érotique pour les jeunes[63] » soit négatif… Pour ma part, je ne l'ai pas vu de cette façon. Ça m'a fait sourire, car ça résume un peu l'esprit de ce que nous voulions. Non pas titiller, mais parler franchement de sexualité, ce que la plupart des autres livres n'avaient jamais fait.

Dès lors, les deux tomes de *La première fois* profitent d'une excellente mise en marché. L'accueil est tel que les livres doivent être réimprimés après vingt jours, puisque l'ensemble du tirage est écoulé, soit 3000 exemplaires de chaque tome. Selon Montpetit, l'éditeur a été le premier surpris « de voir que ça fonctionnait aussi bien ».

---

59. Polycarpe AMBÉ-NIBA (1991), « Lettre à une âme sœur », dans Charles MONTPETIT (dir.), *La première fois*, tome 2, *op. cit.*, p. 119-128.

60. Michèle MARCOUX (1991), *op. cit.*

61. Dominique DEMERS (1991), « Vous souvenez-vous de "la première fois" ? », *Le Devoir*, 23 mars, p. D-5.

62. Sans parler de commentaire franchement négatif, Dominique Demers a eu celui-ci, plutôt mitigé, dans *Châtelaine* : « La qualité des textes est inégale : de petits bijoux côtoient des textes un peu banals. » Dominique DEMERS (1991), « *La première fois* », *Châtelaine*, vol. 32, n° 12 (décembre), p. 34. En France, Marie-Aude Murail traite brièvement des deux tomes de Montpetit dans son livre *Continue la lecture, on n'aime pas la récré…* Selon elle, « [c]ertains de ces textes canadiens démystifient et dédramatisent ces apprentissages des premiers gestes, des premiers (faux) pas, tandis que d'autres [elle n'identifie pas les textes] sombrent dans le cours de plomberie sexuelle » : Marie-Aude MURAIL (1993), *op. cit.*, p. 91.

63. Andrée POULIN (1991), « Un livre érotique pour les jeunes », *Le Droit*, 22 mars, p. 28.

...et des écoles

Les choses changent du tout au tout lorsque Montpetit tente de percer le marché des écoles. Il doit faire face à un refus quasi généralisé. Très peu de bibliothèques scolaires se procurent le livre, et le second tirage de Québec/Amérique, « qui comptait probablement cinq mille exemplaires », ne s'écoule pas. Québec/Amérique fait, en 1995, un solde d'invendus, dont font partie les deux tomes de *La première fois*. L'entrepôt de l'éditeur ne répondant plus à la demande, il en coûtait plus cher de conserver les livres que de les vendre à rabais. Montpetit lui-même admet que la partie est perdue :

> Il restait quelque chose comme 1900 exemplaires de chacun des tomes non vendus. Nous étions alors quatre ou cinq ans plus tard. Après un tel délai, si les ventes plafonnent, il ne faut pas espérer qu'il y ait un regain d'intérêt par la suite. Il y avait eu une dernière tentative de publicité, l'année précédente, lors de la Saint-Valentin, afin de relancer l'intérêt, mais ça n'a pas fonctionné.

Après l'enthousiasme du début, la déception est grande. L'auteur prend alors conscience des tendances de la dynamique de marché du livre pour la jeunesse :

> C'est à ce moment que j'ai réalisé qu'il y avait peu de parents suffisamment émancipés pour oser mettre nos livres entre les mains des enfants. Certains le faisaient, mais pas en nombre suffisant pour garder ce livre en réimpression constante. [...] C'est également à ce moment que j'ai réalisé que le marché des écoles décidait si un livre allait avoir la vie longue ou non. Si ça n'entre pas dans les classes, le livre stagne très rapidement. [...] Déjà, dans les rares écoles qui avaient ces livres et les exposaient sur des présentoirs, on pouvait voir que les exemplaires étaient fortement abîmés. C'est-à-dire que les jeunes les lisaient à tour de rôle. Les livres étaient en pièces tellement ils étaient utilisés. C'est l'ironie de la chose : les jeunes désiraient les lire, mais la direction de l'école avait peur de les leur mettre entre les mains.

L'expérience de Montpetit confirme que l'école demeure le lieu privilégié pouvant assurer la pérennité d'un livre destiné au lectorat jeunesse. Mais l'institution scolaire est également le principal instrument de légitimation culturelle. Si un livre est utilisé en classe, il obtient *ipso facto* un statut qui lui confère une considération certaine et une certaine crédibilité, même si ce choix repose sur un arbitraire culturel. L'auteur croyait ses livres destinés à assurer au moins une fonction utilitaire, au sens où ils pouvaient être une forme de complément à l'enseignement, non pas dans la classe de français, mais dans les cours d'éducation sexuelle :

> J'aurais voulu que ça devienne... pas nécessairement un livre obligatoire, mais une lecture recommandée dans tous les cours d'éducation sexuelle au Québec. Je me disais : « Quel merveilleux recueil pour enseigner la matière ». C'était l'époque où ces cours commençaient à être obligatoires. Certaines écoles l'enseignaient dans le cadre du cours de biologie. C'est vous dire qu'il n'y avait pas encore de normes vraiment établies. Ça a même fait scandale. L'obligation d'avoir des cours d'éducation sexuelle

dans les écoles était entrée en vigueur deux ans auparavant. Nous [les auteurs des deux collectifs] sommes arrivés avec ce qui semblait être l'outil idéal.

Montpetit ne s'en cache pas, la voie royale du livre jeunesse demeure le marché scolaire, en particulier son utilisation parfois pour de longues périodes en salle de classe. Les éditeurs l'ont bien compris, c'est pourquoi ils ne tiennent pas à prendre de risques et s'accommodent du conservatisme de l'institution scolaire ; ils ont tendance à anticiper les appréhensions que pourraient avoir les intervenants du milieu scolaire qui, à leur tour

> appréhendent les réticences des parents. Tout le monde blâme quelqu'un d'autre sur la chaîne. Finalement, le parent que tout le monde blâme est un parent fantôme. On croit qu'il existe. Il existe peut-être, effectivement, quelque part, alors on ne prendra pas de chance.

Montpetit regrette que le milieu scolaire cherche à « niveler le produit présenté aux jeunes de manière à satisfaire le plus prude des parents ». L'écrivain reconnaît que l'école n'a pas à promouvoir la sexualité, mais elle ne doit pas non plus « nier son existence ». Montpetit a également dû défendre un autre de ses livres, *Temps perdu*, auprès d'un directeur d'école, parce que celui-ci lui reprochait son caractère violent, plus précisément la première ligne du premier chapitre où on peut lire : « Tue-le[64] ! ». Cet énoncé est prononcé par un jeune qui assiste à une bagarre dans une cour d'école. Hors contexte, le passage peut étonner quand on sait qu'il se retrouve dans un roman jeunesse. L'auteur précise justement que le lecteur doit prendre le temps de lire le chapitre, voire le livre en entier, pour saisir que « cette bagarre n'arrangeait pas les choses et que les jeunes trouvent une autre façon de contourner la violence ». Le directeur en question n'avait manifestement pas lu le livre en entier. En fait, son argument, plutôt saisissant, se résumait à cette seule phrase : « La violence, nous, nous ne sommes pas en faveur. » Évidemment, une telle assertion laissait sous-entendre que l'auteur, lui, l'était. Ces phrases-chocs seraient typiques de la stratégie du censeur :

> Souvent, l'arme des censeurs, c'est d'extraire une phrase, comme par exemple, « Tue-le ! » et de dire : « Regardez ce qu'on fait lire aux jeunes dans les cours de français ». Cela est succinct et exige peu de réflexion. [...] Là se trouve la force du censeur. Il lui est beaucoup plus facile de dire : « Non, ça s'arrête là ! », que de dire : « Écoutez, il me semble que la formation de l'élève serait plus complète si on lui donnait la chance de prendre conscience de cet aspect de la vie qui, malheureusement, etc. » Vous voyez, mon argument nécessite beaucoup plus de mots que le sien. [...] Défendre un livre ou le droit à la liberté d'expression, lorsque l'on parle d'un sujet controversé, demande bien plus d'efforts que seulement fermer la porte en disant : « Non, nous ne prendrons pas le risque ». Il existe une attitude générale [laissant entendre] que si, effectivement,

---

64. Charles MONTPETIT (1984), *Temps perdu, op. cit.*, p. 7.

un livre est censuré, il devait bien y avoir une raison au départ. Donc, le censeur part gagnant. C'est à la victime de la censure que revient tout le poids de démontrer que ce n'est pas de sa faute et qu'en fait, c'est elle qui a raison.

Les intervenants du milieu scolaire ont été loin de partager la position de Montpetit, et ce, en dépit du fait que les livres aient remporté un prix littéraire :

> L'anthologie a été sélectionnée par la Bibliothèque internationale des jeunes. Le prix White Raven, organisé à Munich, est mondial. Je ne dirais pas que c'est le Nobel de la littérature jeunesse, mais ça s'en rapproche, sauf que tous les livres sélectionnés sont à égalité : il n'y a pas de grands prix. Sur les 18 000 livres jeunesse envoyés par les différents pays, nous faisions partie des 240 qui représentent la crème, à travers le monde, pour l'année 1992. Il me semble que ça aurait été une excellente carte de visite pour entrer dans les écoles.

Le capital symbolique que recèle un prix pour les agents du champ de la littérature jeunesse n'a pas la même valeur pour les agents du milieu de l'éducation, ou, du moins, une importance toute secondaire. À cet égard, soulignons que l'absence des deux tomes de *La première fois* du manuel *De la lecture… à la culture* est révélateur de l'écart des attentes propres à chaque milieu. Ce manuel est réalisé grâce à la collaboration et à une contribution financière du ministère de l'Éducation du Québec, et privilégie la présence dans ses pages du livre québécois (plus de 50 % des titres)[65].

Il s'agit donc de deux champs distincts, tant par leurs enjeux respectifs que par les intérêts spécifiques de leurs agents. Il serait vain de tenter de démontrer que les deux champs ne sont pas liés. Ils sont dépendants l'un de l'autre, bien que le sous-champ de la littérature jeunesse le soit nettement plus envers le champ scolaire que l'inverse. L'interdiction des livres de Montpetit par les agents du champ de l'éducation en témoigne de façon éloquente, bien qu'il puisse apparaître un cas isolé aux yeux de l'observateur néophyte[66]. Cette forte dépendance du sous-champ de la littérature jeunesse incite ces auteurs à critiquer le conservatisme de l'institution scolaire et, du même coup, à reconnaître son pouvoir de légitimation culturelle. Bourdieu indique que « nombre d'agressions contre l'institution scolaire témoignent

---

65. Michelle PROVOST (1995), *De la lecture… à la culture. Le plaisir d'explorer la littérature au secondaire : bibliographie sélective commentée*, Montréal, Services documentaires Multimédia.

66. Outre ce cas d'espèce, rappelons la grève du zèle des enseignants durant l'année scolaire 1999-2000 au Québec, qui avait eu pour effet de mettre fin aux tournées des écrivains et des animateurs de lecture dans les écoles. Cela a eu une conséquence directe sur les revenus de ceux-ci qui se sont retrouvés pris en otage à l'intérieur d'un conflit auquel ils étaient pourtant étrangers. Il en a été de même pour les musées durant l'année scolaire 2001-2002, quand les enseignants ont opté pour le boycott des activités parascolaires pour « protester contre la position du gouvernement dans le dossier de l'équité salariale ». Lire l'article de la PRESSE CANADIENNE (2002), « Le boycott des activités parascolaires fait mal aux musées », *Le Soleil*, 31 janvier, p. A-8.

que leurs auteurs reconnaissent assez la légitimité de ses verdicts pour lui reprocher de ne pas les avoir reconnus[67] ».

Les couvertures des deux volumes n'ont pas facilité leur entrée en milieu scolaire. C'est parfois le seul motif du refus du livre sans l'avoir lu... Montpetit explique que cela était voulu par l'éditeur :

> La directrice de collection, Anne-Marie Aubin, ne voulait pas que les couvertures soient banales et que, par la suite, les parents soient choqués en prenant connaissance du contenu du livre. Par contre, la nudité des personnages sur les couvertures est désamorcée par le fait qu'ils sont en train d'ouvrir un tiroir à l'intérieur d'eux-mêmes. Reste que la nudité frontale ne s'était jamais vue sur un livre jeunesse, surtout pour le personnage masculin. La seule chose que j'avais demandée, c'était de ne pas montrer un couple hétérosexuel sur la couverture. Je ne voulais pas montrer que c'était là le seul choix possible. Il y avait, entre autres, une histoire gaie dans le tome 2, chose rare à l'époque. (Ça a été le premier livre à oser montrer une relation gaie explicite. On y parle carrément de fellation). Je ne voulais pas que l'auteur ne se sente pas représenté par la couverture du livre.

Toutes ces réticences ont eu pour conséquence de plonger Montpetit dans des situations très délicates lors de ses tournées d'écrivain. Quelques minutes avant qu'il ne commence sa conférence, on l'informait que *La première fois* n'avait pas été distribué aux élèves et on lui demandait de « parler d'autres choses », c'est-à-dire de ses autres livres. Dans certains cas, les élèves n'ont eu pour préparation qu'une lecture de *Temps perdu* à voix haute et, dans d'autres cas, pas de préparation du tout.

L'arbitraire de la norme

Le fait qu'on l'invite à remplacer les tomes de *La première fois* par ses autres romans *Temps perdu* et *Temps mort* a amené Montpetit à s'interroger sur ce qui était socialement acceptable pour l'école. Dans *Temps perdu*, l'héroïne meurt à plusieurs reprises, et se voit transférée dans le corps de quelqu'un d'autre. Les seuls individus acceptant de céder leur corps sont en danger de mort. (Ceux qui sont en bonne santé tiennent à le conserver et refusent de le céder.) L'héroïne est notamment crucifiée et mangée par un dragon. Dans *Temps mort*, le personnage principal cause, ou du moins risque de causer, trois fois la fin du monde. Des gens disparaissent, des missiles sont sur le point d'être lancés. À un certain moment, l'héroïne se retrouve dans le corps d'un virus qui est en train de tuer tous les habitants de la planète. Ce qui fait dire à Montpetit :

> Je trouve amusant de voir tout le monde sur la planète tué trois fois plutôt qu'une, et ça, ça entre dans les écoles, pas de problème ! C'était une lecture plus décente à offrir

---

67. Pierre BOURDIEU (1971), « Le marché des biens symboliques », *L'année sociologique*, vol. 22, p. 75.

à des élèves que des histoires authentiques sur les premières amours. Expliquez-moi la logique. C'est là que l'absurdité de la comparaison me fascinait. J'envoyais des caisses où ça meurt à tour de bras. Mais, des caisses où ça s'embrasse à tour de bras, ça n'est pas permis. Et encore, sur des histoires de vingt pages, il y a peut-être deux pages en moyenne qui sont explicites. Et quand je dis « explicites », il y a plusieurs auteurs pour [lesquels la notion] d'« explicite » est très modérée.

Il y a une dizaine d'années, alors que la censure était au centre de l'actualité, les écrivains jeunesse exprimaient leurs craintes du ministère de l'Éducation par le biais de la caricature : « Lorsque le ministère de l'Éducation a fait connaître ses critères concernant le livre scolaire, à l'effet qu'un livre de classe se devait de respecter tel ou tel paramètre, plusieurs écrivains ont caricaturé la chose en disant : "Nous allons désormais devoir écrire les histoires avec une calculatrice pour vérifier si 10 % de nos personnages sont handicapés" ou des choses du genre. » Robert Soulières s'était même permis d'écrire, dans le chapitre zéro de son roman *Ciel d'Afrique et pattes de gazelle* :

> Cet avant-propos a été rédigé pour plaire aux fonctionnaires du ministère de l'Éducation et à tous ceux et celles chargé(e)s de faire la chasse aux stéréotypes sexuels (cette chasse est ouverte de septembre à juin de chaque année) qui pourraient se glisser par inadvertance ou volontairement (ça s'est déjà vu). En mettant en scène dans ce chapitre zéro : des hommes et des femmes, des handicapés, des gens de toutes les couches sociales, on ne pourra jamais accuser l'auteur d'être macho, raciste, sexiste, d'etc. Vous me suivez[68] ?

Ces contraintes venant restreindre la liberté des auteurs n'ont jamais véritablement eu cours en littérature jeunesse, bien que la situation soit différente pour les rédacteurs et éditeurs de manuels scolaires[69]. Toutefois, les craintes qu'elles ont suscitées viennent néanmoins confirmer la dépendance de ce sous-champ par rapport à l'institution scolaire.

Un autre son de cloche

Les mésaventures de Montpetit avec *La première fois* peuvent laisser entendre que les deux tomes sont pratiquement « bannis » de presque toutes les écoles au Québec. Or, un simple coup de fil auprès d'un bibliothécaire[70] d'une école secondaire, qui

68. Robert Soulières (1989), *Ciel d'Afrique et pattes de gazelle*, Saint-Laurent, Éditions Pierre Tisseyre, coll. « Conquêtes », p. 18.

69. Voir notamment Hervé Foulon (2001), « Les manuels et les livres de lecture : des compléments essentiels », *Le Devoir*, 11 avril, p. A-6 ; et Jean-François Cardin (1992-1993), « L'histoire qu'on enseigne », *Nuit blanche*, n° 50 (décembre, janvier/février), p. 55-57.

70. Un bibliothécaire qui est, en fait, un technicien en documentation. Au Québec, les commissions scolaires n'engageraient plus de bibliothécaires, mais bien des techniciens en documentation, pour assurer le suivi des bibliothèques scolaires des écoles secondaires. Selon notre

occupe ce poste depuis plus de vingt ans, vient modifier le portrait de la situation. Les deux livres sont bel et bien disponibles à la bibliothèque de son école, et ne font pas partie du lot de livres les plus empruntés par les élèves. Le technicien n'a souvenir d'aucune plainte concernant ces deux livres, de la part des élèves, des parents, des enseignants ou de la direction de l'école. En revanche, la collection « Frissons » publiée aux Éditions Héritage qui, comme son titre l'indique, offre des romans d'horreur, suscite parfois « des discussions » de la part des enseignants. Pourtant, notre informateur souligne que ces romans « ne sont guère plus sanglants que ceux écrits par Stephen King ». D'autres livres éveillent « des discussions », soit les célèbres romans Harlequin que ce technicien, responsable des achats de livres pour sa bibliothèque, refuse de se procurer parce qu'ils essuient généralement les critiques suivantes que lui-même partage : « Ces livres sont trop à l'eau de rose et présentent des personnages trop stéréotypés. »

Conclusion

Plus que la violence, la sexualité est le thème qui pose le plus problème aux auteurs et éditeurs du sous-champ de la littérature jeunesse qui cherchent à rejoindre leur public par le biais des écoles. Les éditeurs, ne voulant pas s'aliéner leur principal marché, sont donc particulièrement sensibles à la façon dont les auteurs abordent ce thème. Conscients du phénomène, ces derniers, malgré la liberté d'expression dont ils jouissent, ne peuvent demeurer indifférents à ces attentes, à moins de risquer de voir leurs livres rester sur les tablettes des librairies et de ne jamais prendre le chemin des écoles.

L'institution scolaire, en raison de l'autorité qu'elle représente, exerce donc une forte influence auprès des acteurs du domaine de la littérature jeunesse qui subissent, de manière explicite ou sous-entendue, la normalisation établie par cette autorité.

L'écart entre la réception médiatique des deux tomes de *La première fois* et celle du milieu scolaire montre à quel point les deux milieux ont des attentes, mais surtout, des responsabilités différentes. Si un journaliste a, en raison de sa position privilégiée sur la place publique, une certaine responsabilité face au public, elle demeure quelque peu diffuse et tend à être reportée sur le « libre arbitre » des individus. Or la responsabilité de l'enseignant, du directeur d'école ou du bibliothécaire est tout autre, dans la mesure où les décisions et les actions des intervenants viennent influencer des jeunes en pleine formation. Ceci expliquerait sans doute, du moins en partie, une tendance à la prudence pouvant être perçue comme excessive par les individus extérieurs au milieu scolaire. Il apparaît significatif de relever que

---

informateur, cette décision reposerait sur des motifs d'ordre financier, un diplômé de niveau collégial exigeant un salaire moindre qu'un diplômé universitaire.

les acteurs du sous-champ de la littérature jeunesse qui ont eu le plus maille à partir avec les intervenants du milieu scolaire, les écrivains Francine Allard et Charles Montpetit, sont particulièrement impliqués au sein du sous-champ, Allard étant présidente de l'AEQJ[71] et Montpetit, président sortant. Cette caractéristique met en relief le fait que deux milieux, malgré leur complémentarité, fonctionnent selon des normes bien distinctes, l'un tendant à imposer les siennes à l'autre.

Montpetit souligne comment son livre aurait été pertinent dans un cours d'éducation sexuelle, répondant mieux aux attentes des élèves qu'une didactique strictement biologique. Encore aurait-il fallu que les enseignants consentent à changer leur conception de ce qui est à enseigner en la matière! Quant aux enseignants de français, il est plausible qu'ils aient simplement jugé le genre « récit » peu pertinent comme introduction à l'imaginaire littéraire. Trop littéraire pour les uns, pas assez pour les autres : le désintérêt de l'école envers *La première fois* ne relève peut-être pas du strict tabou sexuel. Il faudrait savoir comment l'école (enseignants, directeurs, bibliothécaires) présente les faits pour mieux comprendre le mécanisme de la censure. Une enquête en ce sens apparaît pertinente.

71. Francine Allard a été présidente de l'AEQJ de septembre 2001 à juin 2002.

ÉTUDES D'AUTEURS

GILLES GAUTHIER ET L'ÂME DU HÉROS

Flore Gervais[1]
Université de Montréal

Sɪ ᴄᴇʀᴛᴀɪɴᴇs ᴘʀᴏᴅᴜᴄᴛɪᴏɴs ʟɪᴛᴛᴇ́ʀᴀɪʀᴇs pour la jeunesse suivent ostensiblement l'évolution qui a transformé les conditions de vie des jeunes : l'éducation sexuelle précoce, le pouvoir du groupe d'amis, le cinéma, la chanson, la télévision, l'ordinateur, etc., il en est d'autres qui semblent aller à contre-courant, mais qui traitent de problèmes fondamentaux que peu d'écrivains pour la jeunesse ont osé aborder jusqu'ici. Au Québec, parmi les productions romanesques des douze dernières années, celles de Gilles Gauthier représentent un renversement de tendances à la fois séduisant et intelligent.

D'une part, en pleine période d'épanouissement du féminisme[2], il met en scène un héros plutôt qu'une héroïne, et ce, en suivant un modèle sériel, qui lui aussi se déleste de plus en plus de son héros masculin[3]; d'autre part, à une époque où les enquêtes sur les habitudes et les intérêts en lecture des jeunes montrent que, depuis des décennies, les garçons préfèrent, à toute autre sorte de thématique, les aventures aux multiples quêtes et rebondissements[4], il opte pour une littérature intimiste qui s'adresse aux sentiments du jeune lecteur dans sa quotidienneté[5]. Il

1. L'auteure remercie Anik Routhier, alors étudiante à la maîtrise en éducation à l'Université de Montréal, pour sa précieuse collaboration.

2. Catherine Gᴇʀᴍᴀɪɴ, «Livre de jeunesse en France: petit point de vue sur grand sujet», dans Hélène Cʜᴀʀʙᴏɴɴᴇᴀᴜ (dir.), *Pour que vive la lecture: littérature et bibliothèques pour la jeunesse*, Montréal, ASTED, 1994, p. 46.

3. Dominique Dᴇᴍᴇʀs, «Le héros sériel dans la littérature jeunesse québécoise», dans Hélène Cʜᴀʀʙᴏɴɴᴇᴀᴜ (dir.), *Pour que vive la lecture: littérature et bibliothèques pour la jeunesse, op. cit.*, p. 53.

4. Gérald Hᴇ́ᴏɴ, Les habitudes de lecture des Québécois de 10-12 ans, 1980; Raymond Hᴏᴜʟᴅ, *Rapport d'enquête sur les habitudes de lecture des élèves du secondaire*, Québec, ministère de l'Éducation, 1980; Flore Gᴇʀᴠᴀɪs, École et habitudes de lecture, Montréal, Chenelière et Ottawa, McGraw-Hill, 1997; Nicole Rᴏʙɪɴᴇ, «L'évolution de la lecture des jeunes d'après les enquêtes françaises», *Pratiques*, n° 61, 1989.

5. Pierre Bʀᴜɴᴏ, «Une enfance, des adolescents», *Nous voulons lire!*, n° 122, 1997, p. 49.

amène ce dernier à partager l'aventure psychologique d'un héros de son âge aux prises avec des problèmes complexes de développement.

Ainsi, en choisissant cette littérature miroir dont le narrateur est tantôt le héros lui-même (Carl et Edgar parlent au « je »), tantôt la meilleure amie du héros (Marcus est vu par les yeux de Jenny, sa meilleure amie), Gauthier n'occulte pas les problèmes bien réels qu'on avait tendance à taire auparavant, comme la mort, l'alcoolisme du père, l'emprisonnement, etc. De plus, Gauthier initie le jeune lecteur à l'analyse psychologique au quotidien à l'aide du pouvoir distanciateur que procure l'humour[6]. Tous ses romans se terminent par un rire qui, sans la nier, allège et relativise la souffrance.

Avant d'analyser en profondeur l'univers romanesque de Gilles Gauthier, nous exposerons les principales étapes de son cheminement professionnel, puis nous relaterons la petite histoire de ses écrits en nous basant essentiellement sur une entrevue qu'il a accordée à Marie-Claude Brosseau en 1992.

Son cheminement professionnel

Né en 1943 à Montréal, Gilles Gauthier sera, successivement ou concurremment, étudiant, enseignant, professeur d'université et scénariste de dessins animés pour la télévision. En effet, après des études à l'Externat classique de Longueuil, il poursuit des études universitaires. Détenteur d'une licence en lettres et d'une maîtrise en orthopédagogie de l'Université de Montréal, il enseigne le français au secondaire à la Commission scolaire de la régionale de Chambly, puis à l'Université de Montréal, comme professeur agrégé au Département de didactique de la Faculté des sciences de l'éducation. À ce titre, il intervient, entre autres, dans le cadre du Programme de perfectionnement des maîtres en français (PPMF), auprès d'enseignants en exercice.

Tout en assumant cette fonction de professeur, Gauthier est aussi sollicité à l'extérieur de l'université. Il accepte ainsi la responsabilité pédagogique d'une série d'émissions de dessins animés destinée à l'apprentissage de la grammaire chez les jeunes du primaire. Il devient donc le concepteur et l'auteur principal de l'« Aventure de l'écriture », ensemble de 300 dessins animés dont 138 seront diffusés à Télé-Québec. En 1994, il abandonne son poste à l'université pour se consacrer entièrement à l'écriture, tâche qu'il avait déjà apprivoisée en même temps que ses nombreuses autres activités.

6. Gilles GAUTHIER, « Comment on devient écrivain pour la jeunesse », *Québec français*, n° 103, 1996, p. 75.

La petite histoire de ses écrits

Gauthier s'intéresse d'abord à produire des pièces de théâtre pour la jeunesse. Entre 1979 et 1986, il écrit ou adapte trois pièces pour jeune public : *On n'est pas des enfants d'école* (1979), *Je suis un ours* (1982), *Comment devenir parfait en trois jours* (1986). Le succès que remporte, tant au Québec qu'à l'étranger, sa première pièce et les deux adaptations suivantes, consacre son talent d'auteur dramatique (voir la bibliographie à la fin de l'ouvrage).

Par contre, si Gauthier tire une notoriété certaine de son théâtre jeunesse, c'est en tant que romancier pour la jeunesse qu'il s'impose. Dès leur parution, ses romans sont lus partout au Québec puis, très rapidement, s'envolent vers l'étranger : ils sont alors traduits en anglais, en espagnol, en grec et en chinois. Depuis 1988, son œuvre romanesque comporte seize romans, tous publiés chez le même éditeur, La courte échelle ; ils se répartissent en quatre séries de quatre ouvrages chacun. Les trois premières séries, *Babouche*, *Chausson* et *Marcus*, sont publiées dans la collection « Premier roman » et sont destinées à des lecteurs de sept à neuf ans. Quant à la série *Edgar*, publiée dans la collection « Roman jeunesse », elle vise un lectorat un peu plus vieux, dont l'âge peut se situer entre dix et quatorze ans (voir bibliographie).

À peine paru, son premier roman *Ne touchez pas à ma Babouche* lui vaut deux prestigieux prix : le prix Alvine-Bélisle de l'Association pour l'avancement des sciences et des techniques de la documentation (ASTED), décerné au meilleur livre de jeunesse de l'année, et le prix d'excellence de l'Association des consommateurs du Québec « Livre 89 ». Six de ses ouvrages cumuleront à eux seuls plus d'une dizaine de prix et de mentions. Enfin, en 1996, Gilles Gauthier reçoit, pour l'ensemble de son œuvre, la Médaille de la culture française (voir bibliographie).

Son univers romanesque

Après ce bref aperçu, attardons-nous plus particulièrement à l'univers romanesque que l'auteur a su créer par l'intermédiaire de ses trois héros — Carl, Marcus et Edgar — dont les aventures se répartissent en quatre séries. Qui sont ces héros ? Comment évoluent-ils ? Quelles représentations sociales véhiculent-ils du garçon préadolescent et adolescent ? Enfin, de quelles grandes thématiques chères à Gauthier sont-ils les ambassadeurs ? Voilà les questions à partir desquelles nous tenterons d'exposer la trame de fond de l'œuvre romanesque que Gauthier a publiée à ce jour.

Les personnages de Gauthier sont avant tout des personnages attachants. Même s'ils répondent aux visées commerciales des politiques éditoriales qui tiennent à fidéliser leur lecteur au moyen de séries, ces héros dégagent une telle force d'identification, qu'ils accrochent « naturellement » le jeune lecteur et créent chez lui une dépendance à leur égard. Par exemple, c'est parce que Gauthier décide de traiter de thèmes difficiles mais essentiels, comme la mort, qu'il exposera pendant deux séries de quatre romans le cheminement de Carl. Un petit garçon de neuf ans qui fait face au vieillissement et à la perte de sa chienne a besoin de temps pour assumer cette réalité. Ici, la série s'impose non plus comme un artifice publicitaire, mais comme un moyen nécessaire pour approfondir une démarche et développer davantage les personnages.

Pour traiter d'un problème d'alcoolisme et d'échec scolaire, Gauthier dira avoir besoin de temps et d'espace. Ainsi, il est facile de comprendre qu'il lui faille quatre romans pour exposer une situation que le jeune héros veut cacher et pour suivre, une fois le secret dévoilé, l'évolution de sa relation avec son père alcoolique. Quant aux quatre romans qui constituent la série *Edgar* — dont le héros, jeune adolescent de douze ans qui se croit la réincarnation d'Edgar Poe —, leur nombre s'impose, même si, selon les dires de l'auteur et de certains critiques[7], la série peut sembler à première vue moins «sérieuse» que celle des *Babouche* (Carl) ou des *Marcus*. Elle constitue, par la fiction, la suite des réflexions de l'auteur sur les questions essentielles de la vie comme, entre autres, la relation avec le père[8]. Ce thème exige aussi beaucoup d'espace pour rendre compte d'une problématique complexe et mettre en relief la marginalité du héros.

Gilles Gauthier savait probablement de façon intuitive ce que la recherche nous a appris par la suite : pour qu'un roman puisse être apprécié par les jeunes lecteurs, il faut non seulement que les personnages connaissent un destin aux péripéties nombreuses et variées, mais encore qu'ils présentent une profondeur psychologique[9]. Ainsi, l'auteur a réussi, grâce à des descriptions remplies de métaphores «croustillantes» ou touchantes, à forger le caractère de ses héros en les amenant à s'interroger, tout au long de leur parcours, sur les tenants et aboutissants de leurs gestes et de ceux du monde dans lequel ils évoluent.

Par exemple, le romancier décrit avec humour la tension psychologique de la narratrice, quand Marcus la laisse seule avec son père afin de savoir ce que ce dernier va penser de son amie : «Une amie qui n'a pas su dire deux mots intelligents et dont la figure ressemble à une tomate mûre en ce moment !» (LGCPM, p. 19[10]). Dans sa série des *Babouche*, il sait attirer la sympathie sur Carl lorsque ce dernier confie à sa chienne : «Même quand je ne sens pas la mouffette (grâce à toi), on dirait que personne ne veut me voir. Je ne sais pas pourquoi mais je me retrouve tout seul.»

---

7. Yves MEYNARD, «Gilles Gauthier: *Edgar le voyant*», *Lurelu*, vol. 17, n° 3, 1995.

8. Gilles GAUTHIER, «Comment on devient écrivain pour la jeunesse», *Québec français*, n° 103, 1996.

9. Pierre ROY, «La relation entre les intérêts de lecture et le contenu des romans pour la jeunesse. Étude de trois collections : 1985-1993», thèse de doctorat, Université de Sherbrooke, 1995.

10. Pour alléger le texte, nous utilisons les abréviations suivantes : EAE : *L'étrange amour d'Edgar* ; ELB : *Edgar le bizarre* ; ELE : *L'étonnant lézard d'Edgar* ; ELV : *Edgar le voyant* ; LGCPM : *Le grand cadeau du petit Marcus* ; NTPMB : *Ne touchez pas à ma Babouche*.

(NTPMB, p. 25) Enfin, il entraîne le jeune lecteur à vivre le malaise du héros lorsqu'il décrit l'esprit tourmenté d'Edgar, douze ans, qui croit que « Émilie n'est pas sa vraie sœur ». « C'est grave ce que je dis là, je le sais. Ça peut même sembler effrayant de penser des choses comme ça au sujet de sa propre mère. Je le sais aussi... » (ELB, p. 39) Ces quelques exemples donnent déjà un aperçu du ton des romans de Gauthier et de la psychologie de ses trois personnages principaux. Décrivons maintenant plus finement l'évolution de leur portrait respectif.

Dans ses deux premières séries de romans, *Babouche* et *Chausson*, Gauthier met en scène Carl, neuf ans, dont le père est décédé à la suite d'un accident de voiture et qui vit seul avec sa mère et avec sa chienne, Babouche. Rejeté par ses camarades de classe, il se retrouvera souvent seul à la maison et n'aura pour toute confidente que sa vieille chienne qui, finalement, va mourir. Outre une habileté littéraire peu commune, qui amène l'auteur à construire non pas un dialogue, mais un pseudo-monologue entre Carl et sa chienne (l'animal ne répond jamais, mais demeure au centre de l'action), Gauthier manifeste une connaissance hors pair de la psychologie d'un garçon de neuf ans dont il décrit finement les états d'âme et cible bien les goûts et les intérêts. Il en fait un être attachant profondément humain auquel le jeune lecteur peut facilement s'identifier, vulnérable mais aussi très lucide : « Personne ne veut de moi dans son équipe. Ni en classe, ni dans les sports, nulle part. Il faut dire que je ne suis pas fameux dans les sports non plus. » (NTPMB, p. 26)

Entre son entrée en scène avec Babouche — dont il observera le vieillissement puis pleurera la mort — et sa sortie avec Chausson, le « remplaçant » de la chienne, Carl développera son estime de lui-même, son habileté relationnelle avec ses pairs, ainsi que sa compréhension des autres et du monde. En effet, au début, sa faible estime de lui-même lui fera dire : « Je n'aime pas ça me battre [...]. Je suis bien loin d'être le plus fort! Et [...] je ne serai jamais un premier de classe de ma vie! » (NTPMB, p. 29) En revanche, c'est avec beaucoup de fierté qu'il présentera à sa mère, à la fin de la seconde série, la biographie de Babouche qu'il vient de terminer. Cette tâche d'écriture aura servi d'exutoire à sa tristesse et lui aura prouvé qu'il peut mener à terme un projet. Au cours des deux séries, Carl deviendra plus réceptif à son entourage, ce qui lui permettra de développer une heureuse amitié avec Garry, un garçon de sa classe dont il s'était plaint à Babouche : « Il a dit que je pissais dans mes culottes rien qu'à le voir. » (NTPMB, p. 28) Après la mort de Babouche, Carl saura attirer la sympathie de Garry qui va tenter de le consoler en lui proposant de partager la garde de son chien « Chausson ». Ce ne sera pas tout : Carl réussira à inspirer une telle confiance à Garry que ce dernier finira par lui avouer un grand secret : l'incarcération de son père. Il accueille l'amitié de Garry comme un bienfait et non plus comme une intrusion menaçant son équilibre ; moins vulnérable, plus compréhensif à l'égard des sentiments humains, il sait qu'il ne perdra pas l'amour de sa mère même si celle-ci aime un homme. Il parvient même à faire accepter à Garry les amours naissantes que tous les deux voient se tisser entre leur parent respectif. La série se termine dans l'antichambre de l'amour et de l'érotisme, respectant bien en cela l'évolution du préadolescent.

Dans sa troisième série de roman jeunesse, l'auteur met en scène Marcus, un préadolescent de neuf ans, qui souffre de l'alcoolisme de son père. Ce jeune héros évoluera surtout dans un environnement scolaire et non pas dans son milieu familial, dont l'évocation serait probablement trop sordide pour de jeunes lecteurs. Comme Carl, Marcus entretiendra une relation privilégiée avec un animal : il s'agit de Mordicus, un cochon d'Inde, son confident et son faire-valoir. Marcus est, lui aussi, un personnage émouvant. Le problème de l'alcoolisme de son père est trop grand pour qu'il puisse en parler[11] ; ce sera donc par le regard et les paroles de Jenny, sa meilleure amie, que le lecteur entrera dans son univers.

Dès les premières pages, le lecteur est frappé par la complexité d'un jeune héros, plus petit que les autres garçons de sa classe, aux prises avec de graves problèmes d'apprentissage liés à sa carence affective : Marcus est incapable de performances scolaires, sauf quand il aime ou se sent aimé ; il compense ses lacunes par un talent de comédien et par sa créativité. En effet, parce qu'il aime et prend soin de Mordicus, Marcus excelle en sciences de la nature, mais il demeure nul en mathématiques et en français. Il a redoublé une classe. «Il est encore tout perdu dans les mots et les chiffres. Zéro en maths, sous-zéro en français.» Voilà comment nous le présente Jenny dès les premières pages de *Marcus la puce à l'école* (p. 19).

Par ailleurs, s'il est fort en science, il est aussi capable de progrès scolaires quand Antoine, le concierge, l'aide à reconnaître le coupable d'un méfait dont son Mordicus a fait les frais. Ainsi, tout au long de ce premier roman, Marcus affiche le portrait du décrocheur potentiel ; il évoluera positivement dans le quatrième roman de la série. Il va chez l'orthopédagogue pendant les heures de cours. Quand il revient dans sa classe, il se sent obligé de faire le bouffon pour ne pas perdre contenance aux yeux des autres. Il compense aussi ses manques par une imagination fertile : il invente des tours pour faire rire la classe, il se déguise en vampire pour faire peur à son enseignante, Henriette, qui, à la longue, devient si exaspérée qu'elle finit par l'exclure de la classe. C'est ainsi qu'il se retrouvera dans un autre groupe de même niveau, avec une nouvelle enseignante qui va miser sur ses talents de comédien pour l'aider à accroître l'estime qu'il a de lui-même, et lui permettre d'établir une relation plus satisfaisante avec ses pairs. Nous reconnaissons dans cette justesse du regard l'expérience de l'orthopédagogue et, d'autre part, celle de l'auteur dramatique pour la jeunesse qui a observé comment certains élèves développent leur estime d'eux-mêmes grâce au théâtre.

Dans *Le gros problème du petit Marcus*, l'auteur clôt la série sur la guérison du père de Marcus. Tout en présentant un père devenu sobre, l'auteur laisse entrevoir la

---

11. Gilles GAUTHIER, «Comment on devient écrivain pour la jeunesse», *Québec français*, n° 103, 1996.

possibilité d'une récidive : Antoine, le concierge de l'école, qui a soutenu le père de Marcus dans sa démarche de désintoxication, retombe dans son vice, du moins momentanément, après une peine d'amour. C'est alors que Marcus assiste à une inversion des rôles : son père devient celui qui prodigue à son tour assistance et encouragement à Antoine. Même si Marcus peut espérer que la vie sera dorénavant heureuse pour lui, la rechute d'Antoine ne peut que le laisser perplexe, tout en lui permettant de relativiser le problème. Cet événement qui clôt la série des Marcus s'ajoute aux autres qui l'ont fait grandir. Le message est clair. Malgré la meilleure volonté du monde, nul alcoolique n'est à l'abri de récidive quand la tristesse est trop grande. Mais un second message émerge à côté de celui-là : celui qui aide un ami pourra un jour se faire aider par ce même ami. Bref, le cycle se termine sur un message qui donne confiance en la vie. Gauthier a compris avec Bettelheim[12] que c'était là l'une des principales fonctions qui font la valeur d'un récit destiné aux jeunes.

Pour s'adresser aux adolescents, Gauthier choisit de mettre en scène Edgar, un garçon de douze ans, qui aura treize ans à la fin du quatrième et dernier roman de la série. Edgar est un être aussi attachant que les précédents, même s'il semble moins malheureux. Trois caractéristiques le relient au monde de l'adolescence : le refuge dans le rêve et la lecture, la relation conflictuelle avec le père et les préoccupations amoureuses pour l'autre sexe.

Même s'il refuse « les livres trop longs ou trop difficiles à comprendre » (ELB, p. 13), il adore le fantastique et va même jusqu'à se prendre pour la réincarnation d'Edgar Poe. Ce choix de lecture le valorise : « Edgar Allan Poe est loin d'être un écrivain pour les jeunes, et ses histoires ne sont pas faciles à lire. Les phrases sont remplies de mots rares que je ne comprends pas toujours. » (ELB, p. 33) Edgar manifeste un intérêt pour tout ce qui nourrit son imagination : il apprécie le mystère et aime avoir peur. Il a une imagination très fertile qu'il utilise souvent pour vivre dans son monde imaginaire. Par exemple, il dira : « Edgar Allan Poe habite au milieu de moi. Et tout me porte à croire qu'il cherche à me faire connaître par des moyens détournés, une étrange vérité que ma mère Lucille m'a toujours cachée » (ELB). Dans le dernier livre de la série, intitulé *L'étonnant lézard d'Edgar* (ELE), il confond le rêve et la réalité lorsque, à peine endormi, il entre en relation avec un lézard qui lui parle de l'évolution du monde. Fait à signaler, sous des dehors oniriques totalement fantaisistes, l'auteur fournit au lecteur une documentation objective très élaborée sur le lézard communément appelé en maori « tuatara ». Les qualités scientifiques que Gilles Gauthier attribue alors au héros — la capacité d'observation, une bonne mémoire, une grande concentration — n'étaient pas encore affirmées dans le premier roman de la série.

Sans être aux prises avec des problèmes aussi sérieux que l'alcoolisme ou la mort, le héros vit un problème auquel bon nombre de jeunes peuvent s'identifier :

---

12. Bruno BETTELHEIM, *Psychanalyse des contes de fées*, Paris, Laffont, 1976.

la relation conflictuelle avec le père : « Même si mon père est une machine à calculer, il arrive de temps à autre qu'il agisse comme un humain. » (ELB, p. 21) Cette relation se « crispe » autour de la marginalité du fils dont les goûts sont aux antipodes de ceux du père. Heureusement, les préjugés d'Edgar vont évoluer jusqu'à lui faire découvrir, à la fin du troisième roman, son attachement envers son père qui a dû subir une opération à l'hôpital. Le père, à son tour, va chercher à mieux comprendre son fils en lui empruntant, pendant sa convalescence, son livre sur le tarot.

Dans le second roman de la série, *L'étrange amour d'Edgar* (EAE), le héros éprouve un amour impossible pour Jézabel, 19 ans, la sœur de William, le petit voisin. Il est conscient que leur différence d'âge est un obstacle majeur (EAE, p. 23). Il le reconnaîtra d'autant plus aisément, à la fin du quatrième volume, qu'il pourra opposer cet amour à celui qu'il portera à Lee, jeune chinoise de son âge qu'il rencontre à un camp d'informatique (ELE, p. 49). Loin d'avoir un coup de foudre pour elle comme ce fut le cas à l'égard de Jézabel, il éprouve très peu d'attirance pour Lee le premier jour de leur rencontre. Mais, en dépit de son apparence plutôt originale, de ses mèches mauves, de son anneau à la narine (ELE, p. 57), il en vient par la suite à vouloir la connaître davantage pour mieux la comprendre. Il appréciera de plus en plus la jeune fille au point d'espérer en être aimé. À la fin, la figure de Lee occupe toutes ses nuits, il est très heureux de sa relation avec elle et très fier lorsqu'il s'aperçoit que sa famille apprécie Lee et que ses parents à elle sont impatients de le rencontrer. Cette approbation par les parents est un élément récurrent chez Gauthier. Quelles sont les autres thématiques qui lui sont chères ?

Gauthier exploite une très grande variété de thématiques, toutes plus pertinentes et plus riches les unes que les autres. Les plus significatives sont celles qui non seulement tissent la trame du récit, mais participent au dénouement, tels des *deus ex machina*. Il s'agit, pour Carl, de l'*écriture*, pour Marcus du *théâtre* et pour Edgar de la *lecture* fantastique. Voyons comment l'auteur a su exploiter ce trio thématique.

Tout d'abord, dès la fin de la première série des *Babouche,* pour atténuer la douleur de son deuil, Carl projette d'écrire la biographie de celle qui a, depuis toujours, partagé ses jeux et ses confidences. À la fin de la seconde série des *Chausson,* il présentera à sa mère la biographie de Babouche terminée. On ne l'entendra plus dire, comme dans le premier roman : « Je ne serai jamais un premier de classe de ma vie. » (NTPMB, p. 29) Quant à Marcus, c'est la pièce de théâtre dans laquelle il joue qui amènera son père à prendre la décision d'arrêter de boire. À Jenny qui lui demande quel a été le déclencheur de cette décision, Marcus répond : « C'est ma pièce de théâtre, je crois [...] celle où il n'était pas venu... parce qu'il avait trop bu... comme d'habitude. » Plus loin, l'auteur vient valider l'intuition de Marcus par l'aveu que lui fait son père : « Tu as été capable de jouer pour moi devant toute une école. Je dois être capable de faire ça pour toi aujourd'hui. » (LGCPM, p. 46-47)

Enfin, dans la série des *Edgar*, si la lecture s'avère centrale dans le conflit entre le fils et ses parents, le livre constituera, paradoxalement, l'objet par lequel la solution s'imposera. Grâce à la lecture, la tension qui existe entre le fils — «lecteur-rêveur» — et ses parents va s'atténuer. Dans les premières pages de la série, le héros résumait l'attitude de ses parents en ces termes : «Et mes parents qui pensent que mes lectures ne mènent nulle part!» (ELB, p. 13) Dans le troisième roman, il constate, satisfait : «Mon père est donc là, bien installé dans son fauteuil, ma chatte Catarina sur les genoux, en train d'explorer les pages de mon livre.» (ELV, p. 85)

Outre cette thématique des bienfaits de la lecture, on pourrait approfondir d'autres aspects de l'œuvre de Gauthier. Par exemple, il serait intéressant d'examiner l'image de l'école et celle du décrocheur potentiel, dont Marcus est le prototype. L'auteur recourt également à des procédés d'écriture originaux qui mériteraient d'être explorés, soit le fondu enchaîné entre le lecteur et la chienne dans les pseudo-dialogues de Carl, ou l'intertextualité[13] qui structure l'univers d'Edgar.

Conclusion

Le garçon, les relations familiales, les interactions sociales, le rejet par les pairs, l'école, le décrochage scolaire, la relation avec l'animal en tant qu'objet transitionnel, la vieillesse, la mort, la prison, l'alcoolisme, l'amitié, l'amour, voilà quelques-uns des thèmes privilégiés par Gauthier. Ajoutons que l'auteur a su mettre en scène des garçons préadolescents ou adolescents profondément vrais, avec toute la précision du regard que l'on attend d'un psychologue (relation avec le père), d'un sociologue (décrochage scolaire), voire d'un éthologue (relation avec l'animal). Enfin, homme cultivé, Gauthier maîtrise l'art des monologues et des dialogues efficaces et émouvants. Ses métaphores font voir, entendre et rire les choses de la vie sous un angle nouveau; bref, cette vie qui, de l'aveu même de l'auteur, ressemble à la sienne : «Dans chaque livre que j'écris, je crée une vie imaginaire. Mais cette vie est, en même temps, un double de ma vie réelle qui se joue.»

---

13. Claire LE BRUN, «Edgar Alain Campeau et les autres: le lecteur fictif dans la littérature québécoise pour la jeunesse (1986-1991)», *Voix et images*, vol. 19, n° 1, 1993; Laurence DÉCRÉAU, *Des héros qui font lire*, Paris, Hachette Éducation, 1994.

LES ROMANS POUR LA JEUNESSE
DE FRANÇOIS GRAVEL

Luc Bouvier
Collège de l'Outaouais

LA LITTÉRATURE POUR LA JEUNESSE a pris au Québec une ampleur sans précédent grâce, entre autres, au travail remarquable de Communication-Jeunesse, organisme créé en 1971 et «voué à la promotion auprès des jeunes de la lecture d'œuvres québécoises et canadiennes-françaises pour la jeunesse[1]». Ses campagnes de promotion de la lecture ont eu pour corollaire la mise sur pied, par plusieurs maisons d'édition, de collections spécifiques. Plusieurs auteurs *pour adultes* ont tenté leur chance dans ce créneau. François Gravel est l'un de ceux dont le succès est indéniable.

La prise en compte du narrataire et du lecteur, c'est-à-dire de celui à qui s'adressent le narrateur et l'auteur, est indissociable de la notion même de littérature pour la jeunesse. L'adjonction du terme «jeunesse» à celui de «littérature» en est la preuve évidente. En effet, le complément du nom colore de façon indélébile le terme «littérature». Tout écrivain «pour la jeunesse», et François Gravel ne fait pas exception à la règle, s'astreint à obéir à certains critères, plus ou moins officialisés, qui permettent alors de créer une œuvre dite «pour la jeunesse». Ces critères, qui sont autant de l'ordre du contenu que de l'expression, se transforment au gré des sociétés et des époques, au rythme aussi de l'évolution de l'image institutionnelle de cette jeunesse que l'auteur veut desservir. Le critère de moralité, par exemple, existe toujours, mais il a, bien évidemment, évolué depuis cinquante ans.

L'auteur influe sur ces critères; il peut s'y conformer ou encore les transgresser. Ainsi, l'auteure des *Harry Potter*, J. K. Rowling, écrit des romans dont le nombre de pages n'a rien à envier aux romans pour adultes. Par exemple, *Harry Potter et la coupe de feu*, atteint les 650 pages. Le critère de longueur relative en matière d'œuvres pour la jeunesse est ici loin d'être respecté. Les romans pour la jeunesse de

---

1. *La sélection de livres pour enfants de Communication-Jeunesse 2000-2001*, p. 2.

François Gravel permettent de retracer et de décrire quelques-uns de ces critères, même si ce ne sont pas des diktats au-delà desquels un roman ne s'adresse plus spécifiquement à la jeunesse. Y obéir, comme les transgresser, n'est aucunement, faut-il le rappeler, gage de succès.

L'auteur et l'œuvre

François Gravel est professeur d'économie au cégep de Saint-Jean-sur-Richelieu. Sa carrière de romancier a commencé en 1985 avec un premier roman pour adultes, *La note de passage* (Boréal). Huit autres ont suivi : *Benito* (Boréal, 1987), *L'effet Summerhill* (Boréal, 1988), *Bonheur fou* (Boréal, 1990), *Les Black Stones vous reviendront dans quelques instants* (Québec/Amérique, 1991), *Ostende* (Québec/Amérique, 1994), *Miss Septembre* (Québec/Amérique, 1994), *Vingt et un tableaux (et quelques craies)* (Québec/Amérique, 1998) et *Filion et frères* (Québec/Amérique, 2000). Son premier roman pour la jeunesse, *Corneilles* (Boréal) paraît en 1989 et sera suivi par dix-sept autres. L'ensemble est réparti dans trois maisons d'édition et six collections[2] (voir tableau 1).

Plusieurs de ses romans pour la jeunesse lui ont valu des prix : en 1991, *Zamboni* a remporté le prix M. Christie dans la catégorie huit à onze ans[3] ; la même année, *Deux heures et demie avant Jasmine* a reçu le prix du Gouverneur général[4] ; *Klonk* a remporté le prix Alvine-Bélisle[5] en 1994 ; *Guillaume*, quant à lui, a obtenu en 1996 une mention au prix Saint-Exupéry — Valeur Jeunesse «Francophonie». C'est sans compter les mises en nomination : *Klonk* sera finaliste au prix M. Christie, au prix du Gouverneur général et au prix du Signet d'or, et *L'été de la moustache* au prix du Gouverneur général.

Grâce à Communication-Jeunesse, le palmarès des spécialistes peut se comparer, en partie, à celui des jeunes. Depuis 1984, des centaines de jeunes se prononcent en effet, par son intermédiaire, sur leurs lectures. François Gravel n'est pas absent de ce palmarès qui comprend trois catégories : livromagie six à neuf ans, livromagie neuf à douze ans et livromanie douze ans et plus. À sept reprises, un de

---

2. En fait, trois maisons d'édition et sept collections, étant donné que depuis la rédaction de cet article, François Gravel a publié chez Dominique et compagnie dans la collection «Roman rouge» : *David et le fantôme* (2000), Saint-Lambert, 45 p. ; *David et les monstres de la forêt* (2001), Saint-Lambert, 44 p. ; *David et le précipice* (2001), Saint-Lambert, 44 p. ; *David et la maison de la sorcière* (2001), Saint-Lambert. Les quatre volumes sont illustrés par Pierre Pratt.

3. Depuis 1991, la compagnie Christie Brown attribue trois prix, respectivement dans les catégories sept ans et moins, huit à onze ans et douze ans et plus.

4. Le Conseil des arts du Canada attribue ce prix depuis 1987.

5. Prix décerné depuis 1974 par l'Association pour l'avancement des sciences et des techniques de la documentation pour «la meilleure œuvre francophone de littérature jeunesse publiée au Canada». Le jury est composé de cinq bibliothécaires qui travaillent auprès des jeunes.

ses titres y est apparu : dans la catégorie neuf à douze ans, *Zamboni*, cinquième position en 1991-1992, et *Le match des étoiles*, première position en 1997-1998 ; dans la catégorie douze ans et plus, *Klonk*, troisième position en 1994-1995, *Un amour de Klonk*, septième position en 1996-1997, *Le match des étoiles*, quatrième position en 1997-1998, *Klonk et le Beatle mouillé*, cinquième position en 1998-1999 et *Kate, quelque part*, neuvième position en 1999-2000. Ce palmarès, le seul du genre, est établi par près de 20 000 jeunes, membres de 250 clubs de lecture affiliés à Communication-Jeunesse à travers le Québec, que ce soit dans des écoles, des bibliothèques publiques ou des centres culturels. Communication-Jeunesse opère une première sélection, établie par deux comités, formés chacun de trois lecteurs spécialisés en littérature pour la jeunesse. Ce jury base son choix sur les critères suivants :

> Le texte doit être bien écrit et adapté à l'âge de la clientèle visée, autant pour le choix des thèmes que pour le vocabulaire et les expressions.
> Le récit doit être vivant et doit soutenir l'intérêt des enfants.
> Les valeurs proposées par le texte et les illustrations doivent avoir une portée positive, c'est-à-dire contribuer à développer la créativité et le sens critique des enfants. Le sexisme, le racisme ou toute autre forme de discrimination font l'objet d'une vigilance particulière.
> Les illustrations doivent être d'une très bonne qualité et éveiller l'imaginaire des enfants.
> Le livre doit être bien imprimé, bien relié, de présentation soignée et d'un bon rapport qualité/prix[6].

Presque tous les critères qui font d'un livre une œuvre pour la jeunesse, au sens où l'institution le conçoit, sont relevés ici : thèmes et écriture adaptés à l'âge, capacité de soutenir l'intérêt, valeurs illustrées, illustrations, etc.

Collection, illustration, longueur relative, âge

Le tableau 1 présente la production pour la jeunesse de François Gravel en fonction d'un certain nombre de paramètres : maison d'édition, collection, titre, année de publication, illustrateur, nombre de pages d'illustrations par rapport au nombre total de pages, et nombre approximatif de caractères.

François Gravel a publié chez trois éditeurs : Boréal, Québec/Amérique et Les 400 Coups. Si son passage, en 1992, de Boréal à Québec/Amérique, s'explique par un changement d'éditeur, ses publications aux 400 Coups se justifient par le caractère particulier des textes publiés. Il s'agit d'albums, dont la présentation soignée — papier de qualité, nombreuses illustrations couleurs, large format, etc. — en font des beaux livres pour la jeunesse. De plus, les collections de Boréal et de

---

6. *La sélection des livres pour enfants de Communication-Jeunesse 2000-2001*, p. 3.

Tableau 1
Romans pour la jeunesse de François Gravel

Maison d'édition	Collection	Titre	Année	Illustrateur	Nombre de pages d'illustrations	Nombre de caractères
Boréal	Junior	Corneilles[7]	1989	Jules Prud'homme	12 sur 121 (10%)	78 500
		Zamboni	1990	Pierre Pratt	18 sur 91 (20%)	44 500
	Inter	Deux heures et demie avant Jasmine[8]	1991		0 sur 118	104 500
Québec/ Amérique	Bilbo	Granulite	1992	Francine Mercier	8 sur 87 (9%)	35 000
		Klonk	1993	Pierre Pratt	18 sur 139 (13%)	65 000
		Lance et Klonk	1994	Pierre Pratt	15 sur 129 (12%)	64 000
		Le cercueil de Klonk	1995	Pierre Pratt	13 sur 121 (11%)	57 500
		Un amour de Klonk	1995	Pierre Pratt	10 sur 121 (8%)	65 500
		Le cauchemar de Klonk	1997	Pierre Pratt	12 sur 125 (10%)	68 000
		Klonk et le Beatle mouillé	1997	Pierre Pratt	10 sur 128 (8%)	67 000
		Klonk et le treize noir	1999	Pierre Pratt	13 sur 141 (9%)	77 000
		Klonk et la queue du scorpion	2000	Pierre Pratt	10 sur 127 (8%)	74 500
		Coca-Klonk[9]	2001	Pierre Pratt	11 sur 129 (9%)	72 000
	Gulliver	Guillaume	1995		0 sur 121	65 500
		Le match des étoiles	1996		0 sur 94	69 000
	Titan +	Kate, quelque part	1998		0 sur 137	141 500
Les 400 coups	Billochet / Légendes	Madame Misère	2000	Patrick Bernatchez	10 sur 23 (43%)	6 500
	Les Grands Albums	L'Été de la moustache	2000	Anatoli Burcev	25 sur 48 (52%)	32 000

7. Le volume a été traduit par Sheila Fischman : *My Life as a Crow* (1993), Toronto, James Lorimier & Co, 80 p.

8. Le volume a été traduit par Sheila Fischman : *Waiting for Jasmine* (1993), Toronto, Douglas & McIntyre, 93 p.

9. Au moment de la publication de cet ouvrage, un autre *Klonk* était en préparation, *La racine carrée de Klonk*.

Québec/Amérique, dans lesquelles a publié François Gravel, sont déterminées en fonction de l'âge, tandis que celles des 400 Coups le sont en fonction du contenu. La collection Billochet « propose des légendes et récits traditionnels » et Les Grands Albums, « de merveilleux coups de cœur, de grands livres audacieux faits pour vivre longtemps[10] », pour reprendre les termes mêmes de l'éditeur.

Si la littérature pour adultes n'est pas — du moins jusqu'à maintenant — fractionnée en catégories d'âge, la fragmentation du lectorat caractérise au contraire la littérature pour la jeunesse. Ces divisions expliquent, entre autres, les différences matérielles entre les collections. Trois groupes d'intervenants sont responsables de cette segmentation : les éditeurs, les spécialistes et les lecteurs. Bien évidemment, les auteurs la prennent aussi en compte, mais *a priori*, ils n'en sont pas directement responsables. Le tableau 2 précise, pour chaque roman jeunesse de François Gravel, la catégorie d'âge selon chaque intervenant. Il faut noter, de prime abord, la variété des cotes pour un même livre, preuve que l'opération reste, en partie, subjective.

Les premiers, les éditeurs, ont tendance à élargir la fourchette d'âge de leurs collections : leur lectorat potentiel augmente d'autant. Pour la collection Junior, Boréal se fait, dans un premier temps, précis : elle s'adresse « aux jeunes du deuxième cycle du primaire[11] » (neuf à onze ans). Dans un deuxième temps, sur la même page Web, l'éditeur dilue cette précision. Il parle de « jeunes adolescents » pour deux de ses collections, Junior — la même — et Inter, alors même que le fait qu'il y a deux collections montre que le lectorat à qui elles s'adressent est différent. Les noms des deux collections sont à cet égard très clairs. La deuxième devrait donc normalement s'adresser aux douze ans et plus. Québec/Amérique, pour sa part, fournit la limite inférieure de la fourchette d'âge. En ne précisant pas la limite supérieure, il allonge ainsi la plage, dans le but probablement de ne pas se couper d'une partie d'un lectorat potentiel. Si, pour chacune des trois collections dans laquelle François Gravel a publié — Bilbo, Gulliver et Titan+[12] —, l'âge de départ est signalé, respectivement, sept, neuf et quatorze ans, l'âge de fin est indéterminé, symbolisé par un +. Bien sûr, chaque collection est suivie d'une autre qui donne l'impression que la précédente se termine là où commence la suivante : 7-8 (Bilbo), 9-11 (Gulliver), 12-13 (Titan) et 14 et plus (Titan+).

Les éditeurs ne sont pas les seuls à coter les romans pour la jeunesse en fonction de l'âge. Les spécialistes ne se gênent pas non plus pour définir le lectorat virtuel à chaque nouvelle parution. L'imprécision relative des éditeurs est la plupart du temps remplacée par une fourchette d'âge plus précise qui, habituellement, vieillit légèrement le lectorat en comparaison de la cote des éditeurs. Par exemple,

---

10. <http://www.bibliotheque.lac-megantic.qc.ca/cyber/editions400coups.html>.

11. <http://www.editionsboreal.qc.ca/jeunecoll.html>.

12. À noter qu'entre les collections Gulliver et Titan+, il y en a une autre, Titan (pour les douze ans et plus).

Tableau 2
Romans pour la jeunesse de François Gravel par tranche d'âge[13]

Maison d'édition	Collection	Titre	Les éditeurs	Les spécialistes	Les lecteurs
Boréal	Junior	*Corneilles*	« jeunes du deuxième cycle du primaire »		
		Zamboni	« jeunes du deuxième cycle du primaire »		9-12
	Inter	*Deux heures et demie avant Jasmine*	« jeunes adolescents »		
Québec/ Amérique	Bilbo	*Granulite*	7 +	7 +; 8 + ; 8-9; 8-11	
		Klonk	7 +	8-10; 10 +	12 +
		Lance et Klonk	7 +	8 +; 8-10; 10 +	
		Le cercueil de Klonk	7 +	9 +; 8-10	
		Un amour de Klonk	7 +	9 +; 8-10	12 +
		Le cauchemar de Klonk	7 +	7 +; 8-10	
		Klonk et le Beatle mouillé	7 +	8 +	12 +
		Klonk et le treize noir	7 +	7-9; 8-12	
		Klonk et la queue du scorpion	7 +	9-12	
		Coca-Klonk	7 +		
	Gulliver	*Guillaume*	9 +	12 +; 8 +	
		Le match des étoiles	9 +	10-13	9-12; 12 +
	Titan +	*Kate, quelque part*	14 +	« lecteurs adolescents »	12 +
Les 400 coups	Billochet / Légendes	*Madame Misère*			
	Les Grands Albums	*L'été de la moustache*	9 +		

13. Les données regroupées dans ce tableau viennent des sites Internet des maisons d'édition, du site <felix.cyberscol.qc.ca>, du dossier de presse fourni par Québec/Amérique, de celui du site l'Île (<www.litterature.org>). Évidemment, les données restent incomplètes, mais donnent une bonne idée des différences dans la cotation.

si l'éditeur classe *Klonk* pour sept ans et plus, Cyberscol privilégie les huit à dix ans ; *Lurelu*, la revue de Communication-Jeunesse, opte pour les dix-douze ans ; *Klonk et la queue du scorpion*, coté sept ans et plus par l'éditeur, est suggéré pour les neuf à douze ans par Jasmine Bouchard[14]. Non assujettis à des impératifs de vente, les spécialistes ont tendance à restreindre la plage d'âge, tandis que les éditeurs l'allongent en abaissant l'âge.

Quant à la jeunesse elle-même, sa cote a, elle aussi, tendance à vieillir le lectorat. Ainsi, si l'éditeur classait *Klonk* pour les sept ans et plus et les critiques pour les huit à dix ans ou les dix à douze ans, ce sont les lecteurs de douze ans et plus qui en ont fait un de leurs livres préférés. C'est un peu comme si les spécialistes surestimaient les capacités de lecture des premières tranches d'âge de la « jeunesse ». La situation semble s'inverser pour les tranches d'âge supérieures. Ainsi *Kate, quelque part* a vu son âge descendre de quatorze ans et plus à douze ans et plus.

L'illustration n'est pas un élément superflu en matière de littérature pour la jeunesse. Au tout début des *Aventures d'Alice au pays des merveilles*, de Lewis Carroll, l'héroïne, assise à côté de sa sœur, s'ennuie. « Une fois ou deux elle avait jeté un coup d'œil sur le livre que lisait sa sœur ; mais il n'y avait rien dans ce livre ni images ni dialogues : "Et pensait Alice, à quoi peut bien servir un livre sans images ni dialogues ?"[15] » Cette réflexion d'Alice rappelle qu'en littérature pour la jeunesse, la prise en compte du narrataire ou du lecteur passe aussi par les illustrations. C'est ce que souligne aussi le narrateur de *Klonk*. Ayant emprunté un volume à Klonk, *Une étude en rouge* suivi de *Le signe des quatre* d'Arthur Conan Doyle, il s'inquiète : « Trois cents pages, avec seulement de l'écriture. Jamais je ne réussirais à lire tout ça ! En plus c'était écrit tout petit, il y avait sûrement plein de mots que je ne connaîtrais pas... » (p. 78-79)

Les éditeurs sont eux aussi conscients de l'importance des illustrations. Ainsi Québec/Amérique affirme que sa collection Bilbo s'adresse à des jeunes qui « adorent [...] les abondantes illustrations[16] ». À partir du moment où le livre s'adresse à des jeunes sachant lire, les illustrations ne se substituent pas aux mots, mais elles servent plutôt d'auxiliaire à la lecture et en occultent, comme le signale Françoise Lepage, le côté rebutant : « Si l'image n'a pas de répercussion véritable sur la lecture de ceux qui lisent bien, elle aide par contre à susciter chez les mal-lisants une approche plus positive du livre et de la lecture[17]. »

---

14. Jasmine BOUCHARD (2000), « Les bouquineurs », *La Terre de chez nous*, 17 au 23 août.

15. Lewis CARROLL (1971), *Les aventures d'Alice au pays des merveilles*, traduction de Henri Parisot, illustrations de John Tenniel, Paris, Flammarion, p. 9.

16. <http://www.quebec-amerique.com/00_SSECTION/8.html>.

17. Françoise LEPAGE (2000), *Histoire de la littérature pour la jeunesse. Québec et francophonies du Canada*, Ottawa, Les éditions David, p. 443-444.

En fonction du critère illustration, la production pour la jeunesse de François Gravel se subdivise en trois catégories: les romans pour la jeunesse avec illustrations, les romans pour la jeunesse sans illustrations et les albums illustrés pour la jeunesse. La première catégorie comprend les romans parus dans les collections Junior de Boréal et Bilbo de Québec/Amérique. Le rapport du nombre de pages d'illustrations sur le nombre total de pages est assez stable: entre 8 et 13%, sauf pour un roman, *Zamboni*, avec 20%. Étant donné que, dans cette catégorie, les deux romans qui ont obtenu des prix sont, en pourcentage, les plus illustrés, *Zamboni*, 20%, et *Klonk*, 13%, on peut se demander si le nombre d'illustrations n'influence pas incons-ciemment les spécialistes. Dans l'ensemble de sa production, François Gravel, bien qu'il laisse toute liberté à son illustrateur, tient à ce que l'illustration soit réaliste et en conformité avec l'intrigue. L'auteur, pour qui l'image doit être au service du récit, se rappelle n'avoir demandé qu'un seul changement à un de ses illustrateurs, et c'était justement afin de mieux établir cette conformité[18].

La deuxième catégorie, les romans pour la jeunesse sans illustrations, s'adresse *a priori* à des groupes d'âge plus élevé. Dans le cas des romans de François Gravel, ils se retrouvent dans les collections Inter de Boréal, ainsi que Gulliver et Titan+ de Québec/Amérique. L'absence d'illustrations s'explique par le fait que normalement les lecteurs ont surmonté leur réticence à la lecture. Insérer des illustrations risquerait d'indisposer des lecteurs potentiels, jeunes ou surtout adultes.

Quant aux albums illustrés, leur cas est un peu différent. L'importance de l'illustration est marquée par le pourcentage qu'elle occupe dans l'ensemble de l'œuvre: 43% pour *Madame Misère* et 52% pour *L'été de la moustache*. Ce sont les beaux livres de la jeunesse. Même si l'illustration reste au service du récit, il n'en demeure pas moins qu'elle possède une plus grande autonomie artistique, si l'on peut dire. À ce titre, *Madame Misère* est particulièrement réussi.

Un autre critère important en matière de littérature pour la jeunesse est la longueur relative. Dans *Klonk*, le héros souligne que les jeunes sont «bien chanceux, aujourd'hui: il y a plein d'auteurs qui écrivent pour eux. Le seul problème, à son avis, c'est que leurs livres sont beaucoup trop courts» (p. 135). Évidemment, ama-teur des aventures de Sherlock Holmes à l'âge de onze ans, Klonk trouve que les romans «pour la jeunesse» d'aujourd'hui ne pèsent pas bien lourd. Il a lu *Une étude en rouge* suivi de *Le signe des quatre* qui contiennent respectivement 254 000 et 267 000 caractères[19]. Mais les éditeurs, eux, respectent ce critère. Ainsi, Québec/Amérique précise que les récits de sa collection Bilbo intéresseront ceux qui «adorent les textes plutôt brefs[20]».

---

18. Communication téléphonique avec l'auteur.

19. Arthur Conan Doyle (1956-1957), *Sherlock Holmes,* tome I, Paris, Robert Laffont, coll. «Bouquins», 971 p.

20. <http://www.quebec-amerique.com/00_SSECTION/8.html>.

François Gravel se conforme à ce critère de la longueur relative qui permet de distinguer *grosso modo* dans l'ensemble de ses romans trois catégories. *Deux heures et demie avant Jasmine* et *Kate, quelque part,* les deux romans pour adolescents, des collections Inter de Boréal et Titan+ de Québec/Amérique, dépassent les 100 000 caractères. Un texte trop court, comme les illustrations, déplairait aux lecteurs adolescents et adultes potentiels. Les romans des trois autres collections, Junior de Boréal ainsi que Bilbo et Gulliver de Québec/Amérique, comportent de 35 000 pour *Granulite* à 78 500 caractères pour *Corneilles,* soit une moyenne de 64 500. Le nombre de caractères ne permet donc pas de distinguer *Le match des étoiles* et *Guillaume,* qui font partie de la collection Gulliver destinée aux neuf ans et plus, des *Klonk,* par exemple, de la collection Bilbo pour les sept ans et plus. De plus, si le spécialiste reconnaît qu'un texte pour un roman jeunesse doit être relativement court, il n'hésitera pas à noter qu'un texte est trop court. Ainsi le livre *Granulite,* qui avec ses 35 000 caractères est le texte le plus court de François Gravel (excluant les deux ouvrages parus aux 400 Coups), a été critiqué : « Pour parvenir à un nombre de pages "décent", l'éditeur de l'ouvrage, Québec/Amérique, a dû intercaler une page blanche entre chacun des chapitres — deux, si l'on compte la page sur laquelle se trouve le titre du chapitre[21]. » Heureusement, la critique a apprécié par ailleurs le roman.

La dernière catégorie comprend les deux volumes publiés aux 400 Coups : *Madame Misère* et *L'été de la moustache,* qui contiennent respectivement 6500 et 32 000 caractères. Il s'agit de beaux livres pour la jeunesse qui privilégient les illustrations, sacrifiant quelque peu le texte ; de plus ce sont souvent des livres non pas à lire, mais à se faire lire.

La thématique

La prise en compte du narrataire et du lecteur, représentés par le syntagme « pour la jeunesse », ne touche pas uniquement le support matériel à la lecture, telles les « images » ou la longueur relative du récit, mais tout autant les thèmes. Parmi les critères énoncés par Communication-Jeunesse, l'un porte particulièrement sur le contenu. Les thèmes doivent « être adapté[s] à l'âge de la clientèle visée ».

Les éditeurs, quant à eux, restent assez imprécis dans la description du contenu de leurs collections. Chez Boréal, on parle pour les collections Junior et Inter de « genres variés », de « genres aussi divers que le roman historique et le roman d'anticipation, [qui] feront sortir le lecteur du quotidien en lui ouvrant de nouveaux horizons[22] ». Chez Québec/Amérique, on ne fournit aucune précision sur le contenu de la collection Bilbo (7 +). Les romans de la collection Gulliver (9 +), quant à eux,

---

21. Sonia SARFATI, « Deux récits inoubliables d'auteurs consacrés », *La Presse,* 22 juin 1992.
22. <http:///www.editionsboreal.qc.ca>.

Tableau 3

Romans pour la jeunesse de François Gravel : narrateur, personnages, intrigue, thèmes

Titre	Narrateur	Personnages	Intrigue	Thèmes
Corneilles	Le personnage plus vieux	Garçon de 10 ans	Transformé en corneille, le héros cherche à redevenir petit garçon.	Enfance
Zamboni	Le personnage	Garçon de 9 ans	Après avoir cherché à oublier ses problèmes grâce à la machine à rêves, la zamboni, le héros décide plutôt de les affronter.	Enfance Sport
Deux heures et demie avant Jasmine	Le personnage	Raymond Fafard, 16 ans	Dans l'attente de Jasmine Stanton qui a accepté de coucher avec lui, Raymond Fafard se raconte.	Adolescence Amour
Granulite	Le personnage	Jeune garçon de 9-10 ans	Gardé par sa grand-mère, un jeune garçon cherche à en découvrir le secret.	Enfance Langage
Klonk	Fred, 40 ans	Klonk et Fred, 11 ans	Après s'être cassé une jambe, Fred se lie d'amitié avec Klonk, qui a la capacité de disparaître lorsqu'il lit.	Enfance Lecture
Lance et Klonk	Fred, 41 ans	Klonk et Fred, 41 ans	Klonk, avec l'aide involontaire de Fred, s'attaque avec succès à «une des pires bandes de tricheurs de la ville». (p. 110)	Aventure Sport
Le cercueil de Klonk	Fred, 42 ans	Klonk et Fred, 42 ans	Klonk réussit à faire arrêter les «trafiquants [...] les plus dangereux d'Amérique». (p. 115)	Aventure
Un amour de Klonk	Fred, 42 ans	Klonk et Fred, 42 ans	Désireux de se marier, Klonk renoue avec une amie d'enfance, Karine, dont il est toujours amoureux.	Aventure Amour
Le cauchemar de Klonk	Fred, 44 ans	Klonk et Fred, 44 ans	Le voyage de noces de Karine et Klonk est perturbé par des illusions effrayantes, conçues par Morley, l'amoureux éconduit.	Aventure Amour
Klonk et le Beatle mouillé	Fred, 44 ans	Klonk et Fred, 44 ans	Inquiet, Klonk demande à Fred de l'aider à découvrir le secret de Karine qui, régulièrement, disparaît sans explication.	Amour
Klonk et le treize noir	Fred, 46 ans	Klonk et Fred, 46 ans	Fred et Klonk font face à Morley qui vole les gagnants du casino toujours dans l'espoir de mettre la main sur Karine.	Aventure Amour
Klonk et la queue du scorpion	Fred, 47 ans	Klonk et Fred, 47 ans	Toujours amoureux de Karine, Morley tente de semer la bisbille dans le couple de Klonk à l'aide de prédictions bien ciblées.	Aventure Amour
Coca-Klonk	Fred, 48 ans	Klonk et Fred, 48 ans	Klonk, Fred et Morley s'attaquent à Marmaduke qui cherche à rendre la terre analphabète.	Aventure Langage
Guillaume	Narrateur extradiégétique[23]	Guillaume, de 12 à 15 ans	Bègue, Guillaume apprend grâce à son chien à surmonter son handicap.	Enfance
Le match des étoiles	Narrateur extradiégétique	Maurice Richard	Les anciennes vedettes de la Ligue nationale de hockey font match nul avec les vedettes actuelles.	Leçon de vie Sport
Kate, quelque part	Le personnage, 43 ans et 18 ans[24]	F. J., 18 ans	Le narrateur se rappelle avec nostalgie de Kate et raconte de façon critique son amour de jeunesse.	Adolescence Amour

23. Le narrateur extradiégétique est un ami du personnage, qu'il a connu sur les bancs d'école. Il est dans la quarantaine.

24. *Kate, quelque part* a deux niveaux de récit. Voir Édith MADORE (2000), «Les figures de

Titre	Narrateur	Personnages	Intrigue	Thèmes
Madame Misère	Narrateur extradiégétique	Madame Misère	Madame Misère réussit à se débarrasser de la Mort grâce à son jujubier.	Leçon de vie
L'été de la moustache	Narrateur extradiégétique	Monsieur Vincent et Monsieur Antoine	Monsieur Vincent retrouve le bonheur grâce à la moustache vivante que lui a offerte Monsieur Antoine.	Leçon de vie

« offrent de merveilleux voyages au pays du mystère, du suspense, de la magie. L'humour, l'action ou l'exotisme caractérisent cet imaginaire[25] ». Pour la collection Titan+, l'éditeur précise que « les jeunes de 14 ans et plus se retrouveront dans les histoires d'amour et d'aventure présentées dans la collection[26] ».

Le tableau 3 présente les romans pour la jeunesse de François Gravel en fonction de quatre critères : narrateur, personnages principaux, intrigue et thèmes. En ce qui a trait au narrateur, trois situations se produisent : 1) un narrateur intradiégétique se raconte (*Zamboni*, *Deux heures et demie avant Jasmine*, *Granulite*, *Kate, quelque part* et tous les *Klonk* sauf le premier) ; 2) un narrateur intradiégétique se raconte, mais il y a décalage entre le temps de fiction et le temps d'énonciation (*Corneilles*, *Klonk*, *Kate, quelque part*) ; et 3) un narrateur extradiégétique raconte (*Guillaume*, *Le match des étoiles*, *Madame Misère*, *L'été de la moustache*).

Sur le plan thématique, les romans pour la jeunesse de François Gravel se divisent en deux catégories : ceux qui mettent en scène des jeunes et ceux qui font la part belle aux adultes. Dans la première se retrouvent *Corneilles*, *Zamboni*, *Deux heures et demie avant Jasmine*, *Granulite*, *Klonk*, *Guillaume* et *Kate, quelque part*. Dans la seconde, il y a les *Klonk*, sauf le premier, *Le match des étoiles*, *Madame Misère* et *L'été de la moustache*.

Dans la première catégorie, le monde de l'enfance (*Corneilles*, *Zamboni*, *Granulite*, *Klonk* et *Guillaume*) et celui de l'adolescence (*Deux heures et demie avant Jasmine* et *Kate, quelque part*) sont à l'honneur. Se retrouvent dans cette catégorie les romans dont le narrateur est intradiégétique, sauf pour *Guillaume*. Parce qu'il met en scène un jeune dont l'âge se rapproche — habituellement il est légèrement plus vieux — de celui à qui le roman est dédié, ces récits sont *a priori* « pour la jeunesse ».

En règle générale, quand il met en scène un enfant, le roman montre comment ce dernier a réussi à surmonter un problème dont la gravité est toute

l'adolescence dans les romans de François Gravel », *Cahiers de recherche en éducation*, vol. 7, n° 1, p. 131-142.

25. <http://www.quebec-amerique.com/00_SSECTION/9.html>.

26. <http://www.quebec-amerique.com/00_SSECTION/14.html>. Il n'y a guère de différence avec le contenu des romans de la collection Titan : « C'est des histoires d'amour et des récits d'aventures inoubliables. » (<http://www.quebec-amerique.com/00_SSECTION/11.html>)

relative. Dans *Corneilles*, le personnage, âgé de dix ans, cherche à redevenir un être humain. Il a accepté d'être transformé en corneille, lorsque de retour à la maison il a retrouvé Rachel, âgée de seize ans, «très jolie, et toujours polie avec les adultes» (p. 46), mais qui, dans les faits, est «la pire gardienne du monde» (p. 47). Il parviendra à retrouver son enveloppe humaine après avoir récité la série d'ingrédients inscrite sur l'emballage d'un produit quelconque.

Dans *Zamboni*, le personnage a neuf ans. Ses parents sont divorcés et il vit avec son père. Ce dernier a fait de son fils sa «machine à rêves». Gardien de but chez les Novices C de Sainte-Julie, le petit garçon supporte difficilement les pressions de son père. Celui-ci souhaite que son fils devienne gardien de but du Canadien de Montréal. Lui-même aurait pu l'être, n'eût été d'un accident qui a mis un terme à sa carrière. Pour oublier ses problèmes, le jeune gardien accepte l'offre du chauffeur de la zamboni qui lui montre que l'intérieur de son véhicule est une «machine à rêves». Le jeune se transforme alors en un extraordinaire gardien de but qui permet aux Canadiens de Montréal de tout rafler. Il décide finalement de laisser tomber la zamboni, sa machine à rêves, parce qu'il «trouve trop dur de revenir dans le monde normal» (p. 60) quand ses rêves prennent fin. Le propriétaire lui montre alors que la zamboni est aussi une machine à remonter le temps. Le garçon cherche alors son père parmi les joueurs du Canadien junior durant les années où son père avait dit qu'il en faisait partie. Il s'aperçoit que celui-ci n'a jamais joué pour le club. Le jeune garçon s'arrange donc pour amener son père à rencontrer une autre femme. Le stratagème réussit. La pression se fait moins forte et le jeune retrouve le plaisir de jouer au hockey.

Dans *Granulite* et dans *Klonk*, les deux jeunes, respectivement âgés d'environ dix et onze ans, cherchent à surmonter leur ennui. Tous deux aiment bien le sport. Malheureusement, il leur est impossible d'en faire, dans *Granulite*, parce que le héros est chez sa grand-mère durant le voyage d'amoureux de ses parents, et dans *Klonk*, parce qu'il a une jambe dans le plâtre. Tous deux parviennent finalement à balayer l'ennui: l'un s'attelle à découvrir le secret de sa grand-mère, sa granulite, tandis que l'autre se lie d'amitié avec Klonk. Dans *Guillaume*, le narrateur raconte, une trentaine d'années plus tard, l'histoire de son ami. Ici encore, le jeune héros (douze à quinze ans) réussit à surmonter une difficulté, le bégaiement.

Le roman pour «jeunes adolescents», soit *Deux heures et demie avant Jasmine* (Inter, Boréal), et celui pour les quatorze ans et plus, soit *Kate, quelque part* (Titan+, Québec/Amérique) portent sur le même thème: les amours adolescents. Dans le premier, Raymond Fafard, âgé de seize ans, attend avec impatience l'arrivée de Jasmine Stanton: ils doivent faire l'amour pour la première fois. Pour tuer le temps, il décide de se raconter et de s'enregistrer sur le magnétophone Fisher Price de sa sœur. Dans *Kate, quelque part*, le narrateur se rappelle avec nostalgie de Kate, son amour de jeunesse.

Les romans de la deuxième catégorie, c'est-à-dire ceux qui mettent en scène des adultes ont, à l'exclusion des *Klonk*, des narrateurs extradiégétiques et servent de prétexte à une leçon de vie. Dans *Le match des étoiles*, d'anciennes vedettes de la Ligue nationale, l'esprit toujours jeune — Maurice Richard[27] entre autres —, se réincarnent dans le corps de jeunes joueurs de hockey au talent ordinaire. Transformés, les anciens joueurs défient les vedettes d'aujourd'hui. Chacun des joueurs actuels, qui ne sont pas nommés, recevront un million de dollars s'ils gagnent la partie, tandis que les anciennes vedettes, elles, jouent « pour l'honneur » (p. 67). En fin de compte, grâce à leur force de caractère et surtout au talent miraculeux de Jacques Plante, le gardien de but ressuscité pour l'occasion, les Maurice Richard, Gordie Howe, Jean Béliveau, etc., réussissent à annuler le match. La leçon de vie est simple : honneur, fierté, force de caractère valent mieux que richesses.

Madame Misère est une légende portugaise qui explique pourquoi la misère ne disparaîtra jamais sur terre. Madame Misère voit un de ses souhaits exaucés par monsieur Malheur : quiconque mangera les jujubes de son jujubier y restera prisonnier tant et aussi longtemps qu'elle le souhaitera. Le jour où la Mort vient la chercher, madame Misère lui offre d'attendre un peu et de goûter ses jujubes, surtout les noirs. La Mort accepte et se retrouve prisonnière du jujubier. Finalement, madame Misère accepte de la libérer à la condition que jamais plus elle ne vienne la chercher. « Et voilà pourquoi madame Misère est la seule personne sur terre qui ne mourra jamais. »

Dans *L'été de la moustache*, monsieur Vincent, vendeur de chapeaux, et monsieur Antoine, vendeur de moustaches, vivent côte à côte, en toute amitié. Lorsque les chapeaux ne se vendent plus, monsieur Antoine offre à monsieur Vincent une moustache vivante. Grâce à elle, les affaires reprennent : « Comment auraient-ils [les clients] pu résister à ce marchand qui avait l'air si heureux et qui portait une moustache si originale ? » Malheureusement, un jour, la moustache décide de partir. Malgré sa tristesse, monsieur Vincent ne regrette rien, car il a « passé un bel été » avec sa moustache, c'est « là tout ce qui compte ». Bref, c'est la leçon de vie qui fait de ces romans, qui mettent en scène des adultes, des romans pour la jeunesse.

La série *Klonk* est particulière à plus d'un titre. Son succès est confirmé par les 25 000 exemplaires vendus (2000)[28]. Même si toute comparaison reste boiteuse, les aventures de Klonk pastichent les romans de Conan Doyle[29] et de ses célèbres personnages Sherlock Holmes, le docteur Watson et leur ennemi juré le professeur

---

27. Maurice Richard a préfacé le roman.

28. Une édition française confirme ce succès (Paris, Hachette jeunesse, coll. « Livre de poche jeunesse », 94 p.).

29. Les illustrations de Pierre Pratt, quant à elles, pastichent Tintin (Fred) et le capitaine Haddock (Klonk).

Moriarty, qui se transforment respectivement en Klonk, doué de pouvoirs supra-naturels (dont la télékinésie), Fred et Morley, dont les pouvoirs magiques sont étendus : hypnose, capacité de dédoublement, télékinésie. Les relations entre les deux personnages principaux sont copiées sur celles qui existent entre Holmes et Watson. Non seulement Klonk, par simple observation, réussit-il à lire dans les pensées de son *alter ego*, mais en plus il ne se gêne pas pour écraser, du haut de ses capacités, son interlocuteur dont le « cerveau est tellement banal » (*Klonk et la queue du scorpion*, p. 55). Dans un même temps, il reconnaît pourtant leur grande amitié. La différence entre les *Klonk* et les *Sherlock Holmes*, c'est la présence des femmes et des enfants. Pour Klonk, il y a Karine, sa femme, qu'il rencontre dans *Un amour de Klonk*, ainsi que Charlotte et Charlemagne, leurs deux bébés, qui apparaissent dans *Klonk et le Beatle mouillé*. Pour Fred, le narrateur des aventures de Klonk, ce sont sa femme Agathe, à qui « on fait souvent appel [...] pour mater les émeutes dans toutes les prisons du pays » (*Klonk et le treize noir*, p. 56) et ses deux enfants : Évelyne qui « fait de brillantes études en mathématiques à l'université de Vancouver » et Félix qui « mange toujours beaucoup trop de pizzas pochettes, mais qui étudie très fort, lui aussi, pour devenir dessinateur » (*Ibid.*, p. 64). Après le premier *Klonk*, qui raconte la rencontre entre les deux protagonistes à l'âge de onze ans, les aventures s'actualisent — Klonk et Fred ont maintenant 40 ans — et prennent diverses tangentes. Dans un premier temps, Klonk utilise ses talents pour déjouer des malfaiteurs (*Lance et Klonk* et *Le cercueil de Klonk*). Dans un deuxième temps, désireux de se marier, Klonk rencontre Karine, a des enfants et doit affronter son rival, Morley, qui ne cesse de harceler le couple (*Un amour de Klonk, Le cauchemar de Klonk, Klonk et le Beatle mouillé, Klonk et le treize noir, Klonk et la queue du scorpion*). Finalement, dans *Coca-Klonk,* Fred, Klonk et Morley s'attaquent à leur nouvel ennemi, Marmaduke. Sauf pour le premier *Klonk*, qui a comme thématique le monde de l'enfance, c'est le côté aventure qui fait des *Klonk* des romans pour la jeunesse.

Une autre différence permet de répartir les romans pour la jeunesse de François Gravel : il y a ceux qui font appel à un élément merveilleux ou fantastique, et ceux qui se conforment à la réalité. Quatre romans ne font pas appel à un tel phénomène : *Deux heures et demie avant Jasmine, Granulite, Guillaume* et *Kate, quelque part*. Dans *Corneilles* et *Le match des étoiles*, il s'agit de réincarnation, respectivement dans le corps d'une corneille et dans ceux de joueurs de hockey. Dans *Zamboni*, grâce à la « machine à rêves » (p. 51) qu'est la zamboni, le narrateur vit ses rêves et voyage dans le temps. Dans *L'été de la moustache* aussi un objet transforme la réalité : monsieur Vincent est heureux grâce à la moustache vivante. Quant au héros de la série des *Klonk*, il a des pouvoirs spéciaux qui lui permettent de disparaître quand il lit (*Klonk*), mais aussi de faire agir les objets à sa volonté grâce à la télékinésie. Dans *Madame Misère*, le jujubier qui emprisonne les voleurs de jujubes relève bien évidemment du merveilleux.

Le merveilleux et le fantastique sont destinés aux lecteurs plus jeunes, puisque des quatre volumes dont ils sont absents, trois font partie de collections qui visent un public plus âgé: *Deux heures et demie avant Jasmine* (Inter, Boréal), *Guillaume* (Gulliver, Québec/Amérique) et *Kate, quelque part* (Titan+, Québec/Amérique). De plus, on remarque qu'il y a toujours systématiquement du merveilleux et du fantastique lorsque des adultes sont les personnages (les *Klonk*, moins le premier, *Le match des étoiles*, *Madame Misère* et *L'été de la moustache*).

Les valeurs

À l'époque de la comtesse de Ségur, la morale était étroitement liée à la notion de littérature pour la jeunesse. L'auteur des *Malheurs de Sophie* et des *Petites filles modèles* se donnait comme tâche non seulement d'écrire une histoire moralement acceptable, mais souhaitait tout autant enseigner un code de conduite: d'une part, le livre n'était pas à proscrire dans le sens de Bethléem ou de Sagehomme; d'autre part, il servait de support à la formation de l'enfant. Est-ce bien différent de nos jours?

Parmi les critères énoncés par Communication-Jeunesse, l'un touche plus particulièrement la «moralité». Les «valeurs proposées [...] doivent avoir une portée positive, c'est-à-dire contribuer à développer la créativité et le sens critique des enfants». Et l'organisme de préciser que toute forme de discrimination doit être absente. Non seulement le contenu doit-il être spécifique à la «jeunesse», mais il doit aussi promouvoir des valeurs socialement acceptables. Même si les éditeurs, eux, restent silencieux sur les valeurs véhiculées, cela ne veut pas dire qu'ils ne les prennent pas en considération. À ce titre, ils sont assujettis à des règles, implicites, mais tout aussi contraignantes que celles édictées par le ministère de l'Éducation concernant les manuels scolaires. François Gravel confirme le respect de cette norme implicite chez les auteurs:

> Il y a aussi une autocensure, bien évidemment, et qui va de soi, et qui s'explique avant tout par le respect qu'on doit à l'enfance, qui n'est *surtout pas* une période facile... La vie est assez difficile, on ne va tout de même pas leur imposer un traité de désespoir! Il en va de même pour les valeurs qu'on y privilégie: les enfants sont, par définition, au début de leur vie. On ne va quand même pas leur injecter de la colère, du cynisme ou du découragement, ce serait tout simplement criminel. Cela n'empêche pas de traiter de thèmes importants, lourds, ou difficiles... Tout est dans la manière, comme c'est d'ailleurs le cas en littérature dite adulte[30].

À ce chapitre, un élément important des romans pour la jeunesse est leur fin: ceux de François Gravel se terminent tous bien, à une exception près. Ainsi, dans *Corneilles*, le jeune héros redevient humain et sa gardienne revient à de meilleurs

---

30. Lettre de François Gravel à Luc Bouvier, 16 janvier 2001.

sentiments à son égard. Le père du narrateur de *Zamboni* noue une relation amoureuse avec la mère de Jean-Philippe et ne prend plus son fils pour une « machine à rêves ». Dans *Deux heures et demie avant Jasmine*, les amis de Raymond Fafard, Patrick et Julien, ne viennent pas pour lui jouer un tour, mais pour lui souhaiter bonne chance, juste avant sa rencontre avec Jasmine. Le narrateur de *Granulite* a finalement apprécié son séjour chez sa grand-mère. Tous les *Klonk* se terminent par la victoire de Klonk. Guillaume, dans le roman éponyme, réussit à surmonter son handicap : le bégaiement. *Le match des étoiles* confirme la suprématie de la fierté et du courage sur l'argent. Dans *Kate, quelque part*, le narrateur remercie Kate, son amour de jeunesse, tout simplement « d'avoir été là » (p. 137). Dans *L'été de la moustache*, monsieur Vincent, malgré sa tristesse, ne regrette pas son été de bonheur. En fait, le seul qui se termine « mal », c'est *Madame Misère* puisque celle-ci est immortelle. L'histoire tranche sur l'ensemble de la production pour la jeunesse de François Gravel. Derrière l'explication fantaisiste se cache une vision pessimiste de l'univers : la misère humaine est indéracinable. La leçon de vie est ici très dure, très réaliste. Mais comme il s'agit d'une légende portugaise, l'auteur n'est pas directement responsable de la fin.

De façon implicite et explicite, certaines valeurs sont défendues dans les romans pour la jeunesse de François Gravel. Sur ce plan, un élément récurrent est le droit à la différence. Dans *Corneilles*, le narrateur, après avoir souligné la laideur des sorcières, affirme que les « sorcières, au fond, ne sont pas si méchantes. Elles n'aiment pas les mêmes choses que nous, c'est tout » (p. 56). Le héros de *Guillaume* est un bègue, Klonk a un bras beaucoup plus petit que l'autre, car il a eu la poliomyélite. Dans *L'été de la moustache*, monsieur Vincent souligne qu'il ne faut pas juger les gens sur l'apparence et que les modes sont « plus cruelles que les lois ». Il défend la liberté d'être : « Le maire sera-t-il un moins bon maire parce qu'il n'a plus de moustache ? N'est-il pas temps de mettre fin à cette mode ridicule ! Que ceux qui veulent porter des moustaches en portent, et que ceux qui préfèrent les lèvres nues fassent de même ! Et qu'il en soit ainsi pour toutes les modes [...] ! »

Le langage et la lecture sont une autre valeur très présente dans l'œuvre de François Gravel. Dans *Granulite*, le narrateur prend plaisir aux jeux sur la langue que sa grand-mère lui apprend. Il a même ce cri du cœur : « C'est important les mots il me semble. » (p. 46) Dans *Klonk*, le héros a la capacité de disparaître quand il lit, tellement il est pris par l'histoire. « Quelle belle idée prétexte à une apologie du plaisir de lire[31] », souligne le libraire Claude Matteau. Dans *Coca-Klonk*, c'est Marmaduke qui souhaite rendre analphabète la terre entière. Le narrateur répond du tac au tac : « Quoi de plus agréable, pourtant, que de lire un bon gros roman policier ? »

---

31. Claude MATTEAU (1995), « François Gravel. *Lance et Klonk* », *Lurelu*, vol. 18, n° 1 (printemps-été), p. 35-36.

(p. 54) Le narrateur de *Deux heures et demie avant Jasmine* se fait critique en la matière : « J'en connais qui sont en cinquième année du secondaire et qui trouvent que les romans de La courte échelle sont trop longs. Il serait peut-être temps qu'ils passent à autre chose. » (p. 74)

La famille des romans pour la jeunesse de François Gravel n'a rien de dysfonctionnel. D'ailleurs, l'opposition entre le monde de l'enfance et le monde des adultes est limitée. Le narrateur de *Corneilles* avoue : « Quand j'avais dix ans, je n'avais jamais de problèmes à la maison. Mes parents étaient gentils, et comme je n'aimais pas être puni, j'étais gentil moi aussi. » (p. 27) À l'école, c'est la même chose. Ses problèmes lui viennent non pas de son monde, mais de la confrontation avec un certain monde extérieur, sa gardienne et ceux qui l'attendent sur le trajet de l'école pour le brasser un peu. Dans *Zamboni*, le narrateur-héros a des difficultés avec son père, mais il prend bien soin de lever toute ambiguïté : « Il ne faut pas s'imaginer qu'il est méchant, qu'il ne s'occupe pas de moi ou qu'il me donne des coups. » (p. 17) La relation père-fils revient à la normale à la fin du roman. Dans *Granulite*, le narrateur n'a guère le goût de se faire garder par sa grand-mère, mais finalement tout se passe bien et il ne regrette pas son séjour. Dans *Guillaume*, les parents sont très présents et soucieux d'aider leur enfant à apprivoiser son handicap. Même les parents des romans pour adolescents (*Deux heures et demie avant Jasmine* et *Kate, quelque part*) sont plus qu'acceptables. Ils laissent leurs enfants vivre fort sainement leurs amours.

Les romans pour la jeunesse de François Gravel sont aussi socialement acceptables, en ce sens qu'ils défendent des valeurs qui font consensus. Par exemple, *Klonk et le treize noir* se passe dans le milieu des casinos, et le narrateur en profite pour le stigmatiser. Le narrateur s'interroge : « Je ne comprends vraiment pas pourquoi les gens vont dans de pareils endroits alors qu'ils pourraient faire du sport, ou écouter de la musique, ou rester à la maison pour lire un bon livre. » (p. 20) Dans *Klonk et la queue du scorpion*, c'est à l'astrologie et autres sciences occultes que s'en prend le narrateur. Il les qualifie de « sornettes » (p. 15), de « balivernes » (p. 20). Le roman *Zamboni* est prétexte à souligner les excès de certains parents en matière de sport. Alors que les jeunes sont là pour jouer, pour le plaisir, ils ne cessent de les harceler pour qu'ils performent. Toutefois, les romans pour la jeunesse ne sont pas « moraux » uniquement dans ce qu'ils dénoncent ; ils le sont tout autant dans ce qu'ils défendent. Dans *Un amour de Klonk*, Klonk s'insurge : « Pourquoi les gens ne veulent-ils jamais parler de ces choses-là clairement ? Pourquoi toutes ces hypocrisies, ces toussotements ? Faire l'amour, il n'y a pourtant rien de plus naturel, non ? » (p. 25)

Conclusion : un double lectorat

En somme, les romans pour la jeunesse de François Gravel se conforment, pour l'essentiel, aux critères plus ou moins officialisés du genre : illustrations, longueur relative, thèmes et écriture adaptés à l'âge, capacité de soutenir l'intérêt, défense des valeurs, etc. L'ensemble de ces critères joue sur deux plans. Parce qu'ils sont aprioristes, ils façonnent l'acte d'énonciation de l'auteur comme ils fournissent un portrait du jeune lecteur « type ».

Il ne faut pas l'oublier, le succès d'une œuvre pour la jeunesse est indissociable de son acceptation par le public adulte[32]. Sur ce plan, les romans pour la jeunesse de François Gravel fonctionnent comme certaines émissions pour enfants, telles *Sol et Gobelet* ou *Fripe et Pouille*, dans lesquelles certains jeux de mot ciblent non pas tant les jeunes que leurs parents. Le pastiche des aventures de Sherlock Holmes qu'on retrouve dans les *Klonk* n'est perceptible qu'à des lecteurs qui connaissent Conan Doyle. Autre clin d'œil au lectorat adulte : la réponse au héros de *Corneilles*, qui s'interroge sur ce qu'est un colloque : « C'est une espèce de réunion que les sorcières s'inventent quand elles s'ennuient et qu'elles ont envie de visiter une autre ville » (p. 86), lui explique son amie corneille. Le commentaire de la corneille sur la ville de New York relève du même phénomène : « C'est une très belle ville, New York, pour les corneilles. Pour les humains je ne sais pas, mais pour les corneilles, c'est parfait. » (p. 87) Certaines expressions laissent songeur, sur la capacité du lecteur jeune de les décoder : dans *Lance et Klonk* le narrateur affirme qu'il restera « muet comme une carpe dans une tombe » (p. 51)[33].

Parfois, c'est moins évident. Dans *Coca-Klonk*, le narrateur, après avoir obtenu le jour même un rendez-vous du médecin, a cette réflexion satirique : « Pas de doute, ce médecin n'était pas normal. » (p. 35) Dans *Lance et Klonk*, le narrateur envoie une pointe aux journalistes qui « en ne vous laissant pas le temps de répondre, [...] peuvent écrire ce qu'ils veulent » (p. 112). Ces traits satiriques rejoignent-ils les enfants de sept à neuf ans ?

---

32. Édith MADORE (2000) souligne ce phénomène dans les romans pour adolescents de François Gravel (« Les figures de l'adolescence dans les romans de François Gravel », *Cahiers de recherche en éducation*, vol. 7, n° 1, p. 131-142).

33. La préface de Maurice Richard dans *Le match des étoiles* et la postface de Guylaine Jutras, orthophoniste à l'hôpital Sainte-Justine, dans *Guillaume*, relèvent aussi en partie du double lectorat.

L'ŒUVRE POUR LA JEUNESSE DE DOMINIQUE DEMERS : QUELQUES POINTS DE JONCTION DU POSTMODERNISME ET DU FÉMINISME

Lucie Guillemette
Université du Québec à Trois-Rivières

ÉCRIVAINE POUR LA JEUNESSE et spécialiste de la question[1], Dominique Demers a fortement contribué à définir la spécificité d'un champ littéraire qui s'est constitué au cours des vingt dernières années au Québec[2]. Romancière prolifique, elle a publié une vingtaine de textes de fiction s'adressant aux jeunes lecteurs de tous les âges.

---

1. Dominique Demers est l'auteure d'une étude sur la littérature d'enfance et de jeunesse considérée par la critique comme un ouvrage de référence en la matière. Voir Dominique DEMERS (1994a), *Du Petit Poucet au Dernier des raisins : introduction à la littérature jeunesse*, avec la collaboration de Paul Bleton, Boucherville, Québec/Amérique Jeunesse et Sainte-Foy, Télé-Université, coll. « Explorations ». On doit également à l'écrivaine *La bibliothèque des enfants* dont la première édition paraît en 1990. L'édition revue et augmentée date de 1995. L'ouvrage « propose 300 albums coups de cœur pour les moins de dix ans. Des livres vendus en français mais publiés d'abord aussi bien au Québec ou en France qu'au Japon, en Nouvelle-Zélande, aux États-Unis, en Espagne, en Italie, en Allemagne, en Suède… ». Voir Dominique DEMERS, Yolande LAVIGUEUR, Ginette GUINDON et Isabelle CRÉPEAU (1995), *La bibliothèque des enfants. Des trésors pour les 0 à 9 ans*, Boucherville, Québec/Amérique Jeunesse, coll. « Explorations », p. 11. C'est dans la même collection que Ginette GUINDON, en collaboration avec Yolande LAVIGUEUR, Michèle GÉLINAS et Gisèle DESROCHES ont publié, en 1995, *La bibliothèque des jeunes. Des trésors pour les 9 à 99 ans*. Dominique Demers a réalisé de nombreux reportages sur les jeunes au moment où elle travaillait comme journaliste aux magazines *L'actualité*, *Châtelaine* et *Vidéo-Presse*. Elle a également signé une chronique portant sur les écrits pour la jeunesse au journal *Le Devoir* pendant plusieurs années. La romancière a enseigné la littérature jeunesse à l'université et se consacre aujourd'hui presque entièrement à l'écriture.

2. « C'est à la toute fin des années 1970 et dans les années 1980 que la littérature québécoise pour la jeunesse prend véritablement son essor. De nouvelles maisons d'édition voient le jour : les éditions du Tamanoir (1974) qui deviendront les éditions de La Courte échelle en 1978, les éditions Ovale (1980), les éditions du Nomade (1983), rebaptisées éditions Michel Quintin en 1986 […]. » Françoise LEPAGE (2000), *Histoire de la littérature pour la jeunesse (Québec et francophonies du Canada) suivie d'un Dictionnaire des auteurs et des illustrateurs*, Orléans (Ont.), Les Éditions David, p. 285.

C'est au début des années 1990 qu'elle amorce une percée dans le domaine de la création littéraire, alors qu'elle fait paraître un premier livre pour enfants aux éditions de La courte échelle. *Valentine picotée*[3] a ravi le jeune public : l'ouvrage a été proclamé le roman préféré des Québécois de six à douze ans (sondage « Coups de cœur » de Communication-Jeunesse). Le mini-roman pose les premiers jalons d'une œuvre qui deviendra rapidement populaire et fera de Dominique Demers « la "Michel Tremblay" de la littérature jeunesse[4] ». Récipiendaire de nombreux prix (Palmarès de la Livromagie, prix Christie, Brive-Montréal, Signet d'or, Québec Wallonie-Bruxelles, finaliste aux prix du Gouverneur général et Alvine-Bélisle), Demers est rapidement devenue une figure marquante de la littérature québécoise pour la jeunesse.

Si, comme l'indique la romancière, « le propre de la littérature jeunesse, c'est de parler AUX enfants ou AUX adolescents[5] », il importe d'entrée de jeu d'aborder sa production romanesque comme un système de représentations conçu en fonction d'un destinataire bien défini. « [N]ombreux sont les écrivaines et les écrivains qui, œuvrant dans le genre, n'auraient jamais vu le jour s'ils n'avaient d'abord été à l'écoute des jeunes d'aujourd'hui[6]. » Selon Danielle Thaler, une telle prémisse implique un grand nombre de romans dont la fonction est de réfléchir l'image du lecteur de manière à ce qu'il puisse s'identifier aux acteurs de la fiction ; on reconnaît ici le « roman-miroir ».

Nous nous proposons d'examiner le discours des personnages qui s'adressent à la fois aux enfants et aux adolescents, à la première ou à la troisième personne du singulier. Il s'agit de repérer, dans un premier temps, les espaces discursifs où le sujet féminin récuse le conditionnement social et le conformisme, où il rend un vibrant hommage à la nature, source d'inspiration et de créativité. Nous nous intéresserons plus particulièrement à la pratique de l'autoreprésentation et de l'« agentivité »[7] des

---

3. Dominique DEMERS (1991), *Valentine picotée*, Montréal, La courte échelle, coll. « Premier roman ». Le roman a été réédité en 1998 chez Québec/Amérique Jeunesse, coll. « Bilbo ».

4. Lynda GIROUX (1995), « Dominique Demers... toujours recommencer à écrire », *Des livres et des jeunes*, n°s 49-50 (été), p. 4.

5. Dominique DEMERS (1998b), « Plaidoyer pour la littérature jeunesse », *Québec français*, n° 109 (printemps), p. 28.

6. Danielle THALER (1996), « Les collections de romans pour adolescentes et adolescents : évolution et nouvelles conventions », *Éducation et francophonie*, vol. 24, n°s 1-2 (printemps-automne), p. 85.

7. Définie d'abord par les théoriciens du nouveau roman comme « un processus selon lequel un texte se représente », l'autoreprésentation désigne la capacité des récits postmodernes à exhiber leur propre fonctionnement. Par exemple, le narrateur écrivain correspond à une manifestation textuelle d'autoreprésentation sur le plan de l'énonciation, tandis que l'intertextualité est autoréflexive sur le plan de l'énoncé. Voir Janet M. PATERSON (1993), *Moments postmodernes dans le roman québécois*, édition augmentée, Ottawa, Les presses de l'Université d'Ottawa, p. 25-26. Judith Butler a développé

jeunes protagonistes qui, à divers degrés, se montrent incrédules à l'endroit des discours soi-disant objectifs des adultes. Il s'agit alors d'analyser le discours des héroïnes selon un cadre d'interprétation inspiré des théories postmodernes[8]. Il sera ainsi question d'une subjectivité féminine qui, dans le contexte d'une énonciation adressée à un jeune lectorat, articule une voix différente, susceptible de déconstruire les « métarécits » modernes[9]. Les systèmes idéologiques de la modernité sont fortement remis en question dans les textes que Demers destine à la jeunesse. Pour cerner la dimension postmoderne des œuvres qui nous occupent, nous identifierons les lieux de discours qui montrent le rapport entretenu par les protagonistes avec certains mythes de la modernité. Songeons par exemple à la domination de la nature par et pour l'humanité, ainsi qu'au discours réducteur de la raison rivalisant, semble-t-il, avec celui de la rêverie et de la sensibilité. Demandons-nous si les personnages, dont les discours sollicitent un jeune public, adhèrent aux thèses postmodernes en accord avec une pensée féministe valorisant la différence.

La lecture de l'œuvre de Dominique Demers nous permettra de cerner quelques points de jonction entre le postmodernisme et le féminisme dans le domaine de l'écriture pour la jeunesse. Nous examinerons les textes qui actualisent, sur un plan esthétique, les différentes facettes de la « nostalgie postmoderne », décrite par Karen Gould comme un « art du recyclage et une visibilité des intertextes[10] ». L'intertextualité fera l'objet de nos investigations dans la mesure où elle établit un rapport concret avec le passé, et demeure associée à une pratique postmoderne qui consiste à « revisiter » des textes d'une autre époque pour tisser des liens avec la tradition littéraire. Demers utilise d'ailleurs des procédés intertextuels dans son

---

le concept d'« agentivité » qui renvoie aux actions des femmes ne souscrivant pas aux systèmes de références d'une pensée patriarcale. L'agentivité consiste précisément à agir autrement qu'en conformité avec le *statu quo*, afin de se construire une identité cohérente, de s'autodéterminer et d'agir en accord avec ses valeurs et ses désirs : Judith BUTLER (1990), *Gender Trouble. Feminism and the Subversion of Identity*, New York et Londres, Routledge.

8. Nous empruntons cette formule à Jean-François Lyotard qui, dans *La condition postmoderne*, décrit le postmoderne comme « une incrédulité à l'égard des métarécits ». Jean-François LYOTARD (1979), *La condition postmoderne. Rapport sur le savoir*, Paris, Éditions de Minuit, p. 7.

9. Rappelons que « le métarécit le plus caractéristique de la modernité européenne est celui des Lumières : c'est l'histoire du progrès de l'humanité grâce au développement des sciences et des techniques, à la lutte contre l'obscurantisme par l'enseignement pour tous, en vue d'une société égalitaire et fraternelle, libérée des servitudes de la nature, de l'ignorance et de l'injustice ». Voir Gilbert HOTTOIS (1998), *De la Renaissance à la postmodernité : une histoire de la philosophie moderne et contemporaine*, Paris et Bruxelles, De Boeck & Larcier, p. 449.

10. Il s'agit de transformer des univers de références artistiques et littéraires « afin de contourner les idées reçues et de décentrer les identités fixes ». Voir Karen GOULD (1999), « La nostalgie postmoderne : Marie-Claire Blais, Dante et la relecture littéraire dans *Soifs* », *Études littéraires*, vol. 31, n° 2 (hiver), p. 73.

deuxième livre pour adultes, qui fait écho au conte *La Belle et la Bête* de Jeanne Le Prince de Beaumont (1757)[11]. Présenté par la critique comme un roman historique, l'intrigue de *Là où la mer commence* débute au Manitoba au début du XXᵉ siècle, tandis que l'action du texte enchâssé plonge les lecteurs dans la Gaspésie du XIXᵉ siècle. Pour mettre en lumière la critique des idéologies de la modernité qui s'articulent dans les œuvres de Dominique Demers, il importe de circonscrire les marques de l'intertextualité qui se dégagent de l'énonciation prise en charge par les héroïnes. Par la suite, nous tenterons d'interpréter ces phénomènes discursifs pour rendre compte de la «nostalgie postmoderne» telle que décrite par Karen Gould.

La rencontre du postmodernisme et du féminisme : une jeune mère en quête de subjectivité

Bien que Dominique Demers ait grandi dans une petite ville ontarienne, loin des livres et des bibliothèques, son parcours intellectuel est ponctué d'influences littéraires, nombreuses et variées. Enid Blyton et Alfred de Musset figurent parmi ses souvenirs de lecture. Auteure du *Club des cinq*, Blyton demeure un modèle en matière de construction des récits. Parallèlement à cette influence, le rapport à la littérature française fut tout aussi décisif : «[Demers] se rappelle avec émotion que sa mère lui lisait des poèmes de Musset alors qu'elle était petite fille[12].» La poésie romantique ayant frappé son imagination, il n'est guère étonnant de constater les multiples manifestations du romantisme — vision du monde exaltant le moi — dans son œuvre. La célèbre trilogie pour adolescents, dont le premier tome paraît à La courte échelle et les tomes subséquents chez Québec/Amérique, en constitue un exemple probant[13]. La relation que l'héroïne Marie-Lune Dumoulin-Marchand

---

11. Dominique DEMERS (2001c), *Là où la mer commence*, Paris, Robert Laffont. «Ce sont bien les personnages légendaires de *La Belle et la Bête* qui ont inspiré Dominique Demers», écrit-on dans un article anonyme intitulé «La belle et la bête revisité» (2001), *Elle Québec*, nº 143 (juillet), p. 47. «*Là où la mer commence* s'avère une expérience d'écriture particulière puisque l'auteure puise dans la relation très intime et fantasmatique qu'elle entretient avec l'univers du conte.» Isabelle CRÉPEAU (2001), «Dominique Demers : la belle ogresse…», *Lurelu*, vol. 24, nº 1 (printemps-été), p. 6.

12. Monique NOËL-GAUDREAULT (1996), «Comment Dominique Demers a écrit certains de ses livres», *Québec français*, nº 103 (automne), p. 38.

13. Dominique DEMERS (1992b), *Un hiver de tourmente*, Montréal, La courte échelle, coll. «Roman+»; Dominique DEMERS (1993), *Les grands sapins ne meurent pas*, Montréal, Québec/Amérique Jeunesse, coll. «Titan»; Dominique DEMERS (1994c), *Ils dansent dans la tempête*, Montréal, Québec/Amérique Jeunesse, coll. «Titan». Notons que le roman *Un hiver de tourmente* a été réédité chez Québec/Amérique Jeunesse en 1998. Demers a reçu le prix du livre M. Christie pour le premier roman de sa trilogie ainsi que pour le deuxième, *Les grands sapins ne meurent pas*. Finaliste au prix du Gouverneur général et au prix Alvine-Bélisle, la romancière s'est vue attribuer le prix Québec/Wallonie-Bruxelles et le prix de la Livromagie en 1993. *Ils dansent dans la tempête* a mérité à son auteure le prix du Signet d'or 1994 dans la catégorie Littérature jeunesse.

entretient avec la nature, et plus particulièrement avec les grands sapins situés près de Saint-Jovite, montre comment l'adolescente entre en communion avec cette nature, qui n'est pas à ses yeux un objet mais un sujet. Amoureuse des étendues enneigées, de la forêt et des lacs, la jeune fille exprime ses sentiments à l'aide d'une gamme de métaphores ou de comparaisons qui renvoient au monde naturel[14]; le récit les reproduit invariablement, depuis les références nominales les plus concrètes jusqu'aux sentiments les plus flous, en passant par les émotions les plus intenses. «Je m'appelle encore Marie-Lune, mais attention! Je suis plutôt une Marie-Éclipse, une Marie-Tonnerre, une Marie-Tremblement de terre» (*HT*, p. 12); «Je tremblais comme un bouleau battu par le vent» (*HT*, p. 83); «J'avais du mal à paraître joyeuse. Les conversations amicales sont épuisantes quand le tonnerre gronde dans notre ventre. Quand tout dérape. Quand il grêle dans notre tête» (*HT*, p. 111); «Ce soir-là, j'étais un ouragan. Un vent furieux» (*GS*, p. 16); «La forêt agitée me ramenait le souvenir des grands sapins livrés aux vents déments. Il n'existe pas de plus beau spectacle. [...] C'est pour ça que je me suis relevée. Je ne serai jamais grande et forte comme les sapins du lac» (*DT*, p. 53). La quête amoureuse, le récit d'un drame intérieur sont pris en charge par un sujet féminin dont le discours est aussi un hymne à la nature[15]. La protagoniste utilise en effet la première personne du singulier, en accord avec «la critique au féminin [qui] a voulu mettre l'accent sur l'énonciation, rappelant constamment la singularisation de l'énoncé de tout locuteur, de sorte que l'énoncé n'apparaisse plus comme une donnée extérieure au sujet, coupée de lui[16]». Ce faisant, le *je* féminin de l'énonciation s'affranchit d'une pensée logocentrique[17] édifiée sur la domination et l'autorité.

Échappant au discours sclérosé que tiennent, entre autres, ses parents — déconcertés à l'idée de voir leur fille devenir femme —, l'adolescente choisit de s'exprimer et de se définir à partir des lieux qui l'entourent. À l'instar du narrateur de la *Confession d'un enfant du siècle* d'Alfred de Musset, Marie-Lune se pose comme un être qui admire le spectacle de la nature pour mieux s'y confondre. L'héroïne se réfère explicitement à l'œuvre de Musset au moment où elle craint que son amoureux, prénommé Antoine, ne l'ait abandonnée. La jeune fille parcourt le

---

14. Les exemples sont tirés des trois textes composant la série. Le folio est précédé de l'abréviation du titre: *HT* pour *Un hiver de tourmente, GS* pour *Les grands sapins ne meurent pas* et *DT* pour *Ils dansent dans la tempête.*

15. Danielle Thaler explique la présence de la nature dans le récit en ces termes: «La prédilection de l'héroïne pour les grands espaces de neige, isolés et perdus, et pour les grandes étendues de sapins devient une des caractéristiques essentielles de sa psychologie. La solitude de ces grands paysages reflète la solitude de cette adolescente qui se croit abandonnée.» Voir Danielle THALER, *loc. cit.*, p. 87.

16. Louise DUPRÉ (1993), «La critique au féminin», dans Claude DUCHET et Stéphane VACHON (dir.), *La recherche littéraire. Objets et méthodes*, Montréal, XYZ, p. 381.

17. Nous empruntons le terme au philosophe Jacques Derrida. Une pensée logocentrique reconnaît à la raison homogénéisante le pouvoir d'interpréter le monde.

poème «La nuit de mai» où figure la très célèbre strophe faisant allusion au pélican[18]. Musset a écrit ce texte en 1835, à la suite de sa rupture avec George Sand ; l'extrait est souvent évoqué comme une métaphore de la douleur de l'enfantement littéraire, un lieu commun du romantisme[19]. Or l'adolescente sent que «cette poésie [est] accordée en profondeur à la vie physiologique de l'être, à son expérience émotive et sensuelle[20]». Les vers qui ont retenu l'attention de Marie-Lune constituent en effet l'un des passages les plus cités dans l'œuvre de Musset. Ils décrivent l'agonie d'un pélican qui doit renoncer à nourrir ses petits, et qui se trouve réduit à leur livrer ses propres entrailles. La narratrice transpose le texte du poète au sein du premier tome de la série :

> Lorsque le pélican, lassé d'un long voyage
> Dans les brouillards du soir retourne à ses roseaux
> Ses petits affamés courent sur le rivage
> [...]
> Alors il se soulève, ouvre son aile au vent,
> Et, se frappant le cœur avec un cri sauvage,
> Il pousse dans la nuit un si funèbre adieu,
> Que les oiseaux des mers désertent le rivage.
> (*HT*, p. 52-53)

Le poème, qui figure dans un vieux recueil appartenant à sa mère, séduit l'adolescente qui voudrait en faire le messager de son inquiétude face à Antoine : «Dans un court paragraphe au-dessus du poème, on raconte qu'Alfred de Musset était le "poète de l'amour". J'ai pensé arracher la page et l'envoyer à Antoine. Mais il ne comprendrait pas et j'aurais l'air idiote. De toute façon, il ne m'aime peut-être plus. Déjà.» (*HT*, p. 53) Les allusions au *Héron bleu*, roman de l'Américaine Cynthia Voight[21], accompagnent également les sentiments de l'héroïne, tourmentée à l'idée de perdre Antoine : «J'étais vraiment seule sur mon île. Comme Jeff, dans *Le héron bleu*.» (*HT*, p. 82) Marie-Lune s'identifie au personnage principal, qui se croit lui-même seul au monde, à l'image d'un oiseau «perdu dans un pays immense.» (*HT*, p. 51) Inspirée par l'idéologie selon laquelle l'humain est trop humain, la jeune fille se retranche dans un univers discursif où le sauvage l'emporte sur le civilisé[22]. Le romantisme est, avant tout, une attitude de refus à l'égard du

---

18. Alfred de Musset (1969), «La nuit de mai» [1835], dans *Œuvres complètes*, Genève, Édito-Service S.A., p. 89-96.

19. Paul Bénichou (1992), «Alfred de Musset», dans *L'école du désenchantement : Sainte-Beuve, Nodier, Musset, Nerval, Gautier*, Paris, Gallimard, p. 187-216.

20. Frank Lestringant (1999), *Musset*, Paris, Flammarion, p. 320.

21. Cynthia Voight (1989), *Le héron bleu*, traduit de l'anglais, Paris, Flammarion, coll. «Castor poche senior».

22. « Le romantique va aimer la rêverie et la solitude, souvent pour la douce souffrance qu'elles procurent et la preuve de supériorité qu'elles semblent conférer. » Henri Peyre (1997), «Roman-

monde tel qu'il est, une révolte contre l'ordre des choses. Il a souvent fait naître sous la plume des écrivains des créatures tourmentées, qui oscillent de l'exaltation la plus frénétique au désespoir le plus tragique. Il en va de même pour le personnage de Dominique Demers, dont les aspirations à l'infini se heurtent aux limites étroites du monde[23]. À l'heure des conflits de générations, Antoine, l'amoureux, est associé à la forêt et à la liberté tandis que Fernande, la mère, incarne toutes les normes et les conventions sociales. À cette dernière, qui prétend qu'Antoine Fournier n'est point un amoureux idéal, Marie-Lune répond : « Tu es bouchée ! Si le père d'Antoine ne faisait pas si dur, je me demande si tu ferais un tel drame. Tu es snob ! C'est tout. » (*HT*, p. 74) À l'encontre de la mère, qui semble juger le garçon en fonction du rang social de ses parents, la narratrice s'autoreprésente comme une jeune fille contestataire faisant abstraction des classes sociales et de toute autre forme de déterminisme. Tout se passe comme si son amour pour Antoine transcendait les lois et les interdits. Cependant, la réalité a tôt fait de rattraper Marie-Lune, au moment où elle doit prendre une décision face au bébé qu'elle porte. Antoine reproduit une structure traditionnelle de la société en voulant garder l'enfant et fonder une famille ; l'adolescente, elle, opte pour l'adoption et renonce à garder le bébé.

L'opposition entre le monde phénoménal (nature) et le monde nouménal (raison) s'estompe lorsque le *je* féminin fait l'expérience déroutante de la maternité. Enceinte, Marie-Lune réfléchit à la grossesse, à la gestation et bien sûr au bébé qu'elle porte : « J'ai quinze ans. Je ne veux pas avoir un bébé. Je me ferais avorter » (*GS*, p. 21) ; « Je n'ai pas envie de devenir énorme. Je n'ai pas envie de voir mon corps se déformer. Je n'ai pas envie d'être une mère. […] Je voudrais que quelqu'un parle à cet intrus installé dans mon ventre. Le déloge, le chasse, l'expulse, l'envoie promener. » (*GS*, p. 34) Présenté d'abord comme un *il* anonyme déformant le corps de l'adolescente et compromettant son avenir, l'enfant devient par la suite un narrataire auquel s'adresse directement le *je* féminin de l'énonciation : « Écoute, le moustique. Je ne sais pas ce que je ferai de toi après, mais tu vas vivre. Je vais t'aider. À compter d'aujourd'hui, on est deux. » (*GS*, p. 60) Marie-Lune devient l'auteure d'un journal intitulé « Lettres à mon fœtus ». Selon Daniela Di Cecco, « l'absence de

---

tisme », *Dictionnaire des genres et des notions littéraires*, Paris, Encyclopaedia Universalis et Albin Michel, p. 694.

23. Marie-Claude Brousseau décrit *Un hiver de tourmente* comme « une véritable œuvre romantique où la nature emplit les âmes, les console et les accompagne. L'omniprésence du vent, des arbres, du lac, de la montagne ; la poésie finement introduite dans le récit ; la profondeur des sentiments tendus vers l'absolu ; la fierté et la retenue des personnages évoquent le grand genre du XIXᵉ siècle ». Voir Marie-Claude BROUSSEAU (1992), « Dominique Demers. *Un hiver de tourmente* », *Des livres et des jeunes*, n° 42 (été), p. 41. Selon cette optique, le romantisme se situe dans l'ordre de l'irrationnel : au rationalisme du Siècle des lumières, on oppose les fastes de l'imagination, les vibrations de la sensibilité. Tout ce qui emporte l'homme hors de ses limites est préféré au sens de l'équilibre, de l'harmonie et de la mesure propre au classicisme.

[la] mère, qu'elle considérait comme sa meilleure amie, et [les] sentiments face à son propre statut de future mère, provoquent en quelque sorte l'écriture intimiste[24] ». Nul doute que la conscience de son nouveau rapport au monde incite l'adolescente à se dire. La métaphore du pélican prend dès lors tout son sens. Les univers imaginaires que découvre Marie-Lune à travers ses lectures lui donnent de toute évidence le goût d'écrire, comme elle le confie au narrataire : « La vérité, c'est que j'aimerais écrire. J'aimerais pouvoir peindre le désert avec des mots comme l'auteure de *Shabanu*[25]. » (*GS*, p. 134) Le texte auquel elle fait allusion relate les aventures d'une jeune musulmane qui ne veut pas quitter son désert pour se marier. S'il constitue un hymne à la liberté, le roman de Susan Fisher Staples demeure représentatif des choix existentiels de Marie-Lune. Rejetant la logique binaire qui oppose la fonction biologique à la fonction sociale, l'adolescente amorce un processus d'écriture qui rendra compte du rapport qu'elle entretient avec son bébé. Le *je* diariste privilégie la parole maternelle qui analyse et qui interprète les événements au fil de sa grossesse :

> Je pense que tu es intelligent parce qu'aujourd'hui, tu as deviné qu'il était grand temps de me dire bonjour. J'avais besoin de pouvoir m'agripper à quelque chose de vrai et de vivant. Je commençais à me demander si je n'étais pas gonflée d'air. J'en avais ras le bol, j'en avais plein le dos, quand tu m'as saluée. Enfin ! Merci… C'est vraiment chouette quand tu bouges. C'est magique et mystérieux. Et très réel en même temps. (*GS*, p. 91-92)

Comme l'indiquent Adrienne Rich[26] et les tenantes d'un féminisme radical se réclamant de Simone de Beauvoir[27], le royaume des pères a, au cours des siècles, marginalisé la maternité en l'associant plus à la nature qu'au monde de l'esprit ; l'institution familiale a ainsi privé la femme de tout pouvoir. Or, dans le récit de Demers, l'expérience de la maternité ne contribue pas à maintenir la femme dans un état d'infériorité. Au contraire, la protagoniste sort grandie de sa première grossesse, ce qui l'amène à percevoir Jean comme l'homme qu'elle aime, puis à entreprendre des études en journalisme. La série se clôt sur une Marie-Lune qui, de nouveau enceinte, privilégie la vie de l'écriture : « J'ai quand même fini mon bac. Je pourrais enseigner. Mais pas tout de suite. Mon ventre est gros et j'écris beaucoup. » (*DT*, p. 153) En ce sens, on ne peut comparer la jeune fille aux héroïnes victimes et déchirées issues des romans français de la première moitié du XIXe siècle. Dans le

24. Daniela Di Cecco (1997), « Identification et thérapie : l'emploi du journal intime dans le roman pour adolescentes au Québec », *CCL*, n° 85 (printemps), p. 65.

25. Susan Fisher Staples (1991), *Shabanu*, traduit de l'anglais, Paris, Gallimard, coll. « Page blanche ».

26. Adrienne Rich (1980), *Naître d'une femme. La maternité en tant qu'expérience et institution*, traduit de l'anglais, Paris, Denoël/Gonthier.

27. Simone de Beauvoir (1949), *Le deuxième sexe*, Paris, Gallimard.

sillage des théories de la différence développées au début des années 1980, Demers associe d'emblée le corps féminin à une forme de connaissance et attribue aux composantes d'ordre biologique une force de changement. S'écartant du féminisme radical, l'écrivaine rejoint les préoccupations des féministes de la différence qui « soutiennent que les femmes, en raison même de leur assignation à la sphère domestique et de leur rôle de parent principal, ont développé un sens du soi fondamentalement localisé (rapport au corps)[28] ». Selon ce raisonnement, l'altruisme maternel contribuerait donc au développement d'une éthique féminine.

Loin de marginaliser la femme contre son gré, la maternité, dans le roman de Demers, est liée à un processus d'écriture qui contribue à l'épanouissement. Les trois lettres de Fernande, la mère de Marie-Lune, établissent une filiation féminine, dans la mesure où le texte épistolaire thématise le rapport privilégié que la mère entretient avec sa fille, d'autant plus que les lettres relatent dans ses moindres détails la venue au monde de Marie-Lune. Tandis que sa mère agonise, emportée par un cancer, elle parcourt les missives que cette dernière a rédigées à son intention, d'abord en 1976, puis en 1991. Au terme de la lecture du premier carnet, l'adolescente découvre les joies de la maternité vécues par Fernande, quinze ans auparavant, au moment de son unique accouchement :

> J'ai pris une grande respiration et j'ai poussé comme si j'avais une montagne à déplacer. Soudain, je t'ai entendue. Tu n'étais pas grosse, mais tu en faisais, du vacarme ! [...] Ils t'ont déposée sur mon ventre mou. [...] C'est là que je me suis aperçue que tu ne pleurais plus. Depuis que nos corps s'étaient touchés. Un vrai miracle. Tu ressemblais à un petit oiseau affamé avec ton bec qui cherchait mes seins. Je t'ai aidée. [...] C'est à ce moment-là que j'ai compris qu'on était unies pour la vie. Ce qu'il y avait entre nous, c'était déjà plus fort que tout. (*HT*, p. 140-142)

Cet être s'exprime dans et par la maternité, s'actualise par le biais du *je* épistolaire et provoque un effet de réduplication. Au fil du récit, la grossesse et l'accouchement énoncent la différence comme un moyen d'émancipation qui s'enracine dans l'écriture. Toutefois, la dimension féministe et postmoderne du processus scriptural, nourri par l'expérience de la maternité, semble occultée par la critique. Selon Danielle Thaler, il s'agirait d'une « communication avec une forme d'au-delà, comme s'il ne pouvait y avoir de véritable échange que différé, de véritable rencontre qu'au-delà de la vie, en aval ou en amont, au seuil du silence éternel[29] ». Au contraire, ces structures en abyme supportent une « architexture » romanesque ancrée dans une postmodernité qui octroie à la fiction le pouvoir de transformer le réel. Si les figures de l'écrit s'inscrivent dans l'organisation narrative

---

28. Francine DESCARRIES (1998), « Le projet féministe à l'aube du XXᵉ siècle : un projet de libération et de solidarité qui fait toujours sens », *Cahiers de recherche sociologique*, n° 30, p. 196.

29. Danielle THALER, *loc. cit.*, p. 87.

du récit, elles participent d'une esthétique postmoderne développée à partir des catégories énonciatives de l'autoreprésentation : « L'acte de communication implicite dans tout discours est mis en évidence par des appels nombreux au narrataire. » Comme le soutient Janet Paterson, « le surcodage de la fonction du narrataire dans le roman postmoderne […] permet de remettre en question les notions d'autorité et de totalisation[30] ». Posé à la fois comme narrateur et narrataire, le moi du personnage féminin se libère des diktats masculins alors qu'il devient un sujet inscrit dans un processus d'écriture.

Le dernier tome de la série fait état d'une étape cruciale dans le parcours identitaire de Marie-Lune, qui découvre la compassion à l'intérieur d'un univers clos et féminin, un couvent au cœur d'une forêt où habitent des moniales. Lors d'un séjour imprévu chez ces sœurs cloîtrées, l'adolescente fait la connaissance de sœur Élizabeth, qui, comme Marie-Lune, est une amante de la nature : « Elle aimait la forêt et moi aussi. Entre ces arbres, nous devenions complices. Je savais nommer la plupart des oiseaux […]. Elle semblait reconnaître, même de loin, le vol d'une sittelle et devinait la présence d'un lièvre ou d'une gélinotte. » (*DT*, 131) Comme le suggère le discours de la narratrice, la spiritualité vécue par la jeune religieuse correspond à une philosophie naturelle où religion et nature ne sont plus régies par une logique de contradiction. L'histoire d'Élizabeth évoque une trajectoire existentielle des plus communes : avant de prendre le voile, la jeune femme avait entrepris des études en médecine et vivait avec un homme qu'elle aimait profondément. Au grand étonnement de Marie-Lune, qui se perçoit comme une athée, la nonne insiste sur l'état de plénitude engendré par la voix divine qui irradie son quotidien.

« Dieu remplit tout », écrivait Victor Hugo en 1831, dans *Les feuilles d'automne*. Les écrivains et philosophes romantiques ont élaboré une théorie de la nature médiatrice entre l'homme et la divinité. Mais la puissance et l'activité infinies du dieu évoqué par Élizabeth s'apparentent plutôt à la substance du dieu-nature (*Deus sive Natura*) décrit par Spinoza au XVIIᵉ siècle. C'est ce vers quoi s'oriente la philosophie moniste d'Élizabeth, qui réconcilie pour ainsi dire la nature matérielle et le monde spirituel. Recluse dans un couvent, la religieuse apporte un soutien affectif à la jeune femme en détresse et, du même élan, la ramène sur la voie de l'écriture. Si le parcours d'Élizabeth jette un nouvel éclairage sur les tenants et les aboutissants d'une vocation religieuse, il fait état d'un certain scepticisme face au progrès et à la technologie. Des lieux propices au recueillement et à la méditation se substituent à la finitude de l'espace social. C'est dans cette perspective que Dominique Demers aborde ici la spiritualité. Elle dépeint « l'enfant survivant » comme « l'enfant adulte qui, entouré d'adultes enfants, doit avancer, tout seul, dans

---

30. Janet M. PATERSON, *op. cit.*, p. 19.

un monde qui ressemble à un champ de mines[31] ». Ce que l'écrivaine dénonce ici, ce sont les affres de la société postmoderne et postindustrielle associée à « l'ère du vide[32] ». Un tel monde se caractérise par l'individualisme, le nihilisme, et par le rejet de toutes les valeurs collectives et communautaires. Le regain d'intérêt pour la religion que l'on observe dans la culture occidentale s'accompagne d'une certaine fascination pour l'irrationnel. C'est une époque où les êtres humains sont de perpétuels exilés de l'intérieur, à l'instar de la jeune Marie-Lune privée de sa mère et marginalisée par son état. Étant donné le cadre d'interprétation qui se caractérise par une foi totale dans la science et la technique, on ne s'étonnera guère que « [la] religion et la foi [soient] devenues le plus grand tabou de cette fin de siècle[33] ». Par l'insertion d'une thématique religieuse au sein du dernier tome de sa trilogie romantique, Demers s'inscrit dans la postmodernité, puisqu'elle met en relief la dimension nihiliste d'une société où les jeunes sont laissés à eux-mêmes, comme Marie-Lune, consciente du caractère contingent de l'existence.

La présence du personnage d'Élizabeth ponctue le récit de tropes où se croisent postmodernisme et féminisme, si l'on songe au retour du sacré qu'incarne la religieuse et aux valeurs essentiellement féminines qu'elle véhicule. Guidée par la foi et une vie spirituelle aux vertus émancipatrices, sœur Élizabeth rend possible la réconciliation de Marie-Lune avec elle-même, à la suite du suicide d'Antoine, le père de son enfant : « Tous les après-midi, beau temps, mauvais temps, Élizabeth m'entraînait dans une longue randonnée hors des sentiers. C'était le meilleur moment de la journée. Celui où je me sentais le plus près d'elle. » (*DT*, p. 130) Ces scènes, au fil desquelles s'éveille puis s'établit un sentiment d'attachement, évoquent « la narration des rapports humains » inhérente à une « morale de la sollicitude ». Selon Carol Gilligan, cette morale se traduit par « une responsabilité envers le monde afin d'en discerner les maux réels et reconnaissables et de les soulager[34] ». Gilligan fait partie des féministes américaines qui tentent d'expliquer le phénomène de la différence de la manière suivante : au lieu d'aborder les problèmes du monde comme une équation mathématique à résoudre logiquement, les femmes commentent le

---

31. Louise GENDRON (1994), « *Ils dansent dans la tempête*. La spiritualité est le grand tabou de la littérature jeunesse. Dominique Demers le fracasse dans son dernier roman », *L'actualité*, vol. 19, n° 5 (avril), p. 58.

32. Selon Gilles Lipovetsky, le modernisme a ouvert la voie au postmodernisme qui se caractérise notamment par le narcissisme. Le reflux généralisé des valeurs sociales, des engagements politiques profonds, des récits globalisants, entraîne le règne de l'« apathie frivole ». Ce culte du moi rend compte de l'individualisme propre à l'ère postindustrielle : « Le mot d'ordre postmoderne et narcissique est "il faut être absolument soi-même" dans un éclectisme laxiste. » Gilles LIPOVETSKY (1983), *L'ère du vide. Essais sur l'individualisme contemporain*, Paris, Gallimard, p. 179.

33. Dominique Demers citée par Louise GENDRON, *loc. cit.*, p. 59.

34. Carol GILLIGAN (1986), *Une si grande différence*, traduit de l'anglais, Paris, Flammarion, [1980], p. 153.

monde à partir d'une « narration de rapports humains dont les effets se prolongent dans le temps[35] ». Elles seraient alors porteuses d'une culture autre, d'un nouveau projet social, ce dont rend compte la transformation de Marie-Lune au contact de sa nouvelle amie : « Il y avait quelque chose de contagieux dans l'assurance tranquille d'Élizabeth. Je me sentais redevenir plus solide, plus lucide aussi. » (*DT*, p. 131) La rencontre de sœur Élizabeth va permettre à la jeune fille de poursuivre sa route et de redécouvrir l'amour de Jean, qui fait presque figure de prince charmant. La lettre que fait parvenir la religieuse à la jeune fille est la preuve éloquente de leur amitié : « Sois heureuse Marie-Lune. Aime Jean comme j'aurais aimé Simon. Et quoi que tu fasses, où que tu ailles, n'oublie pas que je serai toujours ici et que je resterai, si tu le veux bien, ta petite sœur, Élizabeth. » (*DT*, p. 156) Cette éthique, fondée sur le souci de l'autre, relève (comme le croit Gilligan) de l'expérience proprement féminine. Elle permet d'attribuer une signification positive au dénouement du récit qui s'articule autour de l'identité d'un sujet féminin ayant vécu successivement l'expérience de la maternité, de la mort et de l'amitié.

Marie-Tempête réunit en un seul volume les trois tomes de la série au sein d'une collection destinée aux adultes[36]. La préface de Jacques Allard favorise la réflexion sur la réception de l'œuvre et met en lumière la frontière floue établie entre le roman de l'adolescence, d'une part, et le roman pour adolescents et adolescentes, d'autre part : « Un vrai roman. De ce type de l'âge difficile, si rare dans notre littérature, en fait souvent caché dans la case réservée des romans pour "jeunes"[37]. » Daniela Di Cecco se demande à son tour si « les adolescents ont l'exclusivité du "mal de vivre"[38] » pour finalement conclure que les crises d'identité ne sont pas uniquement l'apanage de l'adolescence. Elle attribue ainsi aux romans destinés à la jeunesse un rôle qui ne se réduit guère à celui de séduire un lectorat implicite. C'est pourquoi la critique s'attarde aux différences formelles entre les deux œuvres. Les disparités, qui se situent au niveau du paratexte — et non au niveau de la diégèse —, ont bien entendu une incidence sur la lecture. Le titre de l'ouvrage s'adresse à un public plus large ; ce n'est pas le fruit du hasard. De fait, la charge sémantique du nom « Marie-Tempête » étaye les images déjà présentes dans le récit qui, on s'en souviendra, associent l'état psychologique de Marie-Lune à la nature, à la contingence. « Marie-Lune devient Marie-Tempête et réalise son rêve : dans les bras de l'autre, mimer la nature, étreindre le monde lui-même[39]. » Que ce soit dans les textes destinés à la jeunesse ou aux adultes, l'adolescence a de quoi générer, sur le

---

35. *Ibid.*, p. 151.

36. Dominique DEMERS (1997d), *Marie-Tempête*, Montréal, Québec/Amérique. Un téléfilm diffusé en France a été adapté du roman.

37. *Ibid.*, p. 9.

38. Daniela DI CECCO (2000), « *Maïna* et *Marie-Tempête* : deux romans, deux publics », *CCL*, n° 97 (printemps), p. 29.

39. Dominique DEMERS (1997d), *Marie-Tempête*, p. 11.

plan discursif, une myriade de lieux et de figures susceptibles de favoriser l'auto-représentation et l'«agentivité» d'une héroïne qui revendique sa subjectivité à une époque postmoderne.

Révisionnisme et découverte de l'autre: la femme-loup au pays des glaces

Comme Marie-Lune, l'héroïne éponyme du roman *Maïna*[40] entretient un rapport privilégié avec la nature et tout particulièrement avec les loups: *L'appel des loups* et *Au pays de Natak* sont les sous-titres respectifs des deux tomes de cette œuvre, parue dans une collection pour la jeunesse chez Québec/Amérique. Il s'agit d'une jeune Amérindienne dont la vie se déroule dans le Grand Nord préhistorique, il y a 3500 ans. Issue de la tribu des Presque Loups — chasseurs-cueilleurs vivant sur un territoire qui correspond à la région actuelle de Sept-Îles —, Maïna est présentée comme une jeune fille aux allures rebelles, ce qui la distingue des autres membres de la tribu. «Maïna était différente. [...] Elle souhaita soudain être elle aussi une Presque Loup sans histoire et faire taire tous les orages qui grondaient en elle.» (*AL*, p. 45-46) Comme Marie-Lune encore, la jeune Amérindienne est tourmentée et s'indigne de l'assujettissement aux rites et aux croyances exigé par son milieu. Dans son avant-propos, l'auteure met clairement en relief l'esprit d'indépendance qui anime ses deux héroïnes: «Comme Marie-Lune, Maïna est passionnée, elle n'a pas froid aux yeux et refuse que d'autres décident pour elle. Elle est aussi profondément amoureuse et ce qui lui arrive est exceptionnel.» (*AL*, p. 11) Si la mère de Marie-Lune meurt des suites d'un cancer, celle de Maïna ne survit pas à son premier accouchement. Chef de la tribu et témoin des incartades de sa fille, Mishtenapeu est un homme indulgent, à la manière de Léandre, le père de Marie-Lune. Animées par un indéfectible besoin de liberté, les adolescentes refusent d'être dominées par la loi des hommes et préfèrent agir selon leurs désirs et leurs valeurs.

Si Marie-Lune parvient à assumer ses choix en faisant l'expérience de la mater-nité, Maïna s'affirme comme sujet lorsqu'elle s'adonne à la chasse, une activité réservée aux hommes. Consciente de s'accomplir dans l'action, Maïna refuse de reproduire les rôles féminins que lui impose sa tribu:

> Elle n'avait d'ailleurs pas envie d'être possédée par un homme, d'attendre dans une tente en cousant des peaux pendant que lui courrait derrière les caribous. Elle voulait chasser. Participer, jour après jour, à cette formidable aventure en se faufilant entre les épinettes pour conquérir elle-même les bêtes qui la nourriraient. (*AL*, p. 46)

---

40. Dominique DEMERS (1997a et 1997b), *Maïna tome 1: L'appel des loups* et *Maïna* tome 2: *Au pays de Natak*, Montréal, Québec/Amérique Jeunesse, coll. «Titan+». Les abréviations utilisées sont les suivantes: *AL* pour *L'appel des loups* et *PN* pour *Au pays de Natak*. Conçu également pour un public adulte, le texte est publié chez le même éditeur en 1997. Voir Dominique DEMERS (1997c), *Maïna*, Montréal, Québec/Amérique.

Maïna refuse la loi patriarcale qui la contraint à devenir la femme de Saïto : « Leur union avait été décidée avant même que Maïna apprenne à marcher. » (*AL*, p. 26) Elle fait tout en son pouvoir pour échapper à l'emprise du jeune homme qui incarne une société traditionnelle aux mœurs barbares : « L'idée de lui appartenir la révoltait. » (*AL*, p. 26) Saïto, qui aspire à devenir le chef de la tribu des Presque Loups, n'hésite pas à commettre des crimes crapuleux. Le récit à la troisième personne brosse un portrait plutôt rébarbatif de ce personnage : on le décrit comme un « homme dur » (p. 26), cruel et vindicatif, au « ton menaçant » (p. 33), vivant sous l'emprise d'un « esprit malveillant » (p. 44). Plus encore, son « âme noire » (p. 111) le porte à des « rages sournoises » (p. 79) et son regard projette une « flamme cruelle » (p. 127). Le père de Maïna croit que des « puissances malignes » (p. 78) provoquent chez cet homme de « détestables envies de puissance » (p. 79). Amoureuse de Manutabi, le bel étranger des îles, Maïna se décide à quitter son pays et à abandonner les siens afin de fuir un homme qui lui répugne.

Figure peu conventionnelle, Tekahera, une femme qui a remplacé sa mère, « encourage [pour sa part] le caractère quelque peu subversif de la jeune fille[41] » qui, à maints égards, ne respecte pas la volonté ancestrale. Au dire de Saïto, « Tekahera lui avait insufflé des idées contraires à la loi des Presque Loups et depuis quelques saisons elle tentait de l'éloigner de la voie tracée par le Manitou » (*AL*, p. 125). Tout bien considéré, l'Amérindienne excentrique ouvre la voie à Maïna qui répond secrètement à « l'appel des loups ». Elle n'est donc pas surprise de voir sa jeune protégée s'enfuir au « pays des glaces ». Forte de ses dons de conteuse et de guérisseuse, Tekahera « [vaut] toutes les forêts réunies » (*AL*, p. 26), car elle connaît toutes les plantes, et leurs vertus thérapeutiques. La femme a communiqué à sa « presque fille » un profond respect pour la nature : « Les humeurs du vent la [Maïna] troublaient, la danse des arbres sous l'orage l'enivrait de bonheur et il lui arrivait de trembler devant la beauté des lumières boréales. » (*AL*, p. 45) De fait, Tekahera passe l'hiver sur une île remplie d'oiseaux dont elle apprécie la douce compagnie : « Tekahera ferma les yeux pour mieux sentir les petites ailes papillonner autour d'elle. Elle adorait ce chuintement joyeux des mésanges gourmandes qui s'activaient jusqu'à ce qu'il n'y ait plus rien à manger. » (*AL*, p. 192) Loin de réduire la préhistoire des tribus nordiques à un espace-temps où les hommes et les femmes sont asservis aux forces de la nature, l'auteure porte une attention particulière aux liens qui unissent les personnages féminins au monde naturel. Guérisseuse, Tekahera cherche à transmettre son respect pour la vie à ses proches, qui demeurent pour leur part enfermés dans un mode fonctionnel de survie. C'est pourquoi le récit l'associe à une figure maternelle.

---

41. Francine BORDELEAU (1997), « La guerre des sexes », *Lettres québécoises*, n° 87 (automne), p. 27.

Affrontant la rigueur des climats nordiques, Maïna se rend aux alentours de la baie d'Ungava où elle fera la rencontre de Natak, un homme «jeune et robuste» (*AL*, p. 200), «un chasseur brave et fort» (*PN*, p. 133). Au cœur de la toundra préhistorique, elle fait l'expérience de l'autre en découvrant la culture et le mode de vie des Inuits. Dans un premier temps, la jeune fille est déroutée: «C'était trop de paroles et d'odeurs inconnues, trop de gestes incompréhensibles, agressants.» (*PN*, p. 33) Tout se passe comme si le souvenir de la forêt et de sa tribu altérait sa perception des êtres et des choses, au moment où elle séjourne dans des peuplades qui se nourrissent de viande crue et chassent le phoque ou le morse. «Depuis qu'ils avaient franchi les limites de la forêt d'épinettes pour pénétrer dans ce désert où craque, siffle et gémit la glace, Maïna se sentait étrangère à tout.» (*PN*, p. 44) Par la suite, la tendresse qu'elle éprouve pour Natak l'amène à mieux apprécier son nouvel univers: «Elle découvrait encore combien le territoire et les habitants du pays sans arbres ressemblaient peu à ce que les gens avaient imaginé dans leurs légendes autour du feu.» (*PN*, p. 133) En d'autres termes, la jeune fille découvre que «les légendes de Tekahera n'étaient pas toutes vraies» et que «les hommes du pays de glace n'étaient pas tous cruels et sans pitié» (*PN*, p. 190). Exilée sur les terres nordiques et traitée par ses hôtes comme une étrangère, Maïna n'a cependant rien perdu de sa fougue. Déterminée à rapporter une bête au campement, elle accompagne Natak à la chasse aux caribous avant que ne débute la saison hivernale:

> Elle avait beaucoup couru mais ne s'arrêta pas comme les hommes pour reprendre son souffle. Elle visa à bonne distance et frappa juste. Pendant les heures que durèrent [*sic*] cette chasse, les compagnons de Natak furent témoins de son adresse, de son acharnement et de sa résistance. (*PN*, p. 141)

L'acceptation de l'autre et l'élimination des préjugés supportent la thématique du récit. Maïna, qui porte l'enfant de Natak, poursuit un idéal en cherchant à réaliser la symbiose des cultures amérindienne et inuite: «Ensemble, ils construiraient un pays. Il y aurait des phoques, des caribous, des loups. [...] Il y aurait de l'eau aussi dans ce territoire nouveau. Des montagnes peut-être. Un vaste ciel. Des arbres? Ils ne marcheraient sans doute pas jusqu'à la taïga.» (*PN*, p. 206)

C'est dans le cadre d'un roman historique que Demers «fictionnalise» ici la préhistoire. Selon Françoise Lepage, «le roman historique pour la jeunesse est conforme à l'esprit de la "nouvelle histoire"[42]», ce courant historiographique qui, négligeant l'événement au profit de la longue durée, étudie la vie quotidienne, les mentalités, les coutumes, les mœurs et les croyances. Dans *Maïna*, l'écrivaine tente de convertir le parcours identitaire d'une jeune Amérindienne en un objet de connaissance historique. Elle cherche à remettre en question certaines représentations collectives figées: «Je ne m'intéressais pas aux Amérindiens, sans doute parce qu'à

---

42. Françoise LEPAGE, *op. cit.*, p. 312.

l'époque où j'étais enfant, j'ai subi trop de leçons ennuyeuses sur les Indiens et les Blancs du temps de Jacques Cartier[43]. » Aujourd'hui on « réécrit l'Histoire selon de nouveaux paradigmes, mettant en lumière des faits jusqu'ici ignorés ou jugés non pertinents[44] », comme le rappelle à juste titre Suzanne Pouliot. Cette réécriture s'attache aux événements du quotidien et suscite l'intérêt pour l'histoire des femmes. Agissant à plusieurs reprises comme un homme et rejetant le rôle passif de la femme dans la tribu, Maïna oblige le lecteur à réévaluer la condition féminine : « Maïna voulait tuer. Planter sa lance et voir mourir avant qu'il fasse brun » (*AL*, p. 17) ; « Au fil des saisons, non seulement avait-elle acquis le savoir des chasseurs, mais elle était devenue rusée comme l'ours, leste et vive comme le lièvre, et surtout elle avait l'endurance des loups » (*AL*, p. 52). Parce qu'elle « transgresse les règles par pure conviction[45] », l'héroïne insoumise — mais combien brave ! — exprime son agentivité. Au lieu de reconstituer la dynamique des échanges entre Amérindiens et Inuits, la fiction romanesque met en lumière les qualités propres à Maïna. En ce sens, le récit de Demers confirme l'hypothèse déjà avancée par Françoise Lepage : « De nos jours, le roman historique est devenu individualiste, suivant en cela la tendance générale de la société[46]. »

Si la critique journalistique et universitaire demeure tiède à l'endroit du roman, il n'en demeure pas moins que « *Maïna* a figuré sur la liste des best-sellers, autant pour adultes que pour adolescents[47] ». L'une des réserves émises à l'endroit du texte tient au personnage féminin, dont l'allure moderne tranche avec le monde archaïque du récit. On retiendra à cet effet le commentaire de Francine Bordeleau : « Si, dans cette aventure, le décor, les coutumes et les mythes illustrent bien un monde archaïque, le personnage de Maïna, affublé d'un comportement, d'aspirations et d'un physique très modernes, apparaît en contrepartie plutôt contemporain[48]. » On s'en prend également

---

43. Dominique Demers (1997c), *Maïna*, p. 11.

44. Suzanne Pouliot (1996), « Le roman historique : lieu idéologique et identitaire », *Lurelu*, vol. 18, n° 3 (hiver), p. 10.

45. Daniela Di Cecco, « *Maïna* et *Marie-Tempête*… », *loc. cit.*, p. 28.

46. Françoise Lepage, *op. cit.*, p. 308.

47. Daniela Di Cecco, « *Maïna* et *Marie-Tempête*… », *loc. cit.*, p. 28. Dans l'avant-propos du texte pour la jeunesse, la romancière ne s'attarde que brièvement à la genèse du manuscrit, à la documentation utilisée. Il est plutôt question du sentiment de l'auteure face à une entreprise de recherche qui se révèle à bien des égards monumentale, voire farfelue : « Souvent, surtout au début, j'ai eu l'impression d'être devenue complètement maboule. Je me demandais dans quelle étrange galère je m'étais embarquée. » (Demers, *Maïna*, tome 1, 1997a, p. 12) L'édition pour la jeunesse sollicite d'entrée de jeu un jeune lecteur : « À tous les jeunes qui aiment la lecture, les découvertes, l'amour, l'aventure… » (p. 11), tandis que le texte destiné à un public général minimise les appels au narrataire : « Ce roman a exigé un travail de reconstitution qui se veut surtout fidèle dans l'âme, puisque les premiers humains de notre territoire ont quitté ce monde avec leur histoire. » (Demers, *Maïna*, 1997c, p. 13)

48. Francine Bordeleau, *loc. cit.*, p. 27.

aux « trop longues descriptions de la nature[49] », qui ralentissent la diégèse, puis au manque de cohésion narrative résultant d'une intégration maladroite des données historiques à la fiction[50]. À l'exemple de pièces architecturales mariant par exemple le classicisme au baroque, les récits littéraires aux traits postmodernes privilégient une fusion de réalisme et de modernité, créant de la sorte un effet d'hétérogénéité[51]. Le texte de Demers demeure représentatif d'une esthétique du métissage.

Le romantisme postmoderne : quand la différence devient synonyme de tolérance

Si les représentations de la nature et de l'altérité contribuent à enrichir la facture postmoderne des romans pour adolescents, c'est l'imagination qui occupe une place de prédilection au sein des textes destinés aux plus jeunes. Les courts romans qui mettent en scène l'excentrique mademoiselle Charlotte en sont une bonne illustration. Dans le contexte d'une culture postmoderne marquée par l'effondre-ment des grands récits qui postulaient l'universalisation par la voie de la raison, Dominique Demers présente à un lectorat dont l'âge se situe entre sept et neuf ans, une série qui fait l'éloge de la différence. Autant la nature détermine l'envi-ronnement physique de Maïna et de Marie-Lune, autant l'imagination débridée de l'héroïne galvanise l'action dans *La nouvelle maîtresse*, *La mystérieuse bibliothécaire* et *Une bien curieuse factrice*[52].

Paru en 1994, *La nouvelle maîtresse*[53] aborde un des thèmes récurrents en littérature jeunesse : l'école. Relatée par une enfant, l'histoire, qui se déroule presque entièrement dans une salle de classe, met en scène une vieille dame originale dont on ne connaît ni l'origine, ni l'âge, ni le mode de vie. Suppléante dans une école primaire, l'énigmatique Charlotte a une conception particulière de l'enseignement[54].

---

49. Catherine Fontaine (1997), « Dominique Demers. *Maïna*, tomes 1 et 2 : *L'appel des loups* et *Au pays de Natak* », *Lurelu*, vol. 20, n° 1, p. 26.

50. On déplore qu'« il existe un réel fossé entre le souci de la précision anthropologique et la fraîcheur de l'invention romanesque », *ibid.*, p. 26.

51. « L'architecture postmoderne est plurielle et historique : elle utilise en les parodiant les œuvres du passé comme à Londres, dans les styles multiples du nouveau quartier des docks, ou la célèbre aile nouvelle ajoutée à la National Gallery à Trafalgar Square où de fausses colonnes grecques ne supportant rien ornent la façade du musée. » François Gallix (1995), *Le roman britannique du XXᵉ siècle. Modernistes et postmodernes*, Paris, Milan, Barcelone, Masson, p. 79.

52. Dominique Demers vient de publier un quatrième roman consacré aux aventures de l'ineffable mademoiselle Charlotte. Voir Dominique Demers (2001b), *Une drôle de ministre*, Montréal, Québec/Amérique Jeunesse, coll. « Bilbo ».

53. Dominique Demers (1994b), *La nouvelle maîtresse*, Montréal, Québec/Amérique Jeunesse, coll. « Bilbo ». Toute référence à ce texte sera indiquée par le numéro de page.

54. Comme le suggère Danièle Courchesne, le roman « ravive certaines idées fort populaires pendant les années soixante-dix en éducation ». Voir Danièle Courchesne (1995), « Dominique Demers. *La nouvelle maîtresse* », *Lurelu*, vol. 17, n° 3 (hiver), p. 15.

À ses yeux, il importe de renouveler l'école afin de créer une « dynamique dans laquelle les jeunes trouvent un terrain propice à leur épanouissement[55] ». Cependant, les idées de la vieille dame bouleversent considérablement le directeur, monsieur Crakpote, qui préfère les approches pédagogiques de type traditionnel. Dès l'incipit, la jeune narratrice insiste sur le fait que mademoiselle Charlotte est différente des autres institutrices, et ce, à bien des égards. Une apparence physique pour le moins extravagante contribue à transformer l'héroïne en une créature sortie tout droit d'un conte. Il faut dire en effet que l'accoutrement de mademoiselle Charlotte a de quoi susciter bien des commentaires : « Très grande et très maigre » (p. 10), la vieille dame porte un énorme chapeau avec un bout rond, une robe bleue démodée d'un certain chic, des grosses bottes de cuir à semelles épaisses. Bref, des vêtements et des accessoires qui n'ont rien de conventionnel ! Mais ce qui surprend davantage les enfants, ce sont les comportements de la nouvelle institutrice. Visiblement, les gestes et les actions du personnage ne ressemblent en rien à ceux des autres enseignantes. La narration s'inscrit dans une démarche heuristique où se juxtaposent le connu et l'inconnu. L'arrivée de mademoiselle Charlotte vient ébranler les idées reçues et fait disparaître bien des automatismes. Les passages commençant par la locution adverbiale « d'habitude » servent à dégager les traits de la personnalité saugrenue de l'héroïne et à mettre en relief sa conduite inusitée : « D'habitude, les maîtresses marchent très vite » (p. 9) ; « D'habitude, les nouvelles maîtresses se présentent » (p. 12). Contrairement aux « maîtresses [qui] sont toujours pressées », la remplaçante « semblait prendre tout son temps » (p. 9). Plutôt que de se précipiter vers la salle de classe, la vieille dame flâne dans le corridor. Au lieu de s'adresser aux élèves et de se présenter suivant l'usage, la nouvelle professeure amorce une conversation avec un caillou qu'elle surnomme Gertrude : « Salut, ma coquelicotte. Ah ! Pauvre chouette cacahuète. Je t'ai réveillée, hein ? Je suis désolée. Je me sentais un peu seule… » (p. 14-15) La présence d'un narrataire revêt une importance capitale dans la pédagogie de Charlotte. Celle-ci a en effet recours à un interlocuteur fictif pour faire comprendre à son auditoire que l'imagination permet de créer des mondes.

Au fil des leçons, l'institutrice incite les élèves à élaborer des projets, à imaginer des lieux et des personnages : « Mlle Charlotte dit qu'on peut tout inventer. Que, dans notre tête, il y a des millions de pays, de personnages, de planètes. C'est à nous de les réveiller. Et il ne faut pas s'inquiéter de ce que les gens peuvent penser. » (p. 35) Il importe pour la pédagogue que les enfants puissent développer leur créativité, en dépit des normes et des conventions sociales. Si la vieille dame exalte les mondes possibles qui émanent d'une imagination fertile, les actes de violence la révoltent au plus haut point : « Mlle Charlotte était très allergique à la violence. » (p. 54) Lorsqu'elle apprend que les élèves de sa classe se lancent des injures et se donnent des coups, elle démissionne et quitte promptement la salle de classe. Les

---

55. *Ibid.*, p. 15.

élèves lui promettent de ne plus recommencer afin qu'elle réintègre son poste. Le tempérament pacifique de la vieille dame, de même que ses efforts pour développer la créativité des enfants, s'apparentent aux principes éthiques élaborés par les féministes de la différence : sollicitude et esprit maternel, non-violence et respect de l'autre. Comme l'affirme la jeune narratrice, il semble que mademoiselle Charlotte ait atteint les objectifs qu'elle s'était fixés : « On aurait dit que Mlle Charlotte nous transmettait sa force. Nous avions tous un peu plus confiance en nous. » (p. 70) Sa mission accomplie, l'institutrice quitte l'école, après avoir fait don de son précieux caillou à la fillette qui avait joué son rôle dans une pièce de théâtre présentée au personnel de l'école et aux parents, pour leur faire découvrir la pédagogie inventive de l'attachante mademoiselle Charlotte. « *La nouvelle maîtresse*, c'est l'éloge de la différence, le droit d'être soi-même[56]... » Compte tenu de sa singularité, le personnage confère une dimension postmoderne au récit.

Peu importent les lieux qu'elle fréquente et les fonctions qu'elle assume : mademoiselle Charlotte se fait toujours remarquer. Dans *La mystérieuse bibliothécaire*[57], elle a la ferme intention de faire découvrir le plaisir de la lecture aux enfants qu'elle côtoie. Or, le maire, qui « n'a jamais ouvert un livre de sa vie » (p. 17), refuse d'en acheter de nouveaux pour garnir les rayons de la bibliothèque, sous prétexte que l'argent de ses coffres doit être utilisé à d'autres fins : « Je ne dépenserai pas un seul sou pour acheter des paquets de papier. » (p. 43) Charlotte, déguisée en femme-sandwich, manifeste dans la rue pour obtenir gain de cause et fait la manchette : « Sur les deux grosses pancartes qu'elle portait, les passants pouvaient lire : Au secours ! La bibliothèque meurt de faim. » (p. 44) Devant les pressions de la presse, le maire, M. Lenragé, consent à allouer dix mille dollars à la bibliothèque. Bien décidée à initier les jeunes à la lecture, la bibliothécaire se met résolument à la tâche. Rejetant la bibliothéconomie traditionnelle, elle utilise un système de classification bien particulier selon lequel les livres ne sont pas alignés par ordre alphabétique mais par couleurs. Il n'en demeure pas moins que de nombreux lecteurs se mettent à fréquenter assidûment la bibliothèque, aménagée en salon de lecture grâce aux bons soins de la vieille dame : « La majorité des adultes étaient impressionnés par la passion de la lecture que mademoiselle Charlotte avait réussi à communiquer aux enfants. » (p. 81) De toute évidence, la communauté s'est radicalement transformée à la suite du passage de la dame excentrique qui donne envie « de défier les règles et de s'égarer, mais surtout de bousculer les jeunes et de les entraîner sur le chemin parfois tortueux de la créativité et du délire, eux, de qui l'on exige trop souvent sagesse et obéissance[58] ». Les outils

---

56. Dominique Demers citée par Lynda GIROUX, *loc. cit.*, p. 3.

57. Dominique DEMERS (1997e), *La mystérieuse bibliothécaire*, Montréal, Québec/Amérique Jeunesse, coll. « Bilbo ». Toute référence à ce texte sera indiquée par le numéro de page.

58. Catherine FONTAINE (1998), « Dominique Demers. *La mystérieuse bibliothécaire* », *Lurelu*, vol. 20, n° 3 (hiver), p. 24.

pédagogiques développés par le personnage sollicitent l'esprit inventif de l'enfant puis l'amènent à s'interroger sur le conditionnement social et ses effets dans l'apprentissage. Postmoderne, le texte de Demers s'écarte des récits globalisants et de leurs utopies collectivistes afin de laisser libre cours aux fantasmes et aux rêves.

Une fois la passion des livres transmise, il s'agit de pénétrer des mondes imaginaires et de constituer une encyclopédie à la portée des jeunes lecteurs. Nombreux sont les classiques de la littérature jeunesse auxquels le texte de Demers fait allusion. Comme la lecture s'avère une activité de prédilection tout au long du récit, les procédés de l'intertextualité sont, du même élan, mis à contribution. Si Charlotte est troublée par les événements horrifiants du conte *Barbe-Bleue* et discute des habitudes de Fifi Brindacier, elle est littéralement captivée par l'histoire de *La Belle et la Bête*. La bibliothécaire tombe éperdument amoureuse du personnage de la Bête au cœur de sa lecture: «J'aimerais tellement vivre toujours à ses côtés» (p. 102), révèle-t-elle à Léo, un garçon du village. Le brouillage de la frontière entre réalité et fiction qu'opère la diégèse fait écho à la sensibilité du personnage. De fait, l'univers de la fiction exerce une telle emprise sur Charlotte qu'elle en perd le sens des réalités: «Lorsqu'elle lit un roman vraiment passionnant, mademoiselle Charlotte tombe dans l'histoire. Son corps reste ici, mais son esprit voyage ailleurs. Pour la ramener à la réalité, il faut poursuivre la lecture à haute voix.» (p. 70) C'est ainsi que Léo décrit, dans une lettre qu'il adresse à son amie Marie, l'état de la bibliothécaire, dont l'esprit se laisse dangereusement «aspirer» (p. 38) par des mondes imaginaires. S'il demande à Marie de l'aider à comprendre mademoiselle Charlotte, c'est parce qu'elle est la petite fille dépositaire du «caillou magique». En vertu des échanges que la petite pierre lui permet d'établir avec des objets fictifs, Marie perce la rêverie de la vieille dame réfugiée dans un autre espace-temps. Son emploi de bibliothécaire aura permis à l'ancienne institutrice de percevoir autrement la réalité des livres: «J'ai compris que les personnages des livres habitent un monde différent.» (p. 122) Dans une lettre adressée à ses amis, mademoiselle Charlotte explique qu'elle doit partir, car «un nouveau métier [l'] attend» (p. 123).

Publié en 1999, *Une bien curieuse factrice*[59] relate un autre épisode des aventures de l'extravagante mademoiselle Charlotte. Au niveau du paratexte se tissent des liens explicites entre les titres des œuvres composant la série. L'adjectif «curieuse» du titre fait écho au «mystérieuse» du titre *La mystérieuse bibliothécaire*, non sans ambiguïté sémantique puisque le vocable «curieux» signifie également «qui cherche à connaître ce qui ne le regarde pas[60]». Et ce sont bien les indiscrétions de mademoiselle Charlotte qui engendrent de nombreux incidents alors qu'elle exerce le

---

59. Dominique DEMERS (1999b), *Une bien curieuse factrice*, Montréal, Québec/Amérique Jeunesse, coll. «Bilbo». Toute référence à ce texte sera indiquée par le numéro de page.

60. «Curieux», dans *Le nouveau Petit Robert. Dictionnaire alphabétique et analogique de la langue française*, Paris, Dictionnaires Le Robert, p. 591.

métier de factrice au village de Saint-Machinchouin. De concert avec la jeune Léonie, la vieille dame entreprend d'ouvrir des lettres destinées à ses concitoyens et d'en modifier le contenu. Car, dit-elle à sa jeune compagne : « Notre mission, c'est ajouter du bon. Si on réécrit une lettre, il faut que ce soit pour améliorer une situation ou rendre quelqu'un plus heureux. » (p. 45) Malgré ses bonnes intentions, mademoiselle Charlotte est incarcérée à la suite d'une plainte formulée par madame Becsec, une villageoise qui s'est improvisée détective pour faire éclater la vérité au grand jour. Ce n'est pas qu'elle veuille à tout prix faire respecter la loi : en réalité, madame Becsec convoite le prétendant de mademoiselle Charlotte, Timothée Tremblay, qui a fait à cette dernière de « tendres confidences » (p. 49). À l'image des amoureuses romantiques — telle la Marguerite Gautier de *La dame aux camélias*[61] —, l'héroïne est si troublée à la vue de Timothée qu'elle s'évanouit. Au lieu d'attendre que le prince charmant prenne l'initiative, elle prend la plume et lui envoie une lettre aux accents lyriques : « Vous êtes beau comme un arc-en-ciel/Et vos gâteaux goûtent le soleil / J'aimerais que vous soyez la mer / Et moi la plage / Ou encore vous le vent / Et moi les nuages. » (p. 73) À travers les fragments du discours amoureux, le sujet féminin dont le corps se fait verbe devient un *je* scripteur qui n'hésite pas à exprimer son désir et sa passion. Mais la lettre de la factrice est interceptée. Quand monsieur Tremblay prend connaissance de la missive enflammée, celle-ci est signée de la main de sa voisine, Bécassine. Sous les verrous, Charlotte doit admettre que des liens d'amitié unissent désormais Timothée et Bécassine : « Il ne m'aime pas. Il aime sa voisine. » (p. 104) À l'exemple de l'héroïne de Dumas qui doit renoncer à Armand Duval, mademoiselle Charlotte doit se détacher de son compagnon. Si Marguerite Gautier abandonne son amant sous prétexte qu'elle ne l'aime plus, alors qu'en vérité son milieu bourgeois l'y oblige, la vieille dame comprend pour sa part que le bonheur de Timothée est lié à celui de Bécassine. De son propre chef, l'étrange factrice quitte Saint-Machinchouin. Elle rédige d'abord plusieurs lettres à l'intention de ses amis. Elle confie à la jeune Léonie qu'« une nouvelle mission l'attend » (p. 122), réitérant de la sorte un énoncé épistolaire qui figure dans l'épilogue de *La mystérieuse bibliothécaire*. Charlotte indique aussi à sa compagne qu'elle doit retrouver Gertrude, son caillou : « J'ai été séparée d'elle trop longtemps. » (p. 122) À la différence des deux premiers romans, qui projettent l'image d'une héroïne servant d'abord et avant tout la cause des enfants, « le projecteur est braqué sur un personnage qui prend de l'ampleur : on apprend qu'elle chante fort et faux, qu'elle est une inventrice géniale, qu'elle peut être amoureuse[62] ! ». Dans le prolongement des textes précédents, qui contournaient les idées reçues et les lieux communs, le troisième volet des aventures de mademoiselle Charlotte fait à son tour l'éloge de la différence, voire des divagations.

---

61. Alexandre DUMAS fils (1961), *La dame aux camélias* [1848], Paris, Calmann-Lévy.
62. Gisèle DESROCHES (2000), « *Une bien curieuse factrice* », *Lurelu*, vol. 22, n° 3 (hiver), p. 38.

Cependant, la thématique de la différence déborde les structures de l'énoncé (personnage et action) et se transpose sur le plan de l'énonciation, alors que s'exprime avec acuité le discours amoureux d'un sujet féminin.

Si l'odyssée de mademoiselle Charlotte se déroule dans le milieu homogène de petits villages, les aventures du jeune Alexis Dumoulin-Marchand se situent dans un cadre urbain et multiethnique. Narré par un *je* masculin, le récit de *Valentine picotée* s'apparente à un roman de formation (*Bildungsroman*) de facture postmoderne au sein duquel « l'instance narrative déplace les catégories traditionnelles du masculin et du féminin afin d'exprimer son devenir hors du champ patriarcal[63] ». La série romanesque s'articule autour du thème de la tolérance, attitude préconisée par une société postmoderne qui veut en finir avec les dogmes. Au fil des événements qui le confrontent à la différence, le jeune Alexis se montre peu à peu plus compréhensif. D'entrée de jeu, l'intrigue, relatée à la première personne, dévoile les préjugés sexistes du narrateur : « Les filles, c'est nouille. Très nouille. De vraies pâtes, fades et molles comme des spaghetti trop cuits[64]. » Foudroyé par la jeune Katarina, qui est d'origine espagnole, Alexis change soudain d'avis et « [a] envie d'étudier les filles » (*V*, p. 12). Il semble que la fillette, dont les « longs cheveux noirs coulent comme une rivière sur ses épaules et dans son dos en faisant des vagues » (p. 8), pourrait amener le gamin à se débarrasser de certains *a priori* : « Je me demande s'il n'y a pas d'exceptions à la règle des filles nouilles. » (p. 7) Plus encore, il souhaite ardemment que la « belle comète européenne » (p. 8) devienne sa Valentine dans le cadre d'un jeu organisé par sa professeure. Au fil de ses interrogations, le garçon interpelle un jeune narrataire sous la forme du *tu* : « Je devine à quoi tu penses. Tu te demandes si Katarina m'avait choisi comme Valentin » (p. 53) ; « Remarque que je pourrais lui poser la question » (p. 54). Fier de révéler à ce destinataire qu'il a embrassé une fille pour la première fois, le *je* narrant jubile au moment où il apprend que Katarina a fait de lui son Valentin : « C'est comme si quelqu'un venait d'allumer un feu d'artifice dans mon ventre. » (p. 56) Parce qu'il en est amoureux, Alexis pense que la jeune Espagnole est différente des autres filles. Or l'expérience lui démontrera le contraire.

Les préjugés persistent quand il s'agit pour le héros de décrire ses rapports avec d'autres représentantes du sexe féminin. Dans *Léon Maigrichon*[65], Alexis prétend à nouveau que les filles sont bêtes. Le roman traite de la popularité : obsédé par l'idée

---

63. Voir Lucie GUILLEMETTE (2000), « Discours de l'adolescente dans le récit de jeunesse contemporain : l'exemple de Marie-Francine Hébert », *Voix et images*, vol. 25, n° 2 (hiver), p. 285.

64. Dominique DEMERS (1998a), *Valentine picotée*, Montréal, Québec/Amérique Jeunesse, coll. « Bilbo », p. 5. Les références à ce texte seront indiquées par le numéro de page, précédé de l'abréviation *V*.

65. Dominique DEMERS (2000a), *Léon Maigrichon*, Montréal, Québec/Amérique Jeunesse, coll. « Bilbo ». Les références à ce texte seront indiquées par le numéro de page, précédé de l'abréviation *LM*. Ce texte constitue le dernier volet des aventures du jeune Alexis Dumoulin-Marchand.

de devenir populaire, Alexis se prépare à faire devant la classe un exposé consacré à un spécimen d'insecte provenant de sa collection. Soudain, une fille se met à hurler à la vue de la fameuse sauterelle. Outré, le garçon omet de faire sa présentation et constate qu'il n'est « champion de rien » (*LM*, p. 14). Si les frayeurs du « sexe faible » l'indisposent — dans la mesure où les filles apeurées l'empêchent de valoriser son *ego* —, il n'est pas lui-même un modèle de bravoure, puisqu'il est poursuivi par de terribles cauchemars nocturnes qui obligent sa mère à le réconforter. À sa grande surprise, Alexis gagne le championnat de l'amitié parce qu'il a prêté son vélo à Léon, un garçon d'origine russe qui, grâce à lui, « remporte la médaille d'or du championnat des jeunes cyclistes » (p. 60). Lors d'un voyage à Mont-Tremblant où se tient une classe verte[66], le jeune narrateur juge à nouveau sévèrement ses compagnes de classe, dont Katarina qui boit littéralement les paroles du charmant moniteur : « Elles avaient les yeux vitreux, la bouche grande ouverte et l'air complètement ridicule. » (*RL*, p. 18) On pourrait croire qu'Alexis interprète les comportements des filles à partir des rôles de soumission et de passivité que la société patriarcale impose au sexe féminin. Or c'est la jalousie qui motive sa remarque désobligeante. Le gamin craint que le beau Roméo ne lui ravisse sa Juliette, qui pose mille questions au moniteur « en battant des paupières » (*RL*, p. 20). Par bravade, Alexis passe la nuit à la belle étoile, ce qui permet aux campeurs de capturer un braconnier puis de sauver la vie à un jeune renard. On salue unanimement son geste de protecteur de l'environnement. Le personnage se fait en quelque sorte le détracteur du projet de la modernité dont l'un des objectifs est de dominer la nature. Élèves, professeurs et moniteur sont fiers du garçon, y compris Katarina qui se dit toujours amoureuse de son Valentin québécois.

Dans *Marie la chipie*[67], soucieux de projeter l'image d'un garçon autonome et confiant, le héros s'irrite de la présence envahissante de sa cadette : « Je me demande ce que mes parents lui trouvent d'intéressant. Ma sœur est petite, laide et braillarde. En plus, elle jacasse sans arrêt, elle court comme un singe et elle ne connaît pas la différence entre une rondelle de hockey et un bâton de baseball. » (*MC*, p. 9) Ce passage illustre les stéréotypes qui animent la pensée du personnage. Reste que le héros n'apprécie guère l'humour de Marie-Cléo qui le met constamment dans l'embarras : elle fait installer une affiche « Frère à vendre » devant la maison, car Alexis a refusé de lui prêter une balle (p. 11) ; elle crie à tue-tête « Alexis le zizi » en présence de Katarina (p. 15). Bref, le jeune garçon est rongé par la honte et la colère. Au demeurant, il se sent laissé pour compte, puisque sa jeune sœur monopolise

66. Dominique DEMERS (1999a), *Roméo Lebeau*, Montréal, Québec/Amérique Jeunesse, coll. « Bilbo ». Les références à ce texte seront indiquées par le numéro de page, précédé de l'abréviation *RL*.

67. Dominique DEMERS (1997f), *Marie la chipie*, Montréal, Québec/Amérique Jeunesse, coll. « Bilbo ». Les références à ce texte seront indiquées par un chiffre entre parenthèses, précédé de l'abréviation *MC*.

l'attention des parents. Pour corriger la situation, le protagoniste simule une fugue. Marie-Cléo part à sa recherche, parcourant les rues de Montréal en sanglotant. L'inquiétude de la fillette, son angoisse attendrissent le héros : « Dans le fin fin fond… je l'aime ma sœur. » (p. 63) Loin d'être un dur, Alexis est touché par la candeur de sa cadette ; rompant avec les rôles traditionnels dévolus au sexe masculin, il n'hésite pas à montrer sa sensibilité.

On ne s'étonnera pas, dès lors, que le garçon devienne le bouc émissaire d'un élève surnommé « Toto la brute[68] ». Ce dernier, dont le nom véritable est Alberto Lucio, lui vole ses sandwiches et menace de le frapper. De fait, le gamin « cogne sur tout : les murs, les autos, les portes, les roches… et même les gens » (*TB*, p. 7-8). Avec l'aide du directeur de l'école, Alexis parvient à déjouer les plans de son adversaire et évite la raclée. Cependant, la victoire acquise par la ruse laisse le héros perplexe, son objectif étant de désamorcer l'engrenage de la violence. Il se rend donc chez son ennemi et opte pour le dialogue, non pour les poings. À l'instar du héros postmoderne, « il postule le règlement des conflits par la discussion et la négociation[69] ». Le narrateur découvre que c'est l'envie qui incite le jeune garçon à commettre des actes de violence : « Il trouve que je suis trop chanceux. Pourquoi ? Parce que j'ai une sœur. Imagine ! Parce que ma mère raconte des histoires à la bibliothèque tous les jeudis. Parce que j'ai beaucoup d'amis. Et parce que j'ai des triples sandwiches le midi. » (*TB*, p. 58) Alexis fait comprendre à Toto qu'il ne vit pas dans le meilleur des mondes en dépit des apparences, et les deux gamins deviennent de bons amis. Sur le plan de l'énoncé, les textes qui relatent les aventures d'Alexis Dumoulin-Marchand mettent en lumière la tolérance et le relativisme propres à une pensée postmoderne qui refuse les différences hiérarchisantes et favorise le pluralisme. Le déroulement de l'histoire fait en sorte que les jugements absolus sont abandonnés au profit de réflexions invitant au dialogue. De plus, les appels au narrataire formulés tout au long des récits rendent compte d'une esthétique qui remet en question l'autorité narrative.

Que ce soit dans les romans publiés dans des collections générales[70] ou dans des albums ou des mini-romans qui s'adressent aux plus jeunes, l'œuvre de Demers se caractérise par un même souci de mettre la fiction au service de la réalité. *Perline Pompette*[71] illustre l'interpénétration du rêve et de la réalité : la petite Perline, qui

---

68. Dominique DEMERS (1992a), *Toto la brute*, Montréal, La courte échelle, coll. « Premier roman ». Les références à ce texte seront indiquées par le numéro de page, précédé de l'abréviation *TB*.

69. Gilbert HOTTOIS, *op. cit.*, p. 446.

70. Dominique DEMERS (1999d), *Le pari*, Montréal, Québec/Amérique. Dans ce récit, Max Laforest, une femme lourdement marquée par son passé, réfléchit aux lois secrètes du destin, au moment où elle fait la connaissance d'une patiente à l'hôpital où elle pratique.

71. Dominique DEMERS (1999c), *Perline Pompette*, Saint-Lambert, Dominique et compagnie, coll. « À pas de loup ».

s'imagine être une princesse, finira par le devenir réellement. Dans *Vieux Thomas et la petite fée*[72], une fillette minuscule transforme radicalement l'existence d'un vieillard « en colère contre le monde entier ». Sortie de l'écume de la mer, la petite fée donne une raison de vivre au vieux matelot. Le monde des fées se superpose à celui des hommes en colère pour créer un nouvel imaginaire. Les aventures de Poucet et de son chien magique établissent également des liens intertextuels avec les contes de Charles Perrault[73]. Un minuscule chien en peluche vient agrémenter la vie d'un petit garçon attristé par le départ de son amie Amandine pour le Grand Nord. L'auteure y explore certains éléments du merveilleux (petitesse, miniaturisation, présence/absence) pour le bénéfice du jeune lecteur. Modifiant le récit classique du *Petit Poucet*, le texte revisité fait disparaître la brutalité des ogres et insiste sur les liens d'amitié qui unissent le jeune héros à sa compagne.

Conclusion

À la lumière de ce qui précède, on peut donc affirmer que les œuvres de Dominique Demers destinées à la jeunesse s'inspirent à maints égards d'une pensée postmoderne cherchant à abolir les dogmes et à valoriser la différence. Ces récits illustrent à divers degrés une pratique qui se situe à contre-courant d'une modernité dont les fondements philosophiques consistent à faire de l'homme le maître incontesté de la nature. On y observe d'ailleurs des phénomènes qui rappellent à certains égards des traits de la pensée romantique : « Les descriptions de la "nostalgie" comme attitude authentique de la conscience humaine, la théorie de la nature comme médiatrice entre l'homme et la divinité, la découverte du folklore comme source de toute inspiration d'un peuple, la restauration de la conscience religieuse[74] » et, bien sûr, l'exaltation de l'imagination. Les savoirs irradiant les textes de Demers trahissent une fascination pour l'irrationnel, à une époque qui met en question les grands discours et le pouvoir de la raison unifiante. Si cette œuvre subit l'influence du roman d'éducation au XIXe siècle — associant la situation de l'enfant à celle du héros romantique —, l'actualisation d'une pensée postmoderne et féministe confère à la production littéraire de Demers une facture contemporaine.

L'importance que revêt le discours de la différence dans l'ensemble des récits permet de mettre en évidence, sur le plan textuel, une subjectivité féminine exaltant

---

72. Dominique DEMERS (2000b), *Vieux Thomas et la petite fée*, illustrations de Stéphane Poulin, Saint-Lambert, Dominique et compagnie.

73. On pense bien sûr aux célèbres *Contes de ma mère l'Oye* (1697). Voir Dominique DEMERS (2000c), *Poucet, le cœur en miettes*, illustrations de Steve Beshwaty, Saint-Lambert, Dominique et compagnie, coll. « Carroussel Mini-Roman » ; *Id.* (1998c), *Le Chien secret de Poucet*, illustrations de Steve Beshwaty, Saint-Lambert, Dominique et compagnie, coll. « Carroussel Mini-Roman ».

74. Didier JULA (1991), « Romantisme philosophique », dans *Dictionnaire de la philosophie*, Paris, Larousse, p. 248.

la nature et l'imagination, ainsi que les manifestations d'un postmodernisme incitant à la tolérance. Dans le cas des personnages féminins, on observe que pareille épistémè donne lieu à une pratique féministe déterminée par l'autoreprésentation et l'agentivité. Suivant la perspective de l'autoreprésentation, les récits évoquent un état de la perception où le sujet se voit percevoir le monde. Les textes de Dominique Demers tiennent leur originalité de ce jeu d'influences réciproques, dans la mesure où l'intertextualité, par son caractère polyphonique, abolit les idées reçues et les représentations figées. Une telle esthétique du métissage inscrit la production de l'auteure dans un courant littéraire qui s'écarte des récits globalisants et de leurs utopies collectivistes, tout en valorisant les fantasmes et les rêves. Il en résulte une interdiscursivité qui confère un statut privilégié à la subjectivité, faisant de l'individu (de l'enfant, de l'adolescente, de l'adolescent) le point de référence essentiel, selon la définition de l'auteure elle-même pour laquelle «le propre de la littérature jeunesse, c'est de parler AUX enfants ou AUX adolescents».

LA BERGÈRE D'IMAGINAIRE.
POÉTIQUE DE LA FRONTIÈRE DANS LES ŒUVRES
ROMANESQUES DE CHRISTIANE DUCHESNE

Johanne Prud'homme
Université du Québec à Trois-Rivières

> Et vous avez une très belle caverne, dit [Gaspard].
> C'est une maison, corrigea l'oiseau. Quelqu'un m'a déjà
> dit que l'endroit où l'on habite s'appelle une maison.
> Si vous voulez, mais votre maison peut s'appeler une caverne.
> Alors, j'ai une caverne. Vous venez de me donner une caverne,
> répondit l'oiseau. Merci. Vous êtes très généreux.
>
> Christiane DUCHESNE,
> *Gaspard ou le chemin des montagnes*, p. 32.

DES MOTS QUI ENGENDRENT L'ESPACE. Des phrases qui déplient des parties inconnues de l'univers, qui reconfigurent les espaces référentiels, qui tracent de nouveaux *topoï* sur des cartes géographiques dessinées à même les avions de papier de la fiction : telle est la matière de l'œuvre romanesque de Christiane Duchesne[1], la

---

1. Soulignons, d'entrée de jeu, que nous retiendrons de l'imposant corpus des textes de fiction de Christiane Duchesne, les 15 titres de sa production romanesque (1984-2001). Pour les besoins de cet article, nous laissons volontairement de côté ses albums, qui mériteraient à eux seuls de faire l'objet d'une étude approfondie. Pour alléger le texte et ne pas multiplier inutilement les notes infrapaginales, nous utiliserons, entre parenthèses, après la citation, les abréviations suivantes, suivies du numéro de la page. La référence complète de chacun des romans se trouve en bibliographie : [1984] *Gaspard ou le chemin des montagnes* (GA) ; [1990] *La vraie histoire du chien de Clara Vic* (VIC1) ; [1991] *Bibitsa ou l'étrange voyage de Clara Vic* (VIC2) ; [1991] *Les tordus débarquent* (TOR1) ; [1992] *Victor* (VICT) ; [1992] *L'été des tordus* (TOR2) ; [1993] *La 42ᵉ sœur de Bébert* (BÉB) ; [1994] *Les péripéties de P. le prophète* (P) ; [1994] *Berthold et Lucrèce* (B&L) ; [1995] *La bergère de chevaux* (BERG) ; [1997] *Julia et le chef des pois* (JUL1) ; [1998] *Le bonnet bleu* (BB) ; [1999] *Julia et les fantômes* (JUL2) ; [2000] *Julia et le voleur de nuit* (JUL3) ; [2001] *Jomusch et le troll des cuisines* (JOM).

bergère d'imaginaire. De fait, l'espace s'y révèle immensément plus vaste que la somme des signes inscrits sur le papier. « Vous voyez ? L'avion, c'est la carte et la carte, c'est l'avion ! » (*GA*, p. 124) affirme, tel un grand livre ouvert, l'énorme oiseau couvert de feuilles qui apparaît dans le premier roman de l'auteure. La bête étrange, qui a troqué ses plumes pour des feuilles aux couleurs variant selon les occasions, explique à Gaspard — le petit garçon égaré sur son avion de papier — que l'objet du transport est aussi porteur de la direction : l'oiseau a collé sur l'avion la carte indiquant le chemin du retour. On ne saurait imaginer métaphore plus juste pour illustrer la transhumance inhérente à toute lecture[2]. J'étais ici, je suis ailleurs et cet ailleurs convoque l'ensemble du parcours. Le livre, c'est la carte. La carte, c'est le livre.

C'est sur les franges du rêve et de la réalité que l'ensemble des romans de Christiane Duchesne trouve son équilibre naturel. Marqués par un mouvement vers l'ailleurs dont le passage est le corollaire obligé, ils induisent une lecture plurielle du monde et de ses limites réelles ou imaginaires, vecteur, entre autres, de la connaissance de soi, de la découverte de l'autre et de l'acceptation de la différence. À cet égard, la frontière et son franchissement s'avèrent des éléments incontournables de la poéticité du texte duchesnien, points d'entrée privilégiés dans cet univers.

Frontières linéaires (ou limites) et espaces-frontières (ou *limes*)

> Les frontières sont des structures spatiales élémentaires,
> de forme linéaire, à fonction de discontinuité [...] et de marquage,
> de repère sur les trois registres du réel, du symbolique et de l'imaginaire.
>
> Michel FOUCHER, *Fronts et frontières*, p. 38.

Qu'est-ce qu'une frontière ? On pourrait tout d'abord dire qu'il s'agit d'un objet paradoxal : la frontière, en délimitant l'espace, met en contact ce qu'elle sépare, cloisonne et rapproche tout à la fois. Ce double mouvement illustre trois fonctions distinctes de la limite frontalière : 1) circonscrire ; 2) mettre en relation ; 3) scinder et compartimenter. Dans l'œuvre romanesque de Christiane Duchesne se manifestent principalement les deux premières fonctions. La frontière sert ici à la délimitation des espaces et à leur mise en communication, qu'ils soient représentés (réels, imaginaires ou symboliques) ou textuels.

Cela dit, dans l'œuvre de Duchesne, toute frontière n'est pas — comme une vision cartographique nous permet souvent de nous la représenter — ligne. Bien au

---

2. Pour nous, la « transhumance », au sens du « déplacement saisonnier d'un troupeau en vue de rejoindre une zone où il pourra se nourrir » (*Bibliorom Larousse*), s'apparente à la lecture dans la mesure où cette dernière, comme la transhumance, convoque un itinéraire dont la fin s'avère totalement tributaire du parcours. Ce trajet est une métonymie de la fin (il faut se nourrir en route pour arriver à cet endroit où l'on pourra se nourrir...) et la fin, une métonymie du parcours. À quoi on pourrait ajouter le fait que, stéréotypiquement, on dit de la lecture qu'elle est « nourriture »...

contraire. Il suffit de penser à ce très étrange espace entre fenêtre et rideau qui constitue le « chemin des fantômes » dans *Julia et les fantômes* : « Dans la chambre de Julia, juste entre le rideau et la fenêtre, il y a un très étrange espace. Elle l'a toujours appelé le chemin des fantômes. Si la fenêtre est ouverte, le rideau se gonfle de vent et s'ouvre tout grand, laissant le champ libre à qui veut bien entrer. » (*JUL2*, p. 6)

Cet espace, qui marque le passage du réel à l'onirique, soulève le problème de la constitution même de la frontière : « Le principal débat qui traverse l'ensemble de la littérature consacrée aux frontières [affirme Michel Foucher] a consisté à savoir [...] si la frontière est une ligne ou une zone[3]. » Un tel questionnement résulte, en grande partie, de l'absence de distinction faite en français entre ces deux cas de figure, là où la langue anglaise, elle, propose deux termes distincts : « *"Boundary" refers to a line, while "frontier" refers to a zone*[4]. » Comme les « zones-frontières » sont légion dans l'œuvre de Duchesne, force nous est ici d'apporter quelques précisions à cet égard, question d'éviter les inconvénients qui pourraient résulter d'un tel flou lexical.

Si la frontière-ligne correspond à l'idée convenue qu'on se fait de la limite spatiale, la zone-frontière, elle, pose un problème définitionnel plus difficile à résoudre. Quelques auteurs, bien rares cependant, ont consacré une partie de leurs travaux à cette question. Nous ne ferons pas ici l'économie de ces références, d'autant plus qu'elles auront l'avantage d'induire quelques pistes interprétatives intéressantes. La frontière sous-entend toujours la présence d'au moins deux espaces qui se rencontrent. Greimas, dans « Pour une sémiologie topologique », souligne que cette articulation binaire crée « les conditions minimales de signification[5] ». Cela dit, il ajoute que d'autres espaces sont possibles — « des espaces intermédiaires peuvent être institués[6] » —, suggérant vaguement l'existence de ce que nous pourrions appeler « espaces-frontières ». Jean Cousin, lui, identifie plus précisément une *surface frontière* architecturale :

> La « relation spatiale » entre deux espaces serait fonction de :
> 1. la *distance* entre les deux espaces ;
> 2. le *degré d'ouverture* de la surface frontière ;
> 3. la *continuité* d'un espace à un autre.

---

3. Michel FOUCHER (1991), *Fronts et frontières. Un tour du monde géopolitique*, Paris, Fayard, p. 45.

4. J. R. V. PRESCOTT (1978), *Boundaries and Frontiers*, London, Croom Helm, p. 31. On comprendra ici la difficulté de traduire la citation : « *"Boundary"* réfère à une ligne, alors que "frontière" réfère à une zone ». Notons que *frontier* et *boundary* se traduisent tous deux, en français, par « limite » ou « frontière ».

5. Algirdas Julien GREIMAS (1976), « Pour une sémiotique topologique », dans *Sémiotique et sciences sociales*, Paris, Seuil, coll. « Points », p. 30.

6. *Ibid.*

Cette continuité, visuelle ou sensible, est fonction des dimensions relatives de la surface frontière[7].

En architecture, la surface frontière peut donc être assimilée à la notion de lieu de passage, de lieu médiateur. Chez les littéraires, Ablamowicz, Belgrand et Marin se sont intéressés à l'espace-frontière[8]. Le premier, dans un article sur l'œuvre de Robbe-Grillet, évoque l'existence d'un lieu « transitoire » : « [...], il y a lieu de constater tout d'abord que le problème essentiel y est celui de la frontière divisant l'espace en monde clos et non clos et rejetant cet espace transitoire qui forme la ceinture de protection, lieu de passage entre le noyau et l'extérieur infiniment ouvert et hostile[9]. »

Dans un article sur Zola, Belgrand propose pour sa part un espace-frontière qui devient, comme dans les romans de la série duchesnienne « Les nuits et les jours de Julia », lieu de passage à l'imaginaire : « [...] *L'assommoir* présente l'intérêt de situer notre espace, l'espace du lecteur : nous sommes justement derrière cette "fenêtre-frontière" qui revient si fréquemment dans l'œuvre, et qui marque le passage possible à l'imaginaire [...][10]. » Enfin, Louis Marin, dans un article sur *Utopia* de Thomas More, décrit un lieu entre deux bordures, le *limes* :

> Le *limes* : ce qui est entre deux bords [...], chemin qui permet une progression entre les champs sans jamais franchir la clôture de leurs haies, ou comme cette voie que parcouraient les chars sur la grande Muraille enfermant l'Empire du Céleste Milieu. La limite, au sens le plus proche de *limes*, serait un chemin entre deux frontières, un poros qui n'aurait d'autre fin que son propre cheminement entre des espaces interdits, qui utiliserait leurs extrémités pour se frayer un passage[11].

Le terme *limes* — comme celui d'espace-frontière — nous apparaît tout à fait approprié pour désigner ces lézardes de l'espace romanesque dans l'œuvre de Christiane Duchesne, où, entre deux frontières linéaires, se déploie une surface. Cela dit, nous ne sommes pas en accord en tout point avec la vision de Marin. Pour lui, le *limes* est « lieu neutre, un lieu dont toute la caractéristique est, en quelque sorte,

7. Jean Cousin (1980), *L'espace vivant. Introduction à l'espace architectural premier*, Montréal, PUM, coll. « Architecture "Études" », p. 168.

8. Soulignons également notre contribution à l'étude de cette question dans l'œuvre de Charlotte Brontë : *L'allée défendue. Frontières et espaces-frontières dans l'œuvre romanesque de Charlotte Brontë*, Montréal, Université du Québec à Montréal, Département d'études littéraires, février 1994.

9. Aleksander Ablamowicz (1982), « L'espace de l'homme égaré : dans le labyrinthe d'Alain Robbe-Grillet », dans Michel Crouzet (dir.), *Espaces romanesques*, Paris, PUF, p. 50.

10. Anne Belgrand (1982), « Espace clos, espace ouvert dans *L'assommoir* », dans Michel Crouzet (dir.), *Espaces romanesques*, Paris, PUF, p. 6.

11. Louis Marin (1991), « Frontières, limites, *limes*, les récits de voyage dans *L'utopie* de Thomas More », dans Christian Descamps (dir.), *Frontières et limites. Géopolitique, littérature, philosophie*, Paris, Centre Georges Pompidou, coll. « Espace international Philosophie », p. 107.

sémiotiquement négative ; toute sa spécificité est de n'être ni l'un ni l'autre, ni ce bord-ci ni ce bord-là [...][12] ». Pour nous, plus qu'un *poros* ne pouvant échapper à sa vacuité constitutive, il s'agit, au contraire, d'un espace — d'un « para-espace », pourrait-on dire également — dynamique et sémiotiquement positif, un espace d'échange, caractérisé, tel l'espace onirique, par la mouvance et la discontinuité.

Du liminaire au corps du texte : les frontières textuelles

Une étude de la frontière dans la production romanesque de Christiane Duchesne ne saurait faire l'économie d'une réflexion sur les frontières textuelles qui, loin d'être les plus signifiantes eu égard à l'ensemble des manifestations, n'en modulent pas moins inéluctablement l'acte de lecture. Ces frontières sollicitent le lecteur en ce qu'elles participent de l'organisation des limites du texte. Plus précisément, elles surgissent là où le discours redouble l'organisation narrative en signalant ses bordures internes et externes. Par conséquent, la frontière textuelle se concrétise, d'une part, par la tension qui anime les relations entre texte et paratexte auctorial (titre, dédicace, épigraphe, avant-propos, etc.) et, d'autre part, par l'apparition dans la narration d'adresses au lecteur ou de propos didascaliques qui marquent une frontière plus ou moins évidente entre énoncé et énonciation. À cet égard, le premier roman, *Gaspard ou le chemin des montagnes*, s'ouvre sur une déclaration liminaire qui met en lumière l'un des procédés textuels récurrents dans l'ensemble de l'œuvre : « L'histoire de Gaspard pourrait bien arriver à n'importe qui. Mais il est le seul à m'avoir raconté dans tous les détails ce qui s'est passé le jour où il s'est retrouvé tout seul quelque part dans le monde sans l'avoir désiré vraiment. » (*GA*, p. 11)

L'avant-propos interpelle implicitement le jeune lecteur. De plus, la note introductive présente la narratrice[13] comme dépositaire du récit et, indirectement, comme courroie de transmission entre le protagoniste de l'histoire et le lecteur. Si, d'entrée de jeu, cette présence d'une instance narrative est ostensible, c'est pour mieux disparaître par la suite dans le corps du texte et ressurgir une centaine de pages plus loin, dans l'épilogue. Le procédé consistant à affirmer, dans un premier temps, la présence effective d'une narratrice par la voie du paratexte pour ensuite l'occulter sous le voile d'une vision omnisciente et d'une « absence » hétéro-diégétique, est récurrent dans les romans de Duchesne, comme si l'auteure éprouvait une certaine pudeur, dans le cadre du récit, à jouer du discours métaleptique, préférant recourir à une instance de narration anonyme. À cet égard, sur le plan de l'espace textuel, les frontières entre le liminaire et le corps du texte s'avèrent d'autant

---

12. *Ibid.*, p. 109.

13. Un passage de l'épilogue — « C'est à ce moment-là que je suis passée devant la maison de Gaspard » (*GA*, p. 127) – nous révèle que l'instance narrative est féminine.

plus étanches que l'un privilégie le discours, l'autre le récit. L'effet est palpable : dès lors qu'il a franchi la limite paratextuelle — ici, véritable *limes* qui marque le passage à la fiction —, le lecteur plonge dans l'univers protégé du roman, se fond dans le récit qui échappe aux inévitables mises à distance provoquées par les intrusions subites du narrateur. Le texte romanesque s'affiche ici indéniablement comme « machine à illusions »[14]. Ce choix auctorial tend donc à laisser toute autonomie au voyageur-lecteur qui monte dans les « vastes vaisseaux » que sont les romans de Duchesne « pour être transporté vers d'autres contrées »[15].

Deux romans, toutefois, échappent à cette règle de neutralité de la personne narrative et, de ce fait, mettent à jour les frontières textuelles dans le corps du texte, portant du même coup atteinte à la fictionalité des œuvres : *Les tordus débarquent !* et *La 42ᵉ sœur de Bébert*. L'avant-propos mis à part — cet espace narratif est réservé, dans le cas des *Tordus débarquent !*, à la métalepse auctoriale : « Si vous rencontrez Christophe Thomas, à l'école ou dans la rue, vous ne pourrez jamais savoir que c'est lui » (*TOR1*, p. 7) —, les deux textes affichent une volonté de créer une relation dialogique entre narrateur et enfant-lecteur. L'intention se manifeste, entre autres, par les apostrophes suivantes : « Notez bien, ils m'appellent Christophe et non pas "chef" comme d'habitude » (*TOR1*, p. 40) ; « Imaginez tout ce qu'on peut trouver dans un sac d'aspirateur ! » (*TOR1*, p. 48) ; « Vous vous demandez comment on peut avoir une famille de quarante-deux enfants ? » (*BÉB*, p. 14) ; ou par une intrusion qui stoppe radicalement l'avancée de l'intrigue et crée une brèche dans la fiction : « Avant d'aller plus loin dans l'histoire, il faut prendre le temps d'imaginer dans quelle maison mademoiselle Flavie va maintenant habiter. [...] Imaginez le nombre de lits [...], pensez à la grandeur de la baignoire [...], essayez de voir un carré de sable [...]. » (*BÉB*, p. 33-34)

Si, dans le cas de *La 42ᵉ sœur de Bébert*, la rupture des frontières fictionnelles, unique dans les romans de Duchesne, ne peut être expliquée que par une volonté de préciser les contours d'un espace romanesque hors du commun, il en va tout autrement pour *Les tordus débarquent !* Ce roman, de même que le deuxième titre de la série — *L'été des tordus* — paru aux éditions de La courte échelle, présente la particularité d'un narrateur intradiégétique et homodiégétique. Ces deux romans de Christiane Duchesne sont les seuls à proposer une narration à la première personne et, qui plus est, une narration assumée par un personnage enfant. Les exemples de détournement de l'énonciation et de distanciation, dans ce cas, apparaissent davantage motivés par une politique éditoriale privilégiant l'emploi de la première personne et l'établissement d'un dialogue avec le lecteur. Tous les mini-romans

---

14. Ganna OTTEVAERE-VAN PRAAG (1997), *Le roman pour la jeunesse. Approches, définitions, techniques narratives,* Paris, Peter Lang, p. 20.

15. Extrait d'un article de *Châtelaine* tiré du paratexte éditorial de la quatrième de couverture de *Bibitsa ou l'étrange voyage de Clara Vic.*

publiés ultérieurement chez d'autres éditeurs (*B&L*, *BB*, *JUL1*, *JUL2*, *JUL3*) le laissent croire puisqu'ils marquent, de fait, un retour à la première manière et confirment la préséance du modèle duchesnien consistant en une narration neutre à la troisième personne. Le fait est intéressant dans la mesure où l'auteure semble ainsi privilégier une esthétique plus classique, faisant peu de cas de la nouvelle économie scripturale qui a cours en littérature pour la jeunesse. Contrairement à beaucoup d'œuvres de notre époque, les romans de Christiane Duchesne ne tentent pas d'instaurer une relation avec le lecteur basée sur l'établissement d'un reflet spéculaire tributaire de l'immédiateté et de la ponctualité des représentations contemporaines du récepteur. Ces œuvres (d)étonnent dans le paysage de la littérature québécoise pour la jeunesse[16]. Au cours des vingt dernières années, cette dernière a fait, bien souvent, une marque de commerce de l'utilisation de la première personne et de l'adresse au lecteur. À ce titre, le maintien de frontières textuelles et fictionnelles strictes relève, sur le plan axiologique, d'une propension à valoriser davantage la rencontre de l'autre que le rapport au même.

Les personnages et l'expérience des limites

> Le réel et l'imaginé à mes yeux se rejoignent aisément,
> un pont au-dessus de la vie, un no man's land
> que chacun a le loisir de construire à sa façon […].
>
> Christiane DUCHESNE,
> *Le premier ciel ou lettre à monsieur de Nigremont*[17], p. 84.

Si les frontières entre liminaire et corps textuel sont si fortement marquées, c'est, semble-t-il, pour octroyer toutes les libertés possibles à celles qui foisonnent dans le corps du texte. Omniprésentes, les limites et *limes* duchesniens n'ont de cesse de modeler, entre autres, le rapport au monde des personnages. Or, en littérature pour la jeunesse, le personnage constitue l'un des points d'ancrage les plus importants

---

16. Françoise Lepage abonde en ce sens, en reconnaissant le caractère distinctif de l'œuvre de Duchesne, la présentant comme « une œuvre à part » : « L'œuvre de Christiane Duchesne n'entre dans aucun genre préétabli. […] [Elle] constitue un des rares exemples de romans pour la jeunesse où la richesse permet l'éclosion de tout un réseau de significations. » [(2000) *Histoire de la littérature pour la jeunesse. Québec et francophonies du Canada*, Orléans, Éditions David, p. 333]. De fait, rares sont les œuvres québécoises pour la jeunesse qui comportent autant de voies d'entrée dans le texte et, partant, sollicitent l'activité herméneutique.

17. Plusieurs exergues aux différentes parties du présent texte proviennent de *Le premier ciel ou lettre à M. de Nigremont*, une longue lettre sur l'écriture, le ciel, l'infini, l'imaginaire. Il nous importait de montrer ici combien les œuvres de Christiane Duchesne destinées aux adultes s'inscrivent dans le continuum de ses œuvres pour la jeunesse. Pas de frontières entre ces deux productions ; même voix, mêmes thèmes, même voyage…

pour le lecteur enfant. Ce dernier, aux prises lui-même avec l'expérience quotidienne de la limite, assistera dans les œuvres romanesques de Christiane Duchesne, aux aventures d'êtres de papier dont le but premier s'avère, inéluctablement, l'apprivoisement de la frontière.

Trois types de personnages peuplent l'univers fictionnel duchesnien : les enfants, les vieillards et les êtres imaginaires (animaux ou anthropomorphes). Cette typologie, malgré son caractère assez rudimentaire, n'en demeure pas moins révélatrice d'un choix auctorial singulier qui n'est pas sans rapport avec notre étude horologique[18]. On remarque, en effet, que sur l'axe chronologique de la vie sont privilégiés ici deux pôles bien marqués : l'enfance et la vieillesse, les limites de l'existence humaine. S'ajoute à ces deux catégories celle des personnages merveilleux — trolls, lilliputiens, personnages de romans, voleur de rêve, oiseau à feuilles caduques, etc. — que viennent relayer des êtres sans âge vivant dans des univers étranges qui entretiennent de maigres rapports avec le réel (ceux du roman *P. le prophète*, par exemple). Autant de personnages qui signent l'accomplissement du franchissement, la réussite du passage du réel à l'imaginaire.

Qu'ils entrent dans l'enfance ou qu'ils soient au seuil de la mort, les personnages de Christiane Duchesne portent donc tous le même espoir d'atteindre l'Ailleurs, cet autre versant du monde qui se décline cependant différemment, selon que l'on soit jeune ou vieux. L'investissement de la frontière — lieu de circulation et de transformation — ne saurait, effectivement, relever d'affects similaires et de nécessités identiques à sept ans et à soixante-dix-sept ans. Les modalités et les fondements mêmes du franchissement, eux, contrasteront pareillement.

Les cercles concentriques de l'enfance

> Et je grugerais, à coups de voyages éclair, tout l'espace disponible. Une fois un morceau d'espace découvert, il fait partie de mon monde, n'est donc plus partie de l'ailleurs puisqu'il devient une extension de mon propre territoire.
>
> Christiane DUCHESNE,
> *Le premier ciel ou lettre à monsieur de Nigremont*, p. 19.

Au cours de l'enfance, les premiers éloignements génèrent souvent une angoisse de séparation que la répétition de l'acte de distanciation et la faculté de reconnaître les frontières de notre univers viennent peu à peu atténuer. Cette inquiétude profonde — pensons à la crainte qu'éprouvent les enfants dès qu'il leur faut quitter l'espace

---

18. Michel FOUCHER (1991, *op. cit.*, p. 49) propose ce terme pour désigner les études sur la frontière.

de la maison ou franchir la distance qui sépare leur chambre des cabinets — saisit également les personnages enfants des œuvres de Christiane Duchesne. Ainsi, c'est bardée de résistances que Clara Vic[19], la protagoniste du second roman de Duchesne, approche de sa destination, l'île grecque de Tinos, comme nous l'apprend une note liminaire. Le bateau sur lequel se trouve la jeune fille constitue un *limes*, une surface frontière en mouvement sur l'étendue infinie de la mer. Clara Vic est prisonnière de cet espace et, par ailleurs, forcée au passage : elle a l'« impression d'être au cinéma, d'entrer sans qu'on puisse la voir dans une histoire dont elle a raté le début. » (*VIC1*, p. 13) Cette impression d'une entrée malvenue, ce sentiment d'une impossibilité d'accéder au nouvel espace résulte, entre autres, d'un manque de repères. La caractérisation psychologique de la jeune fille, à ce moment, est, à ce titre, éloquente : « le cœur serré, les yeux perdus dans le noir à la recherche d'un repère [...]. » (*VIC1*, p. 11) La frontière est donc envisagée ici comme le lieu d'une séparation douloureuse, un lieu qu'une tension extrême anime, menace sourde qu'elle ne peut clairement identifier :

> Clara n'aime pas le bateau, elle n'a pas encore eu le temps de s'y habituer. L'odeur de mazout, le grondement des machines, le roulis ou les rafales subites qui le frappent de flanc, qu'est-ce qui la trouble à ce point ?
>
> Clara ne saurait le dire.
>
> Non, ce n'est pas le bateau, mais le fait d'être plongée dans le noir, de ne rien voir encore de cette île où elle habitera à partir de ce soir. [...] On a beau s'écarquiller les yeux, on ne voit rien. (*VIC1*, p. 11)

Une angoisse confuse sourd de cette invisibilité. Seule l'arrivée au port permettra de la dissoudre un tant soit peu. Comme en de multiples occasions dans l'œuvre de Christiane Duchesne, la tonalité affective du franchissement est intrinsèquement liée au choix de la nuit comme temps privilégié du passage. La nuit, comme *limes* temporel, marque le moment où tout s'arrête, où l'activité du jour laisse place au surgissement d'un espace psychique singulier. Ici, c'est le passage, dans l'ordre du réel, du connu à l'inconnu, qui fait l'objet du franchissement ; ailleurs, c'est celui du réel à l'imaginaire qui sera mis en lumière.

Dans *Le bonnet bleu*, Jacob, le protagoniste principal du roman, ressent un trouble analogue à celui de Clara lorsque, s'éveillant au milieu de la nuit — « d'un coup, comme si quelqu'un lui avait touché l'épaule, comme si le réveil avait sonné »

---

19. Il est intéressant de noter ici que, dans les deux seules œuvres où apparaissent des espaces connus (Tinos, Istambul ; *VIC1* et *VIC2*), certains personnages s'avèrent également référentiels. Ainsi, Clara Vic, dont l'histoire est intimement liée à la musique par sa relation au violoncelliste Nassos Bibelas, renvoie phonétiquement à Clara Wieck, la compagne du compositeur Robert Schumann. Par ailleurs, Bibelas lui-même existe réellement, tel qu'en témoignent les remerciements apparaissant au début de *Bibitsa ou l'étrange voyage du chien de Clara Vic* : « Je remercie tout particulièrement Nassos Bibelas et Michèle Dupuy qui ont su me raconter l'histoire de Bibitsa. » (*VIC2*, p. 9)

(*BB*, p. 5) —, il voit apparaître un carré noir sur le mur de sa chambre, «un carré comme un trou, grand comme une page de cahier, un vide dans le mur... oui, on dirait un vide, on dirait que le mur n'existe plus à cet endroit-là, on dirait...» (*BB*, p. 6-7). Si la frontière n'est pas reconnue comme telle, la voilà toutefois pressentie dans une sorte de préconscience. Depuis son lit, lieu apaisant où il est encore possible d'être à couvert «les genoux remontés jusqu'au menton et l'édredon par-dessus l'oreille» (*BB*, p. 6), Jacob prend la mesure de la forme étrange qui s'impose à lui: «Jacob fixe le carré noir. Ce n'est pas un trou, on verrait à travers. Par un trou, on verrait de l'autre côté du mur, on verrait les champs et la forêt là-bas, on verrait même les chevaux qui dorment. [...] Jacob fixe le carré noir, longtemps, très longtemps.» (*BB*, p. 8)

Si, comme Clara, Jacob éprouve une certaine crainte, le fait d'être amarré à son lit et ancré dans l'espace rassurant de sa chambre permet l'émergence d'une curiosité et d'un désir irrépressibles. Il souhaite, lui, passer «de l'autre côté du miroir». Il découvrira, nichée dans la paroi, une famille de petits personnages. Ce roman entretient une parenté certaine avec ceux de la série «Les nuits et les jours de Julia», dans la mesure où c'est à l'intérieur de l'espace intime de la chambre que survient l'extraordinaire. On verra cependant que, dans le cas de *Julia et les fantômes*, le propos est moins ludique que psychologique. Ce dernier roman, de même que *Victor*, méritent une attention toute particulière puisqu'ils illustrent bien le mouvement de *for-da* (dirait Freud) qui module, chez l'enfant, les opérations de découverte du monde. Ainsi, la trame fondatrice de *Victor* présente-t-elle la figure d'un mouvement cognitif d'aller-retour entre intérieur et limites extérieures. Le roman *Julia et les fantômes* illustre, quant à lui, un mouvement similaire, mais son actualisation relève d'un mouvement psychique intérieur et d'un combat contre la peur.

Victor est différent, car «un petit accident à sa naissance [a] fait de lui quelqu'un de très particulier, qui ne pense pas comme les autres» (*VICT*, p. 28). Il voit sa vie basculer un jour qu'il est pour ainsi dire happé par la première limite connue de l'univers qu'il habite: «Un jour qu'il était tout petit, Victor avait couru trop vite jusqu'au bord de la falaise. Il avait de justesse évité la chute en butant contre une pierre. Il s'était retrouvé à plat ventre, la tête au-dessus du vide, hurlant de peur plus que de mal. C'est ce soir-là qu'avaient commencé les mauvais rêves.» (*VICT*, p. 16) Cette expérience traumatique fonde la conception du monde du jeune garçon. Comme le temps s'est arrêté en lui — il sera toujours un enfant —, les coordonnées de l'espace, depuis l'événement, s'avèrent également figées dans une configuration cognitive singulière: la terre est plate et ses bordures sont fixes. Le jour où Victor apprend que madame Belon — celle qui, au village, rembourre les matelas[20] — participe à un concours dont le premier prix est un tour du monde, il se sent

---

20. Un métier important dans cette histoire où la crainte fondatrice est celle de la chute...

immédiatement investi d'une mission protectrice : « Elle est trop curieuse, madame Belon. Arrivée au bord, elle va perdre l'équilibre, elle va tomber. [...] C'est plat, la terre. » (*VICT*, p. 29) Aussi, accompagné de ses deux amis imaginaires — le grigou et la serpente — il décide de ceindre les bordures de l'univers d'une clôture qui contiendra la matelassière et la protégera, le cas échéant, de la chute. Cette fatalité pressentie engendre une avancée un peu brouillonne mais systématique vers le bout de la terre ; les centaines de piquets fichés dans le sol par Victor sont autant de bâtons du pèlerin qui le mènent progressivement de la maison vers l'extérieur, en cercles concentriques de plus en plus larges : de la falaise à la voie ferrée, au fleuve, à la mer et au ciel. Au terme de son aventure, le grigou, qui bientôt quittera Victor pour toujours, lui fait la révélation suivante : « La terre, [...] c'est très fait en forme de boule. » (*VICT*, p. 126) L'apogée de cette expérience, un voyage dans les airs autour de la terre, permettra à Victor de s'approprier l'espace et de réintégrer une certaine forme de temporalité : reconnu comme conteur, il relate de mille façons son voyage fantastique. À l'instar de l'enfant qui conquiert, étape par étape, l'espace environnant et, de ce fait, reconnaît progressivement les limites de son propre corps (ce qui est essentiel à la constitution de son identité), Victor prend possession d'un monde qui a retrouvé son relief ; il y trouve sa place et son nom : « [...] votre fils devrait écrire. C'est un grand conteur. / Le père de Victor a souri. Victor sait écrire son nom, c'est déjà beaucoup. » (*VICT*, p. 158)

Dans *Julia et les fantômes*, l'apprivoisement de la frontière est fonction de la victoire de Julia sur sa peur de l'obscurité. Ne plus avoir peur, c'est accepter les multiples possibles de la nuit.

> La lumière de la veilleuse rose étire les ombres des poupées sur les murs, transforme en baleines les poissons suspendus [...].
> — Ils vont venir ce soir et j'ai peur, chuchote Julia à l'oreille de son chien Chien. (*JUL2*, p. 5)

Ceux qu'elle redoute, les fantômes, entrent par le *limes* que nous avons évoqué plus haut : le chemin des fantômes, entre fenêtre et rideau, représente une rupture des limites de l'espace sécuritaire de la chambre, dont la manifestation est subordonnée au passage du jour à la nuit, de la lumière à la noirceur.

Terrifiée, Julia entend littéralement la peur monter en elle. Cette grande frayeur provoque un clivage intérieur sous la forme de l'émergence d'une voix, projection de l'effroi qui s'insinue dans le corps de l'enfant. Le texte marque cette soudaine séparation par l'usage de guillemets qui concrétisent le rapport dialogique entre la Julia du dedans et la Julia du dehors. À ce titre, la marque typographique matérialise le cloisonnement psychique qui s'opère en Julia :

> — Qui me parle ? dit Julia à haute voix.
> « C'est la Julia du dedans. C'est moi, la Julia du dedans. C'est moi, c'est nous, et nous avons peur toutes les deux. » (*JUL2*, p. 13)

L'expérience rappelle celle de l'*Unheimliche* décrite par Freud comme une « inquiétante étrangeté » se manifestant lorsqu'un individu, rencontrant sa propre représentation, la perçoit fugitivement comme Autre de lui-même. Sur la ligne de césure psychique qu'engendre la peur, naît cette voix qui vient briser la solitude et permet à Julia d'envisager l'approche du *limes* avec une distanciation autrement impossible. Julia, la « vraie », celle dont on dit à la fin du roman : « Et la vraie Julia, lorsqu'elle est certaine que la Julia du dedans dort à poings fermés, s'endort à son tour » (*JUL2*, p. 58), s'affirme comme agent de l'action et entraîne son *alter ego* sur la voie d'une désintégration progressive de la frayeur. Sur le plan spatial, son parcours suit trois étapes :

1) Julia, la « vraie », plonge la tête sous l'oreiller ;
2) Julia bondit hors de son lit, éteint la veilleuse rose et affronte, pour la première fois de sa jeune vie, l'obscurité ;
3) Julia se laisse glisser très lentement sur le plancher afin d'observer de plus près les 82 fantômes entrés par l'espace-frontière du chemin des fantômes, puis va fermer la fenêtre.

Le processus d'approche met en lumière une gradation du mouvement d'exploration spatiale, qui mène Julia de l'espace protégé de son lit à un voisinage étroit avec les êtres minuscules qui flottent au-dessus du plancher de la chambre. L'extinction de la veilleuse qui, jusque-là, a assuré la quiétude de ses nuits, force Julia à une rencontre effective avec l'objet de sa peur.

L'avancée de la petite fille s'accompagne d'un processus mental — constamment modéré par les remontrances de la voix intérieure — qui signale la progression logique de la pensée de Julia. Ainsi, au geste d'éteindre la veilleuse correspond une opération déductive : « Si je veux les voir, les fantômes, il faut tout éteindre, déclare-t-elle. » (*JUL2*, p. 22) Puis, devant leur entrée intempestive, l'enfant s'adonne à une banalisation du phénomène : « Les fantômes montent par le chemin des fantômes, il n'y a rien de plus normal. » (*JUL2*, p. 25) C'est, enfin, à une entreprise de rationalisation que donnera lieu la fermeture de la fenêtre : « Il ne peut rien nous arriver, ils sont trop petits. […] Les fantômes font peur, nous avons eu peur. » (*JUL2*, p. 26) Toutes ces opérations convergent vers la transformation de la perception de Julia, par le biais d'un déplacement fonctionnel signifiant. L'utilisation de la veilleuse devient obsolète dès lors que la production de la lumière est assumée par les fantômes, qui dégagent une douce luminosité. Ainsi, la figure objectivée de la peur se voit-elle dorénavant investie d'une valeur positive. Cette mutation axiologique coïncide avec la réappropriation de l'espace que permet la clôture du *limes* lorsque Julia ferme la fenêtre. Gage de la tranquillité du sommeil, l'apprivoisement des êtres issus de l'espace-frontière correspond également à la reconnaissance, en cet Autre, de désirs communs. La finalité du voyage des fantômes, le repos, s'avère identique à celle de Julia : « Le chef déclare très poli : "Et nous pouvons vous jurer que nous sommes tous gentils. Nous cherchons simplement un endroit pour dormir". » (*JUL2*, p. 40)

En contrôlant les frontières, Julia retrouve l'entière possession d'elle-même ; à l'instar de plusieurs autres personnages de l'œuvre romanesque de Christiane Duchesne, la consolidation de l'identité de Julia dépend de la maîtrise de l'espace qu'elle habite. La fragilité ou la solidité de son ancrage dans l'espace, on l'a vu, ne se mesure pas au volume que son corps peut y occuper, mais plutôt au déploiement d'un espace psychologique tout entier occupé par Julia, la vraie. À cet égard, on ne peut manquer d'établir un rapport entre cette délimitation essentielle et celle, tout aussi indispensable, des contours de l'être humain en formation que Didier Anzieu nomme le Moi-Peau et qu'il décrit comme « la figuration dont le moi de l'enfant se sert au cours des phases précoces de son développement pour se représenter lui-même comme moi à partir de son expérience de la surface du corps[21] ». Si elles sont là tout d'abord pour le seul plaisir de nous faire basculer dans l'imaginaire, les frontières délimitées par les personnages enfants de l'œuvre de Christiane Duchesne n'en demeurent pas moins des écrans où se profilent, sur fond d'aller-retour, les mouvements de la psyché enfantine vers l'impérative différenciation que nécessite l'inscription de l'être dans le monde.

La vieillesse : l'ultime frontière vers l'Ailleurs infini

> [...] je me dis que mon ciel à moi il est blanc — je l'inventerai tous les jours puisque c'est ce que j'aime faire. Une merveille de révélation : l'éternité pour tout créer à ma manière et écrire à l'infini [...].
>
> Christiane DUCHESNE,
> *Le premier ciel ou lettre à M. de Nigremont*, p. 16-17.

> Ce sera un défaut ou une qualité, vous en jugerez, mais de toute manière, cela me sert énormément : je confonds le réel et l'imaginé, et ce n'est pas le genre de chose qui s'améliore avec l'âge. Et j'en éprouve un grand plaisir : un jeu de tous les jours avec l'ordre du monde, une fantaisie efficace dont je m'arrange avec bonheur.
>
> Christiane DUCHESNE,
> *Le premier ciel ou lettre à M. de Nigremont*, p. 27.

Alors que dans la plupart des œuvres pour la jeunesse, l'âge des personnages principaux ne dépasse guère celui des lecteurs, les romans de Christiane Duchesne mettent en scène plusieurs vieillards de plus de 70 ans. Ce phénomène, propre à

---

21. Didier ANZIEU (1974), « Le Moi-Peau », *Nouvelle revue de psychanalyse*, n° 9, p. 207.

l'œuvre duchesnienne, apparaît indissociable de la propension de l'auteure à sur-ligner l'objet « frontière » dans ses romans.

Dans une perspective générale, la vieillesse, en tant que borne ultime de l'axe chronologique de la vie humaine, induit une approche différente de la limite comme du *limes*. Au cours de cette période, la frontière s'avère, en effet, intimement liée à la temporalité, la mort se posant comme « principe organisateur du temps[22] » et aussi de l'espace chez l'adulte vieillissant. Comme le fait remarquer Renée Houde, évoquant la théorie du développement psychosocial de l'adulte établie par Roger L. Gould, « après 50 ans, [...] le sens du temps dans la vie adulte [a] une fonction analogue à celle jouée par l'anxiété de séparation au cours de l'enfance[23] ». La sépa-ration inhérente à la pensée de la mort plane au-dessus des personnages duchesniens qui passeront de vie à trépas au cours du récit. En revanche, le « sens du temps » évoqué précédemment comme résultante des accommodements de l'adulte avec la réalité fait défaut à la psyché que l'on pourrait qualifier de « juvénile » des Balthazar, Marie, Berthold, Lucrèce ou Volpi. Alors qu'on pourrait présupposer, dans le cas présent, une forme d'évolution psychologique ascendante bien marquée pour distinguer les personnages enfants des personnages âgés, on voit plutôt, sur l'en-semble de l'œuvre, s'instaurer une relation transversale entre ces êtres que tout pourrait séparer. Paradoxalement, voilà des vieux à l'imaginaire aussi débordant, sinon plus, que celui de leurs jeunes *alter ego*. Cela dit, le rapport à la temporalité ne leur est pas dénié, mais il se présente singulièrement sous la forme d'une conscience de la pérennité. L'infini, en effet, est l'étalon standard de la temporalité dans *La bergère de chevaux*, comme dans *Berthold et Lucrèce* ou *Jomusch et le troll des cuisines*. L'Ailleurs s'y déploie, prenant des allures d'éternité que, par définition, aucune limite ne peut contenir. Le passage de la mort, lui-même, échappe à l'étan-chéité qu'on lui connaît communément et laisse immanquablement une porte entrebâillée sur le monde des vivants. Or, l'objet médiateur de cette ouverture, la cale qui en assure le maintien, est invariablement l'écriture comme reflet d'une parole unique, différenciée, la lettre qui flotte sur le *limes*.

Ainsi la mort n'exerce-t-elle aucun pouvoir sur la voix, cette voix dont on aura vu l'importance dans *Julia et les fantômes* par exemple. Si le corps disparaît, la voix, elle, subsiste, souvent sous la forme d'un écrit, objet de circulation qui lie de manière indissoluble la vie et la mort. Dans *Bibitsa ou l'étrange voyage du chien de Clara Vic*, l'annonce de la disparition de M. Kamil s'accompagne de la remise d'une lettre à Clara Vic. L'homme en gris, le vieux médecin, lègue sa maison à Clara et l'installe dans la continuité de sa propre vie et de sa propre parole. Dans sa missive posthume, il affirme pudiquement : « Dites-vous bien que le hasard qui vous a mise

---

22. Renée HOUDE (1991), *Les temps de la vie. Le développement psychosocial de l'adulte selon la perspective du cycle de la vie*, Boucherville, Gaëtan Morin éditeur, p. 165.

23. *Ibid.*

sur ma route m'a valu bien des bonheurs, et que si j'avais eu une fille, j'aurais bien aimé qu'elle vous ressemble. » (*VIC2*, p. 130)

Une semblable transmission s'opère également dans *Jomusch et le troll des cuisines*. M. Volpi, un vieillard qui a malencontreusement « perdu » son chien à l'intérieur de sa maison, sollicite, pour sa recherche, l'aide du commissaire Jomusch, jeune homme à l'égard duquel Volpi — dans le même esprit de filiation qui unit Kamil et Clara — avoue qu'il le « prendrai[t] bien comme petit-fils. » (*JOM*, p. 33) Sorte de conte étiologique sur le passage de la vie à la mort, le roman nous apprend, par la voix de Volpi, l'histoire du troll des cuisines. Ce dernier — qui, en d'autres temps, habite silencieusement le mur des maisons — se manifeste par divers bruits, craquements et odeurs dès qu'un décès est pressenti et que devient nécessaire la préparation d'un festin de funérailles. Or, lorsque Jomusch inspecte la maison de Volpi en quête du chien Albert, il sonde les murs et ne manque pas d'y entendre « des sons étranges. Comme une respiration. » (*JOM*, p. 26) Ici, la respiration — autrement signe de vie — annonce paradoxalement la mort. Lorsque disparaît M. Volpi, Jomusch reçoit des mains mêmes du troll des cuisines une lettre, comme un pont au-dessus du vide. À l'instar de Clara Vic, le voilà maintenant propriétaire d'une maison : « J'ai tout de même eu le temps [avant d'être pris d'une faiblesse] de vous écrire un mot pour vous dire que je vous donne ma maison. Vous semblez l'aimer, ce sera comme si votre grand-père vous la laissait en héritage. [...] Je ne serai jamais bien loin. [...] P.S. Vous devez vous acheter un chien. » (*JOM*, p. 71-72)

La mort-continuité, encore, l'espoir que, malgré la transformation irréversible qu'induit le passage de la faucheuse, toute circulation demeure possible. La maison constitue le lieu d'échange entre les vivants et les disparus. Quatre murs à la mesure de la vie humaine, mais à l'extérieur desquels se trouve la promesse de l'infini : les deux maisons donnent en effet sur la mer. L'infini de l'océan, conséquence évidente de sa vastitude et du fait que l'œil n'en peut voir les limites, se trouve mille fois réitéré dans l'œuvre de Duchesne. Faisant partie intégrante de l'univers topique des romans, la mer, opposée à l'espace clos de la maison où l'on vit, est ce « lieu où les gens se perdent » (*GA*, p. 15) ; elle est « mouvante, frémissante, elle vient se faire et se défaire. » (*VICT*, p. 141) Elle est celle dont Lila affirme : « Je voulais voir la mer, parce qu'on dit qu'elle ne finit jamais. J'aime les choses qui n'ont pas de fin. Je ne sais pas pourquoi il faudrait que les choses finissent. » (*BERG*, p. 81) Lieu du « bleu », elle se confond avec le ciel, espace, s'il en est un, sémantiquement connoté comme étant celui où se retrouvent les âmes des disparus.

« S'il y avait des contes qui ne terminent jamais ? Si ce n'était pas vraiment une histoire ? » (*BERG*, p. 36) se demande Balthazar, un sourire magnifiquement clair aux lèvres. Tel est le secret de l'éternité : le caractère inextinguible de la parole qui s'actualise par le biais de la narration, de l'écriture. « Écrire à l'infini », voilà un des désirs duchesniens. L'histoire, c'est la vie ; la vie, c'est l'histoire. Plus de place dès lors pour la mort... L'histoire sans fin de la bergère de chevaux illustre bien le croisement qui s'exerce entre l'écriture et la vie. Le jeune lecteur ne peut échapper à cette évidence, lui qui plonge dans un livre dont la couverture porte le titre de l'œuvre qu'il voit s'écrire sous ses yeux, histoire dictée par le personnage un jour créé par Balthazar : Lila, le double romanesque du personnage de Marie, 72 ans, autrefois bergère de chevaux. Ici, le mouvement spéculaire plonge le lecteur dans une chambre de miroirs où se répercute à l'infini sa propre image. Le voilà lisant une œuvre qui s'écrit, dictée à l'auteur par un personnage, qui fait partie d'une œuvre écrite, mais introuvable, que l'auteur réécrit sous la dictée du personnage alors qu'un lecteur la lit, etc.

La lecture, comme l'écriture, serait donc un antidote contre la mort ; quoi de plus rassurant pour le jeune lecteur ? Berthold et Lucrèce l'ont bien compris, eux qui se racontent chaque jour les souvenirs de leur très longue vie, et en proposent des relectures toutes aussi farfelues les unes que les autres. « À force de se raconter des souvenirs, à force d'en faire aussi des rêves, Berthold et Lucrèce vont vivre jusqu'à cent ans. Ou plus... » (*B&L*, p. 90) Or, cent ans, n'est-ce pas un peu l'éternité ?

Des êtres imaginaires traversés par la frontière

> Tant que je n'ai pas visité un lieu, son espace m'apparaît, de loin, en deux dimensions seulement. Mais dès que j'y touche, au moment où j'y pose le pied, la troisième dimension se forme brusquement, l'espace prend ses volumes, enfle majestueusement dans toutes les directions [...].
>
> Christiane DUCHESNE,
> *Le premier ciel ou lettre à M. de Nigremont*, p. 20.

Si l'enfant Julia décide de quitter son lit pour aller à la rencontre du *limes* du chemin des fantômes, si Volpi le vieillard, sentant venir sa fin, passe heureux dans l'autre monde, il n'en va pas toujours de même pour les personnages posés comme imaginaires dans l'œuvre de Christiane Duchesne. La pénétration des nouveaux espaces ne résulte pas, chez eux, d'un désir ou d'une volonté délibérée de traverser les frontières ; ce sont plutôt ces dernières qui les traversent, donnant du même coup à voir leur constitution d'êtres en équilibre sur la ligne de démarcation entre le territoire du réel et celui de l'imaginaire. Les limites aspirent ces personnages, comme si, paradoxalement, elles étaient ici dotées d'une énergie désirante.

Dans *Les péripéties de P. le prophète* — un roman qui plonge le lecteur dans un univers complètement débridé —, P., le personnage à la double nature de prophète/ faux prophète, est emporté contre son gré lorsque sa personne est littéralement « réquisitionnée » par une cavalerie impériale pour retrouver, grâce à ses prophéties, la gouvernante de l'empereur, Marie-Ursula. Le corps d'armée, pour le trouver, traverse les murs du café dans lequel il se trouve et rompt, ce faisant, le linéament de l'espace qui contient le personnage.

Sans prendre le temps de mettre pied à terre, les cavaliers de tête entrent dans le café par les larges fenêtres de la vitrine, fracassant tout le mobilier.

— P.! Je cherche P.! tonne le premier cavalier, visiblement chef de la cavalerie. [...] il a une tête de prophète. P.! On m'a dit que vous étiez ici! [...]

— Je suis ici. C'est moi, répond P. d'une voix égale. Mais détrompez-vous tout de suite, je ne suis pas prophète. [...]. (*P*, p. 12-13)

— Mais je ne pars pas avec vous! lance P. On ne m'a pas apporté mon café! [...]

— Vous partez! Ordre de l'empereur! (*P*, p. 19)

L'irruption de la cavalerie impériale dans la vie de P. aura pour effet de l'astreindre au franchissement et de révéler la fracture qui fonde son identité. Tous le croient prophète, il est persuadé de ne pas l'être; la fin de l'histoire confirmera pourtant ses dons. La double articulation identitaire, qui n'est pas sans rappeler la césure psychotique, est réactivée alors que le personnage occupe un entre-deux spatial. En effet, les vitrines en miettes, les limites rompues: voilà, du coup, un espace clos transformé en surface frontière, «espace transitoire [...], lieu de passage entre le noyau et l'extérieur infiniment ouvert et hostile[24]». L'inscription de P. dans cet espace-frontière appelle toute l'attention sur l'indétermination du personnage, donnant à voir le fossé qui habite le prophète/faux prophète. Le *limes* s'abîme ici au cœur même du personnage et l'invite à une descente en lui-même et à une découverte de ses propres limites qui coïncideront avec l'exploration de celles de l'Empire. L'aboutissement de l'aventure mènera à la révélation du nom de P. et de son amour pour Marie-Ursula:

— Je... Je ne vous avais pas vu, dit Marie-Ursula en se retournant vers P. Qui êtes-vous, monsieur? Un prophète?

— Je vais finir par le croire, répond P., ému jusqu'au fond des os. Je m'appelle Pasteur. (*P*, p. 139-140)

[...]

— Un peu de silence que j'entende battre mon cœur. Marie-Ursula, je vous aurais cherchée plus loin que les limites de l'empire si vous n'étiez pas revenue aujourd'hui. (*P*, p. 141-142)

Comme son homonyme, gardien de troupeaux, Pasteur aura, au cours de son voyage-transhumance par les chemins du *limes*, conduit les chefs des deux États voisins à bon port, provoquant la réconciliation de l'empereur des Terres et de la moitié des Mers Bleues et de l'impératrice des Airs et de la moitié des Mers Bleues. À partir de ce moment, les limites du territoire reculeront, les terres et les mers autrefois divisées de l'intérieur seront maintenant partagées, mises en commun. On le voit, l'espace-frontière sur lequel se joue, depuis le début, l'histoire de P. le prophète, bien qu'étant une frontière, n'en prend pas moins ici le statut d'espace.

---

24. Aleksander ABLAMOWICZ (1982), *op. cit.*, p. 50.

Qui plus est, sa surface s'étendra progressivement au cours de l'aventure de manière à rejoindre les bordures extérieures du territoire et à devenir, finalement, espace topique.

Dans un tout autre contexte, c'est également à un « ravissement » que nous assistons dans le roman *La bergère de chevaux* — évocation de *Six personnages en quête d'auteur* de Pirandello — lorsque, sortis de leur histoire, les personnages apparaissent de façon impromptue dans le salon de leur auteur. Balthazar, parti au grenier, cherche désespérément l'histoire de la bergère de chevaux, ce roman inachevé racontant en essence la vie de Marie, sa vieille amie. Au même moment, sans l'avoir souhaité et sans comprendre pourquoi, les personnages se matérialisent :

> — Mais comment avons-nous pu sortir de nos livres ? murmure Antoine. Nous aurait-on jeté un sort ? Serait-ce un mauvais tour qu'on nous joue ?
> — Et qu'est-ce qui se passe dans les livres pendant que nous sommes ici ? Ils sont vides ? Ce sont des histoires sans personnages ? marmonne Y. Et comment allons-nous y retourner, dans nos livres ? (*BERG*, p. 25)

La fin de l'histoire nous permet de comprendre le processus de matérialisation des êtres fictifs égarés du côté du réel :

> — Donc, poursuit Marie, Balthazar voulait retrouver l'histoire de sa bergère. Il le désirait tellement que Lila est apparue malgré lui. Mais avant, il a dû penser à vous aussi, trop fort, et sans s'en rendre compte. Il devait penser à ses personnages préférés. Et vous vous êtes retrouvés ici, tout simplement, parce qu'il a trop pensé à vous. Alors, pour rentrer dans vos livres, si vous essayez de penser très fort à votre histoire, vous risquez d'y retourner ! (*BERG*, p. 161)

Le vecteur de l'apparition correspond donc à la force du désir inconscient de Balthazar. Le seul pouvoir de la pensée, sous la forme d'un mouvement psychique et non d'un déplacement spécifiquement spatial, permet la réintégration de l'espace d'origine. Le passage de la réalité à l'univers livresque repose sur cette simple opération, accessible à tout lecteur de l'œuvre de Christiane Duchesne. Comme dans le processus du rêve, la contiguïté des espaces oniriques relève des mécanismes psychiques de condensation et de déplacement ; le passage du réel à l'imaginaire, par ce pont au-dessus de la *terra incognita* du processus créatif, permet au jeune lecteur, plongeur de haut vol, de pénétrer dans la mer sans fin de l'œuvre duchesnienne. Suivant le fil rouge des mots alignés les uns contre les autres, il glisse subrepticement d'un monde à un autre, sans trop comprendre la nature du passage. Les frontières textuelles, comme les frontières thématisées dans l'œuvre, deviennent des espaces ouverts qui permettent la libre circulation de l'imaginaire ; ce sont des lieux où se croisent les univers symboliques de l'auteur et du lecteur :

> — Est-ce que je pourrais aller faire un tour dans le conte de Béatrice ? demande tout bas Antoine.
> [...]

— Ce qui serait bien, suggère Balthazar avec un air de petit garçon, c'est que nous nous donnions rendez-vous ici, chaque année. Les lecteurs se poseraient des questions, bien sûr, comme cette nuit. Mais une fois par année, ce n'est pas si terrible. (*BERG*, p. 156)

Des œuvres, comme autant de chambres de résonance, d'espaces à écho

> Tous les fils de ce que je tisse lentement peuvent, d'une manière ou d'une autre, passer par le chas d'une même aiguille. Laquelle me demanderez-vous? Il y en aurait tant. Je pourrais vous raconter tout cela il y a trente ans ou maintenant, il y a vingt ans ou demain, avec des similitudes, et le temps pour faire filer le fil au travers du chas de l'aiguille.
>
> Christiane DUCHESNE,
> *Le premier ciel ou lettre à monsieur de Nigremont*, p. 63.

L'homogénéité de la matière romanesque duchesnienne actualise de façon exemplaire le mariage étymologique qui, par le biais du doublon « *textus* », unit les mots « texte » et « tissu ». L'engendrement du Grand Texte, de la Grande Toile, dirons-nous, de l'œuvre totale, résulte d'un aiguilletage[25] délicat. Le choix herméneutique de tirer sur le fil « frontière », l'un des principes fondateurs de l'univers fictionnel de Christiane Duchesne, laisse entrevoir l'interaction fondamentale et dynamique qui existe entre les œuvres. Comment cela peut-il être? Le commissaire Jomusch détient peut-être la réponse à cette question...

— Monsieur Volpi, demande le commissaire Jomusch, existe-t-il dans cette maison des couloirs secrets, des souterrains, des boyaux de communication? [...] des espaces vides entre les murs, ou d'anciennes pièces de la maison qui auraient été murées. Des passages? [...]
— Je ne vois pas du tout, reprend le vieil homme. Je connais cette maison, j'y suis né, j'y ai passé toute ma vie, je...
— Pourtant, ajoute prudemment Jomusch, il semble qu'il y ait dans votre maison des espaces à écho.
— Des espaces à écho? répète monsieur Volpi.
— Des endroits de votre maison qui serviraient de chambres de résonance...
(*JOM*, p. 22-23)

Chambres de résonance, espaces à écho, boyaux de communication, tels sont les limites et *limes*. Par eux, tout comme les personnages sortis de l'imagination de l'auteure, nous entrons et sortons à notre guise. Invariablement, c'est sur l'infini que notre regard se pose. Car l'œuvre de Duchesne a ceci de particulier que là où

---

25. Technique de fabrication d'étoffes consistant à entremêler des fibres textiles disposées en nappes à l'aide d'aiguilles crochetées (*Bibliorom Larousse*).

s'impose un passage — mur, fenêtre ou avion de papier —, devient accessible un Ailleurs sans limite. Si, ordinairement, la frontière a pour fonction de circonscrire et de faire communiquer entre eux deux espaces précisément délimités, dans l'univers duchesnien, la traversée mène à un espace sans contours définis. Pas étonnant, à cet égard, que le franchissement s'accompagne, à plusieurs reprises, d'une oblitération de la cloison et de l'apparition de formations vaporeuses qui effacent tout délinéament :

> Jomusch comprend subitement qu'il n'est plus dans l'ordinaire. […] Une lumière douce, un brouillard blanc monte du fond de la cave. Les marches du bas sont presque invisibles. (*JOM*, p. 63)
>
> Aussitôt, Brouquelin de Jaspe disparaît dans un minuscule nuage blanc. (*JUL3*, p. 45)
>
> Des bordures de la nuit, des franges du sommeil à peine installé surgissent des ombres blanches. Des anges ? Des voiles de navire ? Des aurores boréales ? […] Les formes blanches bougent rapidement, avancent et reculent par secousses, bondissent subitement très haut dans un ciel infini. (*BÉB*, p. 79)

L'atteinte de l'espace sans limite, comme le brouillage qui signifie le franchissement, infèrent la circularité du monde duchesnien. Quelle topographie, autre que celle du cercle, permet un tel accès à un monde sans limite perceptible ? En cela, notre activité de métalecteur ne peut qu'emprunter la voie de ce chemin circulaire et, le tour du monde accompli, nous amener ailleurs, sur un autre point du cercle qui se fracture pour repartir, en spirale, emprunter un autre palier, tirer un autre fil, explorer une autre contexture du tissu pénélopien en continuelle transformation.

LES JEUX DE L'IDENTITÉ DANS LES ROMANS POUR ADOLESCENTS DE STANLEY PÉAN

Daniel Chouinard
Université de Guelph

Au confluent des cultures haïtienne, québécoise et, dans une mesure moindre, américaine, l'œuvre romanesque de Stanley Péan revendique une américanité complexe, souvent contradictoire. Or, malgré de nombreuses tensions culturelles fortement marquées, elle parvient à proposer un équilibre identitaire des plus original. Au centre de ces tensions et au cœur de cette quête d'identité, s'impose une donnée fondamentale : l'absence du père. D'emblée, cette absence plonge le lecteur dans un ensemble de problèmes politiques, ethniques et sociaux que sous-tend un dénominateur commun : l'exil. De cette absence paternelle et de cette déchirure naissent les difficultés des narrateurs-héros, qui tous doivent quitter un foyer d'adoption presque idyllique, traverser une série d'obstacles et d'épreuves où le surnaturel prendra progressivement une place déterminante, pour enfin définir et assumer une identité et un destin qui leur soient propres et qui leur permettront de dépasser l'échec du père. Ce faisant, le narrateur-héros, plus ou moins enfantin ou asexué au départ, assumera sa virilité. Il incarnera alors une masculinité bien affirmée mais dégagée des tentations de violence survenues au cours de la quête de soi et surtout, établie par opposition aux valeurs de personnages inquiétants, qui fonctionnent comme autant de doubles négatifs du père.

En effet, dans trois des cinq romans publiés dans la collection « Roman+ » des éditions de La courte échelle[1], on retrouve un même modèle de maturation, qui se

---

1. Romancier, nouvelliste, essayiste, Stanley Péan s'impose déjà par l'ampleur et la qualité de son œuvre ; en ce qui concerne sa production pour la jeunesse, les cinq romans pour adolescents parus de 1993 à 1999 représentent l'expression la plus concertée d'un univers bien particulier. Notre analyse portera donc sur : *L'emprise de la nuit*, Montréal, La courte échelle, coll. « Roman+ », 1993 ; *La mémoire ensanglantée*, Montréal, La courte échelle, coll. « Roman+ », 1994 ; *L'appel des loups*, Montréal, La courte échelle, coll. « Roman+ », 1997 ; *Quand la bête est humaine*, Montréal, La courte échelle,

complexifie et atteint son apogée dans le dernier roman, *Le temps s'enfuit*. Dans cette œuvre comme dans les récits précédents, tout particulièrement dans *L'emprise de la nuit* et *L'appel des loups*, l'absence du père est à la base du malaise et du manque qu'éprouve le héros-narrateur. Que ce soit un père-géniteur anonyme qu'il ne connaîtra jamais (*L'appel des loups*), un père disparu dans les soubresauts de la situation politique en Haïti (*L'emprise de la nuit*) ou un père bohème dépourvu de tout sens des responsabilités (*Le temps s'enfuit*), l'effet est sensiblement le même : le fils doit s'assumer tout en créant ses propres repères.

Durant ce processus d'accomplissement de soi, le héros-narrateur sera secondé ou menacé par des mentors, des guides, bons ou mauvais, qui seront, à des degrés divers, autant de substituts paternels. Dans *Le temps s'enfuit*, le mentor devient le père adulé, idéalisé, librement choisi puis rejeté, le deuil du père devenant la marque de l'accès à l'âge adulte. Or le second roman de Stanley Péan, *La mémoire ensanglantée*, échappe radicalement à cette problématique, pourtant centrale dans les autres récits. Mais cette différence n'en éclaire que mieux la problématique de l'héritage paternel.

L'identité féminine en devenir

D'une part, dans *La mémoire ensanglantée*, l'aventure et la quête sont vécues par une narratrice-héroïne au seuil de l'émancipation ; d'autre part, les parents naturels, père et mère bien vivants, sans compter un frère téléphage plutôt insignifiant, sont présents du début à la fin. Pour les Bastide, famille bourgeoise d'immigrants haïtiens adaptés sans problèmes majeurs à la réalité économique du Québec, l'essentiel est ailleurs : dans sa différence culturelle réduite au seul espace du logement familial et dans l'ascendant qu'a pris la lignée matrilinéaire de la famille élargie, dominée par la grand-tante « Grannie Irma[2] », veuve du docteur Armand, membre de l'élite de Pétionville. Herbert, le père, ingénieur de son état, et la mère, Locita, employée de banque, vivent en Nord-Américains fonctionnels mais, chez eux, ils redeviennent Haïtiens :

> Pour tout dire, mes parents me faisaient penser à ces *bizango* dont parlaient les contes au son desquels ils me berçaient quand j'étais petite. Il s'agissait d'êtres surnaturels qui,

---

coll. « Roman+ » 1997 ; *Le temps s'enfuit*, Montréal, La courte échelle, coll. « Roman+ », 1999. Nous ferons allusion aux autres œuvres, album et nouvelles, au cours de cette étude.

2. La grand-mère, présente ou absente dans les récits, incarne la fidélité à l'héritage haïtien. L'exemple du seul album pour enfants de Stanley Péan s'avère fort révélateur à cet égard : le jeune héros, qui « a peur de tout, même de son ombre », ne pourra vaincre ses terreurs que grâce à sa grand-mère. Fait significatif, celle-ci est le personnage par lequel la magie — bénéfique — intervient dans la réalité pour secourir l'enfant et lui permettre de poursuivre son évolution vers la maturité. Voir : *Un petit garçon qui avait peur de tout et de rien*, Montréal, La courte échelle, coll. « Albums. Série Il était une fois... », 1999.

le soir, sortaient de la peau humaine sous laquelle ils se cachaient durant la journée.

À l'heure du branle-bas qui précédait le départ vers le monde extérieur [...] Herbert et Locita enfilaient leurs costumes de Nord-Américains typiques. J'avais l'impression qu'ils cessaient d'être mon père et ma mère pour devenir un ingénieur et une employée de banque en tout point identiques à leurs collègues de travail[3]... (p. 12)

Par-delà la différence vestimentaire, des vêtements gris du monde des affaires aux vêtements colorés des îles, des aliments insipides aux mets épicés, du français normatif au créole, se produit, pour reprendre une métaphore de l'héroïne, une autre « métamorphose », celle du monde naturel au monde surnaturel. Entre-temps, le père a beau être présent, sa présence équivaut en quelque sorte à une absence, car un père présent finit par ressembler à tous les pères que contestent les adolescents : un individu falot, imbu de préjugés, incapable d'accepter l'évolution et la sexualité de son enfant.

Cette remarque a suffi pour démarrer la machine à paranoïa qui servait de tête à mon père. Tout de suite, il m'a rappelé qu'on m'avait amenée ici pour m'occuper de Grannie et pas pour courir les garçons. Et puis, ce jeune voyou — car c'en était sûrement un — était sans doute Jamaïquain et il fallait éviter ces gens-là, et patati, et patata [...] Tout ça pour dissimuler sa panique à l'idée qu'un jour je revienne à la maison enceinte. (p. 31-32)

Mais ce rapport père/fille deviendra plus trouble au cours du récit : conduite à la résidence de cette tante étrange, une véritable « tatie Danielle » haïtienne qui communique avec le monde des esprits, Leïla finira par ressembler physiquement de plus en plus à Mina, la fille au destin tragique, morte trente ans auparavant. Celle-ci, violée par un groupe de Tontons Macoutes, puis obsédée par la honte, avait fini par se suicider avec la complicité de sa famille humiliée.

Par ailleurs, il est remarquable qu'au cours de son séjour chez Grannie Irma, Leïla n'ait communiqué par téléphone qu'avec sa mère : le père réel, relégué à l'arrière-plan du récit à partir du chapitre 3, devient en contrepartie un personnage central de l'histoire de Mina, la victime des préjugés familiaux. Or, cette Mina est le double de la fille d'Herbert et celle-ci est en train de perdre son identité mentale et son intégrité physique pour se transformer, sous l'influence occulte de Grannie, en Mina, fille bien-aimée sacrifiée aux préventions sociales. Or, fait essentiel, Mina était l'amie d'enfance d'Herbert, sa cousine et sa « fiancée » — enfants, le docteur Armand les avait surpris en train de « jouer aux jeunes mariés » (p. 96). Les préjugés de famille les ont progressivement séparés : Herbert est devenu « une espèce de grand frère » et Mina s'est choisi un nouveau fiancé, d'origine modeste, Jolicœur, qui l'a

---

3. Stanley PÉAN, *La mémoire ensanglantée, op. cit.*, p. 12. Les références aux livres de Stanley Péan seront dorénavant indiquées dans le texte par le numéro de page.

par la suite livrée à ses camarades et subordonnés Tontons Macoutes. Ayant dénoncé le nouveau régime de terreur politique en Haïti, Herbert n'échappe à la prison que grâce à l'intervention d'un ami ministre. De là l'exil, puis le mariage avec Locita.

Pour rompre le charme délétère, l'esprit de Mina, dans une apparition spectaculaire, va rendre Leïla à elle-même, libérer Grannie de sa culpabilité et, dans la sphère du non-dit, celle de l'inceste, dégager Herbert de toute arrière-pensée. Leïla émergera adulte de cette aventure et aura une relation d'égal à égal avec son père, dont elle a découvert la seconde nature, plus «romantique», plus rebelle.

Le roman se clôt sur une scène de rapprochement: «Assise en face de lui, je l'ai obligé de mettre son journal de côté [....] je lui ai demandé doucement, comme on prononce une prière: parle-moi de Mina.» (p. 157) De la même façon qu'il s'était changé en «grand frère», c'est-à-dire en mentor de Mina une fois celle-ci devenue jeune femme, il devient le père véritable de sa fille — sans ambiguïté — avec laquelle il partage, par-delà la spécificité culturelle et ethnique, une histoire complexe à l'issue de laquelle chacun a trouvé son identité et son équilibre personnels.

En fin de compte, le père reste double, pour ainsi dire: d'un côté le père réel, terne, éteint, correspondant aux stéréotypes de la perception des adolescents, donc trop présent physiquement mais absent de l'imaginaire; de l'autre, le père du passé haïtien, être de passion et d'engagement, absent de l'avant-plan narratif mais bien présent sur le plan des références culturelles. Ce schéma ira s'approfondissant chez les héros-narrateurs. Absent, relégué au passé familial, le père occupe rapidement le centre de l'imaginaire et oriente la quête de soi du héros-narrateur. La masculinité, la virilité du fils se définiront en fonction de l'assimilation ou du rejet de la figure paternelle, et les jeux temporels de la narration amèneront le fils à séduire ou à prendre la femme convoitée ou possédée par le père, une femme à la fois étrangère et substitut de la mère réelle du temps présent.

L'identité masculine et les limites du métissage culturel

À première vue, l'armature morale des récits fantastiques[4] de Stanley Péan peut paraître quelque peu simpliste: la lutte entre le Bien et le Mal, et, si l'on peut dire, le triomphe doux-amer des forces du Bien. Or c'est l'entrelacs des valeurs culturelles qui transforme des modèles littéraires au départ surannés en des réseaux symboliques fort complexes. C'est également la polyvalence et la vaste culture des héros,

---

4. L'œuvre entier de Stanley Péan est empreint de fantastique et de merveilleux. Retenons ici le seul recueil de nouvelles pour jeune lectorat, qui reprend, mais de façon fragmentaire — règles du genre obligent —, les thématiques identitaires et culturelles des romans pour adolescents parus chez La courte échelle. Voir: *Treize pas vers l'inconnu: nouvelles fantastiques*, Saint-Laurent, Éditions Pierre Tisseyre, coll. «Conquêtes», 1996.

paradoxalement populaire et savante, qui feront de ces récits des œuvres achevées et polysémiques, voire troubles.

Commençons par les romans où les mentors jouent un rôle de premier plan. D'une certaine manière, *L'emprise de la nuit* et *L'appel des loups* reprennent le même schéma fantastique : la rencontre et la défaite d'êtres surnaturels ou extraterrestres provenant d'un univers parallèle, qui phagocytent les êtres humains et finissent par menacer la société. Ces deux œuvres finissent presque, d'ailleurs, par ressembler à deux versions du même scénario.

Dans le premier roman, témoin de l'implantation de l'imaginaire haïtien traditionnel dans l'urbanité montréalaise multiculturelle, le démon Légion, emprunté au récit d'un exorcisme célèbre de l'Évangile, s'empare du corps de gens faibles et suscite la violence dont il se nourrit. Divisible presque à l'infini, il « possède » deux chefs de bandes rivales, de « gangs de rue », les Skin Heads, néonazis et suprématistes blancs, et les Vlinbindingues, Haïtiens marginalisés et naguère victimes du racisme des précédents.

Dans le second roman, habile télescopage postmoderne de la science-fiction et du folklore québécois, des ectoplasmes extraterrestres, les « feux follets », vivent depuis toujours parmi les humains et demeureraient anodins, n'étaient les activités interlopes de certains et leur propension à des manifestations religieuses dignes de sectes extrémistes comme l'Ordre du Temple solaire.

Dans les deux cas, le héros devra choisir. Le héros de *L'emprise de la nuit*, Stacey, fils d'une mère haïtienne, veuve bien intégrée à son milieu du Saguenay-Lac Saint-Jean, devra accepter ou refuser de suivre son frère aîné devenu chef de bande et « suppôt de Satan ». En clair, il s'agit d'accepter ou de rejeter son humanité mais aussi, en filigrane, de rejeter ou non la société d'adoption et de remettre en cause son intégration en sombrant dans le vortex des violences racistes et antiracistes assimilées au même grand jeu démoniaque de Légion.

Pour le héros de *L'appel des loups*, l'enjeu est plus complexe, car le choix doit se faire entre sa nature réelle, profonde, qu'il découvrira au cours de son aventure — c'est un extraterrestre — et son humanité douloureuse, aléatoire, d'exilé au sens propre — c'est un orphelin, le seul Noir de sa petite ville du Saguenay-Lac Saint-Jean — et au figuré : c'est un musicien doué et ambitieux, marginalisé cependant, qui s'est forgé son identité d'artiste, le chanteur et guitariste Django Potel.

Le cas de Django se lit comme l'inverse de celui de Stacey Bergeaud. Django, c'est un feu follet qui refusera de réintégrer son monde parallèle — pressenti mais ignoré — pour assumer une difficile condition humaine presque due au hasard, celle de Noir bien ancré dans une société blanche. Stacey, lui, c'est un Noir bien implanté dans son milieu d'adoption, parti à la recherche de son frère artiste disparu à Montréal, qui refusera de devenir un non-humain.

Dans ces choix, les guides ou mentors joueront un rôle de tout premier plan. Pour Stacey, l'adolescent haïtien le plus asexué, le plus tranquille et le plus « sans histoire» de tous les héros-narrateurs de Stanley Péan, la quête du frère est d'abord une quête prétexte à changer les idées de son meilleur ami, Pierre, tourmenté par un chagrin d'amour. Mais c'est aussi une quête compensatoire, car, au-delà du désir de reprendre contact avec Yannick, le frère révolté parti sans laisser de traces, c'est l'enlèvement du père par les Tontons Macoutes qui justifie le voyage touristique à Montréal, devenu voyage initiatique redouté par la mère:

> Depuis que je lui avais confié ce projet, elle avait tout fait pour m'en dissuader. Têtu comme une bourrique (ça, c'est *elle* qui le dit!), je n'écoute ni la terre ni le ciel quand j'ai pris une décision. Maman avait aussi observé qu'elle n'avait jamais pu faire entendre raison aux «hommes de sa vie». Faisait-elle allusion à mon père ou à mon frère? J'ai préféré ne pas demander de précisions. (*L'emprise de la nuit*, p. 11)

Or, comme l'affirme l'exergue en tête du roman, «Quand vous cherchez votre frère, vous cherchez tout le monde (Jacques Poulin, *Volkswagen Blues*)» (p. 7), c'est-à-dire vous-même.

Dans cette quête, deux mentors vont se disputer l'emprise sur le héros. L'un bénéfique, Pierre, en réalité l'*alter ego*, incarne le Blanc qui maîtrise tous les codes culturels des Noirs au point de pouvoir séduire des Haïtiennes en créole:

> Pierre avait ajusté sa casquette selon la dernière mode de Harlem. J'ai jeté un coup d'œil amusé sur nos reflets dans le miroir. Je n'en revenais jamais de le voir habillé à la mode des Noirs américains dans les vidéos, lui qui était plus blanc que de la craie. La contradiction frappait davantage quand il marchait à mes côtés, puisque aux yeux des gens il aurait semblé plus normal de me voir, moi, accoutré de la sorte. Avec Pierre, les stéréotypes en prenaient pour leur rhume... (p. 13-14)

L'autre mentor, maléfique, le frère de sang, Yannick, artiste famélique devenu à Montréal «Met Y», chef de bande au pouvoir absolu, va troubler l'entente, séparer, dissocier les deux frères d'adoption et leur rendre leur couleur culturelle respective. Et, au cœur de ce conflit, s'immisce la commune attirance pour la belle Candice, Candy, que se réserve Met Y dans une noce différée.

Déjà jeune séducteur aguerri, Pierre parvient à la conquérir symboliquement lors d'une danse érotisée, où il joue de son exceptionnelle maîtrise de la gestuelle des danseurs africains: «Candice s'est adossée à la poitrine de Pierre et a fait onduler ses hanches d'une manière sensuelle, si bien que leurs deux corps donnaient l'impression de n'en former plus qu'un.» (p. 52) Une gifle magistrale du chef la ramènera à son destin, tout comme l'influence délétère de Yannick-Légion fera découvrir à Stacey ses pulsions obscures, sa violence, sa haine et son désir jusque-là latent et vécu par procuration chez Pierre, son double blanc au comportement de Noir stéréotypé.

Or c'est Yannick lui-même qui offrira Candice à Stacey sur le point de céder à son influence et de se joindre aux Vlinbindingues. Un sursaut de réserve morale devant la candeur de Candy résignée aura raison de son désir pour la fiancée offerte en victime dans une espèce de pacte libidinal. Stacey échappera à Légion grâce à Pierre qui a trouvé le point faible des démons et à son inconscient qui refuse l'assimilation au Mal. Pour sauver son frère Yannick, il lui faudra l'exorciser, quitte à le tuer en quelque sorte, car Légion ne peut libérer l'esprit du possédé qu'en détruisant son enveloppe charnelle. Mais la mort libératrice du frère aîné signifie, chez le cadet, l'acceptation de soi et l'intégration à la société des vivants.

Dans *L'appel des loups*, le mentor se transforme en substitut paternel et complique d'autant plus la recherche de l'identité du héros, que le guide bénéfique bascule dans un jeu de fausses apparences et un rapport de tromperie. Le mentor identifié comme le protecteur tout au long du récit devient maléfique à la fin, ce qui rend le triomphe du Bien plus aléatoire, comme si le manichéisme tranché des premiers romans s'estompait au profit d'une vision plus complexe de la réalité socioculturelle.

Par ailleurs, dans ce cas-ci, le sort du héros se complique également du fait qu'il est orphelin, et que sa dernière famille d'accueil, une espèce de famille Plouffe du Saguenay, n'exerce qu'une influence qui va s'amenuisant. La mère par procuration n'aura jamais la stature des mères naturelles précédentes qui restent des figures tutélaires, et le frère aîné, complice de Django au début mais absorbé par le hockey, sera évacué dans les marges du récit.

Tout à l'opposé, Philippe Berger, le mentor choisi, personnage à la limite de la parodie et de la caricature, s'impose par son originalité :

> Cadet d'une famille outremontaise, il enseignait la langue de Shakespeare depuis plus de vingt-cinq ans. Francophone de naissance, il s'exprimait la plupart du temps en anglais, même en dehors des salles de classe.
>
> Par chauvinisme, il cultivait en plus un certain nombre de tics de métropolitain : il préférait la *Gazette* aux journaux saguenéens et prenait plaisir à se moquer de la rareté des manifestations culturelles d'envergure dans notre région excentrée.
>
> Avec son accent d'Oxford, sa barbe blanche et ses manières raffinées, il avait des allures de Lord *British* en exil ! [...] Plus qu'un prof, Phil était mon ami, mon confident, mon mentor. Il incarnait à mes yeux le père que je n'avais pas connu, davantage en tout cas que les pères de familles d'accueil où j'avais passé mon enfance. (*L'appel des loups*, p. 9-10)

Affirmer sa différence ethnoculturelle en choisissant un modèle de différence culturelle, de marginalisation par le haut, amène le héros-narrateur à la conclusion inattendue de la quête : Philippe Berger et lui sont tous deux des feux follets, tout comme sa petite amie (et maîtresse) Valérie, disparue, tombée sous l'emprise de Roger Lupin, avocat aux allures de caïd d'un monde interlope mal défini, que le héros-narrateur a rejeté sans pouvoir convaincre Valérie de résister à l'inexplicable séduction de Lupin.

En dernière analyse, Lupin et Phil sont comme les deux faces de la même médaille. Lupin convainc Valérie, arrachée à son jeune rival, de rejoindre le monde parallèle, mais Phil sauvera in extremis Django Potel qui a décidé de rester chez les mortels.

La fin du récit est douce-amère. Le héros-narrateur doit se refaire un monde et des valeurs sans condamner Valérie, tout en cultivant l'esprit de Phil, maintenant qu'il est exilé dans un univers devenu vide, insignifiant, dénué de toute poésie :

> Pour remplacer Phil, la direction du collège a engagé un jeune prof, frais sorti de l'université. Dynamique, faisant preuve d'humour et d'entregent, le type de jeune branché terre à terre qui conçoit la langue comme un outil de communication plutôt que comme instrument poétique. Bof, les autres étudiants ne voient pas la différence, alors de quel droit me plaindrais-je ? (p. 151)

La construction d'une identité masculine trouvera son accomplissement dans *Le temps s'enfuit*, dernier récit paru chez La courte échelle.

Toutefois, avant d'en discuter, il importe d'examiner *Quand la bête est humaine*, roman paru la même année que *L'appel des loups*. Fait remarquable, il s'agit de la seule œuvre où le narrateur, omniscient, soit extérieur à l'aventure vécue par l'héroïne. Par ailleurs, la singularité de l'histoire de cette autre jeune fille rattrapée par ses origines haïtiennes va remettre quelque peu en cause le modèle de l'imaginaire élaboré dès *La mémoire ensanglantée*.

L'identité féminine en régression

Tout en poursuivant la trame thématique de *L'emprise de la nuit* (du fait que le héros est une héroïne, et, encore une fois, une jeune fille qui cherche à s'affranchir de l'emprise de ses parents, surtout de son père autoritaire et bardé de préjugés), *Quand la bête est humaine* fonctionne d'une certaine manière comme le pendant et le contraire de *L'appel des loups*.

Un peu à l'instar du narrateur de *L'appel*, Marie-Louise Saint-Fleur, l'héroïne, est en quelque sorte laissée à elle-même : ses parents sont partis en vacances en Haïti afin de reprendre contact avec leur terre d'origine et de rattraper le temps perdu. Elle devient donc libre d'assumer son destin, même si sa liberté repose sur une absence temporaire des parents qui, quoique évacués du récit, rappellent étrangement ceux de *La mémoire ensanglantée*.

Mais sa liberté est relative : ses parents, là encore des professionnels bien intégrés à la société québécoise, peuvent théoriquement revenir en tout temps, ce qui explique sa réticence à leur téléphoner quand elle se sent en danger. En outre, elle est encadrée par un vaste réseau familial, incarné principalement par la présence de sa tante Claudine, universitaire et criminologue de renom, qui s'oppose au conservatisme de son frère, le père de Marie-Louise, et prend implicitement le relais de l'autorité familiale tout en assumant partiellement une figure de mentor.

Force est d'admettre que pour les protagonistes féminins, la sphère de liberté reste sensiblement plus étroite que celle des jeunes héros masculins. Malgré tout, l'héroïne partage d'autres caractéristiques avec les héros de Stanley Péan: d'abord, elle s'avère à la fois québécoise et haïtienne, quoiqu'elle ne se souvienne nullement de son pays d'origine, sa famille s'étant établie au Québec peu après sa naissance. La tentative de retour aux origines s'est soldée par un échec:

> Comme disait l'autre, mes racines, ma grand-mère en a fait du bouillon, un jour où il n'y avait plus rien à manger... Et puis l'été où je suis allée en vacances là-bas, je m'y suis sentie plus étrangère qu'ici. Et vous? (*Quand la bête est humaine*, p. 26)

Elle s'avoue en outre provinciale et montréalaise, son enfance passée à Nicolet la rendant moins méfiante, moins tourmentée par l'expérience des différences culturelles:

> Marie-Louise rêve. Elle se voit à six ans, dans son habit de ski. Seule, petite poupée mauve et noire, perdue au milieu d'un paysage polaire. Rien à des milles à la ronde: on dirait une toile de Jean-Paul Lemieux [...] Elle n'a jamais eu à se plaindre de racisme, au contraire. Voisins et amis ont toujours fait sentir aux Saint-Fleur qu'ils étaient chez eux à Nicolet. Même que beaucoup de leurs concitoyens s'enorgueillissaient de les fréquenter. (p. 29)

Or, comme tout personnage chez Péan, l'inscription même réussie dans le milieu social est double, contradictoire, faite de tensions à l'équilibre précaire. La négritude reste toujours un horizon indépassable:

> La solitude.
> L'étrangeté.
> [...]
> Justement, dès la fin du primaire, Marie-Lou aurait voulu qu'on fasse abstraction de son «exotisme», qu'on cesse de lui rebattre les oreilles constamment avec la couleur de sa peau. Elle s'indignait qu'on réduise son identité à une simple question d'épiderme. (p. 68)

Et, de nouveau, la trame narrative, toujours inscrite dans le merveilleux et le fantastique, fait ressortir l'épineuse question de l'intégration sociale des immigrants haïtiens.

En un sens, même si l'ironie et l'humour bienveillants de la voix narrative imprègnent le récit de la première à la dernière ligne, *Quand la bête est humaine* reste peut-être le récit le plus pessimiste à cet égard. Car, dans ce qui est à la base une histoire de meurtre en série, dans laquelle toutes les victimes sont des immigrants «vidés de leur sang», le véritable assassin, un Québécois de souche viscéralement raciste, va échapper à la justice, et le meurtrier présumé, un réfugié haïtien, misérable loup-garou chargé de toute la misère de son peuple, deviendra une figure emblématique du bouc émissaire sacrificiel. Seule l'héroïne Marie-Louise, bien que consciente de la menace qui pèse sur son quartier cosmopolite, va s'ingénier à protéger, voire réhabiliter un compatriote sur qui, comme tout naturellement, les soupçons s'accumulent.

Dès l'ouverture du récit, elle se fait assaillir par une bête de cauchemar qui, au contact de son regard, s'humanise : « La créature [cède] la place à un nègre chétif [...] dont le corps nu, anguleux, et luisant de sueur est agité par des sanglots [...] Aux yeux de Marie-Louise, il n'a soudain plus rien de menaçant. Il est tout juste... pitoyable ! » (p. 20) D'où une relation fortement teintée d'ambivalence, ponctuée de rechutes de son protégé au nom symptomatique d'Hannibal Renardin, qu'elle va héberger dans l'appartement de ses parents.

D'un côté, elle va essayer de poursuivre sa vie à la polyvalente ; de l'autre, tenter de percer le mystère d'Hannibal. Car sous sa forme humaine, le « zobóp » ou « bizango », est on ne peut plus attendrissant : attentionné, fin cuisinier, pétri de culture populaire des Antilles, il fait redécouvrir à Marie-Louise ses origines véritables. Son histoire ne manque pas de soulever la sympathie : fils de cultivateurs endettés, il est vendu au propriétaire, un être inquiétant et cruel surnommé « Met Grangou » (Maître de la Faim), qui l'expédie en République dominicaine où il vit dans des conditions d'esclavage. Mû par un désir de vengeance, il revient chez lui, mais est bientôt repris par Met Grangou qui, dans une cérémonie vaudou parti-culièrement éprouvante, le transformera en loup-garou. Après une série de meurtres plus répugnants les uns que les autres, il aboutit à Montréal, où, jure-t-il, il n'a jamais fait de victimes.

De là un paradoxe moral, fondé sur une question d'identité : il est alter-nativement homme et bête, une bête qui s'appelle l'Autre, mais cette bête est d'abord extérieure et ne se manifeste que lorsqu'elle a faim ; mais plus le possédé cède aux pulsions animales, plus l'assimilation des deux êtres s'intériorise de sorte que, dans la phase ultime, la bête et son hôte ne font qu'un. Or, depuis son arrivée à Montréal, Hannibal conserve encore suffisamment de conscience de soi pour demeurer homme et déjouer la bête en se repaissant de chair animale. Toutefois, la ruse échouera lorsqu'il s'approvisionnera chez M. Boulanger, charcutier québécois au service d'une clientèle cosmopolite qu'il déteste de tout son être. Fait étrange, celui-ci offre les meilleurs rabais en ville et ses viandes sont merveilleuses, tout particulièrement son « succulent boudin ».

Entre-temps, Marie-Lou a tenté un rapprochement avec sa tante, spécialiste de la réinsertion sociale des délinquants d'origine étrangère, mais elle n'osera ni ne pourra lui révéler son secret qu'à la toute fin de sa mésaventure. L'équilibre sera rompu lorsque sa meilleure amie, lui rendant visite en son absence, sera assaillie par la bête : elle lui échappe pour se réfugier dans l'entrepôt où se prépare le fameux boudin.

> Sur un linge moucheté de brun, un ensemble de couteaux de cuisine maculés de sang, disposés autour d'un seau rempli d'un liquide par trop familier. Et au-dessus, pendu par les pieds, le cadavre d'une Asiatique ; le teint trop pâle, les yeux trop grands ouverts pour quelqu'un de sa race ; et la gorge tranchée. (p. 109)

L'étau va se resserrer sur la bête qui, coincée sur le toit de l'entrepôt, ne sera pas sauvée par Marie-Lou : mais Hannibal perdra sa forme de loup-garou et mourra homme. Le véritable criminel, le boucher, en sera quitte pour suspendre ses crimes :

> M. Boulanger s'éloigne, incapable de réprimer un sourire à l'idée que la police ait trouvé un coupable parmi les «importés», comme il les appelle. En se frottant les mains, il songe néanmoins qu'il devra laisser passer quelque temps, un mois ou deux peut-être, avant de pouvoir offrir une nouvelle réduction sur son succulent boudin. (p. 151)

Or, dans cette fin singulièrement négative, où le coupable n'est ni inquiété ni même soupçonné, se lit une problématique d'identification complexe : l'héroïne, qui redécouvrait au contact d'Hannibal ses origines haïtiennes, agit souvent comme un substitut du Blanc colonisateur. En effet, elle cède souvent au plaisir de faire des blagues sur la double nature, humaine et animale, de son hôte : par exemple, en lui offrant un verre de rhum, elle demande, après son refus : « Sûr. Même pas un Bloody Mary ? » — et, devant la gêne de celui-ci — « Je comprends. Le même réflexe pousse certains Blancs à faire des "jokes de nègre" en notre présence. » (p. 24-25) L'auteur ne résiste pas à ces jeux sur l'identité frôlant le manque de « rectitude politique ». Par exemple, raille la meilleure amie de Marie-Louise : « Il y a un beau Noir dans tes nuits blanches. » (p. 35) Le caractère enjoué de l'héroïne facilite ces glissements sémantiques : à sa tante qui se rebiffe à l'idée de jouer la « figure ethnique-alibi » dans l'enquête policière, la nièce, « fière de son jeu de mots », répond « Tante Clo, pourquoi faut-il que tu voies tout en "noire". » (p. 48) Et sa propriétaire, l'angélique Mme Di Angelo, lorsqu'elle verra Marie-Lou après la seconde attaque de la bête : « Vous êtes pâle comme quelqu'un qui a vu le diable. C'est bien la première fois que je vois une Noire blanchir. » (p. 65)

Ce qui nous ramène à la question fondamentale du récit : l'enjeu des meurtres fondés sur le racisme du boucher, dont la haine s'éveille devant le mutisme de son client Hannibal Renardin :

> S'il n'en tenait qu'à moi, je les aurais tous renvoyés dans leur pays depuis longtemps !
> Hannibal connaît le refrain. Il n'est à Montréal que depuis quelques mois, mais il a déjà eu l'occasion d'entendre ce discours. De toute évidence, certains Montréalais de vieille souche ont vécu l'arrivée massive d'immigrants allophones comme une invasion, une dépossession. (p. 96)

Et la fin du roman devient foncièrement ambiguë : la mort d'Hannibal Renardin sous sa forme humaine fera clore prématurément l'enquête et suspend le duel entre la criminologue, hyperconsciente des questions raciales, et le chef de police, pour qui le meurtrier ne peut être que d'origine ethnique. Ce match nul laisse insoluble le problème racial sous-jacent aux crimes, conforte chacun dans ses convictions ou ses préjugés et contredit l'image de paix sociale véhiculée antérieurement :

Le véhicule est étonnamment bondé pour un lundi matin, hors des heures de pointe. Marie-Louise se faufile à travers une foule bigarrée. Une musulmane, la tête drapée dans son hijab, jongle avec ses deux petits et un grand sac. Deux juifs hassidiques discutent en yiddish, en s'accrochant à la barre horizontale. Un couple de jeunes punks, cheveux verts, anneaux dans le nez et les lèvres, s'embrasse. (p. 33-34)

Une telle fin participe également du caractère exceptionnel de ce récit : l'héroïne est de loin la plus éloignée de la présence du mal, car la bête ne peut en faire qu'une victime de son cannibalisme mais sans altérer son identité, à l'opposé des autres héros ou héroïnes, qui risquent de franchir la frontière de l'humanité et de devenir Autres.

Par ailleurs, toute cette histoire, reposant sur le fait que la jeune fille héberge le monstre, laisse en suspens l'évolution de la quête de l'identité chez l'héroïne. Bien qu'elle soit tout à fait consciente de ses origines, elle ne change pas véritablement après son expérience : reprise en charge par sa tante, elle reviendra à son univers parental, sa seule faute ayant été de céder à ses illusions de jeunesse :

Elle a agi sur un coup de tête en ramenant Hannibal à la maison. Qu'était-elle allée s'imaginer : qu'il suffirait de valser avec lui au son d'une chanson de Céline Dion pour qu'il se transforme en prince charmant ? Tout de même : la vie n'a rien à voir avec les dessins animés de Walt Disney. (p. 87)

Et encore : « Elle avait voulu jouer la Belle, capable de transformer, d'un seul baiser, la redoutable Bête en un séduisant prince ! » (p. 134)

À l'inverse de ce roman qui se clôt sur une image de tendresse maternelle, dans laquelle Marie-Louise, « zombifiée », s'abandonne à sa tante[5], le dernier récit, *Le temps s'enfuit*, montre de manière éclatante l'accomplissement de l'identité masculine.

L'accession à l'âge d'homme

Dans *Le temps s'enfuit*, de loin le roman le plus réussi de Stanley Péan, la problématique identitaire connaîtra son traitement le plus achevé. D'une part, le fantastique un peu flamboyant des précédents récits cesse d'être une espèce de prétexte ou de décor narratif pour matérialiser le conflit œdipien : le retour au père

---

5. Le fait que, contrairement à tous les autres récits, le narrateur soit extérieur à la diégèse, accentue sans doute l'apparence d'évolution régressive chez Marie-Louise. Il faut toutefois se souvenir que, dans un passé récent, elle avait échappé de peu à une tentative de viol de la part d'un camarade de classe, ex-membre soi-disant réhabilité de la bande des Vlinbindingues. Par ailleurs, plus la jeune fille sollicite l'aide de sa tante, plus elle perd de son autonomie et de son assurance. Enfin, dans le dernier chapitre, la tante devient une figure d'ange tutélaire. Signalons que l'héroïne de *La mémoire ensanglantée*, qui avait également failli se faire violer par un camarade à la gentillesse ambivalente, est, elle aussi, sauvée *in extremis* par un ange bienveillant.

est un voyage initiatique ambivalent dans le New York de 1960, à mi-chemin entre le rêve et la réalité, où l'auteur se joue magistralement des références populaires. Par exemple, dans le train de l'Underground, une passagère intimidée par la présence des musiciens noirs « tente de n'en laisser rien paraître et se concentre davantage sur sa lecture : *Stories from the Twilight Zone*, un recueil de nouvelles de Rod Sterling » (p. 68). Et le narrateur de souligner « Je tourne le regard en souriant », lui qui se perçoit jouant dans un film dont il connaît le *storyboard* du début à la fin et qui vit au seuil de l'an 2000 un des meilleurs scénarios de cette série télévisée au moment même où elle triomphe au petit écran.

D'autre part, la quête du père et l'intégration sociale n'ont jamais été posées avec autant d'acuité : Marlon Lamontagne, alias Shadow Hill, est un « bâtard », un métis plutôt à l'aise dans le Montréal actuel. Pour la première fois dans les romans de Péan, le héros-narrateur possède la double identité, blanche et noire : né d'une mère du Lac Saint-Jean migrée à Montréal, qui a décidé de mener sa maternité à terme, de braver famille et voisins bien-pensants et de garder le fruit de sa rencontre avec un musicien américano-haïtien de passage, Pierre Morton Latouche, lui-même issu d'une lignée d'immigrants :

> Quelle drôle de sensation : avoir une dette envers un type qu'on connaît à peine ! Il n'a jamais passé trois semaines d'affilée à la maison. *Papa was a rolling stone*, comme dit une chanson des Temptations. J'ai très peu de souvenirs de lui : [...] une poignée de Polaroids flous.
>
> Mon père est pianiste. Né à Chicago de parents haïtiens, il a tâté de toutes les formes de musique antillaise. Je ne suis pas naïf au point de croire que maman et lui ont eu le coup de foudre. Mais ils se sont suffisamment plu pour qu'elle aille le rejoindre dans sa chambre après le boulot...
>
> Est-ce par amour que ma mère a décidé de mener sa grossesse à terme ? [...] Ne soyons pas injuste. Pierre Morton Latouche assume sa paternité... Mais cette reconnaissance se résume essentiellement à quelques séjours chez nous, aussi brefs que rares, entre deux tournées, quand l'argent manque. En plus, il ne nous a pas donné signe de vie depuis trois ans. (p. 12-14)

Entre le père idolâtré dans la petite enfance, devenu par la suite objet d'un ressentiment grandissant, et une mère déshéritée, exilée à Montréal mais au caractère fortement trempé et se saignant à blanc pour lui procurer tout ce qui facilite l'éclosion de son talent musical (« une sainte », affirme le narrateur), le petit Marlon Lamontagne se situe au confluent de trois cultures : l'haïtienne, l'américaine et la québécoise.

À défaut de voir son père, musicien talentueux mais raté, triompher sur la scène internationale comme dans ses rêves d'enfant, Marlon, musicien au talent exceptionnel et encyclopédie vivante du jazz, se forge un père idéal, « dieu parmi les dieux », James Edward Falcon, « saxophoniste mort en 1960 dans des circonstances sordides [...] Falcon est mon idole depuis que j'ai assez d'oreille pour distinguer les vrais artistes des fumistes » (p. 23). Le cheminement vers l'accomplissement de soi prendra une triple dimension, érotique, raciale et, si l'on peut dire, parapaternelle.

Fait notable, le processus de maturation aura une forte coloration sexuelle. Vierge au début du récit comme tous les héros de Stanley Péan, le jeune Marlon passe à travers une série d'étapes bien définies. En premier lieu, à Montréal, le rejet d'une admiratrice blanche, bourgeoise et future avocate, la clarinettiste Marianne Labonté ; puis le désir réprimé pour la belle Aïsha, la soliste féminine d'un groupe hip-hop protégée par le « fameux MC NRJ », au « chandail à l'effigie de Malcolm X [...] un colosse noir aux tresses boudinées » qui « dégage un magnétisme certain » (p. 22). En second lieu, à New York, l'éblouissement devant Dolorès, une prostituée mulâtresse (« sa beauté me coupe le souffle »), maîtresse du mentor, Jimmy Falcon, et surtout propriété de Boss BG, un caïd de la pègre new-yorkaise, Dolorès que Marlon séduira et perdra ; sans compter l'épisode du baiser volé de Nellie O'Sullivan, la fille-à-maman blasée qui tient mordicus à avoir l'air « dans le coup », épisode qui aurait pu valoir à Marlon d'être battu ou lynché, n'eût été l'intervention de Falcon.

L'initiation à l'amour, c'est à Dolorès que le héros-narrateur la devra. Marlon est d'abord un enfant qui surprend des ébats nocturnes :

> Au matin, des halètements et des râles étouffés me tirent du brouillard où je patauge. Pendant un bref instant, j'ai l'impression d'être l'auditeur involontaire d'une étreinte de mes parents. En entrouvrant les paupières, je constate qu'il s'agit plutôt de Falcon et de Dolorès en train de faire l'amour dans la chambre. Dans la mesure où l'expression « faire l'amour » puisse s'appliquer à eux...
>
> Leurs ébats m'incommodent. Plus que jamais, je me sens de trop dans ce mélodrame [...] je me sens de trop, comme l'autre soir en présence d'Aïsha et de MC NRJ. (p. 60)

Il deviendra par la suite son partenaire, métaphoriquement comme musicien grâce à son talent de trompettiste — « la foule n'est pas restée insensible à la complicité qui nous a unis au fil de notre pas de deux musical » (p. 95) —, ensuite concrètement comme compagnon maladroit sollicité par Dolorès : « Elle doit deviner que je suis puceau [...] J'aurais voulu que cette première expérience ait la légèreté des grands triomphes. À la place, il ne me reste que le blues des envols ratés » (p. 110) ; et enfin, peu après, comme partenaire égal : « Au diable Falcon et toutes ses histoires de films de gangsters. À cet instant précis, je meurs et renais en Dolorès, perdu au milieu du délicieux raz-de-marée qui nous submerge tous deux. » (p. 113) Mais il la perdra, lorsque le mafieux Boss BG la ravira aux deux rivaux humiliés, le protégé initié et maintenant quasi autonome et le mentor déchu, promis à une mort sordide. Car le mentor, l'idole est le père substitut qui a recueilli le pauvre Marlon atterri à New York en pyjama, lui a donné ses vêtements, un nouveau nom, Shadow Hill, littéralement son ombre dans la vie et dans son groupe. En faisant de lui son trompettiste accompagnateur, il a permis à Marlon éberlué de jouer comme

un professionnel et de figurer parmi les musiciens de son disque culte préféré... Ce mentor a perdu son statut d'idole : junkie, batteur de femmes — dont
Dolorès —, il a dilapidé l'argent de ses confrères et trahi son ombre en faisant passer
Marlon pour un trafiquant de drogue, puis arrêter par des policiers racistes lors
d'une descente au club de jazz.

Le parcours amoureux du héros-narrateur prend, par ailleurs, une dimension
forcément raciale : Marianne est blanche, comme la musique de l'Harmonie de
l'école que dirige Mme Blanchet, et blanche comme la musique classique que ne
goûte guère Marlon ; Aïsha, une Noire «qui pourrait faire fortune comme *top
model*» (p. 21), protégée par MC NRJ, ne voit en Marlon qu'un musicien qu'elle
aguiche, car son but est musical — «Aïsha pensait que ma trompette embouchée se
marierait superbement à sa voix» (p. 21) ; et Dolorès, mulâtresse junkie livrée à la
prostitution, qui initie le mulâtre perdu dans le passé, fait office d'initiatrice, mais
aussi d'ange sauveur. En effet, lors de la nuit des règlements de comptes, Shadow
Hill risque d'être tué tout comme son mentor :

> À bout de souffle, je m'écroule. Dolorès s'accroupit tout près de moi. Ma vision
> s'embrouille. Est-ce bien Dolorès que j'aperçois tout près de moi ou ma mère ? [...] Je
> vais aller chercher de l'aide, ne bouge pas [...] L'écho des talons de Dolorès [...] se perd
> au loin. Je ne sais plus où je suis [...] Je me laisse couler [...] Pendant un micro-instant,
> j'aperçois le décor de ma salle de musique. Chez moi ! Mais comment ? Dans la pièce
> d'à côté, j'entends la voix angoissée de ma mère réclamer une ambulance. J'esquisse
> un sourire idiot et je m'évanouis. (p. 147-148)

Retour paradoxal à la mère grâce à la compagne du mentor ! Ce transfert est peut-
être aussi l'indice que l'absence de trois ans du père était relative, qu'il y a eu un
autre transfert symbolique :

> Dans mon rêve, je cours à perdre haleine dans une galerie de miroirs déformants.
> Dans ce labyrinthe hallucinant, complètement insonorisé, je n'entends même pas le
> son de mes pas. Après quoi est-ce que je cours ? Je ne saurais le dire. Après mon ombre
> peut-être, après l'idée que je me faisais de moi-même. Soudain, je me heurte contre
> un mur. Sonné, je tombe à la renverse, les quatre fers en l'air.
>
> En levant la tête j'aperçois Pierre Morton Latouche debout devant moi qui me
> regarde avec une grimace de dépit. Son image est floue, comme dans un téléviseur mal
> ajusté.
>
> Je bondis sur mes pieds. Je m'élance avec la ferme intention de lui casser la
> gueule. Mais mon poing ne rencontre que la surface glacée d'un miroir qui, sous le
> poids, éclate en morceaux.
>
> Je m'éveille avec une drôle de sensation d'oppression. (p. 113-114)

L'épisode de New York, rêve halluciné aux séquelles bien réelles, n'a été
possible que par un don *a posteriori* de son père, une trompette ayant appartenu à
un musicien du groupe de Falcon, possession précieuse que le fils avait ravie à son
père dans son enfance et qui inaugure sa vocation de musicien. Marlon l'a fait

réparer juste avant le rêve, mais Marlon alias Shadow Hill l'a perdue dans la confusion du règlement de comptes du malheureux Falcon. Ironie finale, un colis lui parvient après l'incident. S'excusant dans une espèce de lettre-testament, le père lui lègue la trompette, mais telle qu'elle était au moment où Marlon l'avait perdue dans la ruelle de New York.

Le rêve dans le rêve du héros-narrateur prend un sens pour le moins ambigu : et si l'aventure du fils avait été un rêve du père ? Fait étrange, Marlon Lamontagne réintégrera la société montréalaise et son milieu scolaire. Il jouera dans le local de l'Harmonie une version inspirée des *Feuilles mortes*, morceau fétiche de Falcon, mais son solo inspiré devient un duo lorsque Marianne Labonté l'accompagne. Ils s'embrasseront passionnément plus tard et la chanson commerciale préférée de Dolorès, le *Que será, será* de Doris Day lui reviendra à l'oreille : « Je n'ai pas la moindre idée de ce que me réserve l'avenir. Et c'est sans doute mieux ainsi. Pour l'instant, j'ai juste envie de m'y abandonner les yeux fermés. » (p. 155) La boucle est bouclée : le fils s'est affranchi de son père, puis de son mentor. Marlon s'est arraché au cauchemar new-yorkais, grâce à la connivence symbolique Dolorès/France Lamontagne pour revivre en différé, mais en mieux, le destin de son père. Celui d'un musicien talentueux mais décidé, qui épousera (peut-être) une blanche de très bonne famille et s'intégrera à une société (peut-être) plus ouverte. Quitte à ce que les arrangements musicaux « un peu pépères » de Mme Blanchet soient un peu bousculés, revigorés.

Vers le dépassement des contraintes du genre

Malgré une certaine bonhomie dans le ton des narrateurs et une pudeur stylistique dans le traitement des questions dites délicates, imputables en grande partie aux règles du genre choisi et aux lois du marché de la littérature pour la jeunesse, qu'elles soient d'ordre moral ou non, les cinq romans pour adolescents de Stanley Péan occupent sans conteste une place à part dans l'immense corpus des récits québécois destinés au lectorat des douze-seize ans publiés dans les vingt dernières années.

Car ce qui fait l'intérêt si vif de ces courts romans, c'est moins leur qualité littéraire en soi, pourtant fort remarquable, que leur fidélité à un imaginaire particulièrement complexe, qui trouvera sa maturité d'expression dans les œuvres pour adultes, moins entravées par l'autocensure imposée par le milieu de l'édition jeunesse.

En effet, même si les jeunes héroïnes semblent un peu moins assurées que les héros masculins de la réussite de leur quête d'identité, il n'en reste pas moins vrai que chacun et chacune d'entre eux, à l'exception peut-être de la Marie-Louise de *Quand la bête est humaine*, propose un équilibre final dans les tensions sizoculturelles qui sous-tendent leurs aventures empreintes de merveilleux. Entre Haïti, le Québec et l'Amérique anglo-saxonne, entre urbanité et provincialisme, entre culture populaire et cultures plus savantes, entre bourgeoisie et milieux plus humbles, les personnages font des choix fondamentaux et, ce faisant, proposent des synthèses culturelles certes précaires, mais complexes et parfois innovatrices.

Il s'ensuit, enfin, une polyphonie de discours qui confère à la production de Stanley Péan sa véritable originalité. Le fantastique et le folklore servent de fil d'Ariane à la compréhension d'une réalité sociale lourde de conflits potentiels ; et la quête de l'identité individuelle de ses personnages éclaire, tout en la dépassant, la question de la quête d'identité du Québec contemporain.

LE ROMAN POUR ADOLESCENTS ET SON MONDE : L'EXEMPLE DES ROMANS DE MICHÈLE MARINEAU

Danielle Thaler
Université de Victoria

> J'ai l'impression d'être dans un cocon hors du temps et de l'espace…
> Peut-être qu'il n'y a plus de monde extérieur. Peut-être qu'il n'y a
> plus que nous deux dans tout l'univers et que nous ne le savons pas.
>
> Michèle MARINEAU (*L'été des baleines*, p. 31 et 32)

EN CHOISISSANT DE PRIVILÉGIER le point de vue de l'adolescent, tout un courant contemporain du roman pour adolescents n'a-t-il pas, au moment même où il lui conférait un statut particulier, exclu ce personnage du monde en l'enfermant dans un univers qui n'est que le sien ? Cette restriction de champ ne débouche-t-elle pas alors sur un rétrécissement de l'horizon ? En invitant ses lecteurs à contempler les reflets de leur propre moi dans le miroir ainsi tendu, ce genre romanesque ne s'est-il pas ainsi privé de leur raconter le monde ? Et ce choix de la focalisation interne est-il un simple choix de technique narrative ou n'est-il pas plus fondamentalement un choix idéologique ? Le roman de formation, comme le roman d'aventures, favorisait jadis l'exploration d'un ailleurs qui débouchait sur l'intégration du jeune héros dans le monde des adultes. C'était tout à la fois l'histoire d'un dépouillement et d'un enrichissement. C'était fondamentalement la confrontation de deux univers, la rencontre d'une conscience individuelle avec son environnement, c'est-à-dire essentiellement avec la société. Qu'en est-il de tout cela dans le roman contemporain pour adolescents ? C'est ce que nous tenterons d'examiner en nous appuyant essentiellement sur la lecture de trois romans de Michèle Marineau : *Cassiopée ou l'été polonais*, *L'été des baleines*, et *La route de Chlifa*.

Narcisse et Robinson, deux représentations irréconciliables de l'adolescent?

Narcisse et Robinson Crusoé: pourquoi convoquer ici ces deux mythes littéraires illustres? Le personnage de Defoe continue d'occuper une place prioritaire dans la littérature de jeunesse depuis que le roman a été le seul à trouver grâce aux yeux de Jean-Jacques Rousseau[1]. Robinson, c'est l'exotisme et le dépaysement, c'est celui qui conquiert le monde, qui le colonise; c'est aussi celui qui doit adopter et adapter le Vendredi sauvage, figure emblématique de l'Autre. Narcisse, lui, reste un des plus fascinants symboles de l'introspection. Il est celui qui scrute son reflet, le contemple dans les frémissements de l'eau jusqu'à s'y noyer. C'est dans sa propre image que Narcisse se perd ainsi, là où l'Autre et le moi finissent par se fondre. Ces deux personnages résument les deux grandes tentations du roman pour adolescents qui, cédant tantôt à l'une tantôt à l'autre, hésite perpétuellement entre l'immersion dans un monde nécessairement étranger, et la contemplation exacerbée du moi.

Le personnage de Robinson hante les aspirations de Cassiopée (*Cassiopée ou l'été polonais* et *L'été des baleines*) aux côtés de plusieurs personnages de Jules Verne, qui tous ont répondu à l'appel du grand large. «Ah! vivre des aventures comme celles de Michel Strogoff (et de la belle Nadia)! Connaître la destinée des enfants du capitaine Grant! Être sauvée du bûcher, à la dernière seconde, par Phileas Fogg! Eux, au moins, ils voient du pays! Eux, au moins, ils vivent!» (*Cassiopée ou l'été polonais*, p. 51); ou «J'ai encore bien des années devant moi pour visiter les endroits dont je rêve: la Patagonie (à cause des *Enfants du capitaine Grant*), la Chine, le Sahara, les Andes, l'Islande, la Grande Barrière et tout le reste.» (*Cassiopée ou l'été polonais*, p. 60) Narcisse, lui, n'est jamais évoqué, mais le thème du miroir est omniprésent, sous les formes les plus diverses et notamment celle du regard de l'autre. Le miroir est l'instrument de la connaissance de soi. Il est d'abord l'objet qui permet de cerner les contours de la coquille dans laquelle s'est enfermé le moi adolescent. Et les apparences sont trompeuses. Aucune fascination narcissique («Miroir, mon beau miroir, dis-moi qui est la plus belle»), car le miroir renvoie toujours une image dévalorisante. L'adolescent se sent laid et la beauté est toujours ailleurs, elle est dans l'Autre, même si pour la saisir, il faut parfois ouvrir tout grand les yeux, les dessiller. Et c'est là où l'Autre finalement rejoint le moi et s'y dissout. C'est là où l'Autre, le regard de l'Autre, assume sa fonction de miroir du moi (complexe de la grenouille qui se change en prince charmant). La métamorphose accomplie, ce miroir renvoie dès lors le reflet d'un «objet charmant».

Le personnage de Michèle Marineau est ainsi pris entre deux aspirations antagonistes: l'appel du large (sorte d'invitation au voyage où le personnage exprime le désir de quitter le cocon familial) et le repli sur soi (désir où s'affirme le besoin de se recroqueviller sur son intimité, sur son univers familier). Dans *Cassiopée ou l'été*

---

1. Jean-Jacques ROUSSEAU, *Émile ou de L'éducation*, Paris, Garnier-Flammarion, 1966.

polonais, les manifestations de ces deux aspirations sont nombreuses. Du côté du désir d'évasion et d'aventure, on rangera, pêle-mêle, le voyage à New York, l'observation des étoiles, les lectures. Du côté du repli sur soi : la chambre, la maison, l'île au large du Rhode Island, le coin secret dans la falaise, et un champ lexical où les mots « seule », « coin », « enfermée » dominent.

L'île prend, dans ce contexte, un relief particulier. Elle devient une sorte de représentation idéale de l'adolescence. C'est l'héroïne elle-même qui attire, au cours d'une de ses nombreuses confidences, l'attention du lecteur sur l'importance de cette géographie : « Et la boucle sera bouclée, entre une île et une autre île, entre un été et un autre été. » (*L'été des baleines*, p. 189) Outre la métaphore de la boucle qui exprime une idée de circularité mais aussi et surtout de clôture, le thème de l'île finit par souligner combien le personnage est enfermé dans son adolescence et que celle-ci, loin d'être une ouverture sur le monde comme le voulait le roman d'apprentissage, se construit dans l'isolement et l'enfermement. Car si l'île évoque le mythe de Robinson et de la colonisation où tout un monde serait donné à défricher et donc à déchiffrer, c'est avant tout le lieu idéal de la clôture et de l'exclusion, l'exclusion du monde au profit de l'introspection du moi, l'exclusion de l'autre au profit de la vie à deux. Dans le premier volume, l'île est en effet le lieu du repli sur soi ; dans le second volume, elle devient le lieu de l'intimité amoureuse.

Pourtant les deux titres, *Cassiopée ou l'été polonais* et *L'été des baleines*, n'annonçaient-ils pas dépaysement et exotisme, ouverture sur un ailleurs avec la rencontre d'une famille polonaise et un voyage au pays des baleines ? Mais les promesses suggérées ne seront jamais vraiment tenues. Car s'il est bien question de polonais dans le premier volume et de baleines dans le second, les uns et les autres ne sont qu'un prétexte, un décor. L'intérêt de l'héroïne pour les baleines ne se manifeste en effet réellement que pour un rorqual, lorsqu'elle apprend que celui-ci porte son prénom. Son attraction pour les Polonais se limite à un seul Polonais. Si les deux titres constituent bien des repères temporels dans le roman sentimental d'une héroïne écartelée entre deux étés, ils sont de fausses invitations au voyage, puisque le seul véritable voyage proposé au lecteur est celui qui le plongera dans les méandres d'une initiation amoureuse délicate. Le seul espace vraiment exploré est celui de la psychologie d'une adolescente bien de chez nous, la seule géographie, celle du sentiment amoureux.

Si *Cassiopée ou l'été polonais* reprend la formule désormais classique où le héros quitte le cercle de famille pour y revenir à la fin, l'allure de journal intime qu'adopte le roman contredit cette impulsion. L'héroïne ne se quitte jamais, elle ne cesse de se déplacer dans un univers familier, même lorsqu'elle se retrouve dans une ville étrangère, car c'est toujours elle-même qu'elle traque.

Le journal intime, autre forme d'île : de l'exil à la colonisation

Le roman pour adolescents choisit souvent de mimer le journal intime ou une de ses variantes, le journal de bord. *Cassiopée ou l'été polonais* est ostensiblement un journal intime : « Et pour une fois, aussi, je peux écrire mon journal *pendant* qu'il se passe quelque chose (dans le feu de l'action, si j'ose dire), et pas seulement *après*. » (p. 77) C'est au moment où l'héroïne se lance dans une fugue qu'elle se détourne de ce qui l'entoure pour se concentrer sur elle-même. Tout le passage du voyage dans le train (*Cassiopée ou l'été polonais*, p. 79-88) rappelle que l'héroïne tient un journal, dans lequel il lui arrive de parler d'elle-même, dans un élan d'autodérision, à la troisième personne. Quelques regards à droite et à gauche sur les voisins et l'aventure tourne court. De ce qui peut défiler de l'autre côté de la fenêtre, il ne sera jamais question. Voilà donc une héroïne qui part à l'aventure, qui aspire à l'aventure, mais qui reconstruit dans le train un cocon familier qui rejette justement l'aventure. *L'été des baleines* juxtapose journal intime et journal de bord (à partir du chapitre 11). L'un a pour vocation de nous faire partager l'intimité de la narratrice, tandis que l'autre racontera le voyage qu'elle entreprend et devrait donc nous faire découvrir le monde ainsi parcouru à bicyclette. On verra ce qu'il en est exactement un peu plus loin.

    La route de Chlifa rompt partiellement avec cette formule, puisque ce roman s'organise autour d'une tragédie à la troisième personne (partie centrale, la plus longue), coincée entre deux parties qui alternent fragments du journal d'une narratrice anonyme et fragments du journal de Karim, nouvel immigrant, récemment arrivé au Québec. Si ceux-ci permettent à Karim de s'épancher alors qu'il reste étrangement muet devant les autres, ils disent surtout son enfermement. Quant à la narratrice, plus tolérante et plus perspicace que ses amis, elle ignore tout du drame qui ronge le jeune immigré libanais. La juxtaposition de ces îlots de journal intime souligne-t-elle l'impossibilité de toute véritable communication avec l'Autre ? Sans doute ces choix narratifs témoignent-ils aussi de l'évolution du personnage principal et symbolisent-ils son intégration dans la société et la culture québécoise. Cela n'est possible que si Karim renonce finalement à sa différence. Loin de favoriser la diversité culturelle, le choix du journal intime dit alors la colonisation de l'Autre au moment où il commence à cesser d'être l'Autre. Karim accède au « je » dès qu'il emprunte les chemins de l'assimilation et de l'acculturation. À l'opposé, le récit à la troisième personne restaure la distance entre le « moi » du lecteur et l'exotisme de l'Autre, l'étranger. Mais dans cette partie centrale, le recours fréquent au style indirect libre et les débordements de la parole intérieure suppléent au journal intime, pour nous montrer que le roman est aussi (et avant tout ?) un voyage au cœur de l'adolescence et que Karim reste, malgré tout, un personnage fondamentalement penché sur lui-même, ce qui le rapproche d'autant des jeunes lecteurs québécois de Marineau.

    Le genre du journal intime a deux particularités. D'une part, il réduit la distance qui sépare l'événement de sa narration, de manière à rendre les deux pratiquement simultanés. D'autre part, il confond le narrateur et le lecteur en une seule personne, puisque c'est là un genre où le personnage est à la fois l'auteur et le lecteur de ce qu'il écrit. Le choix de la formule du journal intime nuit beaucoup à l'instauration d'une véritable distance critique, comme c'est le cas dans le texte autobiographique qui témoigne du regard que jette l'auteur adulte sur l'enfant qu'il a été. Perdu dans l'exploration de son propre moi, le personnage confine le lecteur dans la contemplation de soi-même. Roman de l'intimité, le roman pour adolescents limite son univers à cette intimité qui n'est jamais mise en perspective, et ne fonctionne que sur le mode de l'adhésion inconditionnelle[2]. Cela permet peut-être de mieux comprendre comment le roman pour adolescents ainsi conçu exclut aussitôt le monde de sa perception, de sa connaissance.

L'écho du monde

On peut se demander si *Cassiopée ou l'été polonais* et *L'été des baleines* ne conduisaient pas dans une impasse dont *La route de Chlifa* essaie de sortir. Car ce dernier roman ne tente-t-il pas de faire exploser les frontières d'un univers adolescent étroit et racorni dont les deux premiers volumes sont une illustration ? Qu'est-ce que *La route de Chlifa*, si ce n'est le surgissement brutal du refoulé ? Comme l'apparition de Karim, immigré libanais, bouleverse l'existence de toute une classe de jeunes adolescents québécois, l'irruption de l'Histoire, de la tragédie de l'Autre, anéantit les frontières à l'intérieur desquelles se confinait une certaine forme de roman pour adolescents. À la fin de *L'été des baleines*, le jeune Polonais amoureux de Cassiopée est évincé au profit d'un autre prétendant, François, manifestation d'une sorte de remords, puisque lui s'intéresse de près à l'actualité. Mais ce personnage est un peu marginal parmi les autres adolescents du récit. Il est en quelque sorte la bonne conscience du roman et de l'héroïne, avec qui il forme à la fin une promesse de couple qui réconcilie indifférence et intérêt pour ce qui n'est pas l'univers immédiat de l'adolescence. L'héroïne de Marineau avoue en effet son peu d'intérêt «pour ce qui se passe dans le monde» (*L'été des baleines*, p. 55). Elle reconnaît ne jamais tenir les résolutions qu'elle prend pour se tenir au courant. Qu'en est-il alors de tout ce qui est extérieur à l'univers égocentrique de l'adolescence ? Qu'en est-il de l'environnement social, économique, géographique ? L'adolescent s'est-il retiré du monde ?

Dans *Cassiopée ou l'été polonais* et dans *L'été des baleines*, on égrène le monde[3]. «Et puis, comment choisir entre les pluies acides, les réfugiés politiques, la

---

2. L'auto-ironie ne participe finalement pas d'un processus de distanciation mais, paradoxalement, d'un processus d'identification.

3. Dans le cycle «Rosanne», Paule Daveluy use, dans les années 1960, de deux moyens pour ouvrir l'univers égocentrique de l'adolescence au monde extérieur. Le premier consiste à plonger le

langue française, les prisonniers d'opinion, les bélugas, les enfants qui meurent de faim ou l'analphabétisme» (*L'été des baleines,* p. 55); «D'ailleurs, j'avoue que mon idée de la Pologne est assez vague» (*L'été des baleines,* p. 51). On procède par énumérations et allusions sur le mode de l'entassement et du catalogue[4]. Et l'adolescent de ces fictions est un personnage foncièrement désengagé, qui s'est retiré du débat de la cité. L'actualité économique, politique ou sociale sert de vague toile de fond, comme si le milieu dans lequel se débattait le personnage n'intervenait en rien dans la formation de l'adolescent, ce qui revient à bannir toute forme de déterminisme au profit d'une conception plus mythique de l'adolescence, univers où l'on ne travaille pas, où prédomine le seul principe de plaisir[5].

La route de Chlifa marque là encore une rupture, car il donne à l'adolescent les moyens de se réapproprier le monde. Le voyage que Cassiopée n'entreprend jamais vraiment, Karim le réalise en traversant le Liban en guerre, de Beyrouth croulant sous les bombardements à Chlifa. Condamnés à fuir, les deux adolescents, Karim et Maha, reprennent possession du monde, fut-ce à travers quelques ruines, celles du présent (villes ou villages libanais anéantis) et celles du passé (antiquités romaines). Les questions de Maha («Ces fleurs, c'est quoi, à ton avis», p. 188) peuvent paraître anecdotiques, mais elles prouvent que le monde retrouve une certaine épaisseur et

---

héros dans un univers étranger. C'est là un procédé classique qui offre aux lecteurs un monde dont l'exploration se fait pas à pas, au gré des déambulations du personnage, esquissant toute une société où l'autre devient accessible dans une perspective qui oblige le narrateur à se décentrer. Le second procède par accumulations: ce sont des bribes de nouvelles qui atteignent l'héroïne par la radio, brossant ainsi rapidement un état du monde qui existe alors comme une vague toile de fond qui n'influence jamais l'évolution du personnage.

4. Comme le note la narratrice elle-même: «Disons tout de suite qu'un catalogue de baleines, ce n'est pas ce qu'il y a de plus excitant. (Marek me fait remarquer qu'un catalogue, ce n'est pas fait pour être excitant...)», *L'été des baleines,* p. 163.

5. Et l'analyse vaut aussi pour ce qui est du paysage. On constate en effet combien les descriptions sont rares. On peut toujours arguer, avec Montherlant, que puisque personne ne les lit autant les supprimer. Et cela se comprend fort bien dans un roman pour adolescents où il semble inutile de multiplier les retards. Mais on peut aussi lire cette absence d'une autre manière. D'ailleurs le paysage, quand il est présent, c'est le plus souvent, comme l'actualité, sur les modes de l'énumération et du catalogue. Cela n'aurait rien de surprenant si justement Cassiopée n'était une héroïne qui voyage. Elle peut ainsi se lancer dans une fugue vers New York, sans qu'il soit jamais question de cette ville autrement que sous la forme de quelques lieux hautement touristiques, négligemment jetés au détour d'un paragraphe ou cités sur un mode qui évoque davantage la carte postale que la description. Dans *L'été des baleines,* l'héroïne se lance dans un long périple à bicyclette dont on ne saura pas vraiment grand-chose, si ce n'est quelques noms qui font davantage penser à un itinéraire tracé sur une carte qu'à un paysage traversé. Les rares embryons de descriptions qui témoignent de l'intérêt de l'héroïne pour son environnement concernent l'île Quarry, où elle s'est réfugiée avec son petit ami pour vivre son intimité de couple. Curieusement, c'est à ce moment-là que resurgit la figure de Robinson. Et malgré cette dernière allusion, on se trouve bien aux antipodes du roman d'aventures (où le monde prend toujours une épaisseur essentielle) pour s'enfoncer dans les méandres d'une introspection incapable d'un véritable décentrement.

redevient le lieu d'une interrogation et d'une connaissance. C'est pourquoi, des trois romans, *La route de Chlifa* est celui où les descriptions prennent davantage d'ampleur. Et si le monde existe encore souvent sur le mode de l'énumération (p. 122-123), du documentaire (p. 103) ou du guide touristique (p. 147-148), il permet au lecteur, avec le personnage de l'adolescent dont il suit le drame, d'ouvrir les yeux sur autre chose que lui-même. *La route de Chlifa* c'est le vrai retour de Robinson dans un certain roman pour adolescents.

À la rencontre de l'autre ou le Vendredi apprivoisé

Si *Cassiopée ou l'été polonais* et *L'été des baleines* représentent une formule particulièrement narcissique du roman pour adolescents, et qui risque de laisser croire qu'en dehors du «moi», il n'existe pas grand-chose, *La route de Chlifa* prend ses distances avec une forme sans doute jugée trop nombriliste et redonne à l'Autre toute son importance. En privilégiant la figure de l'immigré libanais, Marineau interpelle son lecteur adolescent, le sort de lui-même en cassant le processus d'identification antérieur. Le roman est bien une invitation à reconnaître l'Autre, un Autre qui a conservé sa part d'exotisme même si on attend de lui qu'il se fonde dans la foule. Cette nouvelle incarnation, dont Vendredi est en quelque sorte l'archétype, relance la problématique dans une nouvelle direction qui présuppose que le «moi» ne peut exister dialectiquement que si l'Autre se manifeste sous une forme ou sous une autre.

L'Autre est protéiforme. L'Autre, c'est curieusement d'abord le cercle familial, les parents, que l'on conteste, observe avec amusement et irritation, à peu près comme on étudierait une peuplade de bantous ou de pygmées. L'étrangeté de cet Autre familier est en effet suffisante pour qu'il soit nécessaire de proclamer à la fin d'un roman comme *Cassiopée ou l'été polonais* qu'il est accepté. Mais cet Autre génère aussi de l'angoisse: n'est-il pas le miroir de ce que l'adolescente sera plus tard? En acceptant cet Autre-là, c'est son angoisse que l'adolescente parvient à maîtriser, mais aussi l'image d'elle-même qu'elle finit par accepter. Rien ne change donc vraiment jamais. Vision d'un monde clos et circulaire, d'un monde qui tourne en rond, où la différence est finalement abolie, car ce qui est différent est en fait pareil[6]. (Cassiopée se rend compte qu'elle agit comme sa mère).

L'Autre, c'est enfin l'étranger, l'étranger véritable, celui qui appartient à un autre monde. Les Polonais pour Cassiopée. Et cependant, cet Autre-là va lui aussi se révéler semblable, et les différences culturelles demeurer minimes. C'est donc encore une fois *La route de Chlifa* qui propose l'incarnation la plus radicale de l'Autre. Ce roman est en quelque sorte le pendant de *Cassiopée ou l'été polonais* et de

---

6. Voir Cassiopée qui constate qu'elle adopte le même comportement que sa mère et où une histoire de petites culottes abolit les frontières entre les générations.

L'été des baleines. Ces deux textes nous proposaient le regard d'une jeune Québécoise sur l'Autre, *La route de Chlifa* réfléchit, fût-ce de façon fragmentaire, le regard de l'Autre. Et le miroir n'est pas toujours flatteur. En effet, dans ce roman, les adolescents québécois ne sont pas présentés sous leur meilleur jour : manifestations de xénophobie chez certains, agressions verbales et physiques qui débouchent sur un coup de folie meurtrière. Mais les premiers regards que jette Karim l'immigré sur l'univers de ses nouveaux congénères sont, eux aussi, particulièrement critiques même si, dans les dernières lignes du roman, il se montre plus indulgent. Le roman se clôt alors que les uns et les autres tentent de s'apprivoiser. La narratrice anonyme représente sans doute la voix la plus sage, car c'est une voix tout à la fois critique à l'égard de ses pairs et tolérante.

Il s'est produit un renversement dans la littérature de jeunesse. Ce qui fut longtemps refoulé de la scène romanesque s'est peu à peu imposé pour occuper l'essentiel de certains romans pour adolescents, avec d'autant plus d'obsession que le refoulement avait été plus fort. Le roman d'éducation, si le roman pour adolescent en est un, a donc changé. Le refoulé d'antan y a pris une place considérable, et ce qui était un passage obligé est devenu le refoulé d'aujourd'hui. Mais d'un refoulement à l'autre, on ne saisit toujours que les fragments d'un moi dont la totalité n'est jamais appréhendée et qui donne donc une vision parcellaire de l'adolescent et, en fait, de l'humain. Ce n'est jamais là que le résultat d'un choix, conscient ou inconscient. Et l'on sait qu'aucun choix n'est innocent et qu'il trahit toujours une vision du monde. Finalement, il y a une forme de confort à penser que l'adolescent ou le préadolescent est essentiellement préoccupé par sa sexualité, une sexualité bien dans la norme d'ailleurs. L'image véhiculée par ces romans n'est donc jamais dangereuse. Les adolescents ne sont jamais une menace pour l'édifice social puisque celui-ci n'existe que fort peu. Tant qu'on se penche sur son moi, on ne risque pas de jeter ses regards ailleurs et d'élargir ainsi sa vision. Cassiopée parle de sa myopie. Ces jeunes héros sont-ils des personnages fondamentalement myopes ?

La seule question qui vaut alors d'être posée est la suivante : cette myopie est-elle le fruit d'une observation qui débouche sur un portrait réaliste de l'adolescent des années 1990 (et dans ce cas, on peut se demander ce que ce portrait a d'inquiétant) ou bien le choix d'une société qui, à travers un certain nombre de ses auteurs, choisit de privilégier un aspect dans le portrait qu'elle fait de sa jeunesse (et dans ce cas, il convient de s'interroger sur les raisons de ce choix).

La route de Chlifa, est-ce l'exception dans l'univers du roman pour adolescents, ou bien l'amorce d'une nouvelle vision ?

DEVENIR HOMME : L'APPRENTISSAGE
DE LA VIE DANS LES ROMANS POUR LA JEUNESSE
DE DORIC GERMAIN

Lucie Hotte
avec la collaboration de Véronique Roy
Université d'Ottawa

LES ROMANS POUR LA JEUNESSE DE DORIC GERMAIN[1] proposent à leurs jeunes lecteurs un univers puissamment évocateur, qui a tout pour séduire. Situés dans l'immense forêt du Nord ontarien, ils s'apparentent au conte merveilleux, par leur cadre et les épreuves qu'ils réservent à leurs personnages, au roman d'aventure, par les péripéties qui s'y enchaînent, et au roman d'apprentissage, par la nécessité, pour leurs protagonistes, d'apprendre à vivre dans le monde. En fait, Germain construit chacun de ses romans à partir de la structure propre au *Bildungsroman*, qu'il transforme chaque fois en lui incorporant des éléments propres au conte et au roman d'aventure. Pour tout dire, les personnages évoluent dans un univers parsemé d'embûches, univers qui les oblige à affronter leurs pires démons. Si la forêt demeure, d'un roman à l'autre, le lieu privilégié de la découverte de soi, les épreuves, elles, se présentent sous divers aspects et appellent des significations aussi diverses, selon que les personnages auxquels elles sont destinées arrivent ou non à les surmonter. L'originalité de cette œuvre réside non seulement dans le fait que Doric Germain situe ses intrigues dans la nature sauvage du Nord ontarien[2], mais aussi, et sans

---

1. Doric Germain a écrit trois romans pour la jeunesse : *La vengeance de l'orignal* ([1980] 1995), Sudbury, Prise de parole ; *Le trappeur du Kabi* ([1981] 1993), Sudbury, Prise de parole ; *Le soleil se lève au Nord* ([1981] 1997), Sudbury, Prise de parole. Les références à ces romans apparaîtront désormais dans le texte sous la forme abrégée indiquée ici : *La vengeance de l'orignal – VO* ; *Le trappeur du Kabi – TK* ; *Le soleil se lève au Nord – SN*.

2. Lorsque Doric Germain écrit ses romans, au début des années 1980, l'aventure dans la nature sauvage n'est pas fréquente en littérature pour la jeunesse. En fait, elle n'apparaît qu'à la toute fin des années 1980 avec la fondation des Éditions Michel Quintin, qui créent des collections de

doute surtout, dans son actualisation fort originale des formes archétypales du roman telles que décrites par Marthe Robert[3], soit celle du roman de l'enfant bâtard, dont le prototype est *Robinson Crusoé* de Daniel Defoe, et celle du roman de l'enfant trouvé, dont le prototype est *Don Quichotte* de Cervantès. Malgré l'autonomie relative de ces trois romans, il existe donc entre eux des similitudes, une parenté de forme liées à l'actualisation de schèmes universels.

Au cœur de la nature

Dans les romans de Doric Germain, ce sont d'abord les descriptions d'une nature grandiose, la forêt du Nord ontarien, qui frappent l'imagination du lecteur. Thématique fondamentale d'une richesse inépuisable, la forêt connote un espace symbolique autant qu'elle désigne l'espace réel du nord de l'Ontario. Au sein de l'imaginaire collectif, le thème de la forêt est marqué, on le sait, par toute une gamme de symboles qui lui ont été associés depuis l'Antiquité. Déjà perçue dans la tradition celtique comme un sanctuaire, lieu de recueillement et de rencontre avec Dieu, la forêt devient ici le lieu d'une réflexion sur soi, mais aussi d'une confrontation de soi-même avec la figure de l'Autre. Également associée à divers rites d'initiation, la forêt est chez Germain propice à la découverte de soi au moyen des épreuves qu'elle impose. En ce sens, ses romans se rapprochent de la structure du conte merveilleux, formulée par Vladimir Propp[4] et que rappelle Françoise Lepage dans son *Histoire de la littérature pour la jeunesse* : les rites d'initiation traditionnels s'amorcent, dans les contes merveilleux, «lorsque le héros ou l'héroïne, attiré ou chassé hors de la maison familiale, se retrouve au plus profond d'une forêt obscure et mystérieuse où commencent ses épreuves[5]». Ce sont ces épreuves qui obligent les personnages à affronter leurs craintes les plus inconscientes. D'ailleurs, selon Jung, «[l]es terreurs de la forêt, comme les terreurs paniques, seraient inspirées [...] par la crainte des révélations de l'inconscient[6]».

Ainsi, dans les romans de Germain, la forêt, comme la nature en général, est plus qu'un simple cadre destiné à accueillir la succession des événements : la nature est une force en soi et devient en quelque sorte un «personnage». Aussi doit-on

---

romans ayant pour thème l'environnement ou l'aventure en plein air. Voir Françoise LEPAGE (2000), *Histoire de la littérature pour la jeunesse (Québec et francophonies du Canada) suivie d'un Dictionnaire des auteurs et des illustrateurs*, Orléans (Ont.), Éditions David, p. 431-432.

    3. Marthe ROBERT (1972), *Roman des origines et origines du roman*, Paris, Gallimard, coll. «Tel».

    4. Vladimir PROPP (1970), *Morphologie du conte*, Paris, Seuil.

    5. Françoise LEPAGE, *op. cit.*, p. 76.

    6. Jean CHEVALIER et Alain GHEERBRANT ([1969] 1999), *Dictionnaire des symboles. Mythes, rêves, coutumes, gestes, formes, figures, couleurs, nombres*, éd. revue et augmentée, Paris, Robert Laffont et Éditions Jupiter, coll. «Bouquins», p. 456.

comprendre, comme le note Françoise Lepage, que « [l]'être humain qui veut se faire une place dans ce monde doit le connaître à fond et en respecter toutes les règles, car la nature ne fait pas de cadeau. L'apprentissage est long et exigeant. Il impose une ascèse, une discipline en plus de connaissances précises. C'est une école de vie, de respect et d'humilité[7] ». La forêt du Nord ontarien, aussi bienveillante qu'hostile, par son ambivalence comme par ses diverses manifestations symboliques, est le cadre privilégié de l'enjeu fondamental des romans de Doric Germain : devenir un homme, c'est-à-dire apprendre à se connaître soi-même afin d'entretenir des rapports harmonieux avec autrui et avec la nature.

La robinsonnade ratée

Le premier roman de Doric Germain, *La vengeance de l'orignal*, met en scène deux chasseurs américains, James D. Collins de Boston et son beau-frère, Philip Daggett de Détroit. Au Canada depuis une semaine, les deux chasseurs désespèrent de tuer un orignal avant que ne se termine la saison de la chasse. Ils n'hésitent donc pas à embaucher Roger Lavoie, un Franco-Ontarien pilote pour la Carey Lake Outfitters, afin de localiser plus aisément leur proie, du haut d'un hélicoptère. Cette pratique est évidemment illégale, mais les deux Américains et leur guide ne s'en font pas pour autant. « Après tout, ils ne risquaient que l'amende » (*VO*, p. 8), pensaient-ils. Or cette première entorse à la loi les amènera à tout risquer, même leur vie.

Ils obtiendront certes leur trophée de chasse, mais ce sera là leur seule victoire, par ailleurs bien éphémère, puisqu'ils seront incapables de transporter leur prise hors de la forêt. L'esprit embué par les vapeurs de l'alcool, Lavoie surestime la force de son appareil : au lieu de dépecer l'animal et de transporter les quartiers de viande à l'intérieur de la cabine, il décide plutôt d'arrimer l'orignal au train d'atterrissage de l'hélicoptère. Le poids de la bête ne facilite en rien les manœuvres de décollage ; Lavoie, confiant dans la puissance de son hélicoptère, néglige les règles les plus élémentaires de prudence. Les pales de l'hélice vont rapidement heurter les branches d'arbres et l'hélicoptère s'écrase. Comme le signale le narrateur : « Il n'avait fallu que quelques heures à l'orignal pour commencer sa vengeance. » (p. 15)

« Échoués » dans la vaste forêt du Nord ontarien, les hommes devront compter sur leurs propres ressources afin de survivre jusqu'à l'arrivée des secours. Grâce à Lavoie, qui connaît bien la région, ils trouveront, près d'un lac, une cabane où s'abriter. Leurs problèmes sont pourtant loin d'être résolus en cette première confrontation avec la nature. D'abord, Collins, qui propose « de disposer sur la surface du lac des troncs d'arbres de façon à former les lettres S.O.S. que les secouristes ne manqueraient pas de voir » (p. 25), risque sa vie par pure négligence : « Il s'aventura sans précautions sur la glace, impunément d'abord, puis, sans

---

7. *Ibid.*, p. 432.

avertissement, celle-ci céda sous son poids. Passer à travers la glace fragile de novembre est l'une des expériences les plus désagréables et les plus dangereuses qu'un chasseur puisse connaître. » (p. 25) L'impatience des trois hommes, qui semblent se moquer de toute forme de prudence, était déjà la cause de l'écrasement de l'hélicoptère; elle menace à présent la vie de Collins et sera aussi la source des maux dont seront affligés les deux autres comparses, qui consomment sans attendre la viande de l'orignal fraîchement abattu: « Vers le soir, Lavoie et Daggett tombèrent malades: maux de têtes, vomissements et diarrhée. Un régime exclusivement de viande d'orignal fraîchement tué n'est pas à conseiller. » (p. 27) Certes, les hommes en rade dans la forêt ne disposaient pas d'autre nourriture pour assurer leur subsistance. Il n'en demeure pas moins que cette épreuve signale encore une fois l'impatience et la cupidité qui les caractérisent. Si la viande doit « mûrir » avant d'être consommée, les hommes devront également « mûrir », c'est-à-dire atteindre une certaine maturité, s'ils veulent survivre dans la nature. L'expression populaire « laisser mourir la viande », déformation de mûrir (p. 27) signalée en note de bas de page par le narrateur, indique le « choix » auquel seront confrontés les hommes: mûrir ou mourir.

Dans la cabane abandonnée, les « naufragés » (p. 27) feront une découverte qui les poussera à revenir en forêt l'été suivant. En effet, Collins remarque qu'une latte du plancher de la cabane n'est pas clouée. En la soulevant, il découvre un petit coffret de métal qui contient quelques pépites d'or. Instantanément, il se transforme: « Collins était pâle comme la mort, ses doigts tremblaient et ses yeux luisaient de fièvre. » (p. 35) Il transmet son enthousiasme à ses compagnons: « La cabane toute entière sembla vibrer pendant un instant du battement des cœurs et de l'afflux de sang qui montait à la tête des hommes en délire. Tous trois venaient d'être atteints de ce mal incurable que l'on a appelé la "fièvre de l'or". » (p. 35-36) Ce passage annonce d'ores et déjà la fin tragique des trois hommes dont la maladie sera en effet « incurable ».

Ces trois personnages s'opposent à celui de Sylvio Tremblay, directeur de la section chasse et pêche du district de Hearst. Alors que les trois compagnons ignorent, dans les deux sens du terme, les lois de la nature et les lois humaines qui régissent son exploitation, Tremblay, lui, est un véritable « connaisseur »:

> Ancien trappeur lui-même, il connaissait la forêt comme sa poche et en lui, les braconniers avaient affaire à forte partie. Il comptait à son tableau de chasse pas moins d'une trentaine d'orignaux et des milliers de canards, d'outardes, de perdrix et de lièvres. Cependant, contrairement à bien d'autres, il ne devançait jamais la saison prescrite. [...] La forêt, il y travaillait, il en vivait et il y passait ses loisirs. Mais il avait appris à vivre en harmonie avec elle. Pour lui la chasse permettait à l'homme de se mesurer à la nature et d'apprendre à la connaître. Mais pour que cette lutte ait un sens, il fallait que le gibier ait une chance de s'en tirer et que le chasseur ne puisse triompher de lui que par sa sagacité et sa persévérance. (p. 17)

La vengeance de l'orignal s'organise donc en fonction d'une structure dichotomique qui oppose Lavoie, Collins et Daggett, ceux qui transgressent les lois et sont les agents du *mal*, à Tremblay respectueux des lois, l'homme de *bien*. Cette dichotomie, qui s'insère dans un récit linéaire, au cours duquel les personnages devront affronter diverses épreuves, n'est pas sans rappeler l'univers manichéen qui caractérise le conte merveilleux. Si ce type d'organisation peut sembler simpliste, ce roman l'active de façon fort subtile : à tous moments, les trois chasseurs pourraient entendre la voix de la raison ; on ne sait rien non plus des raisons qui inciteront Tremblay à laisser les trois hommes se débrouiller seuls en forêt, avec leur « folie de l'or », pour hériter à son tour du trésor, à la fin du récit.

Si les personnages de Lavoie, Collins et Daggett peuvent racheter leurs torts jusqu'au dernier moment, bien qu'ils soient ici les principaux agents de la transgression, c'est qu'ils se trouvent dans une situation d'apprentissage. Certes, il ne s'agit pas d'un roman d'apprentissage au sens traditionnel du terme. En effet, le *Bildungsroman* met habituellement en scène un héros, le plus souvent un jeune homme qui

> va dans le monde pour se connaître et atteint cette connaissance à travers des actions qui sont à la fois des « preuves » et des épreuves. Les aventures où le héros triomphe sont les moyens par lesquels il « découvre sa propre essence », remplissant ainsi la fonction classique de l'épreuve ; mais elles sont également la preuve qu'il a atteint à la connaissance de soi, condition préalable pour toute action authentique à venir. En effet, les « aventures » ne constituent qu'un prélude à l'action véritable : c'est au seuil de la « vie nouvelle » du héros que se termine l'histoire d'apprentissage[8].

Ainsi que le souligne Susan Suleiman, « [s]yntagmatiquement, on peut définir une histoire d'apprentissage (de *Bildung*) par deux transformations parallèles affectant le sujet : d'une part, la transformation *ignorance* (de soi) → *connaissance* (de soi) ; d'autre part, la transformation *passivité* → *action*[9] ». C'est d'ailleurs ce schéma qui est actualisé dans *La vengeance de l'orignal*, lorsque les trois protagonistes, d'âge adulte, entreprennent d'explorer la forêt dans l'espoir d'y découvrir un filon d'or. Engagés dans cette quête qui monopolise leurs énergies, ils commettent des actions susceptibles de mener à la connaissance de soi. Car, comme tout héros en situation d'apprentissage, ils affronteront des épreuves initiatrices, sous une forme particulière, il est vrai, celle que Suleiman désigne sous le terme d'épreuve d'interprétation. Si la notion d'épreuve implique habituellement l'idée d'une confrontation ou d'une lutte, pour le héros d'apprentissage « [s]urmonter l'épreuve, ce n'est rien de plus — mais rien de moins — que découvrir le sens, donner la bonne interprétation[10] ».

---

8. Susan Robin SULEIMAN (1983), *Le roman à thèse ou l'autorité fictive*, Paris, PUF, coll. « Écriture », p. 82.

9. *Ibid.*

10. *Ibid.*, p. 98.

Ainsi en est-il de Collins, Daggett et Lavoie qui auront moins à combattre les forces de la nature qu'à bien saisir les avertissements qu'elle envoie : « Sur l'autre berge du lac, un loup hurlait sa solitude à la lune... ou peut-être était-ce une menace que la nature proférait à l'intention des braconniers ? » (p. 57)

À la suite de leur incident de chasse, les trois compagnons réintègrent la civilisation. Accusés de chasse illégale, ils payent sans l'ombre d'un regret cinq mille dollars d'amende chacun, certains de trouver assez d'or, à la prochaine expédition, pour compenser largement cette perte. Ils passent donc l'hiver à préparer leur voyage et reprennent le chemin de la forêt dès le mois de mai. C'est à partir de ce moment, qui marque une rupture évidente dans l'intrigue, que les apprentis « prospecteurs » seront soumis à une série d'épreuves qu'ils ne reconnaîtront pas comme telles, en dépit des signaux que leur adresse la nature.

Bien que les trois hommes parviennent, au début de leur aventure, à contenir leur impatience afin de s'équiper correctement (p. 47), la nature ne se fait pas plus accueillante : « Vers dix heures, on arriva à la rivière. Celle-ci était peu engageante. » (p. 48) Si les Américains, en particulier Collins, sont intimidés par cet univers qui leur inspire un certain malaise (p. 49), très vite ce sentiment cédera la place à la hargne, qui les gagne à mesure qu'ils s'impatientent de ne pas trouver d'or. Et comme toujours chez Germain, les états d'âme des personnages se traduisent par une transformation physique : « Les deux Américains étaient découragés. Ils avaient la barbe longue, les yeux cernés, le visage enflé par les piqûres de moustiques et brûlé par le soleil. » (p. 62) Quant à Lavoie, qui connaît mieux les qualités nécessaires pour survivre en forêt, « jamais il n'avait été plus en forme » (p. 62). Il refuse cependant de reconnaître que ses deux partenaires s'adaptent difficilement à leur nouvel environnement, même si « Collins ne parlait plus que de ce pays de sauvages qu'il vouait à tous les diables » (p. 62) et semblait résolu à quitter la forêt : « Ce n'est pas vivable ici. Je n'ai jamais vu un pays pareil. Si nous ne trouvons rien d'ici une semaine, moi, je rentre chez-moi. » (p. 63) Lavoie, que ces jérémiades amusent, les incite ironiquement à la patience : « Dans deux ou trois ans, vous serez aussi bien acclimatés que les Indiens dont vous commencez à avoir l'air. » (p. 62)

Sans cesse exposés au danger, autant par leur ignorance de la nature et de ses lois que par le mépris qui leur fait négliger de s'initier à ses secrets, les aventuriers multiplient les fautes. C'est le cas lors d'un premier incident, qui survient lorsque Daggett fait la rencontre d'une ourse et ses oursons :

> Ne sachant que faire, il crut que la meilleure politique à suivre était de les mettre en fuite. Il s'approcha donc encore de quelques pas. La bête ne bougeait pas, mais un des oursons s'avança gauchement vers lui. Ils restèrent ainsi à se jauger du regard pendant une minute ou deux, puis, sans avertissement, l'ourse chargea. Daggett avait pris la mauvaise décision (p. 64-65).

Cette première erreur d'interprétation n'a pourtant rien d'irrémédiable — Daggett a la vie sauve —, elle a même des effets pour le moins positifs :

> Chose assez curieuse, les difficultés des derniers jours semblaient raffermir les liens entre les trois hommes. Collins ne parlait plus de s'en aller, Lavoie s'amusait moins des déboires des deux autres et les griffes de l'ourse avaient fait oublier à Daggett ses rhumatismes. La vie au grand air et l'abondance de l'exercice physique qu'elle exige ont sur l'organisme des effets bénéfiques qui, souvent, influent sur le moral. (p. 67)

De même, à mesure que l'espoir de faire fortune s'amenuise, les trois hommes, débarrassés pour un temps de leur cupidité, découvrent peu à peu les plaisirs que recèle la nature : « À mesure que le temps passait sans qu'on trouve ce qu'on était venu chercher, les espoirs diminuaient. Par ailleurs, on commençait à vivre cette aventure pour elle-même, pour l'air frais des matins, le calme de la forêt, la beauté des paysages et le sentiment de liberté et de plénitude que ce genre de vie procure. » (p. 67) Si les hommes n'en continuent pas moins leur travail, celui-ci « devenait moins sérieux, plus relaxant, à mesure que l'espoir de réussir diminuait. » (p. 74)

Un événement va cependant bouleverser ce précaire équilibre et raviver l'espoir des « prospecteurs ». Alors qu'ils explorent la rivière Pitopiko, Lavoie découvre, dissimulés dans les hautes herbes, un tas d'ossements qui ne manque pas de susciter son intérêt : « Il se pencha pour essayer de voir à quel animal ils avaient appartenus ; mais il ne put réprimer un mouvement de recul : un crâne humain, les yeux vides et la bouche béante, le regardait fixement. » (p. 75) Grâce aux lambeaux de ce qui était autrefois des vêtements et une casquette de capitaine, les trois hommes identifient le corps comme celui de l'ancien propriétaire de la cabane. Ignorant ce funeste présage, ils reprennent espoir : « [L]a découverte du squelette leur avait redonné confiance. » (p. 76) Leur raisonnement ne manque certes pas de logique : « Si le capitaine s'était promené si loin de son gîte, près de la rivière Pitopiko, avec un plat de métal en plus, ce ne pouvait être que pour revenir vers la source de l'or, afin d'en extraire davantage. » (p. 76) Et, lorsqu'ils s'interrogent sur les causes de son décès, ils optent pour la solution la plus simple, sans plus d'inquiétude : « Rien ne laissait supposer un accident ou un meurtre. À ce qu'on avait dit, le capitaine n'était plus de la première jeunesse et il avait pu succomber à une défaillance cardiaque ou quelque chose du genre. » (p. 76-77) Obnubilés par leur quête, les trois compagnons ne peuvent imaginer l'ombre d'un instant que ce dernier ait pu être victime de son imprudence ou de sa cupidité. Cette découverte, loin de les dissuader, augmente leur désir de faire fortune, et ce, quoi qu'il leur en coûte. Jusque-là on pouvait mettre leurs déboires sur le compte de l'ignorance ; or, ce qui est ici en cause, c'est leur incapacité à bien interpréter des événements annonçant l'imminence d'un danger.

Plus déterminés que jamais, ils reprennent le travail avec une ardeur renouvelée, que même le départ de Daggett, subitement appelé à se rendre au chevet de sa femme blessée dans un accident de voiture, ne suffit pas à tempérer. Il s'agit pourtant là d'un nouvel avertissement que leur prodigue la nature. Et c'est par la voie de l'élément féminin qu'il se matérialise. En effet, si le roman se construit surtout en fonction du rapport dichotomique entre le bien et le mal, représenté par l'antagonisme entre l'ignorance et la connaissance, entre le respect de la nature et son exploitation outrancière, il prend également la forme d'une opposition marquée entre le féminin et le masculin. La nature, élément féminin par excellence, investit littéralement le roman par une symbolique de l'eau qui s'énonce dès le début du récit. Ne mentionne-t-on pas qu'à l'annonce du printemps, lors de la fonte des neiges, les rivières qui serpentent la forêt nordique font «éclater leur corset de glace» (p. 45-46), révélant ainsi leur essence féminine? L'eau, on le sait, revêt une symbolique universelle de pureté et de régénération: «[L]es significations symboliques de l'eau peuvent se réduire à trois thèmes dominants: source de vie, moyen de purification, centre de régénérescence[11].» Or, pour ceux qui la défient, elle peut aussi devenir maléfique: «Dans ce cas, elle punit les pécheurs, mais elle ne saurait atteindre les justes qui n'ont pas à craindre les grandes eaux[12].» Les trois «prospecteurs» ont cependant beaucoup à craindre, car ils profanent tout ce qui se rattache à l'élément féminin. Quand Daggett s'effondre, «il [est] difficile de dire si c'[est] l'accident de sa femme ou la fin abrupte de son rêve doré qui l'affectait à ce point» (p. 78). Quant au travail de prospection que poursuivent ses compagnons, il active une symbolique du viol qui prend corps dans l'exploitation de la rivière. En effet, ils avaient d'abord prétendu, à l'intention des curieux, explorer la région dans le but de sonder le potentiel d'énergie hydroélectrique que contenaient les cours d'eau[13]. Pour atteindre le filon d'or qu'ils convoitent, Lavoie et Collins creusent un canal et assèchent le bassin de la Pitopiko, au fond duquel se trouve le métal, puis confectionnent une auge en tuyau de poêle (symbolique phallique, s'il en est) dans laquelle ils verseront l'eau, accélérant ainsi le processus de filtrage du gravier.

Aveuglés par la fièvre de l'or, les hommes contreviennent à toutes les règles de la nature. Une autre transformation physique vient aussitôt illustrer la déchéance des personnages, qui perdent peu à peu toute apparence humaine:

> S'ils avaient eu l'aspect d'Indiens quelques semaines auparavant, ils ressemblaient maintenant de plus en plus à des forçats. La barbe leur mangeait le visage, ils avaient les cheveux longs et sales et leurs vêtements, qu'ils ne prenaient le temps ni de laver ni de rapiécer, tombaient littéralement en loques. Les chapeaux n'avaient plus de forme ni de couleur et on pouvait voir sortir de longs bras bruns et maigres des manches de chemises à demi arrachées.

---

11. Jean CHEVALIER et Alain GHEERBRANT, *op. cit.*, p. 374.

12. *Ibid.*

13. L'antagonisme entre le féminin et le masculin se transpose ici dans le paradigme nature-civilisation.

> La fièvre de l'or était telle qu'on ne pensait même plus à manger [...] deux hommes à demi nus, maigres, rôtis par le soleil, les cheveux et la barbe longs et sales, occupés à pelleter la vase d'un ruisseau dans un recoin perdu de forêt [...] (p. 85-86)

Les deux compères travaillent jusqu'à la fin de l'automne sans se méfier de la venue de l'hiver. Ils auraient cependant eu tout intérêt à se faire plus attentifs aux signes annonciateurs de la saison froide; surtout qu'ils avaient choisi d'éviter de rentrer à Hearst, pour fuir les éventuelles représailles des envieux, préférant la route du Nord qui mène à Fort Albany, à la baie James. La nature avait pourtant multiplié ses avertissements. D'abord, « [v]ers la fin de septembre, les feuilles des arbres commencèrent à se colorer de teintes rouges, brunes et jaunes. La forêt se parait, semblait-il, pour entrer dans cette longue hibernation, si semblable à celle du tombeau. Les hommes n'y prirent pas garde » (p. 103). Ensuite, « [l]e mois d'octobre se passa ainsi, toujours plus froid, sans cesse plus sombre. Ils virent passer sans sourciller les vols d'oies sauvages qui semblaient leur indiquer la voie de la sagesse et la direction à suivre pour rentrer » (p. 103). Mais,

> [l]'or était devenu plus important que les hommes. Il faisait froid. Deux fois déjà il avait neigé. D'ici quelques semaines, la neige allait reprendre possession du terrain de façon permanente. Il ne fallait surtout pas se laisser prendre au piège par les glaces de novembre. On abandonna donc le camp pour rejoindre la civilisation, mais pas par le sud. On rentrerait par la baie James. L'exemple des oies sauvages n'avait servi à rien. (p. 104)

Et comme le signale le narrateur: « En plein été, c'est un voyage plein d'embûches. Le risquer en novembre, c'est de la folie. » (p. 104)

Lavoie et Collins entreprennent donc leur voyage de retour. Désireux d'atteindre rapidement Fort Albany, surtout après que Collins a payé en pépites d'or le matériel qu'ils avaient acheté lors d'une escale, ils s'engagent à pleine vitesse sur la rivière Albany, sans prêter attention aux signes prémonitoires:

> Le temps était maussade. De gros nuages gris roulaient bas à l'horizon. De temps à autre, le cri rauque d'un corbeau [oiseau de mauvais augure, en Occident et aussi symbole de perspicacité dans la Genèse (8,7)] en quête de nourriture venait rappeler aux hommes la venue imminente de la mauvaise saison. Le vent se leva bientôt. Il devint évident qu'on allait devoir faire face à la première tempête de l'hiver. Lavoie n'y prit pas garde. (p. 110)

En dépit du blizzard et de la visibilité réduite, Lavoie s'entête à poursuivre leur route (p. 110-111).

Il signe ainsi leur arrêt de mort:

> Il avait trop attendu. Caché dans la tempête et l'obscurité grandissante se dressait un îlot rocheux, presqu'invisible parmi les vagues sombres qui venaient s'y briser. En le heurtant, le canot se renversa, la coque défoncée. Les deux hommes et la cargaison furent projetés comme des fétus dans les eaux froides de la rivière Albany, à moins de

quinze kilomètres de leur but. La nature, en furie ce jour-là, faisait de la moindre imprudence une faute mortelle. (p. 111)

Daggett, qui revient en forêt après le décès de son épouse « restée dans le coma pendant trois longs mois pour finalement mourir sans avoir repris conscience » (p. 111), n'aura pas plus de chance. Arrivé au camp après le départ de ses comparses, il cherche en vain leur trace. Comme il a endommagé son canot sur un rocher, il doit reprendre le chemin à pied. Or, Daggett connaît mal la forêt. Comble de malheur, il perd sa boussole. Perdu en forêt, il tourne en rond, panique, court, s'épuise et meurt affalé sur la neige, tandis qu'une aurore boréale se profile à l'horizon. Le narrateur ne manque pas de souligner que la vengeance de la nature s'est enfin accomplie : « La nature, à sa manière, célébrait par cette aurore boréale, la mort du dernier des trois braconniers. » (p. 114) Le récit prend fin lorsque Sylvio Tremblay, inquiet de leur absence prolongée, part à la recherche de Lavoie et Collins. « Plus sage que ses devanciers » (p. 116), il s'arrête lorsque la tempête s'élève. Le lendemain, il trouve le canot renversé des chercheurs d'or et repart avec les sacs remplis d'or.

Tout compte fait, c'est sous la forme d'un récit d'apprentissage négatif que se présente *La vengeance de l'orignal*. Comme le souligne Susan Suleiman, l'apprentissage négatif « consiste avant tout en une faillite de la faculté interprétative — en un mot de l'intelligence[14] ». C'est ce qui advient des personnages du roman qui, enivrés par leur quête, refusent de voir la forêt comme un lieu de ressourcement ; plutôt que d'y surmonter leurs craintes, ils s'y abandonnent comme Daggett qui meurt paralysé par la peur. Contrairement à Robinson Crusoé, à qui ils sont comparés au début du roman (p. 38), les trois hommes n'apprennent pas à vivre en harmonie avec la nature. Ignorant les avertissements que, magnanimement, elle leur adresse, ils l'exploitent sans vergogne, laissant derrière eux un paysage dévasté. Si le Robinson des épigones « ne réussit son apprentissage qu'en se mettant à l'abri des femmes et de la sexualité[15] », comme le soutient Marthe Robert, les rapports troubles qu'entretiennent les personnages avec l'élément féminin ajoutent encore à l'échec. Tel était l'enjeu : mûrir ou mourir. Incapables d'accéder à la maturité qui concilie prudence, respect et partage, ils sont condamnés à mourir.

Un Don Quichotte amérindien

Si dans le premier roman de Germain, les protagonistes devaient, tel Robinson Crusoé, se mesurer à la nature, les personnages du *Trappeur du Kabi*, eux, sont soumis à l'épreuve de l'altérité. Encore une fois, la nature fournit le cadre à l'action, qui réunit aussi trois chasseurs, amis et associés — Roger Demers, Donald Rousseau et

---

14. Susan Robin SULEIMAN, *op. cit.*, p. 117.
15. Marthe ROBERT, *op. cit.*, p. 161.

Denis Lacasse —, lors de leur partie de chasse annuelle. Alors que les trois hommes parcourent la forêt à la recherche de gibier, ils trouvent un piège à castors. À Rousseau qui demande s'ils doivent le faire sauter, Demers intime de n'en rien faire puisqu'« [i]l y a un pauvre diable qui s'est donné assez de mal pour venir le poser là » (*TK*, p. 9). Tandis que Rousseau abandonne le piège, Lacasse ne cesse de le fixer : « Comme fasciné. Il allongea le bras. Ses deux compagnons ne le virent pas, un sourire de joie mauvais sur les lèvres, planter dans le piège une branche de tremble à demi rongée par les castors. Un déclic. Denis Lacasse n'aimait pas le succès des autres. » (p. 9) Cet acte mesquin, dicté par une jalousie maladive, sera à l'origine des déboires des trois compagnons qui seront en proie à la vengeance du propriétaire du piège, le trappeur amérindien du Kabi, Georges Mattawashpi. Il faudra cependant beaucoup de temps aux trois hommes pour découvrir la source de leurs malheurs.

En fait, c'est Demers qui, tout à fait par hasard, sera la première cible des représailles du trappeur. Lors d'un épisode de chasse, il sera assailli par une pluie de coups de feu : « Tout à coup, en succession si rapide qu'on les aurait dits simultanés, il entendit une balle siffler à ses oreilles et un coup de feu. Il resta un moment sans réagir, puis une horrible pensée traversa son cerveau. / "Mais c'est sur moi qu'ils tirent !" » (p. 14) Il n'en fallait pas plus pour qu'il conclue à tort que ses compagnons ont tenté de l'assassiner. Les protestations de Lacasse et Rousseau n'arrivent pas à dissiper ses soupçons. Aussi Demers prétexte-t-il quelque perdrix à abattre, peu après leur retour au camp de chasse, pour examiner en paix le détail des pistes laissées par ses comparses :

> Les pistes lui raconteraient toute l'histoire. Est-ce que l'orignal avait changé de direction au dernier moment ? Est-ce que Rousseau était resté sur place tout le temps ? Avait-il marché ou s'était-il retourné, laissant passer l'orignal alors qu'il regardait ailleurs ? Et Lacasse, où était-il pendant ce temps-là ? Oui, tout le scénario devait être encore là, imprimé dans le sol humide. (p. 33)

Si les empreintes de l'orignal calment ses doutes, la conversation qu'il entend en revenant au camp de chasse les attise de nouveau : « Arrivé devant la porte, toujours conscient de son image, il s'arrêta pour souffler un peu afin d'avoir l'air naturel quand il entrerait. Et alors, de l'intérieur, il entendit la voix aiguë de Lacasse qui disait d'un ton d'excuse : "Je suis resté trop saisi en le voyant. Je n'ai vraiment pas pu tirer". » (p. 37) Croyant à tort que les deux chasseurs parlent de l'attentat, il retrouve sa méfiance et refuse de manger le ragoût qu'ils ont préparé. Il le jette aussitôt dehors. Le lendemain, il découvre le cadavre d'une corneille à deux pas des restes du ragoût et soupçonne une tentative d'empoisonnement. Il voudrait bien s'éclipser et ses amis lui en fournissent l'occasion sans s'en douter. Désespérant d'abattre un orignal, Rousseau lui propose en effet de « faire un petit tour en avion pour voir où les orignaux se trouvent » (p. 47). Demers, qui pourtant « avait l'habitude de respecter les lois de la chasse » (p. 48), trouve le prétexte excellent pour s'enfuir. Or, peu après le décollage, le moteur de l'avion a quelques ratés et Demers constate soudain que le réservoir d'essence est vide. Il se pose alors en catastrophe et découvre que l'appareil a été saboté. Il blâme à nouveau ses compagnons.

Si Demers soupçonne aussi promptement ses amis de vouloir l'assassiner, c'est que la relation qui les unit résulte moins d'une authentique amitié que d'une relation d'affaire dont chacun entend bien tirer des bénéfices personnels. Le narrateur souligne en effet que l'usine est le « seul lien réel entre les trois hommes » (p. 16). Et cette relation même est minée par les instincts les plus vils et les calculs les plus sordides. Demers est un orgueilleux, « extrêmement conscient de son image » (*TK*, 15), qui, associé à Rousseau et Lacasse, « avait pris bien soin de conserver la majorité des actions et le contrôle de la compagnie à laquelle il avait imposé le nom des Contre-plaqués Demers et Cie, au grand désespoir de Lacasse, qui avait toujours rêvé de voir son nom s'étaler en larges caractères sur les affiches, les bâtiments, les camions et l'en-tête des lettres » (p. 20). Fort de cette supériorité, Demers n'hésite pas à s'ingérer dans les affaires de ses associés, rivalisant avec eux dans leur sphère de compétence et résolvant les problèmes dont la responsabilité leur était dévolue. Ce qui ne manque pas d'éveiller la rage et la jalousie d'un Lacasse qui tolère mal l'arrogance de Demers :

> [Lacasse] était blême de rage. L'approvisionnement de l'usine en matières premières, c'était son domaine. Mais depuis quatre ans que durait l'association, c'était la troisième fois que Demers, qui en théorie ne s'occupait que de l'usine, venait avec un coup de maître lui régler un problème en apparence insoluble. Et toujours de la même façon : en profitant de ses innombrables relations, surtout celles qu'il entretenait soigneusement avec le parti politique au pouvoir. Il ne se gênait pas pour laisser bien sentir à Lacasse qu'il n'était qu'un nouveau riche et un incapable. Mais un jour viendrait où on ne lui marcherait plus sur les pieds, et lui, Lacasse, un jour il serait le patron incontesté. (p. 18)

Sans égard pour son associé dont la jalousie est légendaire, « avec ce mépris des sentiments des autres qu'ont souvent ceux qui se croient immunisés contre l'amour et la jalousie » (p. 22), Demers pousse l'audace jusqu'à entretenir une liaison avec la femme de Lacasse, la belle Annette. Si Lacasse envisage d'un mauvais œil l'ingérence de son associé, il est encore plus sévèrement touché par cette trahison, car il est « désespérément amoureux de sa femme et irrémédiablement jaloux » (p. 22). En revanche, les manigances de Demers n'atteignent pas Rousseau qui semble uniquement préoccupé par l'argent. N'insiste-t-il pas « pour que chacun des trois associés prenne une assurance vie pour un montant égal à la valeur de ses parts dans la compagnie » (p. 20) ? Rien de surprenant, donc, à ce que Demers puisse penser que ses deux associés aient comploté pour le tuer : « Roger Demers était seul dans cette immense forêt, seul avec un type [Rousseau] qui avait tiré sur lui à la carabine et un autre [Lacasse] qui lui avait servi un ragoût assez "épicé" pour faire mourir une corneille. Chacun avait de bonnes raisons de vouloir le supprimer : le premier, la cupidité et l'autre, l'ambition et la jalousie. » (p. 46)

Si Demers est d'abord obnubilé par la méfiance qu'il entretient à l'égard de ses amis, au point qu'il oublie les rumeurs au sujet du Kabi, selon lesquelles « il se passe des choses étranges de ce côté-là depuis quelque temps » (p. 19), il reprend rapidement ses esprits et, fort de ses nombreuses qualités — leadership, détermination et courage —, il fait preuve de sagacité et de prudence. Loin de céder à la panique, lorsqu'il découvre l'ampleur du complot dont il est la cible, il reprend rapidement confiance : « Cette découverte, plutôt que de l'abattre, lui redonnait confiance en son étoile. Il avait survécu aux balles, au poison et au sabotage de l'avion. Il venait de remporter une autre manche. La panne ne ferait que retarder un peu son retour dans la civilisation et le début de sa contre-attaque » (p. 58). Perdu au milieu de la forêt, il s'emploie à construire un abri où passer la nuit. Ainsi livré à ses réflexions, Demers en conclut qu'aucune des preuves incriminant ses associés n'est irréfutable, quoique de telles coïncidences le laissent songeur. Le lendemain, attentif aux présages de la nature, il abandonne l'idée de regagner Hearst et se dirige plutôt vers le camp de chasse :

> Le ciel s'était couvert au cours de la nuit et une pluie fine s'était mise à tomber, poussée par un vent d'ouest glacial. Une nuit blanche, ça peut toujours aller. Un estomac vide, passe encore. Mais quand on y ajoute quelques rafales de bruine froide de fin d'octobre, alors, là, même les plus résistants ont envie de se mettre à pleurer comme des bébés [...] « Je ne passerai pas une autre nuit dehors. Je rentre au camp. » (p. 65-66)

Ses compagnons, qui se croyaient une part de responsabilité dans la fusillade initiale et qui ignoraient tout de l'épisode de la corneille et du sabotage de l'avion, n'ont pas eu autant de chance que lui. Lorsque Demers revient au camp, Lacasse est mort assassiné. Récapitulant les événements avec Rousseau, il est forcé d'admettre l'innocence de ses compagnons et soupçonne le trappeur dont ils ont aperçu les pièges à leur arrivée dans la forêt.

Ce revirement marque une étape décisive dans l'intrigue. Alors que les cinq premiers chapitres sont centrés sur les trois chasseurs, le sixième, point tournant du texte qui en compte douze, focalise l'intrigue autour du personnage du trappeur. Dès lors, deux versions de l'histoire se côtoient : celle des Blancs et celle de l'Amérindien. Or, si les relations entre les trois amis étaient ambiguës, les sentiments du trappeur à l'égard des Blancs sont clairs : « George Mattawashpi n'avait jamais aimé les Blancs. Il les haïssait même tellement qu'il ne pouvait endurer ceux de sa race qui les côtoyaient. Leur servilité devant l'envahisseur lui donnait la nausée. Car pour lui, le Blanc, c'était le conquérant sans pitié, l'usurpateur, le voleur. » (p. 83) Véritable Don Quichotte, George Mattawashpi erre hors du temps en solitaire endurci. Il se complaît dans un passé idéalisé, véritable paradis qui, croit-il, s'est transformé en enfer sous le régime de l'homme Blanc (p. 84-86). Tenant les Blancs pour responsables de la déchéance du peuple amérindien, il attend patiemment l'occasion de se venger:

> En attendant, il se contentait de harceler les intrus, de défoncer les canots, de vider par terre le contenu des bidons d'essence et d'aller cacher dans le bois les cannes à pêche et les carabines. Le mot commençait à circuler: il se passe des choses étranges du côté du Kabi. Et plusieurs évitaient systématiquement ce coin-là. La tactique donnait donc des résultats. Il ne restait plus que ce camp de malheur... (p. 91)

Lorsqu'il aperçoit Demers, Rousseau et Lacasse, sa haine se transforme irrémédiablement en folie. C'est donc lui qui a tiré les coups de feu qui effrayèrent Demers, c'est lui qui a empoisonné le ragoût pendant que Rousseau et Lacasse ramassaient du bois de chauffage, c'est lui aussi qui a percé le réservoir à essence de l'avion et assassiné Lacasse. Loin d'être saisi de remords après avoir commis ces actions criminelles, « [i]l se sentait tout à fait bien dans son rôle de justicier. Pas une seule fois ne lui vint la pensée que ce qu'il avait fait était mal » (p. 99). Tous ses efforts demeureront pourtant vains, car comme Don Quichotte, il « doit aller au rebours de l'Histoire parce qu'il incarne un monde révolu, un monde mort qu['il] cherche en vain à ressusciter[16] ». À la fin du roman, Demers, en lisant les manchettes des journaux, le comprend:

> « Un fou... Un idéaliste qui n'accepte pas les choses telles qu'elles sont. Un fou, oui, comme Don Quichotte, un fou pour qui n'existe pas d'autre réalité que la sienne. Un fou... Qu'est-ce qu'ils en savent? » [...] « Un fou capable de mener à lui tout seul une guerre sans issue contre tout un peuple. Plutôt un martyr. S'il avait réussi à soulever les siens, ils en auraient fait un héros. Son erreur, c'est d'être né trop tard et d'avoir essayé de réparer l'irréparable. » (p. 211-212)

Et c'est ce même homme qui abattra Rousseau d'un coup de fusil, malgré toutes les précautions qu'avaient prises les deux chasseurs pour assurer leur survie jusqu'à l'arrivée des secours. Désormais seul à affronter le trappeur du Kabi, Demers, qui a décidément beaucoup appris de cette aventure, procède à son examen de conscience au lieu de s'en prendre au sort ou à autrui:

> C'était de sa faute, entièrement de sa faute. Il avait soupçonné de bons copains, des associés, des amis, des frères et les avait abandonnés. [...] Lui seul restait et pour combien de temps encore? Lui, le plus coupable des trois, lui qui avait couché avec la femme d'un ami, lui qui s'était cru capable de tenir tête à un criminel envers et contre tout bon sens, lui qui avait cru à la culpabilité des autres alors qu'il était, lui, le vrai coupable, le seul coupable. (p. 116)

Son désespoir entraîne une dégradation physique: « Il avait les traits tirés, les yeux cernés, la barbe longue et les cheveux en désordre. L'air d'un vrai clochard,

---

16. *Ibid.*, p. 177.

quoi. » (p. 121) Risquant le tout pour le tout, Demers décide de devancer le trappeur en partant à sa recherche. Lorsqu'il atteint son campement, il est étonné de sa découverte : « Un Indien. J'aurais dû y penser. Qui est-ce qui peut habiter un endroit pareil à part un Indien ? » (p. 129) Délaissant rapidement cette vision raciste de son adversaire, il a une pensée toute teintée d'empathie pour l'homme : « Ses pensées s'attachèrent à l'homme qu'il allait abattre, un pauvre bougre sans doute que la misère avait réduit à l'état de bête et que la solitude avait rendu fou. » (p. 131-132) Déjà lors de la nuit passée seul en forêt, Demers avait acquis une plus grande maturité, signalée là encore par une transformation physique :

> Les incidents des derniers jours l'avaient rendu philosophe. Là où il y a quelques jours encore il eût maudit son sort devant pareille malchance, il serrait maintenant les dents et continuait sa route. Il commençait à entrevoir l'immense capacité qu'a l'homme de se transformer pour faire face aux circonstances nouvelles. Mais il avait entrevu aussi, à l'autre extrémité de la gamme des vertus et des vices humains, la jalousie qui peut faire un criminel d'un poltron et la cupidité qui rend l'argent plus important que l'amitié, que la vie elle-même. (p. 68)

À ce moment du récit, Demers ne sait pas encore que cette aventure modifiera radicalement son rapport à autrui, puisqu'il « ne se rendait pas compte jusqu'à quel point la peur transformait son caractère et altérait sa perspective des choses » (p. 132).

Survivant à la lutte sanglante qui l'oppose au trappeur, Demers est rapatrié en ville à l'arrivée des secours, sans avoir retrouvé Mattawashpi. Là ne s'achèvent pas ses épreuves, car on le croit responsable de la mort de ses associés. Mattawashpi, exalté par ses exploits guerriers, poursuit sa quête insensée, tue un groupe de chasseurs blancs et se rend à son village natal pour rallier les Indiens à sa cause. Inversant la fameuse maxime du général Philip Sheridan, reprise plus tard par Theodore Roosevelt, il affirmera que « Le seul bon Blanc est un Blanc mort » (p. 184). L'ultime affrontement devient dès lors inévitable, tous y périssent, les agents de police, le chef de bande amérindien, George Mattawashpi, tous sauf Demers qui a intériorisé la tolérance envers l'Autre. Sa transformation est complète. De séducteur invétéré et insensible à autrui, il devient un homme assagi, si l'on en juge par son mouvement d'impatience lorsque Annette l'interpelle de la plage. Il y a fort à parier que l'ancien Roger eût accouru prestement pour batifoler dans la mer avec la délicieuse Annette Lacasse ! (p. 212)

Si l'apprentissage de Roger Demers se termine sur une note positive, c'est qu'il a surmonté les difficultés inhérentes aux rapports à autrui : tout en reconnaissant la noblesse des motifs qui inspirèrent Mattawashpi dans sa quête insensée, il met un frein à sa folie meurtrière qui exacerbe de sourdes haines entre les deux peuples. Là où Mattawashpi a échoué, Roger Demers a réussi : sa lutte contre l'adversaire lui a inspiré un immense respect pour le trappeur du Kabi, inéluctable figure de l'altérité.

« Tu seras un homme, mon fils[17] »

Le dernier roman pour la jeunesse de Doric Germain, *Le soleil se lève au Nord*, reprend en les insérant dans une structure d'apprentissage plus traditionnelle, les principaux thèmes des deux précédents : soit de *La vengeance de l'orignal*, la nécessité pour tout individu de vivre en harmonie avec son environnement naturel et du *Trappeur du Kabi*, le devoir de tolérance envers autrui. En effet, le héros est ici un jeune homme de dix-sept ans, Marc Bérard, qui, à la suite du décès de sa mère et de l'hospitalisation de son père qui souffre d'une grave dépression, part rejoindre son oncle maternel dans le Nord de l'Ontario. Il y découvre un monde où tout, de la nature, la flore, la faune jusqu'aux habitants, lui est inconnu : « Tout ici semblait étrange à Marc, depuis l'aspect du pays lui-même jusqu'à celui des habitants en passant par les animaux. De surprise en surprise, il en arrivait presque à éprouver plutôt un malaise que de l'étonnement devant cet univers si nouveau et qui ne faisait qu'accentuer son sentiment d'abandon et de solitude. » (*SN*, p. 7) Cette étrangeté revêt d'emblée un caractère menaçant : « En un mot, une forêt monotone, hostile, voire dangereuse. » (p. 8) Marc Bérard apprendra à connaître cette nature étrange mais généreuse pour ceux qui la connaissent et la respectent, à comprendre l'Autre dans son altérité la plus irréductible — qu'elle soit culturelle ou sexuelle —, et finalement à se découvrir lui-même en affrontant ses peurs les plus profondes pour devenir un adulte responsable[18].

C'est d'abord la forêt, qu'il observe durant son voyage vers Hearst, qui surprend le jeune homme :

> De chaque côté, la forêt. Non pas la belle forêt de chênes, d'érables et d'ormes à flancs de collines que ses excursions dans la vallée de la Gatineau lui avaient appris à connaître et qui, à ce temps-ci de l'année, devait être au pinacle de sa magnificence, mais une forêt de petites épinettes chétives, une forêt plate, truffée de marais supportant mal une végétation naine, une forêt sans cesse lézardée de ruisseaux, de rivières et de lacs. (p. 8)

Chez son oncle, ce sont les chiens qui lui apparaissent comme des loups : « Deux énormes chiens que, dans un tel contexte, il n'était pas loin de prendre pour des loups, s'avançaient, l'air menaçant. » (p. 10) Cependant, malgré son jeune âge et en dépit de l'étrangeté des lieux, Marc apprendra dès cette première confrontation à ne pas céder à ses peurs et à chercher des solutions à ses problèmes. Ainsi, lorsqu'il sort de la maison pour se rendre aux toilettes, il décide, non sans avoir cédé à un premier

---

17. Rudyard KIPLING (1996), « Si... », dans *Œuvres*, Paris, Gallimard, coll. « La Pléiade », vol. III, p. 1127.

18. Les occurrences extrêmement nombreuses, comme en témoigneront les passages cités au cours de cette analyse, des verbes *apprendre*, *connaître*, *acquérir* et *savoir*, illustrent bien l'importance de l'apprentissage dans ce roman.

mouvement de recul, de mater les deux chiens. Marc est heureux de constater que les deux bêtes lui obéissent, même s'il ne saisit pas encore la portée de cette première expérience, qui fait appel aux qualités dont il devra faire preuve tout au long de son apprentissage de la vie: «Le jeune homme entra, se souriant à lui-même. Mais il ne savait pas à quel point cette petite victoire sur lui-même et sur son entourage était significative. Dans son adaptation à ce nouveau monde, il lui faudrait faire appel à toutes ses réserves de détermination et de courage.» (p. 16)

Lors d'une première partie de pêche avec les neveux de sa tante Rosa, l'épouse de son oncle Édouard, il apprend à être attentif au rythme dicté par la nature. Marc, par manque d'expérience, sort de l'eau une branche d'arbre en guise de prise, tandis que Jim a reconnu le tressaillement du doré au bout de sa ligne avant même d'avoir entrevu le poisson. Et c'est ainsi, souligne le narrateur, que Marc «apprit que les pêcheurs expérimentés peuvent non seulement distinguer les secousses d'un poisson de la tension d'un objet inerte mais encore savoir de quelle sorte de poisson il s'agit» (p. 29). De même, lorsque vient son tour d'avironner, il s'aperçoit que «ce n'était pas si simple. En dépit de ses efforts, l'embarcation tournait en rond, ce qui avait pour effet de laisser les cuillers presque immobiles. Alors elles coulaient à pic et raclaient le fond. Jim et Éric repêchèrent ainsi plusieurs branches et ramilles avant que le nouveau barreur n'apprenne à aller droit» (p. 30-31).

L'apprentissage de ce nouveau mode de vie se poursuivra lors du voyage de chasse qu'il entreprend avec son oncle Édouard et puis lors de la saison de la trappe, qu'il passe avec lui en pleine forêt. Il s'agit là de véritables séances d'initiation qui enseigneront à Marc, en même temps que les rudiments de la trappe, une existence accordée aux caprices de la nature: «Marc commençait à se familiariser avec cette façon de voir les choses: si tu trouves pas ça bon, c'est que t'as pas assez faim, si tu dors pas, c'est que t'es pas assez fatigué. Ça lui semblait un peu primitif comme raisonnement mais il n'allait pas tarder à en constater l'exactitude.» (p. 48) Il apprendra aussi à s'habiller pour ne pas avoir froid, à chasser et pêcher pour se nourrir, à survivre dans un milieu inhospitalier. Comme le souligne son oncle: «C'est le commencement de la sagesse, ça mon gars. Ces petits détails-là font qu'on se sent à l'aise ou ben qu'on se sent misérable. T'apprendras à t'en rappeler comme d'une routine. À la longue, tu t'en occuperas sans même y penser.» (p. 49) Sous la supervision de son oncle,

> il apprit la technique du *call*, qui devient bientôt inutile, la saison du rut étant terminée. Il s'initia également à la conduite du moteur hors-bord et, plus tard, de la motoneige. / Sans qu'il s'en rende toujours compte, il apprenait en même temps une infinité de détails sur les habitudes des animaux, les ressources de la forêt pour s'abriter ou faire du feu, la façon de s'orienter, la lecture des cartes topographiques, et l'art de se vêtir selon la saison. Il acquérait d'autres connaissances encore que son oncle s'efforçait de lui inculquer, soit qu'il reconnût en lui un successeur, soit qu'il appréciât simplement son aide et sa compagnie. (p. 77)

Comme toujours chez Doric Germain, cet apprentissage donne lieu à une trans-formation physique qui s'accorde à l'évolution morale du personnage :

> En même temps qu'il s'adaptait à son nouvel entourage et à son mode de vie, le jeune orphelin se transformait aussi physiquement. Ses muscles durcissaient et gonflaient sous la peau. Il lui semblait devenir plus insensible à la fatigue, à la douleur et à la faim. En réalité, c'est qu'en étant plus en forme, il se fatiguait moins vite, que ses muscles plus forts le protégeaient mieux et que son estomac, soumis à un régime spartiate, transformait avec plus d'efficacité la moindre parcelle de nourriture en énergie. D'enfant potelé, il devenait un homme musclé ; de bébé gâté, il devenait un adulte responsable et, de citadin douillet, il devenait un infatigable coureur des bois. La transformation était d'autant plus remarquable que les trois métamorphoses survenaient simultanément. (p. 78)

Marc fait donc l'apprentissage d'un mode de vie qui contraste singulièrement avec ses habitudes de citadin. Ainsi, lorsqu'il s'apprête à sortir, sa tante se récrie « Pas comme ça. Mets des bottes de caoutchouc. Prends un manteau et une casquette. Il commence à faire frais. » (p. 23) C'est ainsi que Marc apprend « que dans ce pays, les espadrilles, c'est bon pour le soir à la maison ». Il est surpris lorsque Jim propose de faire un somme après le dîner, jusqu'à ce que ses compagnons lui apprennent que « le poisson [ne] mord pas beaucoup au milieu de la journée » (p. 34). Mais c'est surtout lorsque ses deux nouveaux amis abandonnent la pêche pour la chasse aux outardes, après la pause du midi et la sieste qui la suit, qu'il comprend vraiment la façon dont ceux-ci organisent leur vie :

> Marc entrevit à quel point ses nouveaux amis modelaient le rythme de leur vie sur celui de la nature : ils allaient à l'école quand la saison n'était propice à rien, mangeaient quand ils avaient pris du poisson et dormaient aux heures où la pêche rendait mal. Plus tard, il allait apprendre qu'ils pouvaient aussi passer des nuits blanches pour profiter d'un frai ou chasser jusqu'aux limites de la clarté quand ils tenaient une piste prometteuse, quitte à rentrer en pleine obscurité. Pour lui, c'était une vraie révélation. Il était habitué aux horaires inflexibles des écoles, des magasins, des lieux de travail et des autobus et trouvait en même temps délicieuse et sacrilège l'idée qu'on puisse s'astreindre à un autre calendrier et à une autre horloge que ceux qui régissent les activités d'une grande ville. (p. 34)

Si, au départ, Marc compare continuellement ses habitudes de citadin à celles des gens du Nord, il garde toujours une ouverture d'esprit et souhaite constamment en apprendre davantage. Lors de sa première rencontre avec son oncle, il s'était senti tout à la fois « soulagé de trouver un parent, heureux de parler sa langue maternelle et anxieux de connaître la vie qui lui était destinée » (p. 39-40), rapidement sa perception des choses s'était transformée :

> Il ne cessait de s'émerveiller devant ce monde primitif qui s'offrait à lui et de se surprendre de ses propres prouesses. Il avait l'impression de se découvrir, de renaître à la vie. Il prenait conscience que la vie aussi constitue une école qui lui permettait

d'accéder à un autre type de connaissances, moins théoriques mais tout aussi valables. En l'absence de tout luxe, ses notions de bien-être, de sécurité et de confort se transformaient. De plus en plus, elles dépendaient davantage de son état d'esprit et de sa forme physique que du nombre d'objets à sa disposition. Il prenait plaisir à vivre dans le dénuement, à affronter les difficultés imprévues et à en triompher. Ces victoires sur lui-même lui procuraient plus de contentement et de paix qu'il n'en avait éprouvés depuis bien longtemps. (p. 79)

S'initiant à cette école de la vie, Marc apprendra de son oncle à respecter la nature, sans tomber dans l'excès du discours militant des opposants à la chasse et à la traite des fourrures :

C'est la nature qui est faite comme ça. Les mulots mangent des graines. Les belettes attrapent les mulots. Les renards pis les loups mangent les belettes, pis nous autres on prend les loups, les renards pis les belettes. [...] Pis la pollution, ça tue pas d'animaux sauvages ça, tu penses ? [...] Si y'a quelqu'un qui nuit à la nature, j'ai pas l'impression que c'est nous autres les trappeurs. Ça fait des siècles qu'on trappe pis qu'on chasse pis les animaux sont encore là. S'agit juste d'être raisonnables. [...] La trappe, faut pas la supprimer. Faut apprendre comment la pratiquer pour pas faire de dommages. (p. 96-98)

Son oncle n'utilise-t-il pas en signe de sa bonne volonté un nouveau dispositif de trappe qui, s'il est moins efficace, abrège les souffrances des animaux ? (p. 100-101) N'affirme-t-il pas ne jamais prendre « plus que quatre ou cinq [castors] par cabane pendant une saison », puisqu'il faut bien « en laisser pour la reproduction si on veut revenir l'hiver suivant » (p. 106) ? Ainsi parrainé, Marc ne peut que s'initier aux secrets de la nature, apprendre à en respecter les lois et à lire les signes qu'elle lui destine pour s'en faire une alliée.

Marc apprend aussi à connaître et à apprécier les habitants de ce monde merveilleux, particulièrement les Amérindiens. Si, à son arrivée à Hearst, il est surpris de voir l'« inconnu taciturne à la peau brune et aux cheveux noirs » (p. 9), qui l'attend à l'arrêt d'autobus, s'il se rappelle, en rencontrant tante Rosa, l'attitude raciste de sa mère qui « ne se serait certainement pas abaissée à visiter celle qu'elle appelait avec mépris "l'Indienne" » (p. 18), il constate rapidement que les Autochtones détiennent un savoir inestimable qui transformera sa façon de percevoir le monde. Son attitude contraste vivement avec celle des personnages du *Trappeur du Kabi*. Tandis que Roger Demers n'estime le trappeur amérindien qu'après en avoir éprouvé la force et le courage, Marc affiche d'emblée l'ouverture d'esprit nécessaire pour vivre en harmonie avec l'Autre. Son attitude à l'égard des femmes n'a que peu de choses à voir, d'ailleurs, avec le mépris dont font preuve les autres personnages de Germain à leur égard. Elle s'oppose également à celle de Jim et Éric pour qui « [l]es filles, c'est rien qu'un embarras » (p. 26). Marc manifeste ainsi un immense respect à sa tante Rosa. Alors que son oncle est victime d'un grave accident, elle lui dévoile l'étendue de ses connaissances sur la forêt et lui laisse deviner qu'elle connaît fort bien les affaires de son mari dont elle est plus que l'associée : « Il venait tout à coup d'avoir la nette impression que sa tante, sous des dehors un peu lourdauds, était l'organisatrice en chef des activités de son mari. » (p. 154) De même, son attitude envers Mona, la sœur de Jim et Éric, se transforme peu à peu au cours de roman : « C'était tout de même curieux : en arrivant dans le Nord, il l'avait à peine remarquée et voilà que, six mois plus tard, aidé en cela par l'intérêt manifeste qu'elle lui portait, il se surprenait à penser à elle de plus en plus souvent. » (p. 155) C'est avec elle qu'il va récupérer ses pièges en forêt lorsque Jim et Éric ne peuvent l'accompagner. S'il conserve une attitude assez sexiste en cherchant à parfaire l'éducation de la jeune Amérindienne[19], il apprécie son intelligence et ses connaissances : « Il fut surpris de la pertinence de ses questions : elle semblait connaître son métier aussi bien que lui. » (p. 161)

Ainsi, dans la vaste forêt du Nord de l'Ontario, Marc Bérard vit-il un rite de passage. Toutefois, la forêt si propice aux rites d'initiation sera également dans ce roman un lieu de recueillement et de rencontre avec Dieu :

> L'immensité du paysage lui faisait prendre conscience de sa petitesse mais en même temps, la ruse dont il apprenait à user contre les éléments lui révélait la grandeur de l'être humain. Il se détachait des rites formalistes de la religion de son enfance mais acquérait la conviction qu'il avait sa place dans l'ordre universel. L'idée qu'il se faisait de Dieu s'en trouvait complètement changée, incapable désormais de se le représenter, il se contentait d'en admirer les manifestations. (p. 80)

C'est dans ce sanctuaire qu'il apprendra à affronter ses pires craintes, le jeune homme peureux qu'il était, au début de son aventure, y devenant un homme accompli. Effrayé par les chiens de l'oncle Édouard, il s'empresse de les mater ; craignant de s'égarer en revenant seul le soir à la cabane, après une partie de pêche en compagnie de Jim et d'Éric, il surmonte son premier mouvement de peur : « Marc n'avait pas osé demander qu'on le raccompagne mais il avait peur. Peur surtout de ne pas pouvoir suivre le sentier dans la nuit et de se perdre. Peur aussi de cette forêt si proche et des animaux qu'elle pouvait recéler. » (p. 38) Au contraire, il « marcha vite en s'efforçant de penser à autre chose. / Il arriva sans encombre et entendit avec soulagement les aboiements des chiens qui venaient à sa rencontre. Il se rendit compte qu'il ne les craignait plus du tout » (p. 38-39). Quand enfin il retrouve son oncle blessé en forêt, il ne cède pas à la peur et fait le nécessaire pour lui sauver la vie. Cette épreuve lui apprend que « [q]uelle que soit la difficulté, si grand que soit l'obstacle, toujours il trouvait le moyen et la force de le surmonter » (p. 130). Il n'hésitera pas à retourner seul en forêt pour terminer la saison de trappe. Ce sera là « l'ultime étape de son acclimatation » (p. 134). Certes, il s'agit là d'une

---

19. Par exemple, « Marc se découvrait une vocation de professeur en fournissant à la jeune fille des renseignements que son père ou ses frères auraient tout aussi bien pu lui donner » (*SN*, p. 160), ou encore « Marc se promit de continuer son éducation » (*SN*, p. 162).

épreuve de taille pour le jeune homme, qui l'envisage avec une certaine appréhension. Mais sachant qu'il ne faut ni céder à la peur, ni se montrer présomptueux envers la nature, il affronte avec courage et humilité les craintes qu'elle lui inspire :

> Il avait peur ? Et alors ? Toute sa rééducation n'avait-elle pas consisté à se débarrasser de ses peurs ? Il ne se souvenait que trop bien d'avoir eu peur de ce monde nouveau, de ce pays hostile et même de ces gens si différents de ceux qu'il avait l'habitude de côtoyer. Le premier soir de son arrivée, il avait eu peur des chiens. Le lendemain, il avait hésité à monter dans le canot qui lui avait paru instable et, plus tard, seul l'orgueil l'avait empêché de demander à être raccompagné dans la nuit. Depuis, que de peurs il avait surmontées : peur de la violence des rapides, peur du manque de solidité de la glace, peur des loups qui hurlaient dans la nuit et, surtout, peur de la mort devant son oncle inanimé dans la neige. Toujours il avait vaincu ses peurs et toujours de la même façon : en se les avouant à lui-même et en les affrontant résolument. [...] Il lui restait une peur à conquérir, celle de la solitude. Il l'affronterait et la vaincrait comme les autres. Le combat serait peut-être dur mais il était nécessaire pour le libérer d'un état de trop grande dépendance envers les autres. (p. 135-136)

Ici se manifeste en fait la structure du *Bildungsroman* à laquelle correspond en tous points le fonctionnement du roman de Germain. À travers l'expérience de la nature et des épreuves qu'elle réserve, en allant à la découverte de l'altérité et en affrontant ses démons intérieurs, le jeune Marc découvre sa propre essence et progresse indéniablement vers la connaissance de soi. Il en prend d'ailleurs conscience dès le début de son aventure : « Il avait l'impression de se découvrir, de renaître à la vie. » (p. 79) Seul dans la forêt après l'accident de son oncle, Marc éprouve un sentiment de liberté que seule la nature peut procurer en confrontant l'homme à nul autre qu'à lui-même :

> La solitude, plutôt que de lui peser, le forçait à l'introspection. Il se découvrait alors humble mais confiant, courageux mais non téméraire et, somme toute, relativement heureux. Il lui semblait que, toute sa vie, il avait marché sur la corde raide entre ses peurs et ses espoirs et qu'il en était souvent tombé pour avoir accordé trop d'importance aux uns ou aux autres. Chaque fois qu'il avait su limiter ses espérances et confronter ses peurs jusqu'à ce qu'elles se dissipent comme son haleine dans l'air froid, il avait pu conserver l'équilibre et avancer avec confiance. (p. 138)

Loin de commettre les erreurs d'interprétation qui furent le lot des protagonistes des précédents romans, Marc tire la leçon des épreuves auxquelles il est confronté dans le respect des règles de la nature : « Il entrevoyait vaguement une autre récolte, plus précieuse que celle des fourrures et bien plus durable : le courage d'accepter les difficultés, première étape de leur résolution. Il commençait à penser que le véritable héroïsme n'est pas l'absence de peur mais la canalisation de la peur vers l'action » (p. 147). Sage de ces découvertes essentielles, Marc apprend donc à devenir un homme mieux qu'aucun autre personnage des romans de Doric Germain.

Conclusion

La forêt du Nord de l'Ontario inscrit à l'évidence les romans de Doric Germain dans la tradition du conte de fée qui met en scène les pulsions primaires des personnages. Confrontés au pouvoir de la nature comme à ses trésors, ils doivent nécessairement faire l'apprentissage de la vie, en harmonie avec le monde qui les entoure et les gens qui l'habitent. Laissant derrière eux leur égoïsme, leur cupidité et leurs préjugés, ils atteindront un réel équilibre psychologique et une plus grande maturité. Aussi, toute la force de l'œuvre de Doric Germain se trouve incontestablement dans l'originalité de la mise en forme de la structure d'apprentissage. Apprentissage négatif, l'aventure des chasseurs de *La vengeance de l'orignal*, demeurés dans l'ignorance de soi et des règles de la nature, se conclut par la mort. Si Roger Demers survit à l'holocauste sanglant du *Trappeur du Kabi*, c'est au prix des renonciations que lui impose sa nouvelle perception de soi et d'autrui, en l'inscrivant décidément dans la voie d'un apprentissage positif. Or ce n'est qu'avec *Le soleil se lève au Nord* que s'actualise véritablement cette structure d'apprentissage positif : plutôt que de mourir comme la plupart des personnages de Doric Germain, Marc Bérard assiste à l'avènement de sa propre renaissance. Comme quoi l'apprentissage chez Germain ne peut se solder que par la mort, qu'elle marque une fin absolue ou un rite de passage.

ANNEXE

LE MARCHÉ DU LIVRE DEPUIS 1990

Édith Madore

Nous aborderons dans cet article l'édition québécoise pour la jeunesse, en dressant un panorama de la situation actuelle, et de celle qui prévaut depuis 1990. Quelles sont les maisons d'édition et leurs collections, leurs tirages et leurs modes de diffusion? Nous traiterons ensuite de quelques aspects du marché du livre: les traductions et les conditions d'exportation.

Les éditeurs pour la jeunesse

Au cours des années 1980, cinq nouvelles maisons d'édition, publiant presque uniquement des livres pour les jeunes, sont apparues. C'était déjà phénoménal, à l'époque; cela représentait un véritable changement. Or, depuis 1989, plus d'une quinzaine d'éditeurs jeunesse sont venus grossir les rangs! (Voir le tableau 1)

Tableau 1
Nouveaux éditeurs depuis 1989

Maison d'édition	Date de fondation
Loup de gouttière	1989
Mille-Îles	1989
Presses d'or	1991
Modus Vivendi	1992
Vents d'Ouest	1993
Les 400 coups	1993
Presses Aventure	1993
Bouton d'or Acadie	1996
Soulières éditeur	1997
Homard	1997
Dominique et compagnie	1997
Coffragants	1997
Modulo Jeunesse	1998
Tracteur volant	1998
Delphine	1999
Soleil de minuit	1999

Fait remarquable, seulement quatre de ces éditeurs publient aussi des livres pratiques, scolaires ou pour les adultes : les autres se consacrent uniquement au livre pour la jeunesse. De plus, il est intéressant de constater que tous ces nouveaux éditeurs publient des albums illustrés et des contes traditionnels, une nouvelle tendance littéraire pour la jeunesse du XXIe siècle, comme nous le verrons plus loin.

En 2001, une cinquantaine d'éditeurs publient des livres pour les jeunes, mais de ce nombre impressionnant, moins de la moitié demeurent très actifs dans ce domaine. Certaines maisons ajoutent simplement quelques livres à leur programme. Les maisons d'édition pour la jeunesse sont en pleine restructuration.

L'album illustré

Quels sont les créneaux des principales maisons d'édition pour la jeunesse ? Si nous regroupons tous les éditeurs qui publient des albums illustrés, nous voyons que cette catégorie s'élargit de plus en plus : Livres Toundra, Les 400 coups, Chouette, La courte échelle, Dominique et compagnie, Héritage, Fides, Modulo Jeunesse, Phidal, Presses Aventure, Presses d'or, Michel Quintin, Bouton d'or Acadie, Scholastic, Delphine, Tracteur volant… Ces seize éditeurs, entre autres, produisent beaucoup plus d'albums originaux au Québec, en Ontario et au Nouveau-Brunswick, que les trois ou quatre éditeurs qui en faisaient toujours à la fin des années 1980. Les collections d'albums qu'ils produisent sont d'ailleurs impressionnantes, tant par leur qualité, leur variété, que par leur quantité.

Les 400 coups, avec les collections « Billochet », « Grimace », « Bonhomme Sept Heures », « Monstres, sorcières et autres féeries », « Les petits albums » et « Les grands albums », présentent une vaste sélection de contes modernes et traditionnels, alliant la plus pure tradition classique aux délires les plus fous. Les œuvres d'illustrateurs reconnus y sont bien mises en valeur dans des formats originaux, des plus petits aux plus grands livres.

Les éditions Bouton d'or Acadie présentent pas moins de huit collections d'albums, dont la collection « Améthyste », destinée aux petits à partir de quatre ans, « Léa et Laurent » (quatre à six ans), « La terre à aimer » et la collection « Émeraude », reprenant elle aussi des contes traditionnels, comme *Le Petit Chaperon rouge*.

À La courte échelle, on penche plutôt en faveur du conte moderne avec la série « Il était une fois… », mais les allusions aux contes traditionnels demeurent, avec notamment *La princesse qui voulait choisir son prince*, de Bertrand Gauthier. La série « Elvis », de Jasmine Dubé et Roger Paré, qui s'adresse aux petits de trois ans et plus, se veut résolument moderne. Et la série « Drôles d'histoires » a toujours sa place dans les récits à répétition que les enfants aiment tant.

Une collection peut comprendre plusieurs séries, celles-ci mettant habituellement en vedette un même personnage ou comprenant des histoires du même type.

Cependant, plusieurs éditeurs publient des albums qui n'appartiennent pas à une collection particulière. C'est le cas de Dominique et compagnie, avec des albums magnifiques, tels *Vieux Thomas et la petite fée* et *Destructotor*, ce qui n'exclut pas des séries comme « Edmond le raton » et « Les amis de Gilda la girafe ». Même chose chez Livres Toundra, où l'on retrouve tout de même quelques séries, telles « Simon » et « Gilgamesh ». Aux éditions Modulo Jeunesse (rebaptisées Banjo), le fonds Raton Laveur est devenu une collection, mais il n'y a pas de séries ; seulement des albums individuels qui invitent à l'humour.

Cette profusion d'albums constitue un changement majeur — et attendu —, qui marque la fin des années 1990. Dominique et compagnie ainsi que Les 400 coups investissent dans le livre illustré de grande originalité, ce qui était presque impensable il y a une quinzaine d'années, alors que l'album s'éteignait en 1985. Ces deux maisons sont en passe de devenir les chefs de file du genre au Québec.

Le bébé-livre

Les collections de bébés-livres ne sont pas laissées pour compte, elles non plus. Ainsi, la collection « Les 400 tout petits coups » (chez Les 400 coups) reprennent les livres de l'ancienne série « Bébé-livre », de la maison Ovale. Les multiples séries entourant le personnage de Caillou sont publiées chez Chouette, de même qu'une nouvelle collection, « Pirouette ». À La courte échelle, on trouve « Des mots en images » et, chez Dominique et compagnie, la collection « Maki ». Déjà quatre maisons ont des collections de bébés-livres ; c'est plus qu'à la fin des années 1980, où seule la maison Chouette avait repris le flambeau des éditions Ovale, disparues en 1990 sans avoir été remplacées.

Des livres pour les enfants de six à neuf ans

Fait nouveau, la clientèle des six à neuf ans attire beaucoup les éditeurs de la décennie 1990. La tranche d'âge s'est même affinée de six à huit ans chez la plupart des éditeurs, comme aux éditions du Boréal, où le roman se situe à la jonction de l'album.

Plus ancienne, la collection « Premier Roman » (La courte échelle) se trouve déjà loin de la capacité de lecture des jeunes de six ans. Dominique et compagnie, avec les trois niveaux de sa collection « À pas de loups », s'adresse aux enfants de six ans et plus, de ceux qui apprennent à lire à ceux qui dévorent les livres. Des textes très courts, dont la longueur s'ajuste aux tout jeunes lecteurs, à la façon de « Carrousel » (séries « Poucet », de Demers/Beshwaty, « Choupette », de Tibo/Poulin), première collection à cibler les plus jeunes de six à neuf ans avec des illustrations intérieures en couleur. Aux éditions Hurtubise HMH, la collection « Plus » initie les enfants à partir de sept ans à la lecture de très courts récits, ponctués de jeux à la fin.

Toutes ces collections ont en commun une abondance d'illustrations intérieures, certaines en couleur, d'autres en noir et blanc, et un texte de plus en plus réduit à la portion congrue. L'éditeur Michel Quintin souligne d'ailleurs que pour sa part, « [l]es ventes des mini-romans de ces collections ont été "phénoménales"[1] ».

Tableau 2
Des livres pour les six à neuf ans

Maison d'édition	Collections	Âge
Boréal	• « Boréal Maboule » (plusieurs séries : « Les mystères de Donatien et Justine » ; « Les aventures de Billy Bob » (récits d'action) ; • « Les nuits et les jours de Julia » (récits à caractère poétique)	6-8 ans
La courte échelle	• « Premier Roman » (plusieurs séries)	7-9 ans
Dominique et compagnie	• « À pas de loups » (trois niveaux)	6-9 ans
	• « Roman Rouge »	À partir de 7 ans
Hurtubise HMH	• « Plus »	À partir de 7 ans
Loup de gouttière	• « Les petits loups »	À partir de 7 ans
Michel Quintin	• « Saute-mouton »	6 ans et plus
	• « Le chat et la souris »	6 ans et plus
La Paix	• « Dès 6 ans »	À partir de 6 ans
Pierre Tisseyre	• « Sésame »	6-8 ans
Québec/Amérique	• « Bilbo »	7 ans et plus
	• « Mini-Bilbo »	6-8 ans
Soulières éditeur	• « Ma petite vache a mal aux pattes »	6-9 ans

---

1. *Livre d'ici*, décembre 2000/janvier 2001, p. 10.

On remarque que la plupart de ces collections sont implantées depuis long-temps dans les maisons d'édition, excluant les nouvelles venues, bien sûr.

Des livres pour les jeunes de neuf à douze ans

Tableau 3
Les romans destinés aux lecteurs de neuf à douze ans

Maison d'édition	Collections	Âge
Alexandre Stanké		
Du Blé		
Boréal	• « Boréal junior »	9-12 ans
La courte échelle	• « Roman jeunesse »	9-12 ans
Dominique et compagnie	• « Roman Vert »	À partir de 9 ans
	• « Libellule »	8-11 ans
Hurtubise HMH	• « Plus »	À partir de 9 ans
JCL	• « Jeunesse »	
Michel Quintin	• « Nature jeunesse »	
La Paix	• « Dès 9 ans »	À partir de 9 ans
Pierre Tisseyre	• « Papillon »	8-11 ans
	• « Tante Imelda »	8-11 ans
Québec/Amérique	• « Gulliver »	
Soleil de minuit	• « Roman de l'aube »	8 ans et plus
Soulières éditeur	• « Chat de gouttière »	9-11 ans

* L'âge apparaît lorsque l'éditeur le mentionne dans le livre.

Des romans pour les adolescents

Les collections destinées aux adolescents existent depuis longtemps, sauf chez les éditeurs plus récents, tels Soulières et Dominique et compagnie. Il s'agit d'un marché qui n'a jamais été abandonné depuis les années 1980.

Tableau 4

Les romans pour les adolescents

Maison d'édition	Collections	Âge
Boréal	• « Boréal Inter »	12-15 ans
Héritage	• « Frissons »	
	• « Chair de poule »	
Hurtubise HMH	• « Atout »	À partir de 12 ans
Médiaspaul	• « Jeunesse-Pop »	À partir de 10 ans
Michel Quintin	• « Grande Nature »	
La Paix	• « Ados/Adultes »	
Pierre Tisseyre	• « Chacal »	
	• « Conquêtes »	
	• « Deux solitudes, jeunesse »	
Québec/Amérique	• « Titan »	
	• « Titan+ »	
Soulières éditeur	• « Graffiti »	
Vents d'Ouest	• « Ado »	
Dominique et compagnie	• « Roman Bleu »	
La courte échelle	• « Roman Plus »	12-15 ans

Les spécialités

La plupart des éditeurs investissent dans différents genres littéraires, répondant ainsi à plusieurs catégories d'âge. Il existe cependant quelques éditeurs qui se sont créé une spécialité. Chouette se consacre au bébé-livre tout carton et aux produits dérivés ; Coffragants produit des contes traditionnels sous forme de livres-audio ; Médiaspaul a une collection uniquement réservée à la science-fiction et au fantastique ; Michel Quintin fait de la vulgarisation scientifique sur les animaux, la nature et l'environnement ; Mille-Îles se consacre à la bande dessinée, de même que Soulières, en partie ; XYZ a tenu une collection de biographies, « Les grandes figures », tandis que Tormont/Brimar exploite le livre-jeu. Par ailleurs, des maisons négocient des droits d'émissions télévisées, telles Phidal (1979), qui publie des classiques de Disney et diverses autres collections, comme Playschool et Barney.

Même chose pour Presses d'or, qui possèdent les droits pour Barbie, Pokemon, Passepeur, Scooby-Doo, etc., et pour l'éditeur Presses Aventure, qui publie des bandes dessinées et des livres-jeux. Les Éditions du Blé et les Éditions des Plaines représentent quant à elles le fait francophone dans l'Ouest canadien. En outre, deux maisons acceptent de publier des écrits de jeunes auteurs : Mont-Bleu et D'ici et d'ailleurs (1987). Chez cette dernière, la collection «Écrits du jeune monde», qui porte sur les Amérindiens, fait paraître les récits d'auteurs de huit à vingt ans.

Les changements majeurs survenus au cours des années 1990

Toutes ces collections permettent de prendre la mesure des changements majeurs survenus au cours des années 1990 et illustrent les grandes tendances actuelles : le retour en force de l'album illustré et sa forte charge imaginaire, la création de collections pour les enfants de six à neuf ans et l'expansion du marché des courts romans, l'Amérindien comme thème de prédilection et le recours aux contes traditionnels.

En 2000-2001, les albums illustrés et pour tout-petits volent effectivement la vedette aux dépens des livres pour adolescents auxquels les médias font moins référence. Plus de livres de comptines et de chansons sont publiés, fréquemment accompagnés de disques, pour répondre à une demande de plus en plus pressante. *Cent comptines*, chez Fides, d'Henriette Major, fut d'ailleurs le livre le plus populaire de l'année 2000.

Le sujet des Amérindiens est traité notamment dans les romans de Michel Noël — sa trilogie sur le jeune Métis Nipishish — aux éditions Hurtubise HMH. Les éditions JCL possèdent une collection pour les jeunes de neuf à onze ans, mettant en vedette un jeune Amérindien dans la série «Les aventures de Simon». Et la maison Soleil de minuit (1999) a pour but de faire connaître les communautés culturelles autochtones, les Inuits et les Amérindiens, au moyen d'albums et de romans écrits en français et en langue autochtone, notamment le montagnais. Même Les 400 coups ont publié, dans la collection «Monstres, sorcières et autres féeries», *L'affreux*, un conte amérindien adapté par Michèle Marineau.

Les contes traditionnels reviennent à l'honneur, comme au début du XXe siècle. En reprenant le fonds de la maison Ovale, Les 400 coups publient des contes traditionnels et aussi des contes modernes, sous forme d'albums, dans la collection «Billochet». C'est aussi le fait de Coffragants, qui se consacre au conte populaire, narré par des comédiens connus sur cassettes-audio, et de Bouton d'or Acadie. Ce type de conte se retrouve également dans la collection «Atout» chez Hurtubise HMH sous forme de recueils.

On ne peut néanmoins que constater la quasi-absence des autres types de récits brefs comme la nouvelle, ainsi que de la poésie. Quelques éditeurs seulement s'y sont risqués. L'Hexagone/VLB ont publié une anthologie de poésie pour enfants, des poèmes recueillis par Henriette Major. Hurtubise HMH et Pierre Tisseyre ont publié des anthologies de poésie pour les adolescents, et Vents d'Ouest, des nouvelles pour eux. De même, l'ouvrage documentaire demeure un parent pauvre des autres genres au Québec. Michel Quintin et Banjo publient des livres originaux sur les animaux. Héritage et Hurtubise HMH traduisent des ouvrages documentaires venus d'ailleurs, achetant aussi des droits sur les marchés étrangers. Les bibliothécaires signalent pourtant depuis des années le manque de livres de ce type faits ici. Les livres traduits sont toutefois adaptés au marché québécois, notamment aux éditions Hurtubise HMH ; c'est une façon de contourner ce problème.

Les tirages

Malgré la forte diminution des tirages, la production n'a cessé d'augmenter : en France seulement, c'est 3 000 nouveautés et 2 000 réimpressions qui paraissent en 2001. La production de livres québécois pour la jeunesse se chiffre, quant à elle, à environ 300 nouveaux titres par année. L'édition pour la jeunesse est passée de l'artisanat à l'industrie depuis les années 1980.

Tableau 5
La production de livres québécois pour jeunes de 1970 à 2000

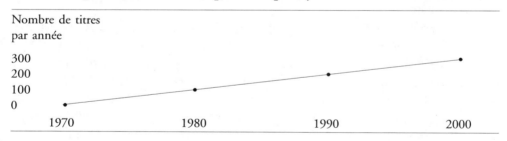

La production annuelle des maisons d'édition a-t-elle une influence sur les tirages ? Nous croyons que non, puisque la baisse générale des tirages est présente depuis le milieu de la décennie 1990. En général, les éditeurs produisent entre 20 et 40 titres par année, selon la taille de leur maison. Afin de vérifier la relation entre la production annuelle et les tirages, nous avons recueilli un échantillon de tirages et de titres produits annuellement, que nous avons regroupés dans le tableau 6.

Tableau 6
Les tirages

Maisons d'édition	Tirages	Titres/an*
Dominique et compagnie	1200 à 000	50
Chouette		44
Hurtubise HMH	2000 - 2500	40
La courte échelle		40
Livres Toundra	3000 - 5000 reliés 5000 - 7000 brochés 5000 (albums)	28
Les 400 coups	1800 et plus	22
La Paix	1000 - 2 000	20
Michel Quintin		20
Soulières éditeur	2500	14
Vents d'Ouest	1500	
Pierre Tisseyre	1500	

*Lorsque le nombre de titres/an n'est pas mentionné, c'est que la maison indique la production de livres pour jeunes et pour adultes, tous confondus.

Pour Dominique et compagnie, ainsi que pour Livres Toundra, le tirage semble proportionnel à la production, qui est abondante. Mais pour les autres compagnies ayant une production annuelle de 14 à 20 romans, les tirages oscillent entre 1000 à 3000 pour une moyenne générale de 2000 exemplaires par titre. C'est moins qu'il y a dix ans, à l'époque où les tirages pouvaient atteindre de 3000 à 5000 exemplaires par titre (romans et albums, excluant les livres-jeux), notamment aux éditions de La courte échelle.

Nous avons puisé quelques exemples de tirages dans la revue *Livre d'ici*[2], afin d'établir d'autres comparaisons avec différents types de livres. L'album *Marelle et Culbute*, dans la collection « Pirouette », aux éditions Chouette, a connu un premier tirage de 20 000 exemplaires, en juin 2000, suivi d'une réimpression à 15 000 exemplaires. Le bébé-livre et l'album commandent des tirages beaucoup plus impressionnants que le roman, de même que le livre-jeu : on réimprime de 4000 à 5000 exemplaires par année les livres de la collection « Les grands livres de jeux drôles et intelligents », aux éditions Héritage. Et les *Cent comptines* (livre et CD) de Henriette Major, publiées aux éditions Fides, se sont vendues à plus de 25 000 exemplaires. Le deuxième titre, *Chansons drôles, chansons folles*, a été vendu à 2000 exemplaires par mois, avec des ventes atteignant 10 000 exemplaires à la fin d'octobre 2000.

2. *Livre d'ici*, décembre 2000/janvier 2001, p. 10-11.

Des livres ayant un tirage de départ plus modeste peuvent être réimprimés plusieurs fois et ainsi connaître une grande diffusion. C'est le cas de la série « Noémie » de Gilles Tibo, dans la collection « Bilbo », aux éditions Québec/Amérique. *La boîte mystérieuse* est le dixième roman de cette série, avec ses 50 000 exemplaires vendus.

Traductions et tirages

Les traductions sont certes influencées par les tirages. Le cas de Livres Toundra est éloquent : la publication de leurs livres dans deux langues permet de disposer d'un plus vaste marché. Livres Toundra traduit systématiquement des albums français en anglais (série « Simon ») et vice-versa (série « Gilgamesh »). Rappelons toutefois que les tirages des albums sont toujours supérieurs à ceux des romans, couleur et coûts de production obligent. Dominique et compagnie font de même avec leurs livres pour bébés et leurs albums illustrés, dont une vingtaine ont été traduits du français vers l'anglais jusqu'à aujourd'hui. Scholastic traduit aussi ses titres dans les deux langues. D'autres maisons, et elles sont plus nombreuses, traduisent des livres de l'anglais vers le français, comme Héritage, Hurtubise HMH et Pierre Tisseyre (30 titres traduits dans la collection « Deux solitudes, jeunesse », depuis 1979).

Il serait intéressant de vérifier l'ampleur du phénomène et de se demander si nous sommes encore à l'ère des traductions à sens unique : est-ce que les traductions vers l'anglais sont beaucoup plus fréquentes que celles vers le français ? Nous pouvons également nous demander si les éditeurs traduisent davantage dans les autres langues qu'en anglais.

Les modes de diffusion

Face à cette baisse standardisée des tirages (Bertrand Gauthier parlait déjà de cette baisse anticipée vers 1993), quels sont les modes de diffusion actuels ? Six éditeurs ont répondu à nos questions sur la diffusion de leurs livres pour la jeunesse. Les modes de diffusion privilégiés des petites et grandes maisons ne sont cependant pas les mêmes. Les éditeurs doivent de plus en plus faire preuve d'imagination, car les livres pour la jeunesse séjournent moins longtemps qu'auparavant en librairie ; ils n'y sont plus pendant des années. Et la concurrence devient de plus en plus forte. Mais il faut nuancer ce jugement car, bien sûr, tous les libraires s'entendent pour dire que les livres jeunesse tiennent plus longtemps, et que certaines collections constituent un bon fonds, car le bassin des élèves se renouvelle constamment.

Comme moyens de diffusion, des maisons annoncent leurs publications dans les principaux quotidiens ; d'autres (ou les mêmes) font leur publicité par l'entremise des clubs de lecture de Communication-Jeunesse ou d'autres types d'animation en lecture. Les Salons du livre offrent une vitrine non négligeable pour les parutions jeunesse, surtout si celles-ci sont assorties d'animations visant la clientèle des jeunes. Hormis les médias, les clubs de lecture et les animations en lecture, les stratégies de marketing varient-elles beaucoup ? Des livres introduits dans les écoles, une publicité omniprésente signalant la parution de tous les livres (La courte échelle a consacré une bonne part de son budget au marketing, ce qui a produit son effet), une présence aux congrès scolaires et aux divers colloques sont aussi envisagés. La télévision n'a pas été mentionnée souvent, comme véhicule publicitaire, par les éditeurs contactés ; les émissions littéraires — comme *Jamais sans mon livre* — ayant le courage de parler de littérature pour les jeunes sont rares…

Nous croyons que les animations en lecture, actuellement en développement ou en expansion dans toutes les maisons d'édition importantes, sont fort efficaces. La courte échelle, Hurtubise HMH, Héritage et plusieurs autres essaient de vendre des programmes d'animation aux écoles, aux bibliothèques. Cela semble un moyen sûr de rejoindre directement les jeunes lecteurs ; on s'attend à ce que les écoles commandent des livres, et que les jeunes les demandent.

D'autres bons moyens de diffusion : figurer dans les sélections de Communication-Jeunesse ou gagner des prix littéraires. Cela met en évidence les livres choisis et primés, même si plusieurs éditeurs s'accordent à dire que les prix n'augmentent pas nécessairement leurs ventes. Mais ils peuvent aussi, parfois, les augmenter de façon notable : *La ligne de trappe*, de Michel Noël, réimprimé après avoir remporté le prix Alvine-Bélisle et largement vendu, en est un bon exemple.

Les éditions Vents d'Ouest placent de la publicité dans des périodiques, envoient des communiqués de presse et des lettres aux bibliothécaires d'écoles secondaires, font participer leurs auteurs à des séances de signature, etc. Les éditions de La Paix utilisent surtout les librairies, mais aussi les autres moyens de diffusion, tels la presse écrite, Communication-Jeunesse et l'animation en lecture. Même chose pour Livres Toundra, dont la production est diffusée dans six pays, et pour Soulières, qui recourt à la presse écrite et à tous les services de presse habituels.

Aux éditions Hurtubise HMH, la promotion se distingue par un nouveau secteur d'animation en lecture où les rencontres d'auteurs se conjuguent à une tournée d'animations théâtrales autour des collections jeunesse, dans les écoles. Aux éditions Dominique et compagnie, en plus de la presse écrite, la radio, la télévision et Communication-Jeunesse, Elsa Galardo, directrice de la promotion, affirme : « Nous avons une grande diffusion grâce aux nombreux animateurs qui parlent régulièrement de nos œuvres aux enseignantes et enseignants du préscolaire-primaire. De plus, nos auteurs et illustrateurs font beaucoup d'animations dans les écoles. »

Les conditions d'exportation

Après s'être taillé une bonne place sur le marché national, comment les éditeurs vendent-ils leurs livres à l'étranger? Selon les éditeurs approchés, il arrive qu'il y ait des modifications à apporter aux textes pour permettre leur diffusion dans d'autres pays. Prenons pour exemple les éditions de La courte échelle: après avoir vendu des droits en Italie, ils ont dû modifier des mots et remplacer le nudiste de leur abécédaire *L'alphabet...* par un personnage plus convenable! Dans un autre album pour tout-petits, *Venir au monde*, ils ont dû marier les parents. Les modifications affectent autant le texte que l'image, voire la typographie: des lettres en caractères attachés ornant une page couverture sont facilement acceptées en Europe, mais plus difficilement en Amérique, par exemple.

Voici quelques autres cas de modifications, rapportés par les éditeurs-exportateurs qui ont bien voulu répondre à notre questionnaire. Les éditions de La Paix sont présentes en Suisse, mais très peu en France. Aucune modification n'a été apportée aux textes qu'ils ont exportés. Jean-Paul Tessier dit: «Nous prévoyons l'exportation quand nous finalisons nos textes ici.» Catherine Mitchell, de Livres Toundra, précise quelques points entourant des modifications: «Nous avons adopté l'appellation américaine (*honour* pour *honor*; *colour* pour *color*, etc.). Les éditeurs étrangers font les changements s'ils veulent les faire.»

Cela se produit aussi aux éditions Hurtubise HMH. Pour l'achat des droits de la collection «Ça dépend si...», quelques changements ont été demandés, notamment de remplacer les mots «gai» par «joyeux» et «vilaine» par «méchante» dans les titres de ces albums pour tout-petits. Autre exemple: les «patins à roues alignées» ont été substitués aux «rollers», ainsi que d'autres anglicismes propres à la France l'ont été dans les ouvrages documentaires vendus au Québec. Par contre, lors de l'achat de droits d'ouvrages documentaires en provenance de l'Angleterre, où les livres doivent être traduits de l'anglais au français, c'est le contenu qui doit subir des changements. On demande alors des précisions pour notre marché, comme des adresses Internet du Québec et du Canada. Dans un album sur les phénomènes naturels, par exemple, les événements ayant entouré la tempête de verglas de 1998 au Québec ont été ajoutés. Ces changements dépendent évidemment des marchés. Si on a l'intention de vendre les livres au Québec, en Afrique ou en France, les demandes seront différentes, pour des mots, des expressions, des adresses, etc. Bref, les éditions Hurtubise HMH essaient d'adapter chaque livre à son marché potentiel, à une exception près: la collection «Plus», qui se veut représentative de toute la francophonie (Belgique, Afrique, France, Canada, Québec, etc.). Les particularités linguistiques sont alors respectées; au besoin, un lexique explique aux jeunes Québécois les mots et expressions étrangers qu'ils ignorent.

Robert Soulières, directeur des éditions Soulières, trouve que l'exportation est un phénomène «très mineur: la Librairie du Québec à Paris, et Transat pour la

Suisse ; les résultats sont assez décevants !» Quant aux modifications ayant dû être apportées à ces textes pour permettre leur diffusion à l'étranger, il n'y en a eu aucune. Pour sa part, Elsa Galardo, directrice de la promotion chez Dominique et compagnie, dit : «Tous nos textes sont travaillés afin d'harmoniser "saveur québécoise" et "français international". Une lecture des manuscrits par différents intervenants est toujours faite afin d'avoir la certitude que nos livres peuvent être vendus à travers le monde. Nous avons différents marchés : Canada français, Canada anglais, États-Unis, France (Europe)...» Nous remarquons que les éditeurs qui disent rencontrer plus de succès dans leurs ventes de livres à l'étranger se prêtent plus volontiers à des modifications — qu'elles soient demandées ou non — pour s'ajuster aux marchés qu'ils veulent desservir.

Conclusion

Depuis 1990, une foule de nouveaux éditeurs pour les jeunes sont apparus, qui publient contes et albums. La réapparition de l'album, pour les tout-petits et les plus grands, représente d'ailleurs un des changements majeurs des années 1990, comme le retour de l'imaginaire au sein de tous les genres littéraires, et le développement de petits romans pour les jeunes lecteurs de six à huit ans.

Dans un marché du livre en évolution où se trouvent de plus en plus de maisons d'édition qui produisent une grande quantité de livres de plus en plus semblables, les éditeurs, qui doivent se démarquer de leurs compétiteurs, se voient également contraints d'utiliser des moyens de diffusion qui essaient de pallier une saturation des tirages. Pour atteindre une rentabilité maximale, les éditeurs doivent aussi veiller à obtenir de bonnes conditions d'exportation de leurs titres en s'adaptant aux marchés convoités.

BIBLIOGRAPHIE DE LA CRITIQUE

John Hare

Répertoires bibliographiques

BÉLISLE, Alvine, *Guide de lecture pour les jeunes; 5 à 13 ans*, Montréal, Association des bibliothécaires de langue française, 1973, 164 p.

—— et al., *Une bibliographie sélective de livres pour enfants: pour créer ou enrichir une collection*, [Sainte-Foy]/Montréal, PPMF-Laval/Éditions Ville-Marie, 1982, 144 p.

CHARBONNEAU, Hélène, *Livres en langue française pour les jeunes*, Montréal, Bibliothèque municipale de Montréal, 1985, 382 p.

COMMUNICATION-JEUNESSE, *Auteurs canadiens pour la jeunesse. 20 biographies et bibliographies*, Montréal, Communication-Jeunesse, 1975, 32 p.

——, *Illustrateurs canadiens pour la jeunesse. 22 biographies et bibliographies*, Montréal, Communication-Jeunesse, 1975, 33 p.

—— *La sélection Toup'tilitou. Plus de 400 livres québécois et étrangers pour les tout-petits de 0 à 5 ans*, Montréal, Communication-Jeunesse, 2000, 110 p.

COULOMBE, Johanne, Sylvie GAMACHE et Michelle PROVOST, *Le plaisir de lire sans sexisme: répertoire des livres québécois pour la jeunesse*, Québec, Gouvernement du Québec, ministère de l'Éducation, 1991, 46 p.

CROTEAU, Jean-Yves, *Répertoire des séries, feuilletons et téléromans québécois de 1952 à 1992*, Québec, Publications du Québec, 1993, xxi, 692 p. [Comprend des émissions pour la jeunesse.]

DEMERS, Dominique, *La bibliothèque des enfants*, Montréal, Éditions du Jour, 1990, 237 p.

—— avec la collaboration de Yolande LAVIGUEUR, Ginette GUINDON et Isabelle CRÉPEAU, *La bibliothèque des enfants. Des trésors pour les 0 à 9 ans*, Boucherville, Québec/ Amérique Jeunesse, coll. «Explorations», 1995, 357 p. [Près de 1000 albums sont suggérés. Une fleur de lis identifie l'auteur, l'illustrateur ou l'éditeur québécois.]

—— avec la collaboration de Ginette GUINDON, Yolande LAVIGUEUR, Michèle GÉLINAS et Gisèle DESROCHES, *La bibliothèque des jeunes. Des trésors pour les 9 à 99 ans*, Boucherville, Québec/Amérique Jeunesse, coll. «Explorations», 1995, 328 p. [La majorité des 300 titres ont été publiés de 1990 à 1995.]

GAGNON, André, «Translations of children's books in Canada», *Canadian Children's Literature / Littérature canadienne pour la jeunesse*, n° 45, 1987, p. 15-53. [Liste des livres traduits en français et en anglais.]

GUÉRETTE, Charlotte, *Sélection d'ouvrages de littérature d'enfance et de jeunesse: catalogue de plus de 325 titres recommandés*, Sainte-Foy, Éditions La Liberté, 1999, 70 p.

LEMIEUX, Louise, *Pleins feux sur la littérature de jeunesse au Canada français*, Montréal, Leméac, 1972, 337 p. [Comprend une bibliographie générale des livres pour la jeunesse publiés jusqu'en 1970.]

LEPAGE, Françoise, *Dictionnaire des auteurs et des illustrateurs*, dans *Histoire de la littérature pour la jeunesse (Québec et francophonies du Canada)*, Orléans (Ont.), Les Éditions David, 2000, p. 539-749. [Comprend notes biographiques, bibliographies des œuvres et des études, des auteurs et illustrateurs qui commencent leur activité avant 1980.]

MADORE, Édith, *Les 100 livres québécois pour la jeunesse qu'il faut lire*, Québec, Éditions Nota Bene, coll. « Les petits guides », 1998, 373 p.

McDONOUGH, Irma (dir.), *Canadian Books for Young People / Livres canadiens pour la jeunesse*, Toronto, University of Toronto Press, 1978, 148 p. [Comprend une section (p. 91-119) consacrée à la littérature jeunesse francophone.]

McKECHNIE, Lynne (E. P.), « "Anatomy by braille" : An annotated bibliography of Canadian young adult literature about emerging sexuality», *Canadian Children's Literature / Littérature canadienne pour la jeunesse*, n° 80, 1995, p. 54-59. [Quelques titres francophones.]

POTVIN, Claude, *La littérature de jeunesse au Canada français*, Moncton, Éditions CRP, 1972, 110 p. [Comprend une liste analytique des sources bibliographiques jusqu'en 1970 selon les décennies de publication.]

PROVOST, Michelle, *De la lecture... à la culture: le plaisir d'explorer la littérature au secondaire: bibliographie sélective commentée, romans, contes et légendes, récits de vie, nouvelles*, Montréal, Services documentaires Multimedia, 1995, 188 p.

QUÉBEC (PROVINCE), MINISTÈRE DE L'ÉDUCATION, *Lire et aimer lire au secondaire*, Québec, Direction générale des programmes, Direction de la formation générale, 1988, 2 vol.

TURGEON, Pierre (dir.), *Romans et contes pour les 12 à 17 ans. Bibliographie annotée*, Saint-Laurent, Éditions du Trécarré, 1985, 176 p.

Études générales

BEAUCHAMP, Hélène, *Le théâtre pour enfants au Québec, 1950-1980*, Montréal, Hurtubise HMH, coll. «Cahiers du Québec, Littérature», 1985, 306 p.

—— *Apprivoiser le théâtre — Les enfants, le jeu dramatique et le théâtre*, Montréal, Éditions Logiques, 1997, 279 p. (Édition augmentée et révisée).

—— *Introduction aux textes du théâtre jeune public*, Montréal, Logiques, 2000, 225 p. [Extraits de 23 pièces de la période 1970-2000.]

BELLEMARE, Madeleine, « Littérature jeunesse : "Du néant à l'excellence" », dans Réginald HAMEL (dir.), *Panorama de la littérature québécoise contemporaine*, Montréal, Guérin, 1997, p. 386-414.

BOUCHARD, Guy *et al.*, *Le phénomène IXE-13*, Québec, Presses de l'Université Laval, Centre de recherche en littérature québécoise, coll. « Vie des lettres québécoises, 21 », 1984, 375 p.

BOULIZON, Guy et Paule DAVELUY (dir.), *Création culturelle pour la jeunesse et identité québécoise, textes de la rencontre de 1972, Communication-Jeunesse*, Montréal, Leméac, coll. « Dossiers », 1973, 188 p.

CHARBONNEAU, Hélène (dir.), *Pour que vive la lecture : littérature et bibliothèques pour la jeunesse*, Montréal, Éditions ASTED, 1994, 241 p.

COMMUNICATION-JEUNESSE, *Créateurs et créatrices de livres québécois pour la jeunesse (biographies, bibliographies, témoignages)*, Montréal, Communication-Jeunesse, 1990-1991, 2 vol.

DEMERS, Dominique, en collaboration avec Paul BLETON, *Du Petit Poucet au Dernier des raisins. Introduction à la littérature jeunesse*, Montréal, Québec/Amérique Jeunesse/Télé-Université, coll. « Explorations », 1994, 253 p.

DI CECCO, Daniela, *Entre femmes et jeunes filles. Le roman pour adolescentes en France et au Québec*, Montréal, Les Éditions du remue-ménage, 2000, 210 p.

FALARDEAU, Mira, *La bande dessinée au Québec*, Montréal, Boréal, coll. « Boréal Express, 9 », 1994, 125 p.

GERVAIS, Flore (dir.), *Albums et conceptions de l'enfance : analyse des conceptions de l'enfance reflétées dans neuf séries d'albums*, Montréal, Centre de diffusion du Programme de perfectionnement des maîtres de français au primaire, Université de Montréal, 1983, 78 p.

——— *École et habitudes de lecture*, Montréal, De la Chenelière/McGraw-Hill, 1997, 128 p.

GERVAIS, Flore en collaboration avec C. KARNAS, A. VICTORRI et G. VOYER, *Étude sur les bandes dessinées que les enfants préfèrent*, Montréal, Centre de diffusion PPMF, Université de Montréal, 1982, 45 p.

GUÉRETTE, Charlotte, *Au cœur de la littérature d'enfance et de jeunesse*, Sainte-Foy, Éditions La Liberté, 1998, 269 p.

LEMIEUX, Louise, *Pleins feux sur la littérature de jeunesse au Canada français*, Montréal, Leméac, 1972, 337 p.

LEPAGE, Françoise, *Histoire de la littérature pour la jeunesse (Québec et francophonies du Canada)* suivie d'un *Dictionnaire des auteurs et des illustrateurs*, Orléans (Ont.), Les Éditions David, 2000, 826 p.

MADORE, Édith, *La littérature pour la jeunesse au Québec*, Montréal, Boréal, coll. « Boréal Express », 1994, 127 p.

MARCOUX, Josée, *Littérature jeunesse au Québec. Médiaspaul (Éditions Paulines 1947-1995)*, Montréal, Médiaspaul, 2000, 239 p.

POULIOT, Suzanne, *L'image de l'Autre. Une étude des romans de la jeunesse parus au Québec de 1980 à 1990*, Sherbrooke, Éditions du CRP, 1994, 170 p.

—— *Livres, revues & littérature. Éditeurs québécois des années 1940 et 1950 pour l'enfance et la jeunesse*, Sherbrooke, Éditions du CRP, 2001, 64 p.

POULIOT, Suzanne et Johanne LACROIX, *Les bébés-livres ou l'émergence de l'écrit*, Sherbrooke, Éditions du CRP, 2001, 64 p.

RENAUD, Bernadette, *Écrire pour la jeunesse*, Montréal, Conseil culturel de la Montérégie, 1990, 154 p.

SARRASIN, Francine, *La griffe québécoise dans l'illustration du livre pour enfants*, Montréal / Québec, Communication-Jeunesse / Musée de la civilisation, 1991, 63 p.

SORIN, Noëlle, *La littérature pour la jeunesse aux Éditions Variétés (1940-1951)*, Sherbrooke, Éditions Ex Libris, coll. « Les Cahiers du GRÉLQ », 2001, 159 p.

TÉTREAULT, Raymond (dir.), *Le livre dans la vie de l'enfant*. Actes du colloque du 2 au 4 juin 1977, Association canadienne pour l'avancement de la littérature de jeunesse, Sherbrooke, Les Presses de l'Université de Sherbrooke, 1978, 195 p.

Répertoire d'articles

Lurindex, index sur disquette des articles et comptes rendus publiés dans *Lurelu* depuis ses origines en 1978. Cet index, dont la première version a paru en 1999, sera remis à jour chaque année. (L'édition 2000 a paru en 2001.)

THALER, Danielle, *Était-il une fois? Littérature de jeunesse: panorama de la critique (France-Canada)*, Toronto, Éditions Paratexte, c1989, 1100 p.

Numéros spéciaux de revues

« Le Québec », *Canadian Children's Literature / Littérature canadienne pour la jeunesse*, n° 75, Fall/Automne 1994.

« Discours institutionnels sur la lecture des jeunes: perspectives diachroniques », *Cahiers de la recherche en éducation*, vol. 3, n° 3, 1996.

« Les valeurs dans la littérature de jeunesse », *Québec français*, n° 103, automne 1996, p. 61-89.

« Littérature de jeunesse », *Éducation et francophonie*, ACELF, vol. XXIV, n°s 1-2, 1996, 119 p.

« Le champ littéraire de la jeunesse au carrefour de la recherche universitaire », *Voix et images*, vol. XXV, n° 2 (n° 74), 2000.

« Les figures de l'adolescence dans la littérature de jeunesse », sous la direction de Suzanne POULIOT, *Cahiers de la recherche en éducation*, vol. 7, n° 1, 2000.

« L'écrivain/e pour la jeunesse et ses publics », sous la direction de Claire LEBRUN et Monique NOËL-GAUDREAULT, *Tangence*, n° 67, automne 2001, 153 p.

Articles et chapitres de livres

AMPRIMOZ, Alexandre L. et Sante A. VISELLI, « Valeurs ludiques et valeurs fonctionnelles : *Le visiteur du soir* de Robert Soulières », *Canadian Children's Literature / Littérature canadienne pour la jeunesse*, n° 45, 1987, p. 6-14.

BACHAND, Denis et Marie-Andrée TURCOTTE, « Images d'enfants de l'image : l'illustration à l'ère audiovisuelle », *Canadian Children's Literature / Littérature canadienne pour la jeunesse*, n° 60, 1990, p. 34-44.

BEAUCHAMP, Hélène, « Écrire pour les jeunes publics. Les multiples facettes d'une réalité d'apparence si simple », *Études littéraires*, vol. 18, n° 3, 1985, p. 159-179.

——— « Désormais des signatures », *Veilleurs de nuit*, Montréal, Les Herbes Rouges, n° 2, 1992, p. 56-63.

——— « S'imaginer dans le monde. Regards sur les pièces créées pour les jeunes spectateurs de 1980 à 1990 », *L'Annuaire théâtral*, n° 10, 1992, p. 125-136 ; aussi *Canadian Children's Literature / Littérature canadienne pour la jeunesse*, n° 67, 1992, p. 56-63.

——— « Forms and functions of scenography in theatre productions for young audiences in Quebec », *Canadian Theatre Review*, n° 70, 1992, p. 15-19.

——— « Theatre research as (theatrical) practice. Recognizing theatre for young audiences », *Theatre Research in Canada / Recherches théâtrales au Canada*, vol. 14, n° 2, 1993, p. 178-195.

——— « Jeunes d'ici, jeunes d'ailleurs : questions de culture(s) et de théâtre », *L'annuaire théâtral*, n° 27, 2000, p. 55-67.

——— « La dramaturgie jeunesse. De refus en résistance et d'approbation en création : l'invention d'un genre », dans Dominique LAFON (dir.), *Le théâtre québécois 1975-1995*, Montréal, Fides, coll. « Archives des lettres canadiennes », tome X, 2001, p. 133-150.

BÉRUBÉ, Renald et Françoise DAIGLE, « L'attendu et l'inattendu : les aventures de Volpek, l'agent secret canadien (premier parcours) », *Études littéraires*, vol. 21, n° 1, 1988, p. 103-120.

BOUTIN, Jean-François, « Le problème du corpus de textes littéraires en classe de langue première. Examen d'idées de "littérature" et de "littérature d'enfance et de jeunesse" », *Canadian Children's Literature / Littérature canadienne pour la jeunesse*, n°s 91-92, 1998, p. 83-102.

——— « Le problème du corpus de textes littéraires en classe de langue première. Itinéraire pour une ouverture des corpus au primaire et au secondaire », *Canadian Children's Literature / Littérature canadienne pour la jeunesse*, n° 96, 1999, p. 37-61.

BOZZETTO, Roger, « Daniel Sernine : auteur de science-fiction et fantastique », *Canadian Children's Literature / Littérature canadienne pour la jeunesse*, n° 41, 1986, p. 44-54.

CHARTIER, Anne-Marie et Suzanne POULIOT (dir.), « Introduction : les discours institutionnels sur la lecture des jeunes : perspectives diachroniques », *Cahiers de la recherche en éducation*, vol. 3, n° 3, 1996, p. 335-342.

CHOUINARD, Daniel, « La censure et la subversion de l'institution littéraire », *Canadian Children's Literature / Littérature canadienne pour la jeunesse*, n° 75, 1994, p. 45-52.

—— « La littérature jeunesse au Québec. Orientations et valeurs de la recherche universitaire », *Québec français*, n° 103, automne 1996, p. 84-86.

—— « La culture des adolescents et le fractionnement des certitudes », *Cahiers de la recherche en éducation*, vol. 7, n° 1, 2000, p. 91-99.

COLLECTIF, « Dossier littérature jeunesse en Acadie », *Lurelu*, vol. 18, n° 1, 1995, p. 5-22.

CÔTÉ, Jean-Denis, « Place au hockey », *Québec français*, n° 114, 1999, p. 82-85. [Article portant sur la représentation du hockey en littérature jeunesse.]

—— « Angèle Delaunois : lauréate du prix du Gouverneur général du Canada », *Canadian Children's Literature / Littérature canadienne pour la jeunesse*, n° 94, 1999, p. 60-72.

—— « Charlotte Gingras : lauréate du prix du Gouverneur général du Canada », *Canadian Children's Literature / Littérature canadienne pour la jeunesse*, n° 98, 2000, p. 55-67.

CYR, J., N. LAMBERT et F. GERVAIS, « Livres d'images et expressions graphiques et verbales à la maternelle », *Canadian Children's Literature / Littérature canadienne pour la jeunesse*, n° 71, 1993, p. 33-42.

DEMERS, Dominique, « Discours à l'enfance et littérature jeunesse québécoise », *Canadian Children's Literature / Littérature canadienne pour la jeunesse*, n° 75, 1994, p. 7-13.

—— « Ils font mine de disparaître à la dernière page... héros de séries en littérature pour la jeunesse québécoise », dans Paul BLETON (dir.), *Amours, aventures et mystères ou les romans qu'on ne peut pas lâcher*, Québec, Éditions Nota Bene, 1998, p. 63-85.

DI CECCO, Daniela, « Éclosion/forclusion dans le roman pour adolescentes », *Canadian Children's Literature / Littérature canadienne pour la jeunesse*, n° 75, 1994, p. 27-33.

—— « Identification et thérapie : l'emploi du journal intime dans le roman pour adolescentes au Québec », *Canadian Children's Literature / Littérature canadienne pour la jeunesse*, n° 85, 1997, p. 62-70.

FRADETTE, Marie, « Évolution sociogrammatique de la figure de l'adolescent depuis 1950 », *Cahiers de la recherche en éducation*, vol. 7, n° 1, 2000, p. 77-89.

FRÉCHETTE, Lucie, « Les grands absents de la littérature enfantine », *Canadian Children's Literature / Littérature canadienne pour la jeunesse*, n° 56, 1989, p. 46-51. [L'image des personnes handicapées dans la littérature pour jeunesse francophone.]

GAUTHIER, Gilles, « Comment on devient écrivain pour la jeunesse », *Québec français*, n° 103, automne 1996, p. 75-77.

GERVAIS, Flore, « Les bandes dessinées que les enfants préfèrent », *Argus*, vol. 11, n°ˢ 6-7, 1982, p. 131-137.

—— « Les 50 livres les plus lus », *Liaisons*, vol. 6, n° 2, 1982, p. 12-17. [Rapport d'une enquête dans les bibliothèques de Montréal et des environs sur les 50 livres ou séries les plus lus par les enfants de 6 à 12 ans.]

—— « Le rôle de l'adulte dans l'album pour enfants », *Argus*, vol. 12, n° 6, 1983, p. 125-133.

—— «Les albums de Ginette Anfousse: un modèle d'écriture parlée», *Liaisons*, vol. 9, n° 3, 1985, p. 18-20.

—— «La place du livre à l'école. 1ʳᵉ partie: la bibliothèque», *Vie pédagogique*, n° 61, 1989, p. 6-11.

—— «La place du livre à l'école. 2ᵉ partie: le livre dans la classe», *Vie pédagogique*, n° 62, 1989, p. 15-18.

—— «L'édition québécoise pour la jeunesse: un marché particulier», *Québec français*, 1991, p. 40-44.

—— «L'image de l'école dans la littérature de jeunesse», *Études francophones*, 2000, p. 33-46.

GIROUX, Robert, «La présence du Québec dans les livres pour la jeunesse», dans Raymond TÉTREAULT (dir.), *Le livre dans la vie de l'enfant: actes du colloque (2-4 juin 1977)*, Sherbrooke, Université de Sherbrooke, 2ᵉ éd., 1980, p. 47-59.

GUÉRETTE, Charlotte et Lise BERTRAND, «Où sont donc Boucle d'Or et les trois ours? En route pour le Québec, bien entendu», *Canadian Children's Literature / Littérature canadienne pour la jeunesse*, n° 74, 1994, p. 76-88.

GUILLEMETTE, Lucie, «Discours de l'adolescente dans le récit de jeunesse contemporain: l'exemple de Marie-Francine Hébert», *Voix et images*, vol. XXV, n° 2 (n° 74), 2000, p. 280-297.

—— «Quelques figures féminines dans le roman québécois pour la jeunesse. De l'utopie moderne à l'individualisme postmoderne», *Globe. Revue internationale d'études québécoises*, vol. 3, n° 2, 2000, p. 145-169.

—— «Feminist discourse and children's literature in Quebec: Some theoretical and historical foundations», dans Paula Ruth GILBERT et Roseanna L. DUFAULT, *Doing Gender. Franco-Canadian Women Writers of the 1990s*, Madison / London, Fairleigh Dickinson University Press / Associated University Press, 2001, p. 306-321.

LAFRANCE, Diane et Suzanne POULIOT, «LIDEC et les romans d'aventures pour jeunes adolescents», *Cahiers de la recherche en éducation*, vol. 7, n° 1, 2000, p. 63-76.

LAMOTHE, Jacques, «Le jeu de l'intertexte dans *Le trésor de Brion*», *Voix et images*, n° 74, hiver 2000, p. 298-311.

LANDREVILLE, Ginette, «Images de la puberté à travers des héroïnes préadolescentes: essai thématique et comparatif à partir de cinq romans pour la jeunesse», *Canadian Children's Literature / Littérature canadienne pour la jeunesse*, n° 88, 1997, p. 36-60.

LE BRUN, Claire, «La science-fiction pour la jeunesse: entre l'utopie et l'anti-utopie», *Québec français*, n° 57, 1985, p. 42-45.

—— «Un univers souterrain», *Des livres et des jeunes*, vol. 7, n° 21, 1985, p. 17-21. [Étude des romans de Daniel Sernine.]

—— «Les éditions La courte échelle», *Imagine*, n° 48, 1989, p. 106-109.

—— «Science-fiction pour la jeunesse et valeurs: les modèles québécois», *La revue francophone de Louisiane*, vol. 4, n° 2, 1989, p. 73-80.

—— « *Bildungsroman*, littérature pour la jeunesse et science-fiction », *Imagine*, n° 53 (vol. XI, n° 4), 1990, p. 99-109.

—— « Science-fiction, *mainstream* et marges », *Imagine*, n° 54, 1990, p. 109-119.

—— « Le *boom* de la littérature pour la jeunesse : et que devient la science-fiction », *Imagine*, n° 57, 1991, p. 87-97.

—— « Les jeunes adultes, un nouveau marché pour la littérature de jeunesse francophone ? », *Imagine*, n° 59, 1992, p. 126-133.

—— « Mais où sont passés les pères ? Un cas de censure sociale dans la littérature québécoise pour la jeunesse des années 80 », *Canadian Children's Literature / Littérature canadienne pour la jeunesse*, n° 68, 1992, p. 99-113.

—— « Edgar Alain Campeau et les autres : le lecteur fictif dans la littérature québécoise pour la jeunesse », *Voix et images*, n° 55, 1993, p. 151-165.

—— « La littérature canadienne-anglaise pour la jeunesse en traduction québécoise : analyse discursive de la politique éditoriale et de la réception critique des "Deux Solitudes/ Jeunesse" (1980-1992) », *TTR. Études sur le texte et ses transformations*, vol. 7, n° 1, 1994, p. 153-189.

—— « Il était/sera une fois. Le conte de fées technologique des années 80 », *Canadian Children's Literature / Littérature canadienne pour la jeunesse*, n° 74, 1994, p. 63-75.

—— « L'exergue comme procédé de légitimation du roman québécois pour la jeunesse (1982-1994) », *Canadian Children's Literature / Littérature canadienne pour la jeunesse*, n° 75, 1994, p. 14-26.

—— « Le roman de science-fiction pour la jeunesse au Québec. Des années 60 aux années 90 », dans Andrea PARADIS (dir.), *Visions d'autres mondes : la science-fiction et le fantastique au Canada*, Ottawa, Quarry Press et Bibliothèque nationale du Canada, 1995, p. 92-101. (Aussi édition anglaise : « The Science Fiction Novel for Young People in Québec. From the 1960s to the 1990s », in Andrea PARADIS (ed.), *Out of This World. Canadian Science Fiction & Fantasy Literature*, Ottawa, Quarry Press & National Library of Canada, 1995, p. 86-95.)

—— « Fonctions de l'Étranger dans le roman québécois pour la jeunesse (1985-1993) », dans Ginette ADAMSON et Jean-Marc GOUANVIC, *Francophonie plurielle : actes du premier congrès mondial du Conseil international d'études francophones tenu à Casablanca, Maroc, en juillet 1993*, Montréal / Casablanca, Hurtubise HMH / Eddif, 1995, p. 81-92.

—— « Famille et multiculturalisme dans le roman québécois pour adolescents des années 80 et 90 », *Quebec Studies*, vol. 21, n° 22, 1996, p. 152-160.

—— « Montréal *pluriel* au *Faubourg Saint-Rock* : une littérature didactique pour le Québec des années 90 », *Studies in Canadian Literature/Études en littérature canadienne*, vol. 21, n° 2, 1996, p. 49-61.

—— « "Raccorder l'adulte et l'enfant" : les voix des enfants et de *leurs* adultes dans le théâtre pour jeunes publics de Jasmine Dubé », dans Betty BEDNARSKI et Irène OORE (dir.), *Nouveaux regards sur le théâtre québécois*, Montréal, XYZ / Dalhousie French Studies, 1997, p. 169-183.

—— « Le roman pour la jeunesse au Québec. Sa place dans le champ littéraire », *Globe. Revue internationale d'études québécoises*, vol. 1, n° 2, 1998, p. 45-62.

—— « Chronotopes du roman québécois pour adolescents », *Voix et images*, vol. XXV, n° 2 (n° 74), 2000, p. 268-279.

—— « Éducation sentimentale et œil du narrateur : le cas de Raymond Plante », *Cahiers de la recherche en éducation*, vol. 7, n° 1, 2000, p. 113-130.

LEMIEUX, Bruno, « Littérature pour adolescentes et intertextualité », *Canadian Children's Literature / Littérature canadienne pour la jeunesse*, n° 81, 1996, p. 31-38.

LEPAGE, Françoise, « Les débuts de la presse enfantine au Québec : *L'oiseau bleu*, 1921-1940 », *Documentation et bibliothèques*, n° 24, 1978, p. 25-31.

—— « *Le petit page de Frontenac* et autres romans de Maxine », *Dictionnaire des œuvres littéraires du Québec*, t. II (1900-1930), Montréal, Fides, 1980, p. 860-864.

—— « Maxine, lectrice de François-Xavier Garneau », *Revue d'histoire littéraire du Québec et du Canada français*, n° 7, 1984, p. 37-47.

—— « L'image de la ville dans les albums québécois pour la jeunesse », *Canadian Children's Literature / Littérature canadienne pour la jeunesse*, n°s 39-40, 1985, p. 55-65.

—— « Tibo ou l'art du symbole », *Canadian Children's Literature / Littérature canadienne pour la jeunesse*, n° 50, 1988, p. 38-50.

—— « Entrevue avec Darcia Labrosse », *Canadian Children's Literature / Littérature canadienne pour la jeunesse*, n° 55, 1989, p. 60-70.

—— « Pour une rhétorique de la représentation fantastique », *Canadian Children's Literature / Littérature canadienne pour la jeunesse*, n° 60, 1990, p. 97-107.

—— « Apprendre à voir », *Des livres et des jeunes*, n° 39, 1991, p. 2-9. [Analyse de quelques albums québécois.]

—— « James McIsaac, illustre et inconnu, 1889-1970 », *Canadian Children's Literature / Littérature canadienne pour la jeunesse*, n° 64, 1991, p. 26-39.

—— « La campagne en faveur de l'enseignement des sciences et la naissance du documentaire pour la jeunesse au Québec », *Canadian Children's Literature / Littérature canadienne pour la jeunesse*, n° 77, 1995, p. 44-54.

—— « Réminiscence de *Manon Lescaut* au Québec : *La sorcière de l'îlot noir* de M.-A. Grégoire-Coupal », *Francofonia*, n° 28, printemps 1995, p. 119-130.

—— « La littérature québécoise pour la jeunesse d'hier à aujourd'hui », *Québec français*, n° 103, automne 1996, p. 66-68.

—— « Originalité et tradition dans les *Contes de mon iglou* de Maurice Métayer », *Canadian Children's Literature / Littérature canadienne pour la jeunesse*, n° 84, 1996, p. 17-28.

—— « Biographies pour la jeunesse et romans d'aventures au Québec de 1940 à 1960 », *Cahiers de la recherche en éducation*, vol. 3, n° 3, 1996, p. 465-480.

—— « Le roman pour adolescentes de 1945 à 1960 », *Cahiers de la recherche en éducation*, vol. 7, n° 1, 2000, p. 21-35.

—— «Le concept d'adolescence: évolution et représentation dans la littérature québécoise pour la jeunesse», *Voix et images*, n° 74 (hiver 2000), p. 240-250.

—— «Yves Thériault et les éditions jeunesse», *Voix et images*, vol. XXVII, n° 1, 2001, p. 113-125.

MADORE, Édith, «Cinq éditeurs pour la jeunesse», *Québec français*, n° 103, automne 1996, p. 69-70.

—— «Statistiques du livre québécois pour la jeunesse et programmes gouvernementaux d'aide à l'édition (1991-1998)», *Canadian Children's Literature / Littérature canadienne pour la jeunesse*, n°s 91-92, 1998, p. 115-132.

—— «Les figures de l'adolescence dans les romans de François Gravel», *Cahiers de la recherche en éducation*, vol. 7, n° 1, 2000, p. 131-142.

NOËL-GAUDREAULT, Monique, «Confrontation entre lecteurs masculins et personnages féminins dans une collection de littérature de jeunesse», dans Paul BLETON (dir.), *La lecture et ses représentations*, Ottawa, APFUCC, 1993, p. 72-83.

—— «L'image du père dans la littérature de jeunesse: le cas de la collection "Premier Roman" aux éditions La courte échelle», *Canadian Children's Literature / Littérature canadienne pour la jeunesse*, n° 76, 1994, p. 55-65.

—— «Lire et écrire des romans interactifs de science-fiction», *Éducation et francophonie* ACELF, vol. XXIV, n°s 1-2, 1996, p. 33-42.

—— «Autopsie d'une collection policière jeunesse: Frissons», *Canadian Children's Literature / Littérature canadienne pour la jeunesse*, n° 93, 1999, p. 37-46.

PARÉ, François, «Le mythe forestier en littérature canadienne pour la jeunesse», *Canadian Children's Literature / Littérature canadienne pour la jeunesse*, n° 51, 1988, p. 43-50.

PENROD, Lynn Kettler, «Claude Aubry: écrire pour les enfants», *Canadian Children's Literature / Littérature canadienne pour la jeunesse*, n° 41, 1986, p. 6-21.

—— «Structure sociale, stratégie textuelle: l'univers narratif de Monique Corriveau», *Canadian Children's Literature / Littérature canadienne pour la jeunesse*, n° 46, 1987, p. 45-59.

—— «La thématique et l'idéologie du féminisme: le cas de La courte échelle», *Canadian Children's Literature / Littérature canadienne pour la jeunesse*, n° 75, 1994, p. 34-44.

POTVIN, Claude, «La littérature de jeunesse chez la minorité acadienne», *Canadian Children's Literature / Littérature canadienne pour la jeunesse*, n° 38, 1985, p. 19-25.

POULIN, Manon, «La littérature québécoise pour la jeunesse doit beaucoup à ses pionnières et ses pionniers», *Canadian Children's Literature / Littérature canadienne pour la jeunesse*, n° 73, 1994, p. 55-60.

—— «Un véhicule de propagande pour les forces nationalistes», *Québec français*, n° 63, automne 1996, p. 62-65.

POULIOT, Suzanne, «L'état actuel de la recherche en littérature d'enfance et de jeunesse», dans Gérard-Raymond ROY (dir.), *Contenus et impacts de la recherche universitaire actuelle en sciences de l'éducation: actes du 2ᵉ Congrès des sciences de l'éducation de langue française du Canada*, Sherbrooke, Éditions du CRP, 1990, p. 503-507.

—— « La littérature d'enfance et de jeunesse à l'université », *Québec français*, n° 77, 1990, p. 59-60.

—— « La littérature francophone d'enfance et de jeunesse : bilan de la dernière décennie », *Présence francophone*, n° 38, 1991, p. 5-7.

—— « Tendances actuelles de la littérature de jeunesse », *Présence francophone*, n° 39, 1991, p. 5-8.

—— « La littérature de jeunesse québécoise », *Nous voulons lire !*, n° 90, 1991, p. 9-18.

—— « Les images de la vieillesse dans les albums de jeunesse », *Canadian Children's Literature / Littérature canadienne pour la jeunesse*, n° 70, 1993, p. 34-47.

—— « L'université, lieu de légitimation pour la littérature de jeunesse », *Lurelu*, vol. 16, n° 1, 1993, p. 53-56 ; aussi dans le CRILJ (Paris), *Recherche-Information-Littérature de jeunesse*, n°ˢ 48-49, 1993, p. 9-18.

—— « L'édition littéraire d'enfance et de jeunesse depuis 1920 », dans Jacques Michon (dir.), *L'édition littéraire en quête d'autonomie. Albert Lévesque et son temps*, Québec, Les Presses de l'Université Laval, 1994, p. 58-76.

—— « Identification des stratégies éditoriales propres à la littérature de jeunesse », dans Jacques MICHON (dir.), *Édition et pouvoirs*, Québec, Les Presses de l'Université Laval, 1994, p. 57-76.

—— « Profil provisoire du lectorat de 6 à 16 ans », *Pour que vive la lecture*, Montréal, Éditions ASTED, 1994, p. 205-225.

—— « Le documentaire québécois », *Nous voulons lire !*, n° 106, 1994, p. 13-24.

—— « Le recyclage des fables ésopiques », *Canadian Children's Literature / Littérature canadienne pour la jeunesse*, n° 73, 1994, p. 32-39.

—— « Discours éditorial et pratique de lecture », *Revue des sciences de l'éducation*, vol. XX, n° 2, 1994, p. 351-360.

—— « Le retour des sorcières », *Canadian Children's Literature / Littérature canadienne pour la jeunesse*, n° 80, 1995, p. 60-68.

—— « Jiji et Rosalie : héroïnes modernes », dans Jean PERROT et Véronique HADENGUE (dir.), *Écriture féminine et littérature de jeunesse : actes du colloque d'Eaubonne, mars 1994*, Eaubonne, Institut international Charles Perrault et Paris, La Nacelle, 1995, p. 159-167.

—— « Les romans historiques : lieux d'altérité ou enjeux idéologiques ? », dans Jean-Louis DUFAYS, Louis GEMENNE et Dominique LEDURE (dir.), *Pour une lecture littéraire : bilan et confrontations* (actes du colloque « La lecture littéraire en classe de français : quelle didactique pour quels apprentissages ? »), Bruxelles, De Boeck/Duculot, 1996, p. 240-248.

—— « Manifestations illustrées de la lecture », dans Robert ESTIVALES (dir.), *Nouvelles technologies, modèles sociaux et sciences de l'écrit*, Paris, Delagrave/SBS Édition, 1996, p. 280-293.

—— « Traces éditoriales de la France occidentale dans la production jeunesse éditée au Québec », dans Georges CESBRON (dir.), *L'Ouest français et la francophonie nord-américaine*: *actes du colloque international de la francophonie tenu à Angers du 26 au 29 mai 1994*, Angers, Presses de l'Université d'Angers, 1996, p. 267-276.

—— «Le discours éditorial sur la lecture des jeunes», *Cahiers de la recherche en éducation*, vol. 3, n° 3, 1996, p. 481-499.

—— «La littérature franco-québécoise de jeunesse au Japon», *Canadian Children's Literature / Littérature canadienne pour la jeunesse*, n° 83, 1996, p. 39-42.

—— «Variations interculturelles», *Canadian Children's Literature / Littérature canadienne pour la jeunesse*, n° 87, 1997, p. 50-59.

—— «Le discours censorial sur la littérature de jeunesse québécoise de 1900 à 1960», *Présence francophone*, n° 51, 1997, p. 23-45.

—— «La presse scientifique au Québec: *Les débrouillards*», *Canadian Children's Literature / Littérature canadienne pour la jeunesse*, n° 89, 1998, p. 27-38.

—— «Les éditeurs pour la jeunesse», dans Jacques MICHON (dir.), *Histoire de l'édition littéraire au Québec au XXe siècle. Vol. I: La naissance de l'éditeur (1900-1959)*, Montréal, Fides, 1999, p. 363-387.

—— «Figures plurielles de l'adolescence», *Cahiers de la recherche en éducation*, vol. 7, n° 1, 2000, p. 3-6.

—— «Mythes et mythologies», *Québec français*, n° 120, 2001, p. 56-58.

POULIOT, Suzanne *et al.*, «L'image de la population québécoise dans les albums», *Lurelu*, vol. 15, n° 2, 1991, p. 5-8.

POULIOT, Suzanne, Céline FORTIN et Sonia LAMARCHE, «Les années quarante et l'édition québécoise pour la jeunesse», *Cahiers de la recherche en éducation*, vol. 1, n° 2, 1994, p. 235-252.

POULIOT, Suzanne et Diane LAFRANCE, «LIDEC et les romans d'aventures pour jeunes adolescents», *Cahiers de la recherche en éducation*, vol. 7, n° 1, 2000, p. 63-76.

POULIOT, Suzanne et Nathalie ROUSSEL, «L'adolescence vue par les Frères de l'Instruction chrétienne», *Cahiers de la recherche en éducation*, vol. 7, n° 1, 2000, p. 37-61.

POULIOT, Suzanne et Noëlle SORIN, «Le discours éditorial sur la lecture des jeunes (1960-1980)», *Canadian Children's Literature / Littérature canadienne pour la jeunesse*, n°s 91-92, 1998, p. 103-114.

PRUD'HOMME, Johanne, «Vivre le livre!», *Revue préscolaire*, vol. 35, n° 4, 1997, p. 4-5.

—— «Pour le seul plaisir des mots», *Revue préscolaire*, vol. 35, n° 6, 1998, p. 4-7.

PRUD'HOMME, Johanne en collaboration avec Marie ROYAL, «Un livre, une activité ludique», *Revue préscolaire*, vol. 35, n° 4, 1997, p. 6-16.

ROMNEY, Claude, «Une œuvre multiforme: les livres d'Yves Thériault pour enfants», *Canadian Children's Literature / Littérature canadienne pour la jeunesse*, n° 47, 1987, p. 12-22; et n° 49, 1988, p. 14-21.

—— «Langue et idéologie dans les textes de Gabrielle Roy publiés pour les enfants», *Voix et images*, n° 74, hiver 2000, p. 251-267.

SAMSON, Jacques, « Bande dessinée québécoise : sempiternels recommencements », dans Réginald HAMEL (dir.), *Panorama de la littérature québécoise contemporaine*, Montréal, Guérin, 1997, p. 282-307.

SARRAZIN, Francine, « L'illustration québécoise pour la jeunesse. Une nouvelle valeur : apprendre à regarder », *Québec français*, n° 103, automne 1996, p. 78-81.

SORIN, Noëlle, « Les prix littéraires, instance de légitimation de la littérature de jeunesse », dans Robert VIAU (dir.), *La création littéraire dans le contexte de l'exiguïté*, Beauport, Publications MNH, 2000, coll. « Écrits de la francité », p. 219-227.

THALER, Danielle, « La littérature de jeunesse : quelle littérature ? Pour quelle jeunesse ? », *Présence francophone*, n° 38, 1991, p. 94-104.

—— « Ginette Anfousse et le jeu intertextuel », *Canadian Children's Literature / Littérature canadienne pour la jeunesse*, n° 72, 1993, p. 24-37.

—— « Littérature pour la jeunesse, un concept problématique », *Canadian Children's Literature / Littérature canadienne pour la jeunesse*, n° 83, 1996, p. 26-38.

—— « Visions et révisions dans le roman pour adolescents », *Cahiers de la recherche en éducation*, vol. 7, n° 1, 2000, p. 7-20.

THIFFAULT, Marie-Christine, « Le concept des séries en littérature pour adolescents », *Cahiers de la recherche en éducation*, vol. 7, n° 1, 2000, p. 101-111.

VINCENT, Sylvie, « Les livres pour enfants, terrains de jeux idéologiques », *Recherches amérindiennes*, vol. 18, n° 4, 1989, p. 87-101.

Thèses

CÔTÉ, Jean-Denis, « La vision de la société future dans la quadrilogie des romans de jeunesse du "cycle des Inactifs" », mémoire présenté pour l'obtention du grade de maîtrise ès arts, Faculté des études supérieures, Université Laval, 1994, 121 f.

DEMERS, Dominique, « Les nouveaux héros des albums québécois pour la jeunesse, de 1970 à 1985 », mémoire de maîtrise, UQAM, 1989.

GIGNAC-PHARAND, Elvine, « La littérature pour enfants écrite par des femmes du Canada français (1975-1984) », thèse de doctorat, Lettres françaises, Université d'Ottawa, 1991, 356 f.

LAFLEUR, Sylvie, « Procédés humoristiques dans l'œuvre romanesque de Robert Soulières », mémoire de maîtrise, Département de langue et littérature française, Université McGill, 1993, 141 f.

LEMIEUX, Bruno, « Le roman pour adolescents au Québec : édition normative et stratégies de mise en marché. Étude des collections de Québec/Amérique, Boréal, La courte échelle, 1980-1991 », mémoire de maîtrise, Université de Sherbrooke, 1994, 228 f.

MELANÇON, Louise, « L'édition d'enfance et de jeunesse de la décennie quarante chez Fides : un programme de lecture pour la jeunesse canadienne-française », mémoire de maîtrise ès arts, Université de Sherbrooke, 1998, 160 f.

MURRAY, Diane, « L'influence du père dans les comportements des pré-adolescentes présentées dans les romans réalistes contemporains pour les jeunes », mémoire de maîtrise, UQTR, 1995.

POULIN, Manon, « Éditer pour la jeunesse. Étude des maisons québécoises La courte échelle et Ovale », mémoire de maîtrise, Université de Sherbrooke, 1990.

——— « Eugène Achard éditeur. L'émergence d'une édition pour la jeunesse », thèse de doctorat, Université de Sherbrooke, 1994, 480 f.

RICHER, Manon, « L'humour dans la littérature pour la jeunesse contemporaine », mémoire de maîtrise, UQAM, 1988, 143 f.

TIFFAULT, Marie-Christine, « Analyse du champ éditorial de la littérature jeunesse québécoise », mémoire de maîtrise, UQAM, 1998.

TURCOTTE, Julie, « La collection "Contes pour tous" publiée chez Québec/Amérique Jeunesse », mémoire de maîtrise, Université de Sherbrooke, 1998, 150 f.

BIBLIOGRAPHIE GÉNÉRALE

L'image dans l'album pour enfants : enquête sur une libération (p. 21-44)

Françoise Lepage

ANFOUSSE, Ginette (1976), *La cachette*, Montréal, Le Tamanoir.

—, (1978), *La chicane*, Montréal, Le Tamanoir.

—, (1978), *La varicelle*, Montréal, La courte échelle.

—, (1980), *L'hiver ou le Bonhomme Sept-Heures*, Montréal, La courte échelle.

—, (1980), *Le savon*, Montréal, La courte échelle.

—, (1986), *Je boude*, Montréal, La courte échelle.

—, (1990), *Devine ?*, Montréal, La courte échelle.

BAILEY, Guy (1978), *Bienvenue chez nous*, Montréal, Livres Toundra.

BRASSET, Doris et Fabienne MICHOT (1998), *Gofrette : une leçon de plongeon*, Montréal, Québec/Amérique.

CARRIER, Roch (1984), *Le chandail de hockey*, Montréal, Livres Toundra, illustrations de Sheldon Cohen.

CÔTÉ, Louis-Philippe (1975), *Le prince Sourire et le lys bleu*, Montréal, Le Tamanoir, illustrations de Gilles Tibo.

CROTEAU, Marie-Danielle (1997), *Un rêveur qui aimait la mer et les poissons d'argent*, Montréal, La courte échelle, illustrations de Stéphane Jorisch.

DEMERS, Dominique (2000), *Vieux Thomas et la petite fée*, Saint-Lambert, Dominique et compagnie, illustrations de Stéphane Poulin.

DES ROCHES, Roger, adapt. (1978), *Les marionnettes*, Montréal, La courte échelle, illustrations de Michel Fortier.

DUCHESNE, Christiane (1975), *Lazaros Olibrius*, Saint-Lambert, Héritage.

—, (1975), *Le triste dragon*, Saint-Lambert, Héritage.

EDY-LEGRAND (1919), *Macao et Cosmage*, Paris, NRF.

FRANÇOIS, André (1956), *Larmes de crocodile*, Paris, Éditions André Delpire.

GAUTHIER, Bertrand (1976), *Hou Ilva*, Montréal, La courte échelle, illustrations de Marie-Louise Gay.

GAUTHIER, Bertrand (1978), *Dou Ilvien*, Montréal, La courte échelle, illustrations de Marie-Louise Gay.

—, (1980), *Hébert Luée*, Montréal, La courte échelle, illustrations de Marie-Louise Gay.

HÉBERT, Marie-Francine (1979), *Abécédaire*, Montréal, La courte échelle, illustrations de Gilles Tibo.

JARRY, Marie-Hélène (1989), *Les grandes menaces*, Saint-Hubert, Les Éditions du Raton Laveur, illustrations de Philippe Béha.

JOLIN, Dominique (1992), *C'est pas juste !*, Saint-Hubert, Les Éditions du Raton Laveur.

—, (1993), *Qu'est-ce que vous faites là ?*, Saint-Hubert, Les Éditions du Raton Laveur.

L'ARCHEVÊQUE-DUGUAY, Jeanne (1944), *Sur la route avec Jésus*, Montréal, Fides, illustrations de Rodolphe Duguay.

LEDUC, Mario (1998), *Le fidèle compagnon de grand-père*, Saint-Hubert, Les Éditions du Raton Laveur, illustrations de Jean-Pierre Beaulieu.

LEMIEUX, Geneviève (1990), *La soupe aux sous*, Saint-Hubert, Les Éditions du Raton Laveur, illustrations de Pierre Berthiaume.

—, (1993), *Pourquoi les vaches ont des taches*, Saint-Hubert, Les Éditions du Raton Laveur, illustrations de Julie Garneau.

LEMIEUX, Michèle (1998), *Nuit d'orage*, Paris, Seuil Jeunesse.

LE ROY, Yvon (1977), *Le marin pêcheur et le goéland*, Sherbrooke, Éditions Naaman.

LUPPENS, Michel (1994), concepteur, *Proverbes et animaux*, Saint-Hubert, Les Éditions du Raton Laveur, illustrations de Roxane Paradis.

—, (1995), concepteur, *Myope comme une taupe*, Saint-Hubert, Les Éditions du Raton Laveur, illustrations de Roxane Paradis.

LUPPENS, Michel (1995), concepteur, *La Saint-Valentin des animaux*, Saint-Hubert, Les Éditions du Raton Laveur, illustrations de Roxane Paradis.

MAJOR, Henriette (1966), *Un drôle de petit cheval*, Montréal, Centre de psychologie et de pédagogie, illustrations de Guy Gaucher.

—, (1970), *La surprise de dame Chenille*, Montréal, Centre de psychologie et de pédagogie, décors de Claude Lafortune.

MARI, Enzo et Iéla (1969), *La pomme et le papillon*, Paris, L'école des loisirs.

—, (1970), *L'œuf et la poule*, Paris, L'école des loisirs.

MÉTHÉ, Louise (1973), *La poulette grise*, Montréal, Leméac.

POULIN, Stéphane (1986), *As-tu vu Joséphine ?*, Montréal, Livres Toundra.

SENDAK, Maurice (1965), *Max et les maximonstres*, Paris, Éditions André Delpire.

SIMARD, Rémy (1997), *L'horrible monstre*, Laval, Les 400 coups.

SOULIÈRES, Robert (2000), *Abécédaire des animots,* [s.l.], Les heures bleues, illustrations de Marjolaine Bonenfant.

TANOBE, Miyuki (1976), *Québec, je t'aime*, Montréal, Livres Toundra.

THISDEL, Jacques (1999), *Abécédaire des robots*, [s.l.], Les heures bleues, illustrations de Alexis Lefrançois.

TIBO, Gilles (1980), *Le tour de l'île*, Montréal, La courte échelle.

TRAVERSY, Martin (1997), *Je ne pleure jamais!*, Saint-Hubert, Les Éditions du Raton Laveur, illustrations de Philippe Germain.

VALLIÈRES, Anne (1973), *Ouram*, Montréal, Leméac.

VILLENEUVE, Anne (2000), *L'Écharpe rouge*, Laval, Les 400 coups.

Traces postmodernes dans les mini-romans et premiers romans (p. 45-68)

Noëlle Sorin

Corpus

BOUCHARD-BARONIAN, Jeannine (1994), *Ma voisine, une sorcière*, illustrations de Pierre Massé, Montréal, Éditions Hurtubise HMH, coll. «Collection plus».

BOUCHER MATIVAT, Marie-Andrée (1998), *Les patins d'Ariane*, illustrations d'Anne Villeneuve, Saint-Lambert, Soulières éditeur, coll. «Ma petite vache a mal aux pattes».

BRIÈRE, Paule (1998), *Vol chez Maître Corbeau*, illustrations de Jean Morin, Montréal, Éditions Boréal, coll. «Boréal Maboul», série «Les enquêtes de Joséphine la Fouine».

—, (1999), *C'est de la triche!*, illustrations de Jean Morin, Montréal, Éditions Boréal, coll. «Boréal Maboul», série «Les enquêtes de Joséphine la Fouine».

—, (2000), *Au loup!*, illustrations de Jean Morin, Montréal, Éditions Boréal, coll. «Boréal Maboul», série «Les enquêtes de Joséphine la Fouine».

—, (2001), *La voleuse et la fourmi*, illustrations de Jean Morin, Montréal, Éditions Boréal, coll. «Boréal Maboul», série «Les enquêtes de Joséphine la Fouine».

DELAUNOIS, Angèle (1997), *La chèvre de Monsieur Potvin*, illustrations de Philippe Germain, Saint-Lambert, Soulières éditeur, coll. «Ma petite vache a mal aux pattes».

DEMERS, Dominique (1998), *Valentine picotée*, illustrations de Philippe Béha, Montréal, Québec/Amérique jeunesse, coll. «Bilbo».

GAGNON, Cécile (1997), *Le bossu de l'île d'Orléans*, illustrations de Bruno Saint-Aubin, Saint-Lambert, Soulières éditeur, coll. «Ma petite vache a mal aux pattes».

HÉBERT, Marie-Francine (1989), *Une tempête dans un verre d'eau*, illustrations de Philippe Germain, Montréal, La courte échelle, coll. «Premier roman», série «Méli Mélo».

LEBLANC, Louise (1992), *Ça va mal pour Sophie*, illustrations de Marie-Louise Gay, Montréal, La courte échelle, coll. «Premier roman», série «Sophie».

PLOURDE, Josée (1999), *Un colis pour l'Australie*, illustrations de Linda Lemelin, Montréal, La courte échelle, coll. «Premier roman», série «Paulo».

—, (2000), *Une voix d'or à New York*, illustrations de Linda Lemelin, Montréal, La courte échelle, coll. «Premier roman», série «Paulo».

STANKÉ, Claudie (1998), *Lili et moi*, illustrations de Stéphane Jorisch, Montréal, Éditions Hurtubise HMH, coll. «Collection plus».

Tibo, Gilles (2000), *Le petit maudit*, illustrations d'Hélène Desputeaux, Saint-Lambert, Soulières éditeur, coll. «Ma petite vache a mal aux pattes».

Trudel, Sylvain (1995), *Le garçon qui rêvait d'être un héros*, illustrations de Suzanne Langlois, Montréal, La courte échelle, coll. «Premier roman».

Vachon, Hélène (1995), *Le sixième arrêt*, illustrations de Yayo, Saint-Lambert, Dominique et compagnie, coll. «Carrousel».

—, (1995), *Le plus proche voisin*, illustrations de Yayo, Saint-Lambert, Dominique et compagnie, coll. «Carrousel».

—, (1996), *Mon ami Godefroy*, illustrations de Yayo, Saint-Lambert, Dominique et compagnie, coll. «Carrousel».

—, (1997), *Le cinéma de Somerset*, illustrations de Yayo, Saint-Lambert, Dominique et compagnie, coll. «Carrousel».

—, (1999), *Le délire de Somerset*, illustrations de Yayo, Saint-Lambert, Dominique et compagnie, coll. «Carrousel».

Ouvrages consultés

Boisvert, Yves (1995), *Le postmodernisme*, Montréal, Boréal Express.

Canvat, Karl (1999), *Enseigner la littérature par les genres. Pour une approche théorique et didactique de la notion de genre littéraire*, Bruxelles, De Boeck et Paris, Duculot.

Genette, Gérard (1972), *Figures III*, Paris, Éditions du Seuil.

Grossman, Francis (1988), «Que devient la littérature enfantine lorsqu'on la lit aux enfants d'école maternelle?», *Repères*, n° 13, p. 85-101.

Hamel, Réginald (dir.) (1997), *Panorama de la littérature québécoise contemporaine*, Montréal, Guérin.

Lepage, Françoise (2000), *Histoire de la littérature pour la jeunesse. Québec et francophonies du Canada*, Orléans (Ont.), Les Éditions David.

Lintvelt, Jaap (1992), «Un champ narratologique: *Le premier jardin* d'Anne Hébert», dans Louise Milot et Jaap Lintvelt (dir.), *Le roman québécois depuis 1960. Méthodes et analyses*, Sainte-Foy, Les presses de l'Université Laval, p. 149-166.

Madore, Édith (1994), *La littérature pour la jeunesse au Québec*, Montréal, Boréal.

Magnan, Lucie-Marie et Christian Morin (1997), *Lectures du postmodernisme dans le roman québécois*, Québec, Nuit blanche éditeur.

Paterson, Janet M. (1993), *Moments postmodernes dans le roman québécois*, Ottawa, Presses de l'Université d'Ottawa.

Picard, Michel (1986), *La lecture comme jeu*, Paris, Éditions de Minuit, coll. «Critique».

Riffaterre, Michael (1980), «La trace de l'intertexte», *La Pensée*, n° 215 (octobre), p. 4-18.

—, (1981), «L'intertexte inconnu», *Littérature*, n° 41 (février), p. 4-7.

Sorin, Noëlle (1999), «La lisibilité dans le roman pour enfants de 10-12 ans par une analyse sémiotique des textes», thèse de doctorat, Université du Québec à Montréal

(1996), publiée dans *DAF*, base de données informatisées sur la recherche en didactique et acquisition du français langue maternelle. Base disponible dans Internet : <http://daf.sdm.qc.ca>.

THALER, Danielle (1993), « Ginette Anfousse et le jeu intertextuel », *Canadian Children's Literature*, n° 72, p. 24-37.

THIBAULT, Suzanne (1998), « As-tu lu ton mini ? », *Lurelu*, vol. 20, n° 3 (hiver), p. 72-73.

Le roman pour adolescents : quelques balises (p. 69-82)

Monique Noël-Gaudreault

Romans étudiés

ALLARD, Francine (1999), *Deux petits ours au milieu de la tornade*, Hull, Éditions Vent d'Ouest, coll. « Roman ado », 168 p.

DESROCHERS, Pierre (1999), *Ma vie zigzague*, Saint-Lambert, Soulières éditeur, coll. « Graffiti », 320 p.

GINGRAS, Charlotte (1998), *La Liberté ? Connais pas...*, Montréal, La courte échelle, coll. « Roman+ », 160 p.

GRAVEL, François (1998), *Kate, quelque part*, Montréal, Québec/Amérique jeunesse, coll. « Titan+ », 144 p.

NOËL, Michel (1999), *Journal d'un bon à rien*, Montréal, Hurtubise HMH, coll. « Atout », 256 p.

PÉAN, Stanley (1999), *Le temps s'enfuit*, Montréal, La courte échelle coll. « Roman+ », 156 p.

SCHEMBRÉ, Jean-Michel (1998), *Les citadelles du vertige*, Saint-Laurent, Éditions Pierre Tisseyre, coll. « Conquêtes », 180 p.

TIBO, Gilles (1998), *La nuit rouge*, Montréal, Québec/Amérique jeunesse, coll. « Titan », 148 p.

La science-fiction au féminin (p. 83-98)

Claire Le Brun

ASIMOV, Isaac (1950), *I, Robot*, Garden City (N.Y.), Doubleday.

BERGERON, Alain (1992), *Le chant des Hayats*, Montréal, Éditions Paulines, coll. « Jeunesse-Pop ».

BERGERON, Lucie (1992), *La grande Catastrophe*, Saint-Lambert, Éditions Héritage, coll. « Libellule ».

BOUCHARD, Camille (1986), *Les griffes de l'empire*, Montréal, Éditions Pierre Tisseyre, coll. « Conquêtes ».

—, (1991), *L'empire chagrin*, Saint-Lambert, Éditions Héritage, coll. « Échos/Ado ».

CHAMPETIER, Joël (1990), *La mer au fond du monde*, Montréal, Éditions Paulines, coll. « Jeunesse-Pop ».

CORRIVEAU, Monique (1975), *Patrick et Sophie en fusée*, Saint-Lambert, Éditions Héritage, coll. «Katimavik»; réédition (1979), Saint-Lambert, Éditions Héritage, coll. «Galaxie».

—, (1976), *Compagnon du soleil*, Montréal, Éditions Fides, coll. «Intermondes».

CÔTÉ, Denis (1983), *Hockeyeurs cybernétiques*, Montréal, Éditions Paulines, coll. «Jeunesse-Pop».

—, (1983), *L'invisible puissance*. Montréal, Éditions Paulines, coll. «Jeunesse-Pop».

—, (1985), *Les géants de blizzard*, Montréal, La courte échelle, coll. «Roman-jeunesse».

—, (1989-1993), série des «Inactifs», Montréal, La courte échelle, coll. «Roman+») : *L'idole des inactifs* (1989); *La révolte des inactifs* (1990); *Le retour des inactifs* (1990); *L'arrivée des inactifs* (1993).

—, (1991), *Les yeux d'émeraude*, Montréal, La courte échelle, coll. «Roman jeunesse».

DÉCARY, Marie (1993), *L'incroyable destinée*, Montréal, La courte échelle, coll. «Roman+».

DÉCARY, Marie (1998), *Rendez-vous sur planète terre*, Montréal, La courte échelle, coll. «Roman+».

GRENIER, Christian (1981), *Le complot ordrien*, Gembloud, Duculot, coll. «Travelling sur le futur».

—, (1981), *La machination*, Paris, Éditions G.P., coll. «Le Livre de poche Jeunesse».

GROSBOIS, Paul de (1991), *Un mal étrange*, Montréal, La courte échelle, coll. «Roman+».

GUILLET, Jean-Pierre (1991), *Le paradis perdu*, Montréal, Éditions Héritage, coll. «Échos/Ado».)

HUGHES, Monica (1984), *Visiteurs extraterrestres*, traduction française de *Beckoning Lights* (1982) par Marie-Andrée Clermont, Montréal, Éditions Héritage, coll. «Galaxie».

LAZURE, Jacques (1989), *Le domaine des sans yeux*, Montréal, Éditions Québec/Amérique, coll. «Littérature jeunesse».

—, (1992), *Pellicules-cités*, Montréal, Éditions Québec/Amérique, coll. «Littérature jeunesse».

—, (1996), *Le rêve couleur d'orange*, Éditions Québec/Amérique, coll. «Titan jeunesse».

LEFEBVRE, Reynald (1978), *Les voyageurs du temps*, Montréal, Éditions Fides, coll. «Espace-temps».

LE GUIN, Ursula (1969), *The Left Hand of Darkness*, New York, Walker.

LÉVESQUE, Louise (1999), *Risque de soleil*, Montréal, Éditions Médiaspaul, coll. «Jeunesse-Pop».

LORANGER, Francine (1980), *Chansons pour un ordinateur*, Montréal, Éditions Fides, coll. «Du Goéland».

MAJOR, Henriette (1982), *La ville fabuleuse*, Saint-Lambert, Éditions Héritage, coll. «Pour lire avec toi».

MARTEL, Suzanne (1971), *Surréal 3000* [*Quatre Montréalais en l'an 3000,* Montréal, Éditions du Jour, 1963], Montréal, Éditions Jeunesse, coll. «Plein feu»); réédition (1980), Saint-Lambert, Éditions Héritage, coll. «Galaxie».

—, (1974), *Titralak, cadet de l'espace*, Saint-Lambert, Éditions Héritage, coll. « Katimavik » ; réédition (1979), Saint-Lambert, Éditions Héritage, coll. « Galaxie ».

MARTEL, Suzanne (1981), *Nos amis robots*, Saint-Lambert, Éditions Héritage, coll. « Galaxie ».

MASSÉ, Johanne (1985), *De l'autre côté de l'avenir*, Montréal, Éditions Paulines, coll. « Jeunesse-Pop ».

—, (1987), *Contre le temps*, Montréal, Éditions Paulines, coll. « Jeunesse-Pop ».

—, (1990), *Le passé en péril*, Montréal, Éditions Paulines, coll. « Jeunesse-Pop ».

—, (1993), *Les mots du silence*, Montréal, Éditions Paulines, coll. « Jeunesse-Pop ».

MONTPETIT, Charles (1984), *Temps perdu*, Montréal, Éditions Paulines, coll. « Jeunesse-Pop ».

—, (1988), *Temps mort*, Montréal, Éditions Paulines, coll. « Jeunesse-Pop ».

—, (1993), *Copie carbone*, Montréal, Éditions Québec/Amérique, coll. « Titan jeunesse ».

PELLETIER, Francine (1985), « L'enfant d'Asterman », dans Denis CÔTÉ, Francine PELLETIER, Daniel SERNINE, Marie-Andrée WARNANT-CÔTÉ, *Planéria*, Montréal, Éditions Pierre Tisseyre, coll. « Conquêtes », p. 115-152.

—, (1987), *La traversée du désert*, Montréal, Éditions Paulines, coll. « Jeunesse-Pop ».

—, (1988-2000), série « Arialde », Montréal, Éditions Paulines, coll. « Jeunesse-Pop » : *Mort sur le Redan* (1988), *Le crime de l'enchanteresse* (1989), *Le Septième Écran* (1992), *La saison de l'exil* (1992), *La planète du mensonge* (1993) ; Éditions Médiaspaul, coll. « Jeunesse-Pop » : *Les Eaux de Jade* (2000).

PLOURDE, Josée (1998), *Solitaire à l'infini*, Montréal, La courte échelle, coll. « Roman+ ».

RENAUD, Bernadette (1981), *La dépression de l'ordinateur*, Montréal, Fides, coll. « Des mille îles ».

ROCHON, Esther (1986), *L'étranger sous la ville*, Montréal, Éditions Paulines, coll. « Jeunesse-Pop ».

—, (1992), *L'ombre et le Cheval*, Montréal, Éditions Paulines, coll. « Jeunesse-Pop ».

SIMPSON, Danièle (1984), *L'arbre aux tremblements roses*, Montréal, Éditions Paulines, coll. « Jeunesse-Pop ».

WARNANT-CÔTÉ, Marie-Andrée (1983), *La cavernale*, Montréal, Éditions Pierre Tisseyre, coll. « Conquêtes ».

Panorama de la bande dessinée québécoise pour la jeunesse 1970-2000, (p. 99-118)

Sylvain Lemay

Œuvres citées[1]

Abraham et Moïse, marcher dans la foi pour vivre l'Alliance (1993), des. Louis Paradis, sc. Anne Sigier, Sainte-Foy, Éditions Anne Sigier, 48 p.

---

1. Nous utilisons l'abréviation (des.) pour dessinateur et (sc.) pour scénariste.

Alexis le trotteur — *L'homme qui courait comme un cheval* (1979), des. Bos, sc. Blaise, Montréal, Éditions Paulines, 40 p.

Alexis le trotteur — *Au trot et au galop* (1979), des. Bos, sc. Blaise, Montréal, Éditions Paulines, 40 p.

Alexis le trotteur — *Alexis le trotteur contre Baba* (1981), des. Bos, sc. Blaise, Montréal, Éditions Paulines, 40 p.

Alexis le trotteur — *Le Pony express* (1981), des. Bos, sc. Blaise, Montréal, Éditions Paulines, 40 p.

Ariane et Nicolas — *Voyage au pays des mots* (1992), Paul Roux, Montréal, Éditions Studio Montag, 24 p.

Ariane et Nicolas — *Le miroir magique* (1994), Paul Roux, Vanier (Ont.), Éditions du CFORP, 30 p.

Ariane et Nicolas — *Le rêve du capitaine* (1996), Paul Roux, Montréal, Éditions Mille-Îles, 40 p.

Ariane et Nicolas — *Le phylactère fou* (1998), Paul Roux, Montréal, Éditions Mille-Îles, 40 p.

Ariane et Nicolas — *Le passé dépassé* (2001), Paul Roux, Montréal, Éditions Mille-Îles, 40 p.

Baptiste — *Baptiste le clochard* (1991), André-Philippe Côté, Québec, Éditions Artistocrates, 48 p.

Baptiste — *Baptiste et Bali* (1993), André-Philippe Côté, Sillery, Éditions Falardeau, 46 p.

Baptiste — *Le monde de Baptiste* (1994), André-Philippe Côté, Sillery, Éditions Falardeau, 48 p.

Baptiste — *Allô Baptiste* (1995), André-Philippe Côté, Sillery, Éditions Falardeau, 48 p.

Baptiste-Sacré Baptiste (1997), André-Philippe Côté, Saint-Lambert, Éditions Soulières, 48 p.

Béatrice l'aubergiste — *À la coccinelle d'or* (1997), des. Marco Ménard (Makoello), sc. Richard Houde, Laval, Éditions Mille-Îles, 36 p.

Bi Bop — *Et que ça saute!* (1996), Raymond Parent, Laval, Éditions Mille-Îles, 40 p.

Bi Bop — *Ça passe et ça casse!* (1999), Raymond Parent, Laval, Éditions Mille-Îles, 40 p.

Bobino et Bobinette — *Le journal fou, fou, fou!* (1973), des. Norbert Fersen, sc. Michel Cailloux, Montréal, Radio-Canada et Saint-Lambert, Héritage, 48 p.

Bobino et Bobinette — *Le rayon oméga* (1974), des. Norbert Fersen, sc. Michel Cailloux, Montréal, Radio-Canada et Saint-Lambert, Héritage, 48 p.

Bojoual — *Le huron kébékois* (1973), J. Guilemay, Montréal, Mondia, 48 p.

Bojoual — *À l'ex-peaux des 67* (1974), J. Guilemay, Montréal, Mondia, 48 p.

Bojoual — *Le Zeus de la XXIe olympiade* (1976), J. Guilemay, Montréal, Mondia, 48 p.

Brisebois et compagnie (1977), des. Henri Desclez, sc. Andrée Brault, Saint-Lambert, Héritage, mini-poche n° 1, 160 p.

Brisebois (1977), des. Henri Desclez, sc. Andrée Brault, Saint-Lambert, Héritage, mini-poche n° 4, 160 p.

Brisebois (1977), des. Henri Desclez, sc. Andrée Brault, Saint-Lambert, Héritage, mini-poche nº 7, 160 p.

Brisebois (1978), des. Henri Desclez, sc. Andrée Brault, Saint-Lambert, Héritage, sélection nº 7, 128 p.

Camron — La naissance d'Adamus (1987), Louis Pilon, Chicoutimi, Éditions JCL, 49 p.

Cantons (Les) — À la conquête du saladier d'argent (1996), des. André Pijet, sc. Michel Blanchard, Laval, Éditions Mille-Îles, 46 p.

Capitaine Bonhomme au Mexique (Le) — Dynamite et tequila (1973), des. Bernard Groz, sc. Michel Noël, Montréal, Mondia, 46 p.

Célestin — Le mangeur d'étoiles (1984), Serge Gaboury, Sillery, Éditions Ovale, 32 p.

Contes de mon pays — La belle perdrix verte (1975), Claude Poirier et Serge Wilson, Saint-Lambert, Héritage, 16 p.

Contes de mon pays — Jean le paresseux (1976), Claude Poirier et Serge Wilson, Saint-Lambert, Héritage, 16 p.

Contes de mon pays — Barbaro-les-grandes-oreilles (1976), Claude Poirier et Serge Wilson, Saint-Lambert, Héritage, 16 p.

Contes de mon pays — Barbaro et la bête-à-sept-têtes (1976), Claude Poirier et Serge Wilson, Saint-Lambert, Héritage, 16 p.

Contes de mon pays — Étoile et soleil d'or (1978), Claude Poirier et Serge Wilson, Saint-Lambert, Héritage, 16 p.

Culbute (1994), Raymond Parent, Laval, Éditions Mille-Îles, 40 p.

Diogène (1977), des. Henri Desclez, sc. Andrée Brault, Saint-Lambert, Héritage, mini-poche nº 2, 160 p.

Électrozz et Bozz — Au Québec (1983), Pierre Larouche (Prouche), Chicoutimi, Éditions Pierre Larouche, 24 p.

Électrozz et Bozz — Woodozz, le robot sculpteur (1985), Pierre Larouche (Prouche), Chicoutimi, Éditions Cœur de pomme, 32 p.

Électrozz et Bozz — La chasse aux indices (1986), Pierre Larouche (Prouche), Chicoutimi, Éditions Cœur de pomme, 32 p.

Gargouille — Chasse aux mystères! (1988), Tristan Demers, Montréal, Éditions Levain (Rééd. Mille-Îles), 52 p.

Gargouille — Ça m'intrigue! (1989), Tristan Demers, Montréal, Éditions Levain (Rééd. Mille-Îles), 52 p.

Gargouille — Gags en vrac! (1991), Tristan Demers, Montréal, Éditions Levain (Rééd. Mille-Îles), 48 p.

Gargouille — Pour l'humour de l'Art... (1992), Tristan Demers, Montréal, Éditions Mille-Îles, 48 p.

Gargouille — Drôle d'univers! (1993), Tristan Demers, Montréal, Éditions Mille-Îles, 48 p.

Gargouille — Portrait de famille (1995), Tristan Demers, Montréal, Éditions Mille-Îles, 48 p.

Gargouille — Premières histoires (1997), Tristan Demers, Montréal, Éditions Mille-Îles, 48 p.

Gargouille — Faut que ça bouge! (1998), Tristan Demers, Montréal, Éditions Mille-Îles, 48 p.

Grokon le monstre (1998), Mario Malouin, Laval, Éditions Mille-Îles, 48 p.

Histoire du monde... revue et corrigée! (1998), des. Paul Roux, sc. Richard Houde et David, Laval, Éditions Mille-Îles, 40 p.

Humphrey Beauregard — Eliess Nut l'incorrigible (1984), des. Yves Perron, sc. Normand Viau, Sillery, Éditions Ovale, 48 p.

Humphrey Beauregard — Salcatraz (1986), des. Yves Perron, sc. Normand Viau, Sillery, Éditions Ovale, 48 p.

Humphrey Beauregard — La saga des Beauregard (1994), des. Yves Perron, sc. Normand Viau, Montréal, Éditions Les 400 coups, 48 p.

Jacques Cartier — L'or du Canada (1984), Gilles Simard, Sainte-Foy, Les Publications Charles Huot inc., 48 p.

Jésus, un regard qui fait vivre (1992), des. Paul Roux, sc. Anne Sigier, Sainte-Foy, Éditions Anne Sigier, 48 p.

Jumeaux Gémeaux (Les) — Le cas Eurêka (1993), Alain Gosselin (Al+Flag), Montréal-Nord, Éditions Michel et Productions Goutte d'encre, 48 p.

Jumeaux Gémeaux (Les) — L'évadé de la zone sombre (1997), Alain Gosselin (Al+Flag), Montréal-Nord, Éditions Michel et Productions Goutte d'encre, 48 p.

Mics et les Miquettes (Les) — La planète des Mics (1983), Studio Henry Desclez, Montréal, Éditions Ville-Marie, 48 p.

Missionnaire en Nouvelle-France (1989), des. Paul Roux, sc. Gilles Drolet, Sainte-Foy, Éditions Anne Sigier, 48 p.

Monsieur Tranquille (1977), des. Henri Desclez, sc. Claude Leclerc, Saint-Lambert, Héritage, 160 p.

M. Tranquille (1978), des. Henri Desclez, sc. Claude Leclerc, Saint-Lambert, Héritage, 128 p.

Nic et Pic — Le dangereux inventeur (1974), des. Claude Poirier et Serge Wilson, sc. Michel Cailloux, Saint-Lambert, Héritage, 16 p.

Nic et Pic — Le génie de l'érablière (1975), des. Claude Poirier et Serge Wilson, sc. Michel Cailloux, Saint-Lambert, Héritage, 16 p.

Nic et Pic — La fée Draglonne (1975), des. Claude Poirier et Serge Wilson, sc. Michel Cailloux, Saint-Lambert, Héritage, 16 p.

Nic et Pic — Complot en Amérique du Sud (1977), des. Claude Poirier et Serge Wilson, sc. Michel Cailloux, Saint-Lambert, Héritage, 16 p.

Nic et Pic — Nic et Pic et le pirate (1977), des. Claude Poirier et Serge Wilson, sc. Michel Cailloux, Saint-Lambert, Héritage, 16 p.

Nic et Pic — Nic et Pic et la vedette (1977), des. Claude Poirier et Serge Wilson, sc. Michel Cailloux, Saint-Lambert, Héritage, 16 p.

Nostrabek — La grande entreprise (1983), Jean Daumas, Québec, Éditions P.A.V., 48 p.

Octave — La dolce vita (1983), des. Patrice Dubray, sc. Yvon Brochu, Sillery, Éditions Ovale, 32 p.

Octave — En route! (1983), des. Patrice Dubray, sc. Yvon Brochu, Sillery, Éditions Ovale, 42 p.

On a volé la Coupe Stanley (1975), des. Jean-Pierre Girerd, sc. Jacques Lemieux, Montréal, Éditions Mirabel, 48 p.

Patof découvre un O.V.N.I. (1973), des. Georges Boka, sc. Gilbert Chénier, Montréal, Éditions T.-M.-Mirabel, 46 p.

Patof en Chine (1974), des. Georges Boka, sc. Gilbert Chénier, Montréal, Éditions T.-M.-Mirabel, 47 p.

Patof chez les dinosaures (1976), François Ladouceur, Montréal, Éditions T.-M.-Mirabel, 45 p.

Pépite et Goberge — La complainte du violon dingue (1996), Marc Chouinard, Laval, Éditions Mille-Îles, 32 p.

Pete Kevlar — Costa Barta 1947 (1994), des. Marco Ménard (Makoello), sc. Jean-Louis Roy, Valleyfield, Éditions Floro (Rééd. Mille-Îles), 48 p.

Pete Kevlar — K.O. contre Marzianno (1999), des. Marco Ménard (Makoello), sc. Jean-Louis Roy, Laval, Éditions Mille-Îles, 48 p.

Petit peuple (Le) — Le parchemin perdu (1992), Daniel Houle (Al Daniel), Montréal, Éditions Proméga, 48 p.

Premiers chrétiens, quelle aventure! (Les) (1998), des. Louis Paradis, sc. Anne Sigier, Sainte-Foy, Éditions Anne Sigier, 48 p.

Ray Gliss — Fraude électrique (1984), des. Rémy Simard, sc. François Benoît, Sillery, Éditions Ovale, 40 p.

Ray Gliss — Le cloître de New York (1986), des. Rémy Simard, sc. François Benoît, Sillery, Éditions Ovale, 48 p.

Stéphane l'apprenti inventeur (1993), Garnotte, Saint-Lambert, Éditions Héritage, 48 p.

Strychnine — L'île des Ha! Ha! (1999), Bruno Serré, Laval, Éditions Mille-Îles, 38 p.

Super-H — Loup-garou barbecue (1997), des. Paul Le Brun, sc. Dario, Laval, Éditions Mille-Îles, 36 p.

L'adaptation des genres littéraires pour la scène du théâtre jeunesse (p. 119-136)

Hélène Beauchamp

Œuvres citées

BELLEFEUILLE, Robert (1995), *La machine à beauté*, d'après le roman de Raymond Plante, Sudbury, Prise de parole.

BOUCHARD, Diane (1983), *Barnabé-les-Bottines*, Montréal, Théâtre de l'Avant-Pays.

BUTEN, Howard (1981), *Quand j'avais cinq ans, je m'ai tué*, traduit de l'anglais par Jean-Pierre Carasso, Paris, Éditions du Seuil.

CAUCHY, Isabelle (1998), *Barbe-Bleue*, Montréal, Dramaturges éditeurs.

CHOUINARD, Denis (1973), *Salut Galarneau!*, Montréal, Centre des auteurs dramatiques.

—, (1978), *Le fou de l'île*, Montréal, Centre des auteurs dramatiques.

DA SILVA, Joël (1989), *La nuit blanche de Barbe-bleue*, Montréal, VLB éditeur.

DELESSERT, Étienne ([1971] 1980), *Comment la souris reçoit une pierre sur la tête et découvre le monde*, Paris, Gallimard, coll. « Folio benjamin ».

GAGNON, Cécile (1981), *Le roi de Novilande*, Montréal, Pierre Tisseyre.

GARNEAU, Michel (1989), *Mademoiselle Rouge*, Montréal, VLB éditeur.

GAUTHIER, Gilles (1982), *Je suis un ours*, Montréal, Centre des auteurs dramatiques.

GAY, Marie-Louise (1994), *Qui a peur de Loulou?*, Montréal, VLB éditeur.

GODBOUT, Jacques (1967), *Salut Galarneau!*, Paris, Éditions du Seuil.

KIPLING, Rudyard (1946), *Le livre de la jungle*, traduit par Louis Fabulet et Robert D'Humières, Paris, Mercure de France.

LEBEAU, Suzanne (1987), *Gil*, Montréal, Centre des auteurs dramatiques.

PLANTE, Raymond (1991), *La machine à beauté*, Montréal, Boréal.

QUINTAL, Patrick (1997), *Mowgli*, Montréal, VLB éditeur.

TASHLIN, Franck ([1946] 1975), *Mais je suis un ours!* (*The Bear That Wasn't*), traduit de l'américain par Adolphe Chagot, Paris, L'École des loisirs.

THÉÂTRE DE L'ŒIL (1989), *À dos de soleil*, Montréal, Centre des auteurs dramatiques.

Références

CHOUINARD, Denis (1982), « Adapter, c'est créer... », dans *Jacques Godbout*, Cahier septembre 1982, 17ᵉ année, nᵒ 1, Nouvelle Compagnie Théâtrale, p. 8-10.

GAUTHIER, Daniel (dir.) (1999), *Répertoire des membres du Centre des auteurs dramatiques. Dramaturgie québécoise et franco-canadienne*, Montréal, Centre d'essai des auteurs dramatiques. Site Internet : <www.cead.qc.ca>.

GAUTHIER, Daniel (dir.) (1994), *Théâtre québécois: 146 auteurs, 1067 pièces résumées*, répertoire du Centre d'essai des auteurs dramatiques, Montréal, VLB éditeur / CEAD.

GODBOUT, Jacques et Gilles MARCOTTE (1982), « Les romans que j'écris se terminent par un point-virgule », dans *Jacques Godbout*, Cahier septembre 1982, 17ᵉ année, nᵒ 1, Nouvelle Compagnie Théâtrale, p. 20-23.

LEBEAU, Suzanne et Louise VIGEANT (1989), « *Gil*: du roman à la scène, de l'adulte à l'enfant — entretien avec Suzanne Lebeau par Louise Vigeant », *Jeu. Cahiers de théâtre*, nᵒ 53, p. 50-56.

MARLEAU, Denis, Didier BEZACE et Michel VAÏS (2000), « Quand Denis Marleau et Didier Bezace se livrent à l'adaptation », *Jeu. Cahiers de théâtre*, nᵒ 96, p. 162-172.

VIGEANT, Louise (1989), « Le texte emprunté. Le théâtre avec ou sans drame », *Jeu. Cahiers de théâtre*, n° 53, p. 27-31.

VILLENEUVE, Rodrigue (2000), « Les entraves nécessaires », *Jeu. Cahiers de théâtre*, n° 96, p. 154-161.

La censure, l'école et la littérature pour la jeunesse (p. 137-162)

Jean-Denis Côté

Œuvres citées

ALLARD, Francine (1999), *Deux petits ours au milieu de la tornade*, Hull, Vents d'Ouest, coll. « Ado ».

—, (2000a), *Mon père, ce salaud!*, Hull, Vents d'Ouest. coll. « Ado ».

BLAIMERT, Richard (1998), *La liberté des loups*, Hull, Vents d'Ouest, coll. « Ado ».

BOLDUC, Claude (dir.) (1996), *La maison douleur et autres histoires de peur*, Hull, Vents d'Ouest, coll. « Ado ».

CHABIN, Laurent (1998), *Serdarin des étoiles*, Saint-Laurent, Éditions Pierre Tisseyre, coll. « Papillon ».

DEMERS, Dominique (1997), *Marie-Tempête*, Montréal, Québec/Amérique.

—, (1985), *La maîtresse d'école*, Montréal, Quinze.

—, (1997), *Lettre de Chine*, Saint-Laurent, Éditions Pierre Tisseyre, coll. « Conquêtes ».

—, (1999), *L'Homme au chat*, Saint-Laurent, Éditions Pierre Tisseyre, coll. « Conquêtes ».

GAUTHIER, Bertrand (1985), *Ani Croche*, Montréal, La courte échelle, coll. « Roman jeunesse ».

—, (1989), *La course à l'amour*, Montréal, La courte échelle, coll. « Roman+ ».

GINGRAS, Charlotte (1998), *La Liberté? Connais pas...*, Montréal, La courte échelle, coll. « Roman+ ».

—, (1999), *Un été de Jade*, Montréal, La courte échelle, coll. « Roman+ ».

LAMONTAGNE, Ann (2001a), *Les mémoires interdites*, Hull, Vents d'Ouest, coll. « Ado ».

—, (2001b), *Le petit parrain. La piste des Youfs 1*, Hull, Vents d'Ouest, coll. « Girouette ».

LAUZON, Vincent (1998), *Requiem gai*, Saint-Laurent, Éditions Pierre Tisseyre, coll. « Faubourg St-Rock ».

LIENHARDT, Jean-Michel (1997), *Secrets de guerre*, Montréal, Hurtubise HMH, coll. « Atout ».

MATIVAT, Daniel (1998), *L'ogre de barbarie: contes loufoques et très irrévérencieux*, Saint-Lambert, Soulières, coll. « Graffiti ».

MONTPETIT, Charles (1984), *Temps perdu*, Montréal, Médiaspaul (anciennement les Éditions Paulines), coll. « Jeunesse-pop ».

—, (1988), *Temps mort*, Montréal, Médiaspaul (anciennement les Éditions Paulines), coll. « Jeunesse-pop ».

—, (dir.) (1991), *La première fois, tome 1*, Montréal, Québec/Amérique, coll. « Clip ».

—, (dir.) (1991), *La première fois, tome 2*, Montréal, Québec/Amérique, coll. « Clip ».

—, (dir.) (1995), *The First Time. True Stories. Volume 1*, Victoria, Orca Book Publishers.

—, (dir.) (1995), *The First Time. True Stories. Volume 2*, Victoria, Orca Book Publishers.

PÉAN, Stanley (1993), *L'emprise de la nuit*, Montréal, La courte échelle, coll. « Roman+ ».

—, (1994), *La mémoire ensanglantée*, Montréal, La courte échelle, coll. « Roman+ ».

—, (1997), *L'appel des loups*, Montréal, La courte échelle, coll. « Roman+ ».

ROWLING, J. K. ([1997] 1998), *Harry Potter à l'école des sorciers*, [Paris], Gallimard Jeunesse., coll. « Folio junior ».

—, ([1998] 1999), *Harry Potter et la chambre des secrets*, [Paris], Gallimard Jeunesse, coll. « Folio junior ».

—, (1999), *Harry Potter et le prisonnier d'Azkaban*, [Paris], Gallimard Jeunesse, coll. « Folio junior ».

SCHEMBRÉ, Jean-Michel (1998), *Les citadelles du vertige*, Saint-Laurent, Éditions Pierre Tisseyre, coll. « Conquêtes ».

SOULIÈRES, Robert (1989), *Ciel d'Afrique et pattes de gazelle*, Saint-Laurent, Éditions Pierre Tisseyre, coll. « Conquêtes ».

Sources consultées

ALLARD, Francine (2000b), « Harry Potter, plus qu'un sorcier ! », *La Presse*, 15 juillet, p. B-3.

BAILLARGEON, Hélène (1993), « Audace et panache chez Québec/Amérique Jeunesse : une entrevue avec Anne-Marie Aubin », *Des livres et des jeunes*, n° 43 (hiver), p. 2-5.

BLANCHARD, Louise (1991), « Une "première fois" chez Québec/Amérique », *Le Journal de Montréal*, 13 avril, p. We13.

BOURDIEU, Pierre (1971), « Le marché des biens symboliques », *L'année sociologique*, vol. 22, p. 49-126.

—, (1980), « Quelques propriétés des champs », dans *Questions de sociologie*, Paris, Éditions de Minuit, p. 113-120.

CADOT, Richard (1991), « Le sexe, ça vous rappelle quelque chose ? », *Montréal Campus*, 25 septembre, p. 25.

CARDIN, Jean-François (1992-1993), « L'histoire qu'on enseigne », *Nuit blanche*, n° 50 (décembre, janvier/février), p. 55-57.

CASSAGNE, Albert (1997), *La théorie de l'art pour l'art*, Seyssel, Champ Vallon, coll. « Dix-neuvième ».

CÔTÉ, Jean-Denis (2000), « Charlotte Gingras : lauréate du prix du Gouverneur général 1999 », *Canadian Children's Literature*, vol. 26, n° 2 (été), p. 55-67.

—, (2001), « La littérature jeunesse, victime de censure ? », *Québec français*, n° 120 (hiver), p. 85-89.

DEMERS, Dominique (1991a), « Vous souvenez-vous de "la première fois"? », *Le Devoir*, 23 mars, p. D-5.

—, (1991b), « *La première fois* », *Châtelaine*, vol. 32, n° 12 (décembre), p. 34.

DUPUIS, Simon (1999), « *Serdarin des étoiles* », *Lurelu*, vol. 21, n° 3 (hiver), p. 30.

DURKHEIM, Émile ([1934] 1963), *L'éducation morale*, Paris, Presses universitaires de France.

DURKHEIM, Émile ([1938] 1969), *L'évolution pédagogique en France*, Paris, Presses universitaires de France, coll. « Bibliothèque scientifique internationale ».

FOULON, Hervé (2001), « Les manuels et les livres de lecture : des compléments essentiels », *Le Devoir*, 11 avril, p. A-6.

GABRIEL-ROBINET, Louis (1965), *La censure*, [Paris], Hachette.

GIGUÈRE, Richard (1998), « "Ces restes d'Inquisition…". Littérature, édition et censure dans les correspondances d'écrivains de l'entre-deux-guerres au Québec », *Voix et images*, vol. 23, n° 2 (hiver), p. 248-265.

HÉBERT, Pierre (1998), « Présentation », *Voix et images*, n° 68 (hiver), p. 221-223.

LE BRUN, Claire (1994), « L'exergue comme procédé de légitimation du roman québécois pour la jeunesse (1982-1994) », *Canadian Children's Literature*, n° 75 (automne), p. 14-26.

—, (1998), « Le roman pour la jeunesse au Québec. Sa place dans le champ littéraire », *Globe*, vol. 1, n° 2, p. 47-62.

LÉGER, Marie-France (1993), « Dominique Demers passe chez Québec/Amérique. Son héroïne ne plaisait pas à La courte échelle… », *La Presse*, 28 février, p. B-5.

LÉVEILLÉ, Yves (1995), « La sélection et la censure », *Lurelu*, vol. 17, n° 3 (hiver), p. 27.

MERCIER, Andrée (1998), « Poétique du récit contemporain : négation du genre ou émergence d'un sous-genre ? », *Voix et images*, n° 69 (printemps), p. 461-480.

MONTPETIT, Charles (1991), « L'accueil fait aux livres à thème controversé ou comment bannir un livre de votre école », *Lurelu*, vol. 14, n° 2 (automne), p. 34-35.

MURAIL, Marie-Aude (1993), *Continue la lecture, on n'aime pas la récré…* [Paris], Calmann-Lévy.

POULIN, Andrée (1991), « Un livre érotique pour les jeunes », *Le Droit*, 22 mars, p. 28.

POULIOT, Suzanne (1997), « Le discours censorial sur la littérature de jeunesse québécoise de 1900 à 1960 », *Présence francophone*, n° 51, p. 23-45.

PRESSE CANADIENNE (2002), « Le boycott des activités parascolaires fait mal aux musées », *Le Soleil*, 31 janvier, p. A-8.

PROVOST, Michelle (1995), *De la lecture… à la culture. Le plaisir d'explorer la littérature au secondaire : bibliographie sélective commentée*, Montréal, Services documentaires Multimedia.

SORIN, Noëlle (2000), « Les prix littéraires, instance de légitimation de la littérature jeunesse », dans Robert VIAU (dir.), *La création littéraire dans le contexte de l'exiguïté : 9ᵉ colloque de l'APLAQA*, Beauport, MNH, p. 219-227.

Verrette, France (1991), «MTS et sida. Faut-il changer le message?», *La Gazette des femmes*, vol. 12, n° 6 (mars/avril), p. 29-30.

ÉTUDES D'AUTEURS

Gilles Gauthier et l'âme du héros (p. 165-174)

Flore Gervais

Théâtre pour les jeunes de Gilles Gauthier

On n'est pas des enfants d'école, en collaboration avec le Théâtre de la Marmaille (coédition Québec/Amérique), avril 1979, Montréal, Québec/Amérique/Centre de diffusion, Université de Montréal, 1984, 188 p.

Je suis un ours (adaptée de l'album de J. Muller et J. Steiner d'après Frank Tashlin), créée par le Théâtre de L'Arrière-Scène, octobre 1982.

Comment devenir parfait en trois jours (adaptée du livre *Be a Perfect Person in Just Three Days* de Stephen Manes), créée par le Théâtre des Confettis, décembre 1986.

Prix et mentions de Gilles Gauthier

Comment on fait un enfant parfait (2001)
Prix littéraire de la Montérégie, Littérature jeunesse, 2002

Mon cher Chausson (2000)
Prix littéraire de la Montérégie, Littérature jeunesse, 2001

Pas de Chausson dans mon salon (1998)
Prix littéraire de la Montérégie, Littérature jeunesse, 2000

Le gros cadeau du petit Marcus (1998)
Retenu en finale du prix Québec/Wallonie-Bruxelles, 1998

Le gros problème du petit Marcus (1992)
Liste d'honneur 1994 de IBBY international
Prix du livre M. Christie, 1992
Retenu en finale du prix international du livre Espace Enfants, Suisse, 1994 et 1998
Retenu en finale du prix Alvine-Bélisle, 1993

Marcus la puce à l'école (1991)
Mention au prix Monique-Corriveau, 1992

Ma Babouche pour toujours (1990)
Retenu en finale du prix du livre M. Christie, 1990

Ne touchez pas à ma Babouche (1988)
Prix Alvine-Bélisle de l'ASTED pour le meilleur livre jeunesse de l'année, 1989
Prix d'excellence de l'Association des consommateurs du Québec «Livre 89»
Pour l'ensemble de son œuvre
Médaille de la culture française, remise en juin 1996 par l'Association de la renaissance française

[Source: La courte échelle 5243, boul. Saint-Laurent, Montréal (Québec) H2T 1S4 Canada]

Romans jeunesse de Gilles Gauthier

1. Série *Babouche*

Ne touchez pas à ma Babouche (1988), Montréal, La courte échelle, coll. « Premier roman », 61 p.

À l'école, Carl a des problèmes, car Babouche, sa chienne, n'arrive pas à faire la différence entre une mouffette et un chat noir et blanc, ce qui fait qu'il sent lui-même la mouffette. Mais Carl aime tout de même Babouche. Il la protège tant qu'il peut contre la mesquinerie des autres et Babouche joue elle aussi son rôle de gardienne.

Babouche est jalouse (1989), Montréal, La courte échelle, coll. « Premier roman », 62 p.

Carl s'amourache de la grande Véronique, qui prend sa défense face à Garry, le dur de l'école. Babouche en devient jalouse et réagit négativement chaque fois que Carl en parle. Mais un jour Véronique quitte l'école et la relation de Babouche et de Carl redevient normale.

Sauvez ma Babouche (1989), Montréal, La courte échelle, coll. « Premier roman », 62 p.

La relation entre Carl et Garry se transforme. Devenu le meilleur ami de Garry, Carl apprend que le père de ce dernier a fait de la prison. Le séjour forcé de Babouche à la fourrière lui fait par ailleurs entrevoir la fin imminente de son histoire d'amour avec sa compagne vieillissante.

Ma Babouche pour toujours (1990), Montréal, La courte échelle, coll. « Premier roman », 62 p.

Le vétérinaire a fait tout ce qu'il a pu, mais en vain. Babouche, la chienne de Carl, est morte. Cela engendre chez Carl de la colère et de la peine. Mais l'espoir est de retour grâce à Garry, qui est prêt à donner son chien Chausson à Carl, et grâce à Nicole, qui rassurera aussi Carl. Devenu plus joyeux, Carl entreprend de faire la biographie de Babouche.

2. Série *Chausson*

Petit Chausson, grande Babouche (1997), Montréal, La courte échelle, coll. « Premier roman », 63 p.

Carl part pour les Îles de la Madeleine avec Garry, leur chien Chausson et les parents. Chausson multiplie les facéties et, plus Carl l'observe, moins il est possible qu'il lui fasse oublier la défunte Babouche.

Pas de Chausson dans mon salon (1998), Montréal, La courte échelle, coll. « Premier roman », 61 p.

Carl écrit la biographie de Babouche, sa bergère allemande qui est morte, mais il la présente plus courageuse qu'elle ne l'était. Sa mère trouve que l'œuvre relève un peu trop de la fiction. Parallèlement, la relation entre Nicole et le père de Garry semble s'annoncer à l'horizon.

Pas de prison pour Chausson (1999), Montréal, La courte échelle, coll. « Premier roman », 62 p.

Parce que son père s'intéresse à Nicole (la mère de Carl) et son chien Chausson à Carl, Garry est déstabilisé. Son comportement n'est plus le même. Il craint de perdre ce qu'il vient tout juste d'obtenir, c'est-à-dire son père sorti de prison depuis peu et son chien. De plus, il n'est pas consolé de la perte de sa mère morte à sa naissance, ni son père d'ailleurs. L'amitié permet des confidences qui parfois atténuent la douleur et la rendent plus supportable. On peut prévoir qu'éventuellement Garry et Carl mettront tout en commun.

Mon cher Chausson (2000), Montréal, La courte échelle, coll. « Premier roman », 64 p.

Carl et son ami Garry se posent de sérieuses questions. Chausson, le petit chien de Garry, se prend pour un lion. Il sème la terreur dans les environs. Seule la mère de Carl comprend ce qui se passe mais ne veut rien dire. Chausson a-t-il perdu la tête ? Non. Il est amoureux. Tout comme Nicole et le père de Garry...

3. Série *Marcus la puce*

Marcus la puce à l'école (1991), Montréal, La courte échelle, coll. « Premier roman », 64 p.

Marcus redouble son année. Cela ne l'empêche pas d'avoir de grosses difficultés scolaires. Du point de vue discipline... ça ne va pas mieux ! Les conflits avec son institutrice sont nombreux. Mais la situation finit par s'améliorer et Marcus commence même à aimer l'école.

Le gros problème du petit Marcus (1992), Montréal, La courte échelle, coll. « Premier roman », 62 p.

Le père de Marcus est alcoolique et Marcus se confie à son amie Jenny.

Le redoutable Marcus la puce (1995), Montréal, La courte échelle, coll. « Premier roman », 64 p.

La vie pour Marcus est difficile. Il a des problèmes à l'école, son père est alcoolique et voilà que les parents de Jenny, sa meilleure amie, empêchent leur fille de jouer avec lui. Il est malheureux et décide de fuir. Mais il rencontrera sur son chemin quelqu'un qui l'aidera et le réconfortera.

Le gros cadeau du petit Marcus (1996), Montréal, La courte échelle, coll. « Premier roman », 64 p.

C'est le temps des Fêtes et Marcus est nerveux et inquiet. Il ne veut pas que son père se remette à boire. Il se rapproche finalement de son père qui vient faire le Père Noël à la fête de l'école de Marcus.

4. Série *Edgar*

Edgar le bizarre (1991), Montréal, La courte échelle, coll. « Roman jeunesse », 96 p,

Edgar s'intéresse aux livres d'Edgar Allan Poe. Il est persuadé qu'il en est la réincarnation. Parallèlement, son imagination fertile le porte à croire que sa sœur Émilie n'est pas sa vraie sœur, mais la fille d'un ancien ami de ses parents qui était amoureux de sa mère. Edgar mène son enquête et découvre la vérité...

L'étrange amour d'Edgar (1993), Montréal, La courte échelle, coll. « Roman jeunesse », 94 p.

Voici de nouvelles aventures d'Edgar Alain Campeau, plus que jamais troublé par l'étrange similitude de son destin avec celui d'Edgar Allan Poe, un auteur de romans fantastiques auquel il s'identifie étroitement. À douze ans, Edgar expérimente les joies et les peines d'un drôle de premier amour, un amour impossible avec Jézabel, qui a sept ans de plus que lui.

Edgar le voyant (1994), Montréal, La courte échelle, coll. « Roman jeunesse », 96 p.

Edgar s'intéresse à l'occultisme. Il est convaincu qu'il a des talents de voyant et qu'il a l'« affreux mal bleu ». Son père a du mal à accepter ses « folies ». Le fils vit ce rejet de façon conflictuelle, jusqu'au jour où son père tombe malade et doit être hospitalisé. Le retour à la maison après sa guérison constitue le moment charnière de la réconciliation. Edgar, qui a compris qu'il aimait son père malgré tout, décide d'oublier pour quelque temps son hobby ; le père, de son côté, se met à lire les livres qui intéressent son fils afin de pouvoir mieux le connaître.

L'étonnant Lézard d'Edgar (1996), Montréal, La courte échelle, coll. « Roman jeunesse », 96 p.

Edgar, un gars de treize ans, un peu fou, voit un matin un lézard, ou plus précisément un tuatara, à la place de sa figure dans le miroir. Cet étrange phénomène apporte en plus des rêves étranges. Mais il y a aussi Lee, une petite Chinoise à l'allure un peu originale, rencontrée dans un camp de vacances, avec qui Edgar développe une relation amicale, puis amoureuse.

Études

BETTELHEIM, Bruno (1976), *Psychanalyse des contes de fées*, Paris, Laffont, 403 p.

BROSSEAU, Marie-Claude (1992), « Gilles Gauthier, l'intelligence du cœur », *Des livres et des jeunes*, n° 41 (printemps), p. 2-5.

BRUNO, Pierre (1997), « Une enfance, des adolescents », *Nous voulons lire!* (revue d'information sur le livre d'enfance et de jeunesse), n° 122, p. 49-54.

DÉCRÉAU, Laurence (1994), *Des héros qui font lire*, Paris, Hachette Éducation, 144 p.

DEMERS, Dominique (1994), « Le héros sériel dans la littérature jeunesse québécoise », dans Hélène CHARBONNEAU (dir.), *Pour que vive la lecture : littérature et bibliothèques pour la jeunesse*, Montréal, ASTED, p. 51-72.

GAUTHIER, Gilles (1996), « Comment on devient écrivain pour la jeunesse », *Québec français*, n° 103 (automne), p. 75-77.

GERMAIN, Catherine (1994), « Livre de jeunesse en France : petit point de vue sur grand sujet », dans Hélène CHARBONNEAU (dir.), *Pour que vive la lecture : littérature et bibliothèques pour la jeunesse*, Montréal, ASTED, p. 42-50.

GERVAIS, Flore (1997), *École et habitudes de lecture*, Montréal, Chenelière et Toronto, McGraw-Hill, 127 p.

GUINDON, Ginette (1997), « Gilles Gauthier : *L'étonnant lézard d'Edgar* », *Lurelu*, vol. 19, n° 3 (hiver), p. 20.

HÉON, Gérard (1980), *Les habitudes de lecture des Québécois de 10-12 ans*, publié chez l'auteur, Drummondville-Nord, disponible à la didacthèque de l'Université de Montréal, 203 p.

HOULD, Raymond (1980), *Rapport d'enquête sur les habitudes de lecture des élèves du secondaire*, Québec, ministère de l'Éducation, Service général du développement pédagogique, 244 p.

LE BRUN, Claire (1993), « Edgar Alain Campeau et les autres : le lecteur fictif dans la littérature québécoise pour la jeunesse (1986-1991) », *Voix et images*, vol. 19, n° 1, p. 151-165.

MEYNARD, Yves (1995), « Gilles Gauthier : *Edgar le voyant* », *Lurelu*, vol. 17, n° 3 (hiver), p. 15-16.

ROBINE, Nicole (1989), « L'évolution de la lecture des jeunes d'après les enquêtes françaises », *Pratiques*, n° 61 (mars), p. 118-125.

ROY, Pierre (1995), « La relation entre les intérêts de lecture et le contenu des romans pour la jeunesse. Étude de trois collections : 1985-1993 », thèse de doctorat, Sherbrooke, Études françaises, Université de Sherbrooke, 510 p.

Les romans pour la jeunesse de François Gravel (p. 175-192)

Luc Bouvier

Romans pour la jeunesse de François Gravel

Un amour de Klonk (1995), Boucherville, Québec/Amérique Jeunesse, coll. « Bilbo jeunesse », 119 p.

Le cauchemar de Klonk (1997), Montréal, Québec/Amérique Jeunesse, coll. « Bilbo jeunesse », 125 p.

Le cercueil de Klonk (1995), Boucherville, Québec/Amérique Jeunesse, coll. « Bilbo jeunesse », 120 p.

Coca-Klonk (2001), Montréal, Québec/Amérique Jeunesse, coll. « Bilbo jeunesse », 127 p.

Corneilles (1989), Montréal, Boréal, coll. « Junior », 120 p.

Deux heures et demie avant Jasmine (1991), Montréal, Boréal, coll. « Inter », 117 p.

L'été de la moustache (2000), Laval, Les 400 coups, coll. « Les Grands Albums », [48] p.

Granulite (1992), Boucherville, Québec/Amérique Jeunesse, coll. « Bilbo jeunesse », 86 p.

Guillaume (1995), Boucherville, Québec/Amérique Jeunesse, coll. « Gulliver », 121 p.

Kate, quelque part (1998), Montréal, Québec/Amérique Jeunesse, coll. « Titan+ », 136 p.

Klonk et la queue du scorpion (2000), Montréal, Québec/Amérique Jeunesse, coll. « Bilbo jeunesse », 125 p.

Klonk et le Beatle mouillé (1997), Montréal, Québec/Amérique Jeunesse, coll. « Bilbo jeunesse », 126 p.

Klonk et le treize noir (1999), Montréal, Québec/Amérique jeunesse, coll. « Bilbo jeunesse », 139 p.

Klonk ou comment se débarrasser des adolescents (1993), Boucherville, Québec/Amérique Jeunesse, coll. « Bilbo jeunesse », 137 p.

Lance et Klonk (1994), Boucherville, Québec/Amérique jeunesse, coll.« Bilbo jeunesse », 128 p.

Madame Misère (2000), Montréal, Les 400 coups, coll. « Billochet/Légendes », [24] p.

Le match des étoiles (1996), Montréal, Québec/Amérique Jeunesse, coll. « Gulliver », 93 p.

Zamboni (1990), Montréal, Boréal, coll. « Junior », 90 p.

Ouvrages consultés

BOUCHARD, Jasmine (2000), « Les bouquineurs », *La terre de chez nous*, 17 au 23 août.

CARROLL, Lewis (1971), *Les aventures d'Alice au pays des merveilles*, traduction de Henri Parisot, illustrations de John Tenniel, Paris, Flammarion.

COMMUNICATION-JEUNESSE, *La sélection de livres pour enfants de Communication-Jeunesse 2000-2001*.

CONNOLLY, Carole (2000), « Manifestations du narrataire dans le roman québécois », thèse de doctorat, Université d'Ottawa.

DOYLE, Conan (1956, 1957), *Sherlock Holmes*, tome I, Paris, Robert Laffont, coll. « Bouquins ».

LEPAGE, Françoise (2000), *Histoire de la littérature pour la jeunesse. Québec et francophonies du Canada*, Ottawa, Les éditions David.

MADORE, Édith (2000), « Les figures de l'adolescence dans les romans de François Gravel », *Cahiers de recherche en éducation*, vol. 7, n° 1, p. 131-142.

MATTEAU, Claude (1995), « François Gravel. *Lance et Klonk* », *Lurelu*, vol. 18, n° 1 (printemps-été), p. 35-36.

PRINCE, Gérard (1973), « Introduction à l'étude du narrataire », *Poétique*, n° 14, p. 178-196.

SARFATI, Sonia (1992), « Deux récits inoubliables d'auteurs consacrés », *La Presse*, 22 juin.

SITES INTERNET

<http://www.bibliotheque.lac-megantic.qc.ca/cyber/editions400coups.html>

<http://www.editionsboreal.qc.ca>

<http://www.felix.cyberscol.qc.ca>

<http://www.litterature.org>

<http://www.quebec-amerique.com>

L'œuvre pour la jeunesse de Dominique Demers : quelques points de jonction du postmodernisme et du féminisme (p. 193-218)

Lucie Guillemette

Œuvres citées de Dominique Demers

DEMERS, Dominique (2001a), *Ta voix dans la nuit*, Montréal, Québec/Amérique Jeunesse, coll. « Titan ».

—, (2001b), *Une drôle de ministre*, Montréal, Québec/Amérique Jeunesse, coll. « Bilbo ».

—, (2001c), *Là où la mer commence*, Paris, Robert Laffont.

—, (2000a), *Léon Maigrichon*, Montréal, Québec/Amérique Jeunesse, coll. « Bilbo ».

—, (2000b), *Vieux Thomas et la petite fée*, illustrations de Stéphane Poulin, Saint-Lambert, Dominique et compagnie, division des éditions Héritage.

—, (2000c), *Poucet, le cœur en miettes*, illustrations de Steve Beshwaty, Saint-Lambert, Dominique et compagnie, division des éditions Héritage, coll. « Caroussel Mini-Roman ».

—, (1999a), *Roméo Lebeau*, Montréal, Québec/Amérique Jeunesse, coll. « Bilbo ».

—, (1999b), *Une bien curieuse factrice*, Montréal, Québec/Amérique Jeunesse, coll. « Bilbo ».

DEMERS, Dominique et Marie-Claude FAVREAU (1999c), *Perline Pompette*, Saint-Lambert, Dominique et compagnie, coll. « À pas de loup ».

DEMERS, Dominique (1999d), *Le pari*, Montréal, Québec/Amérique, 1999.

—, (1998a), *Valentine picotée*, Montréal, Québec/Amérique Jeunesse, coll. « Bilbo ».

—, (1998b), « Plaidoyer pour la littérature jeunesse », *Québec français*, n° 109 (printemps), p. 28-30.

—, (1998c), *Le chien secret de Poucet*, illustrations de Steve Beshwaty, Saint-Lambert, Dominique et compagnie, division des éditions Héritage, coll. « Caroussel Mini-Roman ».

—, (1997a), *Maïna tome 1 : L'appel des loups*, Montréal, Québec/Amérique Jeunesse, coll. « Titan+ ».

—, (1997b), *Maïna tome 2 : Au pays de Natak*, Montréal, Québec/Amérique Jeunesse, coll. « Titan+ ».

—, (1997c), *Maïna*, Montréal, Québec/Amérique.

—, (1997d), *Marie-Tempête*, Montréal, Québec/Amérique.

DEMERS, Dominique (1997e), *La mystérieuse bibliothécaire*, Montréal, Québec/Amérique Jeunesse, coll. « Bilbo ».

—, (1997f), *Marie la chipie*, Montréal, Québec/Amérique Jeunesse, coll. « Bilbo ».

DEMERS, Dominique, Yolande LAVIGUEUR, Ginette GUINDON et Isabelle CRÉPEAU (1995), *La bibliothèque des enfants. Des trésors pour les 0 à 9 ans*, Boucherville, Québec/Amérique Jeunesse, coll. « Explorations ».

DEMERS, Dominique (1994a), *Du Petit Poucet au dernier des raisins : introduction à la littérature jeunesse*, avec la collaboration de Paul Bleton, Boucherville, Québec/Amérique Jeunesse et Sainte-Foy, Télé-Université, coll. « Explorations ».

—, (1994b), *La nouvelle maîtresse*, Montréal, Québec/Amérique Jeunesse, coll. « Bilbo ».

—, (1994c), *Ils dansent dans la tempête*, Montréal, Québec/Amérique Jeunesse, coll. « Titan ».

—, (1993), *Les grands sapins ne meurent pas*, Montréal, Québec/Amérique Jeunesse, coll. « Titan ».

—, (1992a), *Toto la brute*, Montréal, La courte échelle, coll. « Premier roman ».

—, (1992b), *Un hiver de tourmente*, Montréal, La courte échelle, coll. « Roman+ ».

—, (1991), *Valentine picotée*, Montréal, La courte échelle, coll. « Premier roman ».

—, (1990), *La bibliothèque des enfants. Un choix pour tous les goûts*, Montréal, Le Jour.

La bergère d'imaginaire. Poétique de la frontière dans les œuvres romanesques de Christiane Duchesne (p. 219-238)
Johanne Prud'homme

Œuvres étudiées

DUCHESNE, Christiane (1984), *Gaspard ou le chemin des montagnes*, Montréal, Québec/Amérique, coll. « Jeunesse/Romans ».

—, (1990), *La vraie histoire du chien de Clara Vic*, Montréal, Québec/Amérique, coll. « Littérature jeunesse ».

—, (1991a), *Bibitsa ou l'étrange voyage du chien de Clara Vic*, Montréal, Québec/Amérique, coll. « Gulliver jeunesse ».

—, (1991b), *Les tordus débarquent*, Montréal, La courte échelle, coll. « Premier roman ».

—, (1992a), *L'été des tordus*, Montréal, La courte échelle, coll. « Premier roman ».

—, (1992b), *Victor*, Montréal, Québec/Amérique, coll. « Gulliver jeunesse ».

—, (1993), *La 42ᵉ sœur de Bébert*, Montréal, Québec/Amérique, coll. « Gulliver jeunesse ».

—, (1994a), *Les péripéties de P. le prophète*, Montréal, Québec/Amérique, coll. « Gulliver jeunesse ».

—, (1994b), *Berthold et Lucrèce*, Montréal, Québec/Amérique, coll. « Bilbo jeunesse ».

—, (1995), *La bergère de chevaux*, Montréal, Québec/Amérique, coll. « Gulliver jeunesse ».

—, (1998), *Le bonnet bleu*, Montréal, HMH, cColl. « Plus ».

—, (1999a), *Julia et le chef des pois*, Montréal, Boréal Maboul, coll. « Les nuits et les jours de Julia ». [Publié à l'origine chez Québec/Amérique, en 1997.]

—, (1999b), *Julia et les fantômes*, Montréal, Boréal Maboul, coll. « Les nuits et les jours de Julia ».

—, (2000), *Julia et le voleur de nuit*, Montréal, Boréal Maboul, coll. « Les nuits et les jours de Julia ».

—, (2001), *Jomusch et le troll des cuisines*, Saint-Lambert, Dominique et compagnie, coll. « Roman vert ».

Ouvrages de référence

ANZIEU, Didier (1974), « Le Moi-Peau », *Nouvelle Revue de psychanalyse*, n° 9.

COUSIN, Jean (1980), *L'espace vivant. Introduction à l'espace architectural premier*, Montréal, PUM, coll. « Architecture "Études" ».

CROUZET, Michel (dir.) (1982), *Espaces romanesques*, Paris, PUF.

DESCAMPS, Christian (dir.) (1991), *Frontières et limites. Géopolitique, littérature, philosophie*, Paris, Centre Georges Pompidou, coll. « Espace international Philosophie ».

DUCHESNE, Christiane (2000), *Le premier ciel ou lettre à monsieur de Nigremont*, Montréal, Leméac, coll. «ici/ailleurs».

FOUCHER, Michel (1991), *Fronts et frontières. Un tour du monde géopolitique*, Paris, Fayard.

GENETTE, Gérard (1987), *Seuils*, Paris, Gallimard, coll. «Poétique».

GREIMAS, Algirdas Julien (1976), «Pour une sémiotique topologique», dans *Sémiotique et sciences sociales*, Paris, Seuil, coll. «Points».

HOUDE, Renée (1991), *Les temps de la vie. Le développement psychosocial de l'adulte selon la perspective du cycle de la vie*, Boucherville, Gaëtan Morin éditeur.

LEPAGE, Françoise (2000), *Histoire de la littérature pour la jeunesse. Québec et francophonies du Canada*, Orléans (Ont.), Éditions David.

OTTEVAERE-VAN PRAAG, Ganna (1997), *Le roman pour la jeunesse. Approches, définitions, techniques narratives,* Paris, Peter Lang.

PRESCOTT, J.R.V. (1978), *Boundaries and frontiers*, London, Croom Helm.

Les jeux de l'identité dans les romans pour adolescents de Stanley Péan (p. 239-256)

Daniel Chouinard

Œuvres de Stanley Péan citées

L'Appel des loups (1997), Montréal, La courte échelle, 157 p., coll. «Roman+».

L'Emprise de la nuit (1993), Montréal, La courte échelle, 155 p., coll. «Roman+».

La Mémoire ensanglantée (1994), Montréal, La courte échelle, 157 p., coll. «Roman+».

Quand la bête est humaine (1997), Montréal, La courte échelle, 151 p., coll. «Roman+».

Un petit garçon qui avait peur de tout et de rien (1998), Montréal, Les éditions de la courte échelle, illustrations de Stéphane Poulin, [24 p.], coll. «Albums. Série Il était une fois...».

Le temps s'enfuit (1999), Montréal, La courte échelle, 155 p., coll. «Roman+».

Treize pas vers l'inconnu: nouvelles fantastiques (1996), Saint-Laurent (Québec), Éditions Pierre Tisseyre, 183 p., coll. «Conquêtes».

Le roman pour adolescents et son monde : l'exemple des romans de Michèle Marineau (p. 257-264)

Danielle Thaler

Romans de Michèle Marineau

Cassiopée ou l'été polonais (1988), Boucherville, Québec/Amérique Jeunesse.

L'été des baleines (1989), Boucherville, Québec/Amérique Jeunesse.

La route de Chlifa (1992), Boucherville, Québec/Amérique Jeunesse.

Références critiques

CLAUSEN, Christopher (1982), « Home and away in children's fiction », *Children's Literature*, vol. 10, p. 141-152.

DI CECCO, Daniela (2000), *Entre femmes et jeunes filles (le roman pour adolescents en France et au Québec)*, Montréal, Éditions du remue-ménage.

DIDIER, Béatrice (1976), *Le journal intime*, Paris, PUF.

FRADETTE, Marie (2000), « Évolution sociogrammatique de la figure de l'adolescent depuis 1950 », *Cahiers de la recherche en éducation*, vol. 7, n° 1, p. 77-89.

LEJEUNE, Philippe (1993), *Le moi des demoiselles. Enquête sur le journal de jeunes filles*, Paris, Seuil.

NODELMAN, Perry (1992), *The Pleasures of Children's Literature*, Second Edition, White Plains (N.Y.), Longman Publishers.

SCOTT-MACLEOD, Ann (1997), « The journey inward : Adolescent literature in America, 1945-1995 », dans Sandra BECKETT (dir.), *Reflections of Change. Children's Literature since 1945*, Westport (Connecticut) — Londres, Greenwood Press, p. 125-129.

POULIOT, Suzanne (1994), *L'image de l'autre : une étude des romans de jeunesse parus au Québec de 1980 à 1990*, Sherbrooke, Éditions du CRP.

Devenir homme : l'apprentissage de la vie dans les romans pour la jeunesse de Doric Germain (p. 265-286)

Lucie Hotte

Ouvrages consultés

BANCAUD-MAËNEN, Florence (1998), *Le roman de formation au XVIII* siècle en Europe*, Paris, Nathan, coll. « 128. Littérature », n° 222.

BUCKLEY, Jerome Hamilton (1975), *Season of Youth : The Bildungsroman from Dickens to Golding*, Cambridge (Mass.), Harvard University Press.

CHEVALIER, Jean et Alain GHEERBRANT ([1969] 1999), *Dictionnaire des symboles. Mythes, rêves, coutumes, gestes, formes, figures, couleurs, nombres*, éd. revue et augmentée, Paris, Robert Laffont et Éditions Jupiter, coll. « Bouquins ».

KIPLING, Rudyard, *Œuvres*, Paris, Gallimard, coll. « La Pléiade ».

LEPAGE, Françoise (2000), *Histoire de la littérature pour la jeunesse (Québec et francophonies du Canada) suivie d'un Dictionnaire des auteurs et des illustrateurs*, Orléans (Ont.), Éditions David.

MORETTI, Franco (1987), *The Way of the World : The Bildungsroman in European Culture*, London, Verso.

PROPP, Vladimir (1970), *Morphologie du conte*, Paris, Seuil.

ROBERT, Marthe (1972), *Roman des origines et origines du roman*, Paris, Gallimard, coll. « Tel ».

SHAFFNER, Randolph P. (1984), *The Apprenticeship Novel: A Study of the « Bildungsroman » as a Regulative Type in Western Literature with a Focus on Three Classic Representatives by Goethe, Maugham, and Mann*, New York, Peter Lang, coll. « German Studies in America », n° 48.

SULEIMAN, Susan Robin (1983), *Le roman à thèse ou l'autorité fictive*, Paris, PUF, coll. « Écriture ».

NOTICES BIOGRAPHIQUES DES COLLABORATEURS

HÉLÈNE BEAUCHAMP

Hélène Beauchamp a été l'un des témoins privilégiés de l'évolution du théâtre au Québec et au Canada francophone depuis 1965. À titre d'historienne, d'analyste et de critique, elle s'est intéressée à la dramaturgie, mais aussi à la mise en scène, à la scénographie et à la pédagogie du théâtre. Née à Ottawa, elle a enseigné à l'Université d'Ottawa de 1966 à 1975, puis à l'École supérieure de théâtre de l'Université du Québec à Montréal, où elle est professeure titulaire. Sa recherche, qui s'appuie sur une pratique théâtrale diversifiée, porte présentement sur le théâtre de mouvement acrobatique (genèse et évolution d'une forme théâtrale), les théâtres de marionnettes au Québec (processus de création et de production) et sur les lieux théâtraux à Montréal, au Québec et au Canada francophone.

LUC BOUVIER

Professeur de français au Collège de l'Outaouais, Luc Bouvier est l'auteur d'une histoire des francophones du Pontiac, intitulée *Les sacrifiés de la bonne entente* (Montréal, Éditions de l'Action nationale, 2002), et d'une série d'articles sur l'histoire des drapeaux québécois. En plus de nombreux articles sur la poésie québécoise, il a publié des livres sur divers auteurs québécois et français : Louis Fréchette, Honoré Beaugrand, Émile Nelligan, Jacques Brault, Molière.

DANIEL CHOUINARD

Après avoir complété un doctorat en études françaises à l'Université de Montréal (1983), Daniel Chouinard a entrepris une carrière professorale à l'Université de Guelph, en Ontario, où, depuis 1998, il est directeur de l'École des langues et des littératures. Dix-septiémiste de formation, il a publié des articles sur les genres narratifs de l'ère baroque, dont l'antiroman. Depuis 1992, il est codirecteur de la revue *Canadian Children's Literature / Littérature canadienne pour la jeunesse*, le seul périodique universitaire du Canada consacré à la littérature jeunesse, avec arbitrage et subventionné par le Conseil de recherches en sciences humaines du Canada. Il a également à son actif plusieurs articles et communications portant sur des romans québécois pour adolescents.

Jean-Denis Côté

Jean-Denis Côté est étudiant au doctorat en sociologie à l'Université Laval et est membre du Centre de recherche en littérature québécoise (CRELIQ). Il a enseigné la sociologie et la littérature dans quatre universités canadiennes. Ses textes ont été publiés dans diverses revues, dont *Québec français*, *Canadian Children's Literature / Littérature canadienne pour la jeunesse*, les *Cahiers franco-canadiens de l'Ouest*, *Tangence*, et la revue française *Études canadiennes*. Il est l'auteur de l'album *Le monstre de la cave*, illustré par Caroline Merola et publié aux Éditions du Soleil de minuit, et est coauteur, avec Dominic Garneau, d'un livre à paraître aux Éditions David, portant sur l'écrivain jeunesse franco-ontarien, Daniel Marchildon.

Flore Gervais

Flore Gervais est professeure à la Faculté des sciences de l'éducation de l'Université de Montréal depuis plus de trente ans. Elle y enseigne et poursuit des recherches pour la formation des maîtres et, entre autres, en littérature pour la jeunesse. Voici quelques-unes de ses plus récentes publications dans ce domaine : *Edgar le bizarre de Gilles Gauthier : une approche intertextuelle*, Québec, Éditions Nota Bene (à paraître) ; « Lecture et interactions pour l'éveil à l'écrit », *Journal des professionnels de l'enfance* (France), n° 19, 2002, p. 37-38 ; « La notion de l'écrivain chez les élèves de cinq à neuf ans », *Tangence,* n° 67, 2001, p. 54-68 ; « L'image de l'école dans la littérature de jeunesse », *Études francophones. Revue du Conseil international d'études francophones* (États-Unis), vol. XV, n° 1, 2000, p. 33-46 ; *École et habitudes de lecture*, Montréal, De la Chenelière et Toronto, McGraw-Hill, 1997, 128 p. Cet ouvrage a mérité une mention au concours du prix du Ministre pour 1998-1999 dans la catégorie « Recherche pédagogique ».

Lucie Guillemette

Lucie Guillemette est professeure au Département de français de l'Université du Québec à Trois-Rivières depuis 1991 et dirige ce département depuis le 1ᵉʳ juin 2000. Professeure de théories littéraires, elle est également codirectrice de la revue *Tangence*. Elle dirige une équipe de recherche en littérature jeunesse dont les travaux sont subventionnés par le CRSH et le FQRSC, et elle est chercheure associée au Centre d'études québécoises de l'Université du Québec à Trois-Rivières depuis 1992. Elle a écrit de nombreux articles portant sur l'écriture des femmes, la littérature québécoise pour la jeunesse, les théories féministes, la modernité littéraire, et a aussi participé à des collectifs consacrés au roman contemporain et à l'écriture des femmes. En 1995, l'Association canadienne des études américaines lui décernait le prix pour le meilleur article publié dans la *Revue canadienne des études américaines*, un article qui portait sur *Une histoire américaine* de Jacques Godbout. Elle prépare actuellement deux ouvrages, l'un portant sur l'écrivaine Marie-Francine Hébert, et un autre consacré aux procédés de l'intertextualité mis en œuvre dans les textes pour les jeunes signés par des femmes.

JOHN HARE

Historien des lettres et de la vie sociale des Québécois, professeur émérite à l'Université d'Ottawa, John Hare a publié de nombreuses bibliographies ainsi que plusieurs éditions de textes, notamment : *Anthologie de la poésie québécoise du XIXᵉ siècle* (HMH) et *Les œuvres de Joseph Lenoir* (Bibliothèque du Nouveau Monde). Il prépare une édition des œuvres de Joseph Quesnel.

LUCIE HOTTE

Lucie Hotte est professeure au Département des lettres françaises de l'Université d'Ottawa. Spécialiste en littérature franco-ontarienne et en théories littéraires, elle a publié plusieurs articles portant aussi bien sur les textes franco-ontariens (romans, poésie, théâtre) et sur la critique que sur les enjeux institutionnels, notamment : « Errance et enracinement dans *La côte de sable* de Daniel Poliquin » (*Voix et images*, nᵒ 81, printemps 2002, p. 435-447) ; « Fortune et légitimité du concept d'espace en critique littéraire franco-ontarienne » (*La création littéraire dans le contexte de l'exiguïté*, Publications MNH, 2000) ; « L'institution littéraire franco-ontarienne : don du ciel ou fléau ? » (*La littérature franco-ontarienne : état des lieux en l'an 2000*, sous la direction d'Hédi Bouraoui, Sudbury, Université Laurentienne, 2000). Son essai *Romans de la lecture, lecture du roman. L'inscription de la lecture*, paru aux Éditions Nota Bene en 2001, lui a valu le prix Gabrielle-Roy. Elle travaille présentement à une recherche, financée par le CRSH, sur les rapports entre esthétique et identité dans les littératures minoritaires.

CLAIRE LE BRUN

Claire Le Brun est professeure au Département d'études françaises de l'Université Concordia. Ses recherches et ses publications portent sur la littérature médiévale — particulièrement l'écriture féminine, les textes hagiographiques et didactiques en latin et en moyen français — et sur la littérature pour la jeunesse. Dans ce dernier domaine, elle a publié de nombreux articles et chapitres de livres. Elle s'est particulièrement intéressée au roman et au théâtre au Québec, à la science-fiction francophone et aux questions de traduction et d'adaptation. Elle travaille actuellement à une monographie sur la socioesthétique du roman québécois pour la jeunesse (CRSHC, 2002-2005) et participe au programme de recherche sur l'approche herméneutique de la littérature pour la jeunesse dirigé par Lucie Guillemette (FQRSC, 2002-2005). Elle prépare également un ouvrage sur Raymond Plante pour la collection « Voix didactiques » des Éditions David.

SYLVAIN LEMAY

Sylvain Lemay est professeur régulier à l'Université du Québec en Outaouais depuis l'automne 1999. Il a été engagé lors du démarrage du programme en bande dessinée du baccalauréat en arts et design. Il a fait ses études doctorales en études littéraires à l'Université du Québec à Montréal et il prépare une thèse de doctorat sur la création d'un champ de la bande dessinée au Québec dans les années 1970. Il a effectué de nombreux stages en France et en Belgique dans le milieu de la bande dessinée.

Françoise Lepage

Françoise Lepage enseigne la littérature pour la jeunesse à l'Université d'Ottawa depuis dix ans. Elle est l'auteure de deux livres : *Paule Daveluy ou la passion des mots* (à paraître) et *Histoire de la littérature pour la jeunesse (Québec et francophonies du Canada)*, suivie d'un *Dictionnaire des auteurs et des illustrateurs*, Orléans (Ont.), Les Éditions David, 2000. Ce dernier ouvrage lui a valu trois prix littéraires : le prix Gabrielle-Roy (décerné annuellement par l'Association des littératures canadiennes et québécoise), le prix Champlain (décerné par le Conseil de la vie française en Amérique) et le Prix du livre de la ville d'Ottawa. Elle dirige la collection « Voix didactiques — Auteurs », aux Éditions David, consacrée à l'analyse d'auteurs contemporains étudiés dans les écoles secondaires et les cégeps.

Édith Madore

Édith Madore est éditrice jeunesse, à temps plein, depuis le printemps 2000, et présidente de Communication-Jeunesse, depuis l'été 2002. Elle a été coordonnatrice de l'animation jeunesse pour le Salon du livre de Québec en 1991 et 1992. Elle a aussi coordonné les comités de lecture pour enfants et pour adolescents de Communication-Jeunesse de 1989 à 1994. Elle a enseigné la littérature pour la jeunesse de 1992 à 2000, à l'Université du Québec à Trois-Rivières, à l'Université Laval et à l'Université du Québec à Montréal. Sa thèse de doctorat portait sur la constitution de la littérature québécoise pour la jeunesse de 1920 à 1995, et le sujet de ses études postdoctorales portait sur l'aide gouvernementale à l'édition au Canada. Elle est l'auteure de deux ouvrages de référence : *La littérature pour la jeunesse au Québec*, publié chez Boréal, et *Les 100 livres québécois pour la jeunesse qu'il faut lire*, publié aux Éditions Nota Bene.

Monique Noël-Gaudreault

Monique Noël-Gaudreault est professeure agrégée au Département de didactique de l'Université de Montréal depuis quatorze ans, après avoir été chargée de cours en littérature et assistante de recherche à l'Université du Québec à Chicoutimi. Sa thèse, soutenue en 1988 au Département des littératures à l'Université Laval, portait sur la lecture et l'écriture de romans jeunesse en classe. Depuis, la littérature jeunesse n'a cessé de l'intéresser, aussi bien du point de vue de la thématique que de la narratologie. Elle agit également à titre de rédactrice en chef, pour la section « didactique », de la revue *Québec français* consacrée à l'enseignement du français. Elle y présente des entrevues qu'elle réalise avec les écrivains jeunesse.

Johanne Prud'homme

Sémiologue de formation, Johanne Prud'homme est professeure au Département de français de l'Université du Québec à Trois-Rivières et directrice du Laboratoire L'Oiseau bleu — laboratoire des littératures françaises d'Amérique pour la jeunesse, fondé en 2001. Ses travaux portent, d'une part, sur les romans fondateurs de la littérature québécoise pour la jeunesse et, d'autre part, dans une perspective fondamentale, sur l'herméneutique littéraire dans le cadre du projet *Approche herméneutique de la littérature pour la jeunesse : nouveaux dispositifs d'analyse*, subventionné par le Fonds de la recherche sur la société et la culture (FRSC, Québec). Elle a publié des articles dans les revues *Tangence, Revue préscolaire, Lurelu*. Par ailleurs, elle publiera l'an prochain, aux Éditions David, un ouvrage consacré aux œuvres romanesques pour adolescents (*Marie-Tempête* et *Maïna*) de Dominique Demers.

Noëlle Sorin

Noëlle Sorin est professeure de didactique du français au Département des sciences de l'éducation de l'Université du Québec à Trois-Rivières. Ses domaines de recherches sont principalement en didactique de la lecture et de l'écriture littéraires aux ordres d'enseignement primaire et secondaire. La littérature pour la jeunesse y tient une place privilégiée. Par ailleurs, Noëlle Sorin est intégrée à l'équipe de chercheures du Laboratoire des littératures françaises d'Amérique pour la jeunesse, « L'Oiseau bleu », dirigé par Johanne Prud'homme, à l'Université du Québec à Trois-Rivières. Noëlle Sorin est également active au sein du Groupe de recherche sur l'histoire de l'édition littéraire du Québec, dirigé par Jacques Michon, à l'Université de Sherbrooke. Elle s'intéresse tout particulièrement à l'histoire de l'édition pour la jeunesse.

Danielle Thaler

Danielle Thaler enseigne la littérature à l'Université de Victoria en Colombie-Britannique. Elle a obtenu son doctorat à l'Université de Toronto. Elle est passée des frères Goncourt (*La clinique de l'amour : peuple, femme, hystérie*, Sherbrooke, Éditions Naaman, 1986) à la littérature pour la jeunesse il y a plusieurs années et a notamment publié dans ce domaine : *Était-il une fois ? Littérature de jeunesse : panorama de la critique (France-Canada)*, Toronto, Éditions Paratexte, 1989 ; et récemment avec Alain Jean-Bart : *Les enjeux du roman pour adolescents : roman historique, roman-miroir, roman d'aventures*, Paris, L'Harmattan, 2002. Elle s'intéresse particulièrement à la paralittérature en tant que genre, à l'évolution du texte et de l'image ainsi qu'à la censure.

TABLE DES MATIÈRES

AGMV Marquis

MEMBRE DE SCABRINI MEDIA

Québec, Canada
2003